대한법률연구회가 만드는 생활법률 기본지식

일반인을 위한

외국인 근로자 생활법률의 기본지식

공인노무사 **남동희** 지음

가림 M&B

대한법률연구회가 만드는 생활법률 기본지식

일반인을 위한

외국인 근로자 생활법률의 기본지식

공인노무사 **남동희** 지음

가림 M&B

　우리나라는 1970년대까지만 해도 높은 인구밀도와 자원의 부족 및 국가산업의 낙후로 인하여 국민소득이 낮아 외국으로 일자리를 찾아 나가야만 했었다. 따라서 지금과 같이 우리나라가 인력난을 겪게 되고 외국으로부터 근로자를 수입해야 된다는 것은 아마 그 당시에는 상상도 못했을 것이다.

　우리나라에서 인력난 현상이 나타나기 시작한 것은 1980년대 이후 고도성장과 함께 정부의 산아제한정책에 의해 출산률의 저하로 인하여 경제활동인구가 감소되었기 때문이기도 하다. 이렇게 경제활동인구가 감소되어 가고 있는 반면 1980년대 후반 당시 노태우 대통령의 200만호 주택건설정책으로 인해 많은 취업인구가 건설인력으로 모이는 바람에 건설업에 비하여 상대적으로 임금이 낮은 제조업이 3D업종을 중심으로 인력난을 겪기 시작했다. 이러한 제조업체의 인력난은 당시 88년 올림픽을 위해 출입국관리규정을 완화한 틈을 타 우리보다 저개발국가인 동남아시아국가에서 관광목적으로 입국하거나 중국교포들이 친지방문형식으로 한국에 방문하는 건수가 급격히 증가한 것과 국내경기의 호황이 맞아 떨어져 이들을 국내 산업현장으로 몰아 넣는 계기가 되었다.

　자국 내에서 한 달에 원화로 5만원 미만의 소득에 비한다면 국내 기업체에 취업하는 경우 한 달 임금이 80만원을 넘는다는 사실은 이들에게 코리안 드림을 꿈꾸게 만들었다. 이렇게 코리안 드림을 안고 저개발국가의 근로자들이 합법이든 불법이든간에 한국으로 몰려오게 되었으며, 이들 중에는 아마 코리안 드림의 꿈을 실현하고 고국으로 돌아간 근로자들도 많았겠지만, 불법체류자의 신분으로 국내 사업체로부터 불이익을 받거나 산업재해를 당하고도 보상도 한 푼 받지 못하고 비참한 한국생활을 하고 돌아간 근로자도 많았으리라 본다.

　정부가 이러한 불법체류자에 대한 심각성을 인식하고, 이들에 대하여 대대적인 단속과 함께 추방정책을 시행하려 하였으나 이미 이들이 국내 기업체에서 하는 일의 비중이 너무나 커져서 국내 사업주들은 이들의 단속과 추방을 중단하여 줄 것과 정식으로 외국인력을 활용할 수 있도록 해달라고 정부에 건의하기에 이르렀다. 정부는 이러한 국내 중소업계의 요청을 받아 들여 1991년 10월 『외국인산업기술연수사증등에관한업무처리지침』을 발표하여 동년 11월 1일부터 산업기술연수제도를 시행하게 되었다.

산업기술연수제도는 시행과정에서 많은 부작용과 시행착오를 거치면서 현재까지 유지되어 오고 있으며, 그 동안 낮은 임금의 외국인 연수생을 공급함으로써 국내 영세업체가 경쟁력을 유지하거나 제고할 수 있게 하였다는 데서 긍적적인 역할을 하였다고 본다. 그러나 이 제도는 외국인력을 근로자가 아닌 연수생으로 활용함으로써 이들에 대한 차별대우 및 인권탄압 등의 문제가 끊임없이 거론되었다.

이러한 논란과 상관없이 우리 사회에서 외국인 근로자는 더 이상 이방인이 아니며, 그들의 모습도 이제 우리에게도 어색하지 않듯이 그들 역시 한국이 더 이상 타국으로만 여겨지지 않을 것이다. 이렇게 짧은 시간 내에 외국인 근로자는 우리 생활에서 이미 사회적·문화적으로 매우 친숙해져 있으며, 또한 이들은 국내 근로자들에 의해 채워지지 않는 힘들고 어려운 3D업종에서 묵묵히 우리 근로자들을 대신해서 일하고 있어 우리나라의 경제발전에 이바지하고 있다고 볼 수 있다.

그럼에도 불구하고 부끄럽게도 우리나라에는 외국인 근로자의 보호와 규제에 대한 법률이 마련되어 있지 못하고 있는 실정이다.

최근에 와서야 산업기술연수제도라는 명칭으로 외국인력을 도입하고 있으며, 얼마전 출입국관리법에서 산업기술연수생에 대한 관리와 보호에 대하여 몇 개의 조항을 신설하였을 뿐, 외국인 근로자의 노동권의 보호에 대하여는 아직 관련법규가 전무한 상태이다.

저자는 그동안 외국인 연수협력단의 자문위원으로 오랫동안 실무를 접하여 오면서 얻은 고귀한 경험과 그동안 외국인 근로자에 대하여 관심을 가지고 꾸준히 연구한 전문적 이론을 바탕으로 우리나라에서 외국인 근로자가 유입되기 시작한 때부터 최근의 시점까지 정부의 입법정책, 법원의 판례, 국회의 입법자료, 외국의 사례 및 학자들의 이론 등을 총망라하여 이 한 권의 책으로 정리하여 보았다. 아직도 외국인 근로자 문제에 있어서는 이들에 관한 노동관계법상의 법률이 제정되어야 하는 것이 시급한 시점이며, 과거와 같이 법률의 제정에 있어 고용허가제도를 도입할 것인가 산업기술연수제도를 존속시킬 것인가 하는 논쟁만 계속하여서는 안 된다. 오히려 국내 기업체에 도움을 주고 외국인 근로자의 노동권도 함께 보호할 수 있는 합목적적인 지혜로운 제도가 만들어져야 할 시점이다. 이런 상황에서 외국인 근로자의 법적문제 이외에 저자 나름대로의 새로운 대안도 제시된 책의 필요성을 느끼게 되었다.

아무쪼록 이 책이 독자 여러분에게 조금이라도 유익하고 도움을 줄 수 있는 책이 되길 바라는 마음 간절하다.

1999년 11월
저자 남 동 희

제1장

서 론

서 론

우리나라는 1970년대까지만 해도 높은 인구밀도와 자원부족 및 국가 산업의 낙후로 인해 외국으로 일자리를 찾아 나가야만 했었다. 따라서 지금처럼 인력난을 겪게 되고 외국으로부터 외국인력을 수입해야 된다는 것은 상상조차 할 수 없으므로 이에 대한 법률적 개념이나 제도가 전혀 마련되어 있지 않은 상태였다. 이런 상황에서 1989년을 정점으로 국내 중소제조업체에서 심각한 인력난이 노정되자 정부는 외국의 단순기능인력을 산업기술연수생 명목으로 활용하여 국내의 인력난과 고임금을 해결하려고 하였다.

그러나 당초 위와 같은 정부의 의도보다는 시행과정에서 외국인 근로자의 열악한 작업환경, 폭행, 산재사고, 임금체불 등을 비롯해 인권탄압, 불법체류자의 급속한 증가 등 이루 말할 수 없는 부작용이 노출된 것은 이미 주지의 사실이다. 국내에 체류하고 있는 외국인 근로자의 수는 불법체류자와 합법취업자를 모두 합해 1993년말 6만 6,000여 명이었던 것이 IMF체제 바로 전인 1997년 10월에는 22만 명까지 이르게 되었다. 이들은 IMF구제금융시대 이후 1998년 4월 9일 현재까지 4만 7,700여 명이 한국을 떠났고 1998년 8월말까지 10만 5,000여 명의 불법체류 외국인 근로자와 산업기술연수생 3만 7,000여 명 등 모두 약 13만 명의 외국인 근로자가 체류하고 있다.

그 동안 우리나라 노동시장으로 외국인 근로자들을 유입시킨 요인이 IMF구제금융체제 이후 원화의 가치하락으로 사라지자 외국인 근로자들이 자발적으로 떠나고 있는 추세이며, 이러한 현상은 당분간 지속될 전망이다. 또한 외국인 근로자들이 차지했던 일자리를 국내 근로자들로 대체하여 실업자들의 일자리가 많이 확보되기를 기대해왔다.

그러나 국내 실업자수가 증가하고 외국인 근로자들이 떠나면서 많은 일자리를 남겼음에도 불구하고 3D업종은 여전히 인력난에 시달리고 있다.

최근 중소기업청의 발표에 따르면 3D업종의 인력난은 아직도 3%에 이르고 있고, 인천지방노동청의 자료에 의하면 지난 몇 개월간의 구직자 및 구인자수의 통계가 구직자도 증가하고 구인자도 증가하는 양극화현상을 보인다고 한다. 또한 중소기업협동조합중앙회에 따르면 IMF여파로 경기가 위축되면서 산업기술연수생수가 크게 줄었으나 1998년 7월을 저점으로 하여 4·4분기 이후 급증세로 돌아섰다고 한다.

그 동안 우리는 학계, 재야, 법조계, 정부 등 너나할 것 없이 외국인근로자의 심각성에 대해 저마다 목소리를 높여 오고 관심을 기울여 왔지만 IMF체제 이후 이러한 소리도 거의 사라지고 있다. 그렇다고 외국인 근로자에 대한 근본적인 문제까지 사라진 것은 아니라고 본다. 우리나라 경제가 회복되고 원화가치가 상승되면 다시 이들이 몰려올 수 있기 때문에, 오히려 이 기회에 그 동안의 문제점을 해결하고 올바른 제도를 정착시켜야 한다.

그러나 우리나라의 외국인력도입제도는 전문기술인력의 취업은 허용하나 단순기능인력의 도입은 금지한다는 원칙을 견지하고 있으며, 단순기능인력의 경우 예외적으로 연수목적으로 체류하는 경우에 한해 허용하고 있다. 하지만 현실적으로 편법으로 이용되는 이 제도가 오히려 현재 한국의 공식적인 외국인력 도입창구라 해도 과언이 아니다. 이와 같은 법률적 근거가 없는 외국인력의 도입은 이들의 보호에 있어서 산재사고, 임금체불, 강제근로, 폭행 등 오히려 취약점을 보이고 있다.

따라서 본서에서는 우선 우리나라의 외국인 근로자제도에 관한 법률적 근거와 현실적인 사실관계를 파악해 보고, 이를 바탕으로 현재 아무런 법적 근거가 마련되어 있지 않다는 이유만으로 국내 근로자와 동등한 법적 보호를 받지 못하고 있는 외국인 근로자의 법적 지위를 고찰하고, 이들의 보호 및 관리에 관한 문제점 해결과 입법적 대안을 제시하고자 한다.

외국인력의 도입과 이들의 법적 지위에 대해 살펴보면, 현재 출입국관리법상 취업이 허용되고 있는 체류자격은 여러 종류가 있다. 이 중에서 단순기능인력은 대부분 연수자격으로 입국하고 있고, 또한 외국인 근로자의 법률적 지위에 대해서도 합법취업자건 불법취업자건간에 이미 국내 근로자와 동일한 대우를 받아야 한다는 판례나 노동부의 입장이 정립되어 있다. 따라서 본서에서는 외국인 근로자를 자격이나 취업형태별로 구분하고, 이들에 대한 법적 문제를 구분하여 살펴본 후, 아직도 법률적 지위나 근거에 대해서 논란의 소지가 있는 외국인 산업기술연수생에 대해 보다 구체적으로 고찰해 보고자 한다.

또한 산업기술연수생의 경우도 출입국관리법 제24조의2 제1항 제1호 내지 제3호에 의해 합작방법 등으로 도입되는 경우와 출입국관리법 제24조 제1항 제4호에 의한 중소기업협동조합중앙회 등 소관 중앙행정기관의 장이 지정·고시하는 산업체 관련기관, 단체의 장이 추천하는 산업체에서 도입하는 경우가 있다. 그러나 사업주단체에 의해 도입되는 인력은 모두 중소기업협동조합중앙회의 시스템을 그대로 활용하고 있으므로 중소기업협동조합중앙회를 통한 연수제도가 사실상 우리나라의 공식적인 단순기능 외국인력 도입제도이기 때문에 중소기업협동조합중앙회에서 도입하는 산업기술연수생의 법적 지위와 제도의 개선을 중심으로 고찰해 보기로 한다.

제 2 장

외국인력 도입과정 및 비교분석

I. 우리나라의 외국인력 도입과정

우리나라의 외국인력 유입 배경

합법적이든 불법적이든 1980년대 후반부터 외국인 근로자의 국내 취업이 증가하고 있는 것은 하나의 기정 사실이다. 외국인 근로자의 국내 유입이 이루어지고 있는 주요요인은 크게 두 가지로 나누어 볼 수 있다. 하나는 우리나라측의 Pull 요인으로 우리나라의 인력난과 고임금을 들 수 있으며, 나머지 하나는 송출국가측의 Push 요인으로 노동력 수출국의 낮은 GNP 및 임금에 기인한다고 볼 수 있다.

이 중 외국인력 유입의 결정적인 요인이라고 볼 수 있는 우리나라의 인력난에 대해서 살펴보기로 한다.

우리나라의 인력난은 젊은 근로자들의 3D업종 기피로 인한 일시적인 것으로 인식되어 온 것이 사실이다. 따라서 정부는 이에 대한 적극적인 정책을 수립하기보다는 단기적이고 임시방편적인 처방과 산업기술연수라는 편법적인 방법으로 부족한 인력을 충당하고 있다. 그러나 우리나라의 인력난은 단순히 젊은 근로자들의 3D업종 기피해서 오는 것이 아니라 우리나라 인력구조의 변화에서 오는 구조적인 문제인 것이다.[1]

---

1) 남성일, 『단순기술외국인력정책 개선방안 연구』, 한국경영자총협회 1996, 35~42면, 47~51면.
  어수봉, 『한국의 실업구조와 신인력정책』, 한국노동연구원, 1994. 115~118면.

1. 우리나라 인력구조의 변화

총량적 인력부족을 측정하는 하나의 지표로서 실업률을 이용할 때 1987년 이후 우리나라의 자연실업률은 2.8~3.0%로 추정하고 있다.[2] 따라서 우리나라는 1988년 이후부터 인력수요가 공급을 초과하는 총량적 인력부족시대에 들어섰다고 판단할 수 있다.

우리나라 노동공급 구조변화의 특색은 고령화, 특히 10대 경제활동인구의 감소이다. 남성의 경우에는 20~24세 그룹 역시 경제활동 참가율의 감소추세를 보이고 있다. 따라서 인력난, 특히 젊은 인력의 부족은 일시적인 것이 아니라 구조변화에 따른 결과임을 알 수 있다.

예컨대 15~19세 남자의 경제활동 참가율은 1987년까지만 해도 14%였으나, 이후 계속 감소하여 1995년에는 9.3%밖에 되지 않는다. 20~24세 남자의 경제활동 참가율도 1985년에는 13.7%였으나, 1995년에는 7.7%밖에 되지 않는다.[3] 그리고 여자 15~19세의 경제활동 참가율은 1985년에는 21.1%였는데 1995년에는 14.6%로 감소하였다. 다만 여자 20~24세의 경제활동 참가율이 1985년 55%에서 1995년 65.9%로 증가한 것은 여성의 고학력화로 취업활동이 활발해졌기 때문이다.

이같은 경제활동 참가율의 급격한 감소 및 증가는 고학력화에 기인한다. 즉, 남성의 경우 고졸 및 대졸진학이 증가하고, 병역의무까지 마친 시점이 25세 이후이므로 15~24세의 경제활동 참가율이 감소하는 것이며, 여성의 경우에는 병역의무가 없으므로 15~20세의 경제활동 참가율은 감소하는 반면 20세 이상의 참가율은 증가하고 있다.

따라서 우리나라 인력난의 원인을 살펴보면 첫째, 1985년 이후 인력수요는 매년 3% 이상씩 증가해 왔으나 노동공급의 증가는 이에 못미쳐 결과적으로 실업률이 감소하고 인력난이 지속되고 있다. 1995년까지 실

---

2) 통계청, 『매년 한국통계월보』.
3) 통계청, 『매년 한국통계월보』.

업률은 사상 최저수준을 기록하는 등 인력난은 계속 심화되는 추세를 보였으며 1991년 이후의 외국인력 도입은 인력난 해소에 도움이 되지 못하고 있다.

둘째, 노동공급이 수요를 따르지 못하는 이유는 인구증가율의 둔화와 더불어 고학력화로 인한 젊은 연령의 노동력이 줄었기 때문이다.

셋째, 이를 대체할 수단으로 여성의 경제활동 참가가 지속적으로 증가하고 있으나 많은 젊은 여성들이 대기 실업화함으로써 효과를 거두지 못하고 있다.

2. 인력난의 심화

인력부족은 1987년부터 1989년까지의 경기후퇴시기를 제외하고는 계속 증가하여 1991년 전산업 부족률은 5.48%에서 1993년 3.62%로 떨어졌으나, 1995년에는 3.71%에 이르고 있다(〈표 2-1〉 참조).

〈표 2-1〉　　　　　　　　□ 전 산업인력 부족률 추이

(단위 : 연도, %)

연 도	1987	1989	1991	1992	1993	1994	1995	1996	1997	1998
부족률	3.29	3.21	5.48	4.26	3.62	3.57	3.71	2.98	2.44	0.65

주) 1. 10인 이상 사업체의 상용 근로자가 조사대상이며, 각 연도 3월말 기준임.

2. 부족률 = $\left(\dfrac{\text{부족 근로자수}}{\text{현재 근로자수}} \right) \times 100$

자료) 노동부, 「노동수요동향보고서」, 각 연도.

기능별 정도로 볼 때, 숙련직보다는 반숙련 기능직의 경우가 1987년의 부족률 5.3%에서 1991년 10.39%로 상승하였으며, 미숙련 기능공의 경우에는 동기간 중 11.1%에서 20.1%로 무려 9%나 상승하였다. 따라

서 반숙련과 미숙련 기능직의 부족이 극심하였음을 알 수 있다.[4]

또한 생산직 인력의 부족현상이 가장 심해 1991년에는 부족률이 9.0%를 넘었다. 이 가운데 규모가 종업원 30인 미만인 기업의 생산직 부족률은 15.3%를 기록했으며, 30~99인 규모기업의 생산직 부족률은 12.6%, 100~299인 규모기업의 부족률은 10.3% 수준이었다.[5]

1996년 기준 생산직의 총 부족인원은 10만 6,000여 명으로 전체 부족인원 15만 6,000명의 67.9%이며, 생산직의 총 인력부족률은 4.8%이다.[6] 1995년의 5.8%에 비해[7] 1.0%가 감소하였으나, 10~29인 규모기업의 부족률은 8.1%로 가장 높게 나타났고, 30~99인 규모기업, 100~299인 규모기업은 각각 5.7%, 4.7%로 높은 수준이며, 300~499인 규모기업과 500인 이상 규모기업은 중소 규모에 비해서 낮은 수준이나 각각 3.1%와 2.0%로 나타났다.

이러한 인력부족의 상황을 요약하면 첫째, 인력공급 구조는 고학력화하고 있는데 반해 인력수요는 아직 반숙련직에 많이 치중되고 있다. 둘째, 인력공급구조는 탈제조업화하고 있는데 비해 제조업의 인력수요는 여전히 생산관련직의 인력난이 심각하다. 셋째, 인력부족 현상은 대기업보다 중소기업에서 심각하다. 그러나 최근 들어서는 100인 이하 사업장의 인력난은 다소 호전되고 있지만 100~499인 규모 사업장의 인력난은 악화되고 있는 경향을 보이고 있다.

---

4) 남성일, 앞의 책, 46면.
5) 노동부, 「생산 및 관련직의 기업규모별 부족률」, 『노동수요동향보고서』, 1991.
6) 노동부, 앞의 보고서, 1996.
7) 노동부, 앞의 보고서, 1995.

외국인력 도입근거 및 정책 변천과정

1. 외국인력 도입근거

산업기술연수제도가 도입된 배경은 1988년 올림픽 개최 이후 사증면 제협정체결, 무사증 입국의 허용, 입국심사 간편화 등 출입국 규제가 완화된 후 외국인 근로자가 대거 유입되기 시작했고, 또한 앞에서 언급했듯이 3D업종을 중심으로 한 우리나라의 중소제조업체에서 심각한 인력부족 현상이 나타나자 이에 대응하기 위해서이다.

이와 같이 정부는 외국의 단순기능인력을 산업기술연수생 명목으로 활용하여 국내의 인력난과 고임금을 해결하고자 하였다. 법무부는 그동안 단순기능인력의 국내 취업을 사실상 금지하고 있던 원칙하에 1991년 10월 26일 「외국인산업기술연수사증등에관한업무처리지침(법무부 훈령 제255호)」 및 그 시행세칙을 발표하여 1991년 11월 1일부터 산업기술연수생이란 명목으로 외국의 단순기능인력을 도입하기 위한 산업기술연수제도를 시행하였다. 위의 업무처리 지침에 의한 연수목적 사증 발급 대상자에는 다음의 4종류가 있다.

첫째, 외국환관리법에 의하여 외국에 직접 투자하거나 외국기업과 합작으로 투자한 산업체.

둘째, 기술개발촉진법에 의하여 외국에 기술을 제공하는 산업체.

셋째, 대외무역법에 의하여 외국에 산업설비를 수출하는 산업체.

넷째, 외국인에 대한 연수가 불가피하다고 판단하여 주무부처의 장이 추천하는 산업체.

연수기간은 6개월 이내(법무부 장관이 인정하는 때에는 6개월 연장 가능)이고, 연수인원은 50명을 한도로 하여 생산직 상시 근로자수의 10% 이내로 한정했다. 그리고 외국인 연수허용 범위 등을 심의 조정하

기 위해 법무부에 「외국인 산업기술연수조정협의회」를 두었다.[8]

따라서 위의 법무부 지침을 발표한 1991년 10월 26일은 우리나라가 공식적으로 단순기능 외국인력을 도입하기로 하고 법률적 근거를 마련한 시점으로서 앞에서 분석한 대로 인력난이 가장 심각한 때였다.[9] 공식적인 도입과는 별도로 1991년 이후 관광비자나 방문비자로 입국하여 불법체류·취업하는 외국인 근로자가 급증하고, 외국인 범죄의 증가, 불법 외국인 노동자에 대한 인권침해 등 외국인 근로자 문제가 사회문제화되자 정부가 단속을 시작하여 불법체류자를 강제 출국하고 아울러 외국인 불법고용주의 형사처벌이 증가하자 중소영세업자들이 정부에 대해 인력난을 호소하고 외국인력의 합법채용을 건의하였다.

이에 따라 정부는 1992년 6~7월에 불법취업 외국인 근로자 및 사용자에 대한 처벌을 면제하고, 신고 사업주 책임하에 당해년도 12월말까지 출국기한을 연장(1차 연장)하고 한시적으로 국내 체류를 허용하였다. 불법체류자에 대한 출국기한 연장조치는 1993년 6월말에 2차 연장, 1993년 12월에 3차 연장, 1994년 상반기 4차 연장으로 계속되었다.

정부는 위와 같이 불법체류자에 대한 연장조치와 함께 1992년 하반기에 당시 상공부 장관의 추천으로 3D업종에 1만 명의 산업기술연수생을 도입할 것을 결정하였다.[10]

우리나라의 외국인력 도입은 1991년 법무부 훈령 제정과 1992년 후반기 산업기술연수생 1만 명 도입결정을 통해 외국인 근로자를 산업기술연수생으로 사용한다는 정부의 정책방향이 분명해졌다고 볼 수 있다.

1993년에 들어서자 국내의 실업률이 상승하는 등 경기하강에 따른 고

---

8) 법무부 차관이 위원장이 되었고, 위원은 경제기획원 기획국장, 외무부 영사교민국장, 법무부 출입국관리국장, 상공부 산업정책국장, 노동부 직업안정국장, 과학기술처 인력정책관으로 구성되었다.

9) 제조업 전체 인력부족률 9.07%, 10~29인 규모 제조업의 인력부족률 15.32%로 인력부족률이 극에 달했던 시점이었던 것으로 판단된다.

10) 법무부 훈령상 제4호(추천방식)에 의해 염색, 도금, 주·단조, 열처리, 유리, 피혁, 기계류, 신발, 전자, 전기분야 등 10개 업종에 1만 명 한도 내로 결정되었다.

용사정이 악화되고 연수 추천인원이 당초 목표 1만 명에 육박하는 8,000명에 달하게 되었고, 산업기술연수생의 이탈 등 관리에 있어서도 문제점이 발생되어 1993년 4월에는 산업기술연수생 도입 중단을 결정하였다.

2. 외국인력 정책과정 및 외국인력 현황

1) 제조업 분야

1993년 5월 20일 관계장관회의에서 제조업체 인력난 해소책을 논의한데 이어 같은 해 11월 24일 외국인 산업기술연수조정협의회에서 외국인 산업기술연수제도를 재활용하기로 하고 다음과 같은 결정을 하였다.

첫째, 산업기술연수생 도입기준 완화 및 2만 명의 산업기술연수생 추가 도입(1차 도입).

둘째, 중소기업협동조합중앙회가 산업기술연수생의 모집, 알선, 연수, 사후관리 담당.

셋째, 대상은 중소기업협동조합중앙회가 추천하는 중소제조업체.

정부가 이와 같이 결정한 이유는 다음과 같다.

첫째, 중소기업의 인력난이 지속되고 있다고 판단.

둘째, 자진신고 불법체류자가 출국하고 난 후 이른바 3D 직종에 인력공백이 생길 것을 우려.

셋째, 외국인 불법취업자를 축소할 필요가 있다고 판단.

이러한 정부결정의 후속조치로 1993년 12월 28일 「외국인산업기술연수사증발급등에관한업무처리지침」이 법무부 훈령 제294호로 개정되었다. 이 지침에 따르면, 외국인 산업기술연수사증발급 대상자는

첫째, 외국환관리법에 의하여 외국에 직접 투자하거나 외국기업과 합작으로 외국에 투자한 산업체.

둘째, 기술개발촉진법에 의하여 외국에 기술을 제공하는 기업.

셋째, 대외무역법에 의하여 외국에 산업설비를 수출하는 산업체로 한정하였다.

법무부 장관은 외국인에 대한 연수가 불가피하다고 판단하여, 주무부처의 장 또는 주무부처의 장이 지정하는 산업체, 유관공공단체의 장이 추천하는 산업체에서 연수하려는 자를 사증 발급대상으로 할 수 있다는 것으로 하였다. 이에 의거하여 1994년 1월 4일 통상산업부 장관은 중소기업협동조합중앙회를 연수추천기관으로 지정하였다. 또한 개정된 지침에 따라 연수비자 발급대상자가 확대되었으며, 연수기간을 1년으로 하고 1년 연장 가능(1994. 1. 1.부터 시행)하도록 하였다.

1994년 9월 2일 「외국인 산업기술연수 조정협의회」를 열어 신발·섬유업종에 외국인 산업기술연수생 1만 명(섬유 7,500명, 신발 2,500명)을 추가로 도입하기로 결정하였다 (2차 도입).

위와 같은 과정을 거쳐 2차로 도입하기로 한 2만 명이 1994년 5월 31일에 최초로 입국하여 국내 기업체에서 연수를 시작하였으며, 그 동안 겪어 보지 못했던 다량의 외국인 근로자 유입은 결국 많은 문화적 갈등과 부작용을 낳았다. 한편 1995년 1월 네팔 산업기술연수생의 명동성당 농성으로 산업기술연수생에 대한 사회적 관심이 고조되었다. 이 사건을 계기로 노동부는 1995년 2월 14일 「외국인산업기술연수생의보호및관리에관한지침」을 제정하였다.[11]

위와 같이 노동부는 지침을 만들어 연수제도를 보완하는 한편 현재의 불법이탈자 발생, 인권침해 등의 문제가 산업기술연수생제도 자체에 있다는 판단 아래 새로운 제도에 의해 외국인 근로자를 들여와야 한다는 논리로 외국인 근로자에 관한 별도의 입법이 필요함을 과제로 상정하여

---

11) 이 지침의 주요 내용은 외국인 산업기술연수생에 산재보험 및 의료보험 혜택을 부여하고 근로기준법상의 강제근로 금지, 폭행금지, 금품청산, 근로시간 준수 등 법적보호를 부여하며, 산업안전보건법상의 안전과 보건조치 및 건강진단을 실시하고, 최저임금법을 적용 - 국내최저임금인 월 26만 4,000원 - 지급하는 것이었다.

세계화추진위원회에 역설하고 고용허가제를 내용으로 하는「외국인 근로자 종합대책」을 발표하였다.

우리나라의 외국인 도입제도에 관해 그 동안 소외되었던 노동부가「외국인산업기술연수생관리에관한지침」의 발표와 함께 고용허가제도의 도입을 공식적으로 제기하면서 외국인력제도에 대한 질적인 변화를 맞게 되었다.

1994년 9월의 2차 도입에 이어, 1995년 5월 17일 2만 명 추가 도입(3차 도입), 1996년 2월 16일 1만 9,000명(4차 도입), 동년 7월 2일에 수출 중소업체를 대상으로 1만 명(5차 도입)을 추가로 도입·결정하였다.

1996년 9월 19일 중소기업청은 외국인 산업기술연수제도를 효율적으로 추진하기 위하여 산업기술연수생 도입, 배정 및 사후관리 등에 관한 세부내용을 규정한「외국인산업기술연수제도운영에관한지침」을 제정하고, 그 동안 외국인 산업기술연수제도의 운영에 대해서 중소기업협동조합중앙회가 통상산업부의 승인을 받아 자체적으로 제정하여 운영해 오던「외국인산업기술연수협력사업운영요령」을 폐지하였다.

1996년 3월 1일「외국인산업기술연수사증발급에관한업무처리지침」(개정)에 의해 연수업체의 도입 규모가 이전 10인 이상~300인 미만 사업장에서 5인 이상 사업장으로 확대되었으며, 도입 규모도 이전 상시 생산직 근로자의 10%에서 10~20%로 완화되었다.[12]

연수기간은 1995년까지 1년 이내이며 1년 범위 안에서 연장이 가능하였으나, 1996년부터는 2년 이내이며 1년 범위 안에서 연장이 가능하여 총 3년을 국내에서 연수할 수 있게 되었다.

그리고 산업기술연수생 비자 (D - 3)는 1995년까지 1년 이내의 사증이 발급되었으나, 1996년부터 2년 이내의 사증이 발급되고 있다.

---

12) 단, 2차 신발·섬유에서는 예외적으로 섬유는 15% 이내, 신발은 20% 이내로 하였다.

2) 어업 및 건설업 분야에 확대실시

한편 수협중앙회는 1995년 9월 12일 노·사 대표자회의를 갖고 어선의 외국인 선원 고용에 관한 대정부 건의를 채택하였다.[13]

현재 연근해에서는 대형기선저인망 어업 등 12개 업종에서 20톤급 이상 어선 약 4,000여 척 정도가 조업을 하고 있으나, 이에 소요되는 선원 6만 명 가운데 1만여 명이 부족한데다가 이들마저 이직률이 높아 선원난은 갈수록 심각한 실정이다. 이에 따라 휴·폐업하는 업체가 속출하고 있고, 고령자·부녀자·무경험자가 대체 충원됨으로써 잦은 해난사고의 원인이 되고 있음에도 당시 해운항만청이 고시한 「외국인선원고용지침」에서는 외국인 승선이 가능한 선박을 외항선 및 원양어선으로 국한하고 있어 이에 대한 대책으로 외국인력의 도입을 건의하였다.

이와 같은 이유에서 1996년 8월 16일 해양수산부와 수협중앙회는 극심한 선원인력 부족에 따른 연근해 어업계의 인력난을 완화해주기 위해 외국인 선원 1,000명[14]을 산업기술연수생 형식으로 도입하기로 결정하였다.

이에 따라 수협은 「연근해어선의외국인산업기술연수협력사업운영요령」을 해양수산부로부터 승인받고, 외국인 선원관리를 전담할 「선원송입관리단」을 구성하였다. 외국인 선원의 고용이 허용되는 연근해 어선은 대형기선저인망과 트롤어업, 기선권현망, 근해 유자망, 정치망 등 모두 13개 업종으로 6개월 이상 승선경험이 있는 20~35세의 외국인을 우선 도입대상으로 하였다.

배정한도는 배 한 척당 2명씩, 전체 선원의 30%까지 외국인 선원 승

---

13) 수협중앙회 회장을 비롯하여 대형기선저인망수협, 대형선망수협 조합장 등 수협측 대표 11명과 전국선원노조연맹 위원장, 각 단위선원노조 위원장 등 13명의 노조측 대표가 참석한 가운데 노사 대표자 회의를 갖고 대책을 건의하게 되었다(《조선일보》, 1995. 9. 12.)

14) 1,000명은 1996년 2월 16일 정부가 도입키로 결정한 산업기술연수생 2만 명 중 1만 9,000명은 중소기업협동조합중앙회를 통하여 제조업체에 도입하고, 나머지 1,000명을 수협에서 도입하기로 결정한 것이다.

선을 허용하고 연수조건은 기본급 35만원과 수당 15만원 등 모두 50만
원의 급여를 주고, 승선기간이 1년이 넘으면 퇴직금과 보너스를 지급하
기로 했다. 연수기간은 기본 연수기간을 2년으로 하고, 한 차례에 한해
승선기간을 1년간 연장해주기로 했다. 이들은 1996년 11월부터 1997년
8월까지 940명이 입국하였으며 조선족 181명, 한족 520명, 인도네시아
239명이 입국하였다.[15]

건설업 분야의 경우 건설교통부는 인천국제공항 등의 건설인력 부족
을 해소하기 위해 산업기술연수제도에 따라 외국건설인력을 도입키로
하고 도입절차, 연수대상공사 등 연수업무 지침을 1997월 7일 2일 확정
발표했다.

건설교통부는 산업기술연수생 도입방식은 기존 제조업종의 도입방식
과 달리 산업기술연수생을 필요로 하는 건설업체가 송출국에서 직접 선
발하도록 하고 부득이한 경우 건설협회가 선발을 대행토록 했다.

이에 따라 동년 7월 24일 대한건설협회는 외국인 건설산업기술연수
운영위원회를 열어 업체별 산업기술연수생 및 인원을 확정했다. 외국인
산업기술연수생은 모두 2천 500명으로 인천국제공항에 1,650명, 정부
고속철도 공사현장에 400명, 원전설비에 450명을 배정하였다. 송출 국
가별로는 태국이 1,459명으로 가장 많고 필리핀이 445명, 인도 443명,
베트남 73명, 중국 50명, 파키스탄 30명이다. 그러나 사회간접자본
(SOC) 건설현장에 대한 산업기술연수생 도입은 시행 1년만에 IMF사태
를 맞이하여 사실상 중단된 상태이다. 당초 들여오기로 했던 산업기술
연수생 도입 실적은 원래 계획인원 2,500명에 크게 못 미치는 414명에
그치고 있다.[16]

---

15) 입국한 940명 중 15.4%인 145명이 사업장을 이탈하였으며, 이들 중 80%가 입국 후 1주일 이내에 잠
적하였다. 수협은 애당초 승선 경력자만 도입키로 하였으나, 90% 이상이 비경력자로 실제 승선 가
능성에 대한 조사과정없이 무분별하게 도입하였다고 선원노련은 주장하고 있다(《경향신문》, 1997.
8. 16.).

16) 이 중 55명이 취업을 포기하고 중도 귀국하였으며, 현재 남아있는 인원은 359명에 불과하다(《동
아일보》, 1998. 4. 3.).

3) 연수취업제의 도입

정부는 1997년 9월 9일 그 동안 노동부가 도입을 추진했던 외국인 고용허가제와 현행 산업기술연수생제도를 절충, 산업기술연수생제도를 유지하되 산업기술연수생 가운데 일부에게는 일정기간 숙련도 평가 등 소정의 절차를 거쳐 취업 비자를 내주기로 경제장관간담회의에서 합의했다. 이에 따라 1998년 4월 1일 출입국관리법 제19조의3을 신설하여 연수취업제를 도입하였다.

이 취업연수제는 일본의 기능실습제도와 유사한 제도로써 산업기술연수생이 2년간의 연수생활을 마치면 소정의 평가를 하여 합격한 자에 한해 취업자격(E - 8)을 부여하고 체류자격을 1년간 연장하여 취업활동을 보장하는 제도이다. 따라서 연수취업자는 그 동안 연수를 받던 연수업체와 정식으로 근로계약을 체결하고 근로자로 인정되어 노동법상의 국내 근로자와 동등한 대우를 보장받게 된다. 연수취업자의 경우 현재 산업기술연수생에게는 적용되지 않는 연·월차 수당과 퇴직금을 지급받을 수 있으며 노동3권도 보장받을 수 있다.

4) 우리나라의 외국인력 현황(최근 IMF 이후를 중심으로)

우리나라의 외국인 취업자수는 1993년말 6만 6,000명에서 IMF 직전인 1997년 7월말 현재 21만 7,543명으로 꾸준히 증가하다가, IMF 이후인 1998년 2월말 현재 19만 4,000명으로 감소세를 보이고 있다. 또한 불법취업자의 수도 IMF이전인 1997년 7월말 기준으로 13만 9,480명으로 최고 기록을 보이다가 1998년 2월에는 12만 3,299명, 동년 8월에는 9만 2,686명으로 1996년 이후 최저 수준을 기록하였다.

합법취업자수는 1994년 7월말 1만 7,699명에서 급격히 증가하여 1995년 12월말에는 4만 7,040명, 1996년 12월말에는 7만 9,217명으로 계속 증가하다가, 1997년부터 국내 경기가 침체기로 들어서자 줄기 시작하여 그해 7월말 7만 8,063명에서 1998년 2월말 7만 0,758명으로 급감하였다(〈표 2-2〉 참조).

〈표 2-2〉 **□ 국내 취업 외국인 현황**

(단위 : 명)

	1994 (7월말)	1995 (12월말)	1996 (12월말)	1997 (7월말)	1998 (2월말)
총 인 원	71,886	128,906	208,271	217,543	194,057
합법취업자	17,699	47,040	79,217	78,063	70,758
불법취업자	54,187	81,866	129,054	139,480	123,299 (92,686)

주) (　　)안은 1998년 8월말 현재.
자료) 법무부 ; 중소기업협동조합중앙회, 『외국인산업기술연수백서』, 1996.

〈표 2-3〉 **□ 산업기술연수생 입·출국 현황**

(단위 : 명)

연도	최초배정인원	입 국 인 원	이 탈 인 원	출 국 인 원
1993	20,000			
1994	10,000	18,819	2,000	452
1995	20,000	21,082	4,500	3,068
1996	29,000	25,919	4,800	6,707
1997		20,092	7,500	8,770
1998		10,547	1,500	25,903
계	79,000	51,735 (96,459)	20,396	44,900

주) 1998년 12월말 현재.
　　(　　)안은 교체입국까지 포함한 숫자임.
자료) 중소기업협동조합중앙회, 「국가별 연도별 입국현황」, 1998. 12. 31.

　　1998년 11월 22일 중소기업협동조합중앙회에 따르면 외국인 연수제도가 지난 1994년 시행된 이후 모두 15개국에서 최대 8만 명까지 허용되어 있으나 현재까지 산업기술연수생 자격으로 입국한 산업기술연수생은 5만 1,735명으로 이들 중 39.4%인 2만 396명이 당초 계약된 일터를 벗어났다(〈표 2-3〉 참조).

그러나 〈표2-3〉의 숫자는 정부가 당초 허용한 인원인 7만 9,000명 중에서 배정한 인원만 계산한 것이며, 이외에 중도 귀국자나 만기 귀국자에 대한 대체인원까지 포함하면 총 입국인원은 1998년 말 현재 14개국 9만 6,459명으로 이 중 귀국자를 빼고 공식통계상 3만 200명 가량이 현재 연수하고 있으므로, 무단 이탈해 불법체류중인 산업기술연수생 2만여 명을 포함하면 모두 5만 명 가량이 국내에 체류하고 있는 것으로 추산된다.

그 동안 IMF 이후 국내 경기 침체로 계속 감소하던 불법체류자수는 1999년 1월말 현재 다시 10만 명을 넘어섰다(〈표 2-4〉 참조).

〈표 2-4〉　　　　　　　　□ **불법체류자 현황**

(단위 : 명)

연 도	1994	1995	1996	1997	1998(8월)	1999(2월)
인 원	42,231	81,866	129,064	148,048	92,686	105,574

주) 1998년 12월말 현재
자료) 법무부, 《중앙일보》, 1997. 10. 7. 《동아일보》, 1998. 11. 10. 《문화일보》, 1999. 3. 10.

1999년 3월 10일 법무부 출입국관리국에 따르면 외국인 불법체류자수는 지난 1997년말 14만 8,048명으로 최대를 기록한 후, 매월 400~1만 4,500명씩 감소, 1998년 8월말 9만 2,686명까지 떨어졌다. 그러나 그해 9월부터 매월 800~3,000명씩 늘기 시작, 1999년 1월 10만 명을 넘어섰고, 2월말에는 전달보다 3,104명이 늘어난 10만 5,574명으로 집계되었다. 이는 최소이던 1998년 8월의 9만 2,686명에 비해 6개월만에 매월 평균 2,000명씩 1만 2,888명이 늘어난 것이다.

이와 같이 불법체류자가 급증세로 돌아선 것은 IMF 사태로 침체되었던 국내 경기가 회복되고 있는 반면 불법체류자의 대부분을 차지하는 중국과 동남아 국가의 경제상황은 악화되고 있기 때문이라고 분석된다.

2. 주요국의 외국인력 현황과 입법례

서 론

앞에서 우리나라의 외국인력 도입의 근거와 과정을 살펴보았다.

우리나라는 전문직 외국인력의 경우에는 정식으로 취업을 허용하여 적극적으로 활용하지만 단순기능인력의 취업은 허용하지 않는 원칙이다. 따라서 단순기능인력의 국내 취업에 대한 경험과 법률적 근거가 마련되지 않은 상태에서 외국인 불법체류자의 급격한 증가 및 산업기술연수제도라는 명칭으로 단순기능 외국인력을 일시에 대량으로 도입함으로써 많은 부작용이 발생하고 있다. 그러므로 우리나라도 이제는 외국인력의 법률적 근거와 이들의 보호 및 관리를 위한 제도가 시급히 마련되어야 한다.

그러나 이러한 외국인력의 유입이란 과거에는 상상조차 하기 어려운 것으로써 이들의 관리나 보호를 위한 제도나 법률제정에 있어서 아무런 경험이나 관행이 없는 실정이다. 그러므로 이러한 외국인력의 유입에 대해 우리보다 훨씬 먼저 경험하고 많은 시행착오를 겪어오며 나름대로의 제도를 정착해 온 선진국의 정책이나 법규 등을 살펴보고, 우리나라의 제도와 비교 · 검토해 보는 것은 현재 우리나라의 외국인력제도의 문제점을 파악하고 개선하는데 있어 입법방향 등 중요한 판단자료로 활용될 수 있다고 생각된다.

따라서 우리보다 훨씬 먼저 외국인력의 도입경험을 하고 제도를 정착시킨 나라 중 노동허가제도를 채택하고 있는 독일, 고용허가제도를 채택하고 있는 대만, 산업기술연수제도를 채택하고 있는 일본 등 대표적인 3개 나라의 외국인력 도입과정 및 정책을 살펴보고 이들 나라와 우리

나라의 외국인력의 도입과정 및 법률이나 제도에 관한 차이점을 비교
검토해 보기로 한다.

독일

1. 인력정책의 변화과정

l) 도입 초기의 한시적 근로자 수입정책

독일은 전후 가장 적극적으로 외국인 근로자를 수입한 국가 중의 하나로서 1992년말 독일 내 외국인 거주자 600만 명 중 외국인 근로자는 190만 명이며 전체 독일 근로자의 8%를 차지하고 있다.[17]

1950년대 말부터 광업, 제조업 및 건설업 등에 인력부족이 심화되었으며, 이러한 인력 부족에 대응하여 독일은 외국인 근로자를 한시적으로 고용하는 정책을 취하게 되었다. 따라서 부족한 인력을 충원하기 위해 노동력 수출국가와 외국인 근로자 수입을 위한 협정을 체결한[18] 후 외국인 인력에 대한 높고 지속적인 수요로 외국인의 고용은 급속도로 증가하여 1955년 8만 명이던 외국인 근로자의 수는 1968년에는 100만 명을 넘었으며, 1971년에는 외국인 근로자의 수가 220만으로 전체 근로자의 10.3%에 이르렀다.

그러나 독일 정부는 1973년 1차 석유파동으로 경제상황이 악화되고 국내 고용사정도 어렵게 됨에 따라 지금까지의 적극적인 외국노동력 수입정책을 전환하여 1973년 11월 EC가맹국인 이탈리아를 제외한 모든 외국인 근로자에 대해 신규모집을 중단하였다.

이 기간에는 외국인의 취업구조도 변하였는데, 농업에서의 초기 수요는 그 이후 제조업에서의 수요에 비하면 미미하였다. 1960년에 이미 3%의 외국인 근로자만이 농업에 고용되었고 63%가 제조업, 26%가 건설

---

17) 김소영,『외국인력관련법제 및 정책의 국제비교』, 한국노동연구원, 1995. 8., 13면.
18) 1955년에 이탈리아, 1960년에 스페인과 그리스, 1961년에 터키, 1964년 포르투갈, 1965년에 튀니지공화국, 1968년에 유고와 각각 노동력 수입협정을 체결하였다(김소영, 앞의 책, 13면).

업, 18%가 서비스업에 취업되었다. 그후 10년 뒤에는 1% 미만만이 농업에 고용되었고, 제조업에 63%, 건설업과 서비스업에 각각 17%가 취업하게 되었다.[19]

독일은 도입 초기에 외국인 근로자를 경기순환의 완충장치(Conjunctural buffer : Konjunkturpuffer)로 보았다. 즉, 외국인력을 필요로 할 때 도입하여 경기가 나빠지면 고용관계를 종료시키고 돌려보낸다는 순환원칙이 기본적인 정책방향이었다.[20]

그러나 이러한 도입 초기의 순환원칙은 지켜지지 않았다. 그것은 첫째, 경기가 호황이거나 불황이거나 기피직종의 일자리를 채울만한 독일인이 존재하지 않았으므로 외국인은 독일의 생산을 위해 구조적으로 필요한 존재가 되었기 때문이었다. 상호 연관성 때문에 기피직종의 일이 외국인에 의해 채워지지 않는다면 독일인의 일자리도 위험하게 되었다.

둘째, 외국인들을 순환원칙에 의해 고용한다는 것이 상당히 많은 비용이 든다는 것을 인식한 고용주들이 이주 근로자들의 고용 및 체류허가를 갱신하여 줄 것과 관련절차를 간소하게 하여 줄 것을 정부에 요구하였기 때문이다. 정부는 점차적 갱신 및 연장절차를 간소화하였으며, 이로 인하여 외국인 근로자들은 오래 체류할수록 보다 많은 권리를 보유하게 되었다.

2) 1970년대 이후의 규제정책

1970년대 초반에 중단된 이후 독일 정부의 외국노동력 수입에 대한 규제정책은 어느 정도 효과를 나타내어 그후 외국인 근로자수는 꾸준히 줄어들어 1973년 11.9%에서 1980년에는 9.5%로 감소하였다.

독일은 외국노동력 수입에 대한 규제정책의 일환으로 1976년부터는

---

19) 중소기업협동조합중앙회, 제6장 「주요국의 외국인력정책」, 『외국인산업기술 연수백서』, 1996., 112면.
20) 중소기업협동조합중앙회, 앞의 책, 111면.

귀국촉진정책을 꾀하여 1976년에 귀국준비능력을 강화하는 정책을 제시하였고, 1983년에는 「외국인귀국준비촉진법」을 제정하여 귀국보조금을 지급하였다. 그러나 이러한 정책에도 불구하고 당시 외국인 거주자 450만 명 중 귀국자는 50%에 불과하였다.

1970년대 초반 이후 중단되었던 독일에서의 취업기회가 1991년 관계법이 개정됨에 따라 다시 주어지고 있다. 1960~1970년대 외국인력의 도입이 경제적인 동기에서 이루어졌다면, 동유럽 사회주의 국가의 붕괴 이후 중동부 유럽 국가들을 대상으로 한 1990년대의 외국인력 수입은 주로 정치적인 이유에서 허용된 것이라고 볼 수 있다.

중동부 유럽 붕괴 이후 서독과 주변 국가의 소득격차, 체제전환을 겪고 있는 주변 국가의 높은 실업률 등으로 독일 정부는 주변 국가로부터의 대규모 불법적인 인력유입을 상당히 우려하였다. 정부는 이를 방지하는 효과적인 대안의 하나로 이들 국가의 국민들에게 합법적인 취업의 기회를 제공할 정책적인 결정을 하였다.

1 한시적 피용자(guest employees ; Gastarbeitnehmer)

한시적 피용자는 독일과 중동부 유럽 국가간의 쌍무협정에 의해 도입된다. 즉, 훈련을 목적으로 일정수의 인원에 대해 상대방 국가에서의 취업기회를 제공하는 것이나, 실제로는 중동부 유럽 국가의 근로자들이 독일에서 받는 훈련만이 이루어진다고 볼 수 있다. 협약에 근거한 취업허가는 훈련생을 받아들이는 국가의 노동시장 상황에 관계없이 주어지며, 취업기간은 통상적으로 1년이고 최장 18개월까지 가능하다. 임금, 근로조건, 사회보장 등 훈련생의 처우와 권리는 독일 근로자와 동등하다.[21]

---

21) 중소기업협동조합중앙회, 앞의 책, 120면.

② 특정 사업과 관련된 외국인력의 도입협정(Werkvertrags abkommen)

외국기업이 독일기업과의 계약에 의해 특정사업을 독일의 영토 내에서 수행하는 경우 이와 관련하여 외국인력이 도입될 수 있다. 단, 이와 관련된 정부간 협정이 체결되어 있어야 하며, 한시적 피용자의 경우와 마찬가지로 결원조사가 전제되지 않는다. 독일 정부와 중동부 유럽 국가 정부간의 협정에 의해서 해당 국가별로 이 제도하의 연간 인력 규모가 결정되며, 1992년 10월 약 8만 명의 외국인력이 이 제도하에 도입되었다.[22]

③ 기타 외국인력 도입제도

통상적으로 독일의 영토 밖에서 거주하는 외국인력의 취업허가의 결정권은 지역직업안정소에 있으며, 아래에서 살펴보는 대로 그 결정시 고려되는 요소로 훈련이 중요시된다. 다음의 경우에는 최장 1년까지 취업허가가 주어진다.

① 독일에 본사를 둔 해외지점에 근무하는 외국인이 독일본사의 업무에 친숙해질 필요가 있는 경우.
② 독일과 외국의 합작기업 숙련근로자에게 현업훈련을 부여하는 경우.
③ 독일기업과 가공수출이나 상표권 계약하에 생산하는 외국기업에 종사하는 외국인의 경우.

독일기업과 업무적으로 제휴한 외국기업의 근로자에게도 독일기업의 업무관행에 친숙하게 할 목적으로 최장 18개월까지 취업허가가 주어질

---

22) 중소기업협동조합중앙회, 앞의 책, 122면.

수 있다.

또한 기업이나 협회의 외국인 숙련근로자나 관리직에게 현업훈련의 기회를 주기 위해서 최장 2년의 취업허가가 주어질 수 있다.

2. 독일의 외국인력 정책

1) 기본정책

현재 독일의 외국인 근로자에 대한 정책의 기본방향은 다음과 같이 요약될 수 있다.

첫째, 국외모집을 정지하고 가족초청 규제를 지속하는 가운데 외국인 근로자의 수입규제를 지속적으로 실시하고 있다.

둘째, 위법 또는 부정하게 외국인을 고용한 고용주에 대한 벌칙강화 등 불법취업 규제를 강화하고 있다.

셋째, 사회적 통합정책을 실시하여 이미 구서독에서 취득자격을 갖춘 외국인 노동자에 대해서는 '체제허가'와 '노동허가'를 부여, 외국인도 독일인과 동등한 권리를 부여하는 방향으로 정하는 가운데 사회적 통합 촉진책을 쓰고 있다.[23]

2) 노동허가제도 및 체류허가제도

EC가맹국 출신을 제외한 외국인이 독일에서 취업하기 위해서는 '체류허가'와 '노동허가'를 얻어야 한다. 노동허가를 받지 못한 자가 취업하는 경우에는 불법취업으로 간주된다.

---

23) 김소영, 앞의 책, 22면.
   중소기업협동조합중앙회, 앞의 책, 116~117면.

‘노동허가’는 노동시장의 상황과 개별적 경우의 인적관계를 고려하여 발급된다. 또한 외국인이 노동허가를 얻기 위해 ‘체류허가’를 취득해야 한다. 이와 같이 독일은 외국노동력 수입에 있어서 ‘체류허가’와 ‘노동허가’에 의해 외국인 근로자를 관리하는 노동허가제도를 취하고 있다.

고용촉진법 제19조는 외국인의 노동허가에 대한 법적 근거를 규명하고 있으며, 그 구체적인 내용은 「非독일인 근로자의 노동허가에 관한 규정」(Verordnung überdie Arbeitserlaubnis für nichtdeutsche Arbeitnehmer Arbeitverordnung, 이하에서는 AEVO라 한다 ; 1971. 4. 1. 제정, 1980. 9. 12. 전면 수정)이 규정하고 있다.

‘체류허가’에 대해 「외국인의 취업을 위한 체류허가에 관한 규정」(1990. 12. 18.)[24]이 규정하고 있다.

노동허가[25]는 일반노동허가와 특별노동허가가 있다.

1년의 유효기간을 갖는 일반노동허가(Allgemeine Arbeitserlaubnis)는 외국인 본인의 신청에 의해 취업을 희망하는 지역의 관할노동청이 노동시장의 상황을 고려하여 발급한다(AEVO §1, §11). 관할노동청은 외국인의 취업이 독일 내의 고용사정 악화의 요인으로 작용하지 않도록 독일인 및 EC지역 내의 외국인이 취업을 희망하지 않는 업무에 한하여 노동허가를 발급한다.

특별노동허가(Arbeitserlaubnis in besonderen Fällen)는 이미 독일 내 노동시장에 고용되어 있는 외국인 근로자에 대해 노동시장의 상황에 관계없이 발급된다. 특별노동허가는 일반노동허가와 마찬가지로 외국인 본인이 관할노동청에 신청하지만 지역 및 직종의 제한을 받지 않는다.

특별노동허가는 ‘기한부’ 특별노동허가(AEVO §2)와 ‘무기한’ 특별노동허가가 있다. 그리고 외국인 근로자에 대한 체류허가는 1년, 18개월, 2년을 기한부로 발급되며, EU지역 이외의 외국인이 독일에서 3개월 이

---

24) BGBL. I. 2994.
25) 김소영, 앞의 책, 17~21면.

상 취업하기 위하여는 체류허가(Aufenthaltsgenehmigung)[26] 를 취득해야 한다(근로목적 체류에 관한 규정(Arbeitsaufenthaltsveror dnung), 1990. 12. 18., §1).

---

26) 김소영, 앞의 책, 21 ~22면.

대만

1. 대만의 외국인력 현황 [27]

대만은 1970년대부터 연평균 10%를 넘는 고도성장을 지속적으로 달성해온 가운데 출산율 저하, 고학력 및 고령화 추세로 국내 노동력 증가가 둔화되어 필연적으로 외국인 노동력 수입이라는 문제에 봉착하게 되었다.

노공위원회에 의하면[28] 1990년 12월 현재 총 12만 9,592명의 인력이 부족한데, 이는 대만 전체 노동력의 2.9%에 해당하는 수치이다. 이와 같은 극심한 인력난으로 외국인력 수입 논의가 대만에서도 현실화되었다.

1989년 10월 대만 정부는 정부부문 공공시설공사에 외국인 근로자의 취업을 허용하고, 1992년 5월말에는 「외국인초빙고용허가급관리방법」을 제정하여 민간부문에도 외국인 취업을 합법화하였다. 초기에는 민간부문의 경우 6개 제조업에만 외국인 취업이 허용되었으나, 1993년초 73개 제조업종 및 가정부 등 특수직종으로 그 범위가 확대되어 총 8만 80명의 외국인 취업이 허용되었다.

고용허가제 도입 후 외국인 취업자수는 증가하여[29] 1996년 4월 현재에는 총 18만 8,195명의 외국인이 합법적으로 취업하고 있다. 제조업 관련 종사자가 71.2%로 가장 많고, 건설업(3만 6,564명), 간호보조원(1만 189명)의 순이다. 그외 불법체류자수는 약 2만 6,000명으로 가장 많았으나, 단속강화 등으로 감소하기 시작하여 1992년 11월에는 2만 1,000

---

27) 남성일, 앞의 책, 96~97면.
　　중소기업협동조합중앙회, 앞의 책, 93~94면.
28) 대만 행정원 노공위원회, 1996. 5.
29) 자료 : 대만행정원 노공위원회, 1996. 5.

명까지 줄었다.

2. 기본정책 방향

1) 기본원칙

1989년 5월 취업복무법(The Employment Services Act)을 개정·공포하여 민간부문에서 외국인 근로자의 취업을 합법화하였고, 1992년 10월 27일에는 취업복무법 제45조에 근거하여 「외국인초빙고용허가및관리방법」을 제정·공포하여 외국인 근로자를 고용 및 관리를 하고 있다.

현재 대만 정부는 외국노동력 수입정책에 있어 다음과 같은 기본방침을 정하고 있다.

첫째, 단순·미숙련 외국인 근로자의 한시적 고용.

둘째, 필요한 노동력을 국내에서 구할 수 없는 경우에 한하여 외국인 근로자 고용에 대한 개별적 허가.

셋째, 외국인 근로자의 고용허가 연장시 국내산업 발전과 국내 근로자의 고용기회 및 근로조건, 기타 사회질서에 미치는 영향 등에 대한 전체적인 평가선행.

넷째, 불법취업에 대한 규제 강화.

2) 외국인 근로자 고용허가 및 관리방법 실시를 위한 가이드라인[30]

대만의 「외국인 근로자 고용허가 및 관리방법 실시를 위한 가이드라인」은 불법취업자에게 '사면'과 같은 예외적 조치를 취하는 방법에 의

---

30) 남성일, 앞의 책, 116~122면.
　　김소영, 앞의 책, 55~59면.

해 합법적 지위를 부여하지 않는다는 정책을 밝히고 있다. 이것은 일단 사면을 하면 앞으로 합법화 가능성을 기대하여 불법취업자가 증가할 가능성이 높아진다는 것이다.

외국인의 고용허가 및 관리방법에 관한 규정의 세부내용 중 중요한 것만 살펴보면 다음과 같은 특성을 포함하고 있다.

① 보완성 — 외국인 근로자의 고용을 허락하는 기본목적은 국내 노동력의 불충분을 보완하는데 목적이 있다.

② 임시성 — 체류를 연장하여 장기간 체류하거나, 친척·부양가족을 데려오거나, 대만 국내에서 결혼하게 됨으로써 유발되는 사회적 비용을 최소화시키기 위해 외국인력을 임시적으로만 고용한다.

③ 생존성 — 인력 부족으로 처한 존재위기에 있는 산업에 전략적으로 허용한다. 왜냐하면 이런 산업의 기업들이 도산됨으로써 더 큰 실업이 발생되기 때문이다

④ 중요성 — 외국인력 수입은 국가경제성장에 중요한 비중을 차지하는 산업을 우선으로 허가한다.

⑤ 발전성 — 외국인력의 수입허가 신청시 생산설비 및 노동환경 개선 등 기업의 합리화를 위한 '계획서'를 동시에 제출해야 한다.

⑥ 열악성 — 근로조건이 매우 열악하여 국내 근로자들이 취업을 꺼리는 업무에 한한다.

⑦ 동일성 — 국내 노동여건의 저하를 막기 위해 국내 근로자모집시 제시했던 임금수준과 동일한 수준을 제시해야 한다.

⑧ 분담성 — 고용주는 외국인 근로자를 사용할 때 비교적 저임금으로 고용이 가능하기 때문에, 대만 근로자의 임금도 그 영향을 받게 되고, 또한 대만 근로자의 고용기회가 감소되는 문제가 야기되는 등 외국인 근로자에 의해 유발되는 잠재적인 사회비용의 내재화를 위해 고용세를 내야 한다.

⑨ 취업 후의 균등대우 — 외국인 근로자는 근로조건에 있어 국내 근로

자와 균등한 대우를 받으며, 근로기준법이 적용될 수 있다.

⑩ 1년의 취업기간 ― 외국인 근로자의 고용허가 기간은 원칙적으로 1년이지만 사용자 신청에 의해서 연장신청이 가능하다.

⑪ 사면·전직의 불허용 ― 불법취업자에게는 사면과 같은 예외적인 조치를 통한 합법적 지위를 부여하지 않는다.

⑫ 부양가족의 입국·결혼·출산의 금지 ― 외국인 근로자는 부양가족을 초청하거나 결혼할 수 없으며 임신·출산할 수 없다.

⑬ 불법취업자에 대한 처벌 ― 불법취업자의 사용자에 대한 엄격한 규제를 통해 불법취업자의 근절을 꾀한다.

⑭ 외국인력 수입쿼터 ― 외국인력 수입쿼터의 지정으로 외국인력에 대한 지나친 의존을 규제한다.

3. 고용허가와 노동허가제도

대만은 외국인 근로자를 고용함에 있어서 고용허가제도[31]를 취하고 있으며, 「취업복무법」과 「외국인초빙고용및관리방법」에 의해 외국인의 고용허가 및 관리를 규율하고 있다.

1989년 5월 취업복무법(The Employment Services Act)을 개정·공포하여 민간부문에서 외국인 근로자의 취업을 합법화하고, 1992년 10월 27일에는 취업복무법 제45조에 근거하여 「외국인초빙고용및관리방법」을 제정·공포하였다.

「취업복무법」 제5장은 외국인 근로자의 고용 및 관리에 대해 규정하고 있으며, 전문·기술직, 유학생, 해외공관의 현지 고용, 외국인 단순노무자에 대한 내용을 포함하고 있다.

「취업복무법」 제43조가 정하는 일에 종사하는 외국인 근로자의 고용

---

31) 김소영, 앞의 책, 48~52면.

허가 및 관리는 「외국인초빙고용허가및관리방법」에 의거해야 한다(외국인초빙고용허가및관리방법 제2조).

사용자가 외국인을 고용하기 위해서는 중앙주무기관인 공립취업복무기관에 고용허가신청을 해야 한다. 공립취업복무기관은 국내 경제발전 및 취업시장의 정세를 고려하여 각종 직업의 노동공급·수요상황을 평가하고, 외국인의 직종, 신청자의 자격조건을 규정하여 공고한다(외국인초빙고용허가및관리방법 제3조).

사용자는 외국인 근로자의 고용허가 신청을 제출하기 전에 작업장 소재지의 공립취업복무기관에서 구인등기를 마치고 국내 신문에 연속적으로 3일 동안 국내근로자에 대한 구인광고를 내야 한다. 구인광고를 낸 지 3일이 지난 후에도 필요한 근로자를 국내에서 구하지 못했을 때에는 4일 이내에 원래 구인등기를 접수한 공립취업복무기관을 거쳐 구인증명서를 작성한 후 국내모집으로 부족인원을 채우지 못한 부문에 대하여 외국인 고용신청을 제출해야 한다(외국인초빙고용허가및관리방법 제6조).

이 때 사용자는 생산의 개선, 건조설비계획서 또는 생산 및 건조설비가 이미 생산자동화의 상당 규모에 달한 경우라면 생산·건조설비 및 작업환경 개선에 관한 계획서를 기타 구비서류와 같이 제출해야 한다(외국인초빙고용허가및관리방법 제8조).

이 때 국내근로자 모집은 합리적 근로조건에 의해야 하며(취업복무법 제54조 제3항), 또한 외국인 근로자의 모집에 있어서도 국내 근로자 모집을 위해 제시했던 임금수준과 동일한 임금수준을 제시해야 한다.

중앙주무기관은 사용자가 취업복무법의 규정을 위반하거나, 국내 근로자를 모집할 때 정당한 이유없이 중앙취업복무기관이 추천·소개한 근로자나 직접사용자에게 취업 신청한 근로자의 취업을 거절한 경우, 사실이 아닌 구인광고를 게재한 경우, 신청서류에 허위로 기재한 경우, 기재사항의 보충요구에도 불구하고 보충하지 않은 경우에는 고용신청을 허가하지 않는다(외국인초빙고용허가및관리방법 제9조).

단순·미숙련 외국인 근로자의 고용허가 기간은 최장 1년이지만 사용자는 기간연장을 신청할 수 있다(외국인초빙고용허가및관리방법 제27조). 그러나 외국인 근로자 당사자가 자신의 사용자나 직종을 바꾸는 것은 허용되지 않는다.

또한 사용자는 외국인 근로자를 고용하는 경우 고용보증금(외국인초빙고용허가및관리방법 제10조, 취업복무법 제55조 제3항)과 고용안정세(Employment Security Tax)를 납부해야 한다.

사용자의 '고용허가' 와 별도로 외국인 근로자는 건강진단 합격을 거친 후에 중앙주무기관에서 발급하는 '노동허가'[32]를 취득해야 한다(외국인초빙고용허가및관리방법 제19조). 이 때 필요한 서류는 건강합격증명서 이외에 중앙주무기관이 심사 발급한 고용허가서류, 고용된 외국인 근로자 명부 및 고용계약서이며, 중앙주무 장관은 이를 심사하여 노동허가를 발급한다(외국인초빙고용허가및관리방법 제16조·제17조·제18조).

노동허가가 취소되면 사용자는 그 사실이 확정된 날로부터 7일 이내에 당해 외국인을 출국하도록 독촉해야 한다(외국인초빙고용허가및관리방법 제21조).

---

32) 김소영, 앞의 책, 52~53면.

1. 일본의 외국인력 현황

1980년대 후반 이후 일본은 전후 두 번째의 구조적인 인력난을 겪고 있다. 초기에는 인력난의 본질을 경기과열의 한 현상으로 보는 시각도 다수 있었으나, 1992년 거품경제의 붕괴 이후에도 외국인력에 대한 수요가 줄어들지 않고 있어 현재의 인력난을 구조적으로 보는 시각이 지배적이다.[33]

일본도 출입국관리법상 외국인력의 수입은 내국인이 기술·기능적인 측면에서 질적으로 대응할 수 없는 부분에 한정하고 있고, 비숙련 근로자는 취업목적으로 입국이 허용되지 않고 있으나 단순기능 불법취업자가 상당수 있다.

주로 단기 관광입국 사증으로 입국하여 체류기간을 넘기고 체류하여 불법으로 취업하고 있는 외국인 근로자수는 1990년 7월 현재 10만 6,497명으로 추정되었으나, 이후 그 수가 급증하여 1991년 11월 현재 21만 6,399명, 1994년 5월 현재 29만 8,646명, 1995년 5월 현재 28만 6,704명으로 일본법무성은 추정하고 있다.

일본 정부는 불법취업자가 급증하는 등 단순기능 외국인력의 문제가 심각해지자 1990년대에 들어 관련 출입국관리법을 1990년과 1992년 2회에 걸쳐 개정하였다. 두 번에 걸친 법개정의 기본적인 기조는 종전과 같이 공식적으로는 단순기능 외국인에 대해서 취업을 목적으로 한 입국을 허용할 수 없다는 것이다.

1990년의 법개정에서는 불법체류 외국인을 고용한 고용주에 대한 처벌규정을 도입하면서, 남미거주 일본인 2·3세대인 니켄진(Nikkeinjin)

---

33) 중소기업협동조합중앙회, 앞의 책, 77면.

의 취업을 법적으로 인정하였다. 1992년말 외국인 근로자수는 취업관련 체류자격 보유자 8만 5,517명, 학생 및 산업기술연수생 12만 2,000명, 니켄진 33만 2,000명, 그리고 불법체류자 29만 9,000명 등 최소한 83만 8,000명으로 추정되고 있다.[34]

2. 일본의 외국인력정책

1) 기본방향

일본은 입관법을 통해 외국인 근로자에 대해 전문직·기술직 등 고급인력에 한해 인력수입을 개방하는 한편, 단순근로자에 대해서는 철저히 수입을 제한하는 이중적인 정책을 견지해왔다. 이러한 배경하에서 일본의 외국인 근로자에 대한 정책은 일본에 거주하는 외국인의 유형에 따라 달라지고 있다.

첫째, 전문직·기술직 등 고급인력에 대해서는 유능한 외국인을 효과적으로 활용한다는 차원에서 합법적인 취업기회를 늘려주고 있다. 입관법에서 취업을 인정하는 체류자격에 의해 취업활동을 하고 있는 자는 1990년 6만 7,938명에서 1994년 10만 5,616명으로 증가하였다. 그 중에서 가장 많은 비중을 차지하고 있는 것은 인문지식, 국제업무, 흥행, 기술, 교육, 종교, 투자, 경영순이다.[35]

둘째, 유학생 및 취학생으로 입국하여 사전허가를 받고 시간제 근로를 하고 있는 자들이다. 이들은 특히 일본어학교의 학생이 대부분이다. 이들은 또다른 합법적인 취업자로서 이들의 유입이 계속적으로 증가하고 있다. 이들은 정주 외국인 근로자는 아니지만 일정 조건하에서 실질적

---

34) 자료 : 일본 노동성, 1995.
35) 자료 : 일본 노동성, 1995.

으로 취업이 인정되고 있는 외국인이다. 즉, 유학생과 취학생은 1일 4시간 이상 주 20시간 내에서 아르바이트를 하며 학비를 조달하는 것을 인정하고 있다. 유학목적으로 입국한 외국인은 1985년 4,797명에서 1994년에는 1만 337명으로 약 2.15배, 취학목적으로 신규 입국한 외국인은 1985년 8,942명에서 1994년에는 1만 1,947명으로 3.4배 증가하였다.

셋째, 단순기능인력에 대해서는 '기능실습제'를 두어 산업기술연수생의 명목으로 근로자를 수입하여 노동력 부족에 대처하고 있다. 이들의 숫자는 1985년에 1만 3,987명에서 1994년에는 3만 6,612명으로 2.62배 증가하였다.

넷째, 해외 일본인 2 · 3세에 대해서는 이들을 정주자로 분류하여 일본내에서 활동하는데 제한을 없애고, 직업훈련 및 언어훈련의 기회를 폭넓게 허용하고 있다. 정주자의 상당수를 차지하는 남미 일본인 2 · 3세의 일본으로의 입국이 급격히 증가하여, 1986년에 3,295명에서 1993년에는 19만 4,765명이 되었다.[36]

다섯째, 관광목적의 단기비자로 입국하여 체재기간을 넘기자 자격외 활동에 종사하는 이른바 불법취업자이다. 불법취업자는 일본 법무성에 따르면 1994년 11월 약 28만 8,092명으로 추계되고 있다.

2) 단순기능 외국인 근로자의 활용제도

① 외국인 연수제도

일본의 외국인 연수는 정부와 민간차원에서 이루어지고 있다. 1992년 가장 많은 산업기술연수생을 받아들이는 기구는 국제협력기구(Japan International Cooperation Agency : JICA)이다. 일본 전체 산업기술연수생의 약 4분의 1에 해당하는 7,500명의 산업기술연수생이 JICA를 통

---

36) 자료 : 일본 노동성, 1995.

해 들어온다.

산업기술연수생은 '실무연수'와 '비실무연수'로 구분되며 실무연수는 연수기간의 3분의2 이하여야 한다. 또한 산업기술연수생은 다음의 자격요건을 충족하는 연수계획에 참여해야 한다.

첫째, 18세 이상이어야 하며 출신국으로 귀국한 뒤에는 일본에서 습득한 기능이나 지식을 필요로 하는 직업에 종사하여야 한다.

둘째, 일본에서 습득하는 기능이나 지식은 단순 반복적인 작업을 통해 얻어지는 성질의 것이어서는 안 된다.

셋째, 해당 기능이나 지식은 출신국에서 산업기술연수생이 습득할 수 없는 성질의 것이어야 한다.

산업기술연수생을 받아들이는 기관은 정부기관이나 국제기구 및 민간기관으로 대별되는데, 민간기관에 대한 요건이 보다 엄격한 것이 일반적이다. 해외 현지법인이나 합작기업이 있는 많은 수의 민간기업이 자체 연수[37]를 실시하고 있으며, 해외투자 실적이 없는 중소기업이나 농장의 경우에는 매개기관을 통해 산업기술연수생을 받아들이고 있다.[38]

연수기간은 1년을 넘을 수 없으며, 실무연수(OJT)를 포함하는 경우 비실무연수기간은 원칙적으로 전체 연수기간의 3분의 1 이상이 되어야 한다. 연수기간 동안에는 최저임금이나 산업재해보상법 등 노동법이 적용되지 않으며 초과근무가 금지된다. 계약 당사자는 산업기술연수생 파견업체와 연수시행업체로 산업기술연수생과 연수시행업체간의 계약관계가 존재하지 않는다.[39]

---

37) ①해외 현지법인이나 합작기업(연수시행기업의 해당기업 자본의 20% 이상 소유)의 정규직원, ②설립예정인 해외 현지법인이나 합작기업의 정규직원, ③ 해외거래기업(전년도 거래실적이 10억 엔 이상), ④외국의 공무원, 중앙은행이나 국제기구의 직원에 한정된다.

38) ① Chamber of Commerce and Industry(상공회의소), Society of Commerce and Industry(상공회), ② 관련법에 의한 중소기업단체, ③ 민법 34조에 의한 비영리 공익법인, ④ 농업협동조합이나 농업기술협력사업을 시행하는 공익법인, ⑤ 직업훈련법인(사단), ⑥ 직업훈련법인(재단)이 소속회원을 위하여 산업기술연수생을 받아들일 수 있다.

39) Japan International Traning Cooperation Organization, 『An Overview of JITCO』, 1994.

② 기능실습제도

일본의 외국인 근로자 고용은 「출입국관리법」 및 1989년 개정되어 1990년 6월부터 시행되고 있는 「출입국관리및난민인정법」에 의하여 규율되고 있다.

일본은 전문적·기술적 분야의 근로자는 적극 수입하되, 단순·미숙련 기능근로자는 원칙적으로 수입을 허용하지 않는다는 기본원칙을 세워놓고 있다.

독일, 대만, 싱가포르가 노동허가제 및 고용허가제에 의해 단순·미숙련 기능의 외국인 노동력을 수입하는 것과는 달리, 일본은 '기능실습제도'에 의해 산업기술연수생(trainee)에게 취업을 허용하고 있다.

기능실습제도란 외국인을 일정기간 연수시킨 후 연수성과를 평가하여 일정기간 취업을 허용하는 제도를 의미한다. 「출입국관리및난민인정법」은 외국인의 출입국 및 체류관리에 관한 기본제도로서 '체류자격' 제도를 두고 있다(출입국관리및난민인정법 제2조 2). 즉 일본에의 입국과 체류가 허용되는 외국인은 상륙시에 일정한 '체류자격'이 부여된다. 체류자격이란 일본에 체류하면서 행할 수 있는 활동 또는 일본에 체류할 수 있는 신분·지위를 유형화한 것으로서 27종류가 있다.

외국인은 자신에게 부여된 체류자격에 속하는 활동범위 내에서만 체류중의 활동이 인정되며, 체류기간은 체류자격에 따라 각각 다르다(출입국관리및난민인정법 제2조 2). 또한 각 체류자격에 따라서 취업활동에 제한이 없는 경우, 일정한 범위 내에서만 가능한 경우, 취업이 허용되지 않는 경우로 구분된다(출입국관리및난민인정법 제19조).

일본 내에서 취업의 허용 여부는 외국인이 가진 체류자격에 따라 결정되는 바, 체류자격에는 27종류가 있으며, 기능실습제도에 의한 산업기술연수생의 경우 연수기간에는 '연수'의 체류자격이 부여되며, 연수종료 이후 사실상 취업(기능실습)을 하게 되는 경우에는 '특정활동'으로 체류자격을 변경해야 한다.

'연수'의 체류자격을 가진 외국인에게 허용되는 활동은 일본 공·사 기관의 초청을 받아 기술·기능 또는 지식의 습득을 하는 활동이며, '특정활동'의 체류자격 소지자에 대해서는 법무대신이 각각의 외국인에 대하여 특별히 지정하는 활동이 허용된다(출입국관리및난민인정법 제21조, 별표 제3의2).

소결

앞에서는 우리나라의 외국인력의 유입과정과 그 문제점 및 정부의 대응방안을 살펴보았고, 여기에서는 외국인력을 활용하고 있는 대표적인 나라로 노동허가제를 채택하고 있는 독일, 고용허가제도를 채택하고 있는 대만, 산업기술연수제도를 채택하고 있는 일본 등 주요 3개국의 외국인력 유입과정과 문제점 및 정부의 대응방안을 아울러 살펴보았다.

결국 외국인력과 관련하여 초기단계의 외국인력 유입단계와 정부의 대응방안이 각국의 공통점이라는 것을 알 수 있다.

우리나라 역시 경제호황기에는 내국인 근로자들이 어렵고 힘든 일을 기피하게 되어 이러한 업종을 중심으로 외국인력이 자연발생적으로 유입되기 시작하였다. 이러한 현상은 비단 우리나라만이 아니라 독일과 대만, 일본에서도 공통적인 현상이었다. 그리고 경제호황기에 한번 외국인력이 유입되면 그후 경제가 불황일 때에도 나가지 않는다는 것이 이들 국가들의 공통적인 경험이며, 이것은 우리나라가 IMF위기를 맞이하여 경제가 극도로 침체기였음에도 3D업종은 인력난이 해소되지 않고, 여기에 종사하는 외국인도 줄어들지 않는다는 사실과 역시 공통적이다.

또 하나의 공통점은 일본을 제외한 독일과 대만은 노동허가제도나 고용허가제도를 채택하여 외국인 근로자가 일단 자국 내의 노동시장에 진입하면 이들에게도 내국인과 동등한 대우를 해준다는 것이다. 따라서 외국인력에 대한 이들 선진국가들의 경험은 우리에게 앞으로의 외국인력법제 방향이나 문제점 해결에 아주 소중한 판단기준이 된다고 본다.

외국인력의 유입을 단순히 경기순환에 따른 일시적인 현상으로 보고 경기가 침체되면 자연적으로 줄어들 것으로 생각하여 단기적인 정책을 활용했다가 뒤늦게야 이러한 외국인력의 유입이 구조적인 문제에서 파생된다는 사실을 깨닫고 많은 시행착오를 겪으면서 지금의 정책을 정착시킨 외국의 경험은 우리에게 귀중한 사례가 아닐 수 없다. 따라서 외국인력의 유입에 대한 입법정책이나 이들의 보호에 대해 침묵하고 있는 우리나라도 더이상 방관하고 있을 것이 아니라, 이들 선진국과 같은 제도를 하루속히 마련하여 체계적이고 종합적인 외국인력 관리제도를 마련하는 것이 시급하리라고 여겨진다.

제 3 장

외국인 근로자의 법적 지위

I. 국제법상의 지위

외국인에 대한 권리능력을 인정하는 주요한 사항은 ILO(International Labor Organization)와 국제연합에 의하여 정립되어 왔다. 본 장에서는 ILO와 국제연합의 외국인 근로자 지위에 대한 중요한 사항들을 간단히 살펴보기로 하겠다.

ILO조약

1. 제111호 조약 [1]

이 조약(차별대우금지조약)은 1958년에 채택되었는데 제1조는 인종, 피부색, 성별, 종교, 정치적 견해, 출신국 또는 사회적 신분을 이유로 행하여지는 모든 차별의 배제 또는 우대로서 고용, 직업상 기회 또는 대우의 균등을 파괴하거나 저해하는 효과가 있는 것을 차별대우로 정의하고 제2조는 회원국은 위와 같은 차별대우를 철폐할 것을 규정하고 있다.[2]

2. 제97호 조약 및 제86호 권고 [3]

1949년에 채택된 ILO조약(이주 노동자에 대한 조약)은 본 조약과 세

---

1) 노동부 홈페이지(http://www.molab.go.kr), ILO조약.
2) 이 협약은 우리나라가 아직 비준을 하지 않음으로써 직접적인 효력을 가지는 것이 아니다.
3) 최홍엽, 『외국인 근로자의 노동법상 지위와 정책과제』, 한국노동연구원, 1997. 11., 부록.
   신광철, 『한국에서의 외국인 노동자 인권문제』 이니셔티브, 1995. 1., 참조.

개의 부속문서로 구성되어 있는데 부속문서는 체약국의 선택에 위임되어 있다. 본 조약은 이주 노동자에 대해 출입국에 관한 정책, 법률 및 규칙, 고용과 노동조건 그리고 생활에 관한 정확한 정보의 제공을 주된 목적의 하나로 하고 또한 보수, 사회보장, 노동조합활동 등 모든 노동조건에 대한 자국민과 평등한 대우 및 본국에의 송금 보장을 또 하나의 목적으로 하고 있다.

제1부속문서는 고용국으로 출발하기 전에 계약서 복사본을 인도받고 노동조건과 보수를 제시받을 것(제5조), 밀출국 또는 불법출국을 조장하는 자에 대해 적절하게 처벌을 가할 것(제8조) 등을 규정하고, 제2부속문서는 부적절한 노동에 종사하고 있는 노동자가 적절한 노동에 종사하기 위하여 필요한 원조를 제공하도록 체약국에 요구하는 것을 규정하고 있다(제10조).

제97호 조약은 1952년에 발표하였지만 1991년에 38개국이 비준하였다.[4] 제86호 권고는 조약보다 상세하게 규정하고 있는데 제16조는 합법적으로 입국한 노동자의 가족은 가능한 한 자국민과 동일한 조건으로 고용이 허가되어야 한다고 규정하고 있다. 또한 이주 노동자의 고용에 제한이 가해진 경우에는 그 제한은 5년을 초과하지 않는 한도 내에서 일정한 기간 후에는 소멸하는 것으로 규정하고 있다. 그러나 이는 권고사항에 지나지 않으므로 우리나라에 구속력을 가지고 적용되는 것은 아니다.

3. 제143호 조약 및 제151호 권고[5]

ILO 제143호 조약은 두 부분으로 나뉘어져 있는데 제1부는 부당한 중

---

4) 우리나라는 아직 비준하지 않고 있으며, 따라서 이 조약이 우리나라에서 직접적인 효력을 갖는 것은 아니다.
5) 노동부, 앞의 홈페이지 ; 신광철, 앞의 논문, 14~15면.

개의 문제가 대상이고 제2부는 기회와 대우의 균등이 그 대상이다.

이 조약 제9조 제1호는 불법체류자에 대하여 이주 노동자가 관계법령을 준수하지 않고 그 지위가 정상화될 수 없는 경우에도 보수, 사회보장 및 기타의 급부는 과거의 고용으로부터 발생한 권리를 근거로 하여 본인 및 그 가족에게 동등하게 보장되어야 함을 규정하고 있다.

또 제10조는 이 조약을 비준한 국가는 고용과 직업, 사회보장, 노동조합, 문화적 권리, 개인적 및 집단적인 자유에 관하여 기회와 대우의 평등을 촉진하고 보상하는 정책을 행할 것을 규정하고 있다.

제12조는 이러한 정책을 수행하기 위한 교육계획을 세울 것(C), 외국인 노동자가 자기들의 권리와 의무를 이행할 수 있도록 하는 조치(D), 이 정책에 저촉되는 모든 법규 또는 행정조치를 폐지할 것(E), 이익을 균등하게 향수하기 위한 사회정책의 실시(F), 이주 노동자가 자국의 문화를 보전할 것(G), 노동조건에 관해 균등한 대우를 보장하는 것 등을 규정하고 있다.

제13조는 가족의 초청을 용이하게 하기 위한 조치를 취할 것을 규정하고 있고, 제14조는 지리적 이동의 문제를 규정하고 있는데 2년 이내에 이주의 자유를 이주 노동자에게 주도록 하고 있다. 또한 국익을 위하여 필요한 직업에 대해서는 제한이 인정된다.

제143호 조약은 1978년 12월에 발효했지만 체약국은 1991년에 15개국이 되었다. 나아가 1973년에 채택된 제151호 권고는 보다 구체적으로 기회와 대우의 평등을 보장하는 분야를 열거하고 있다. 직업소개, 직업훈련의 기회, 고용보장, 임금, 노동조건, 사회보장, 노동조합에 관한 권리, 주거 등의 생활조건 등 광범위하게 규정하고 있다.[6]

이 권고는 이주 노동자들에게 그들의 언어로 그들의 권리를 교육할 것, 고용된 국가의 언어를 교육할 것, 출신국의 문화를 보전하는 노력을

---

[6] 이 조약은 우리나라가 아직 비준하고 있지 않음으로써 직접적인 효력을 가지는 것이 아니다.

장려할 것 등을 규정하고 있다. 또한 불법체류 노동자에 대해서는 위 조약의 규정 이외에 노동조합원의 자격과 노동조합원의 행사를 추가하고 있으며(제8조 제3항) 국외 추방시에 비용을 외국인 노동자의 부담으로 하지 않도록 규정하고 있다. 나아가 이 권고는 이주 노동자에 대한 사회 정책내용을 상세하게 규정하고 있는데 첫째, 가족에 관한 일련의 규정, 둘째, 이주 노동자의 건강에 관한 조항, 셋째, 다양한 사회 서비스에 관한 규정 등으로 구성되어 있다. 이 사회 서비스에는 복지시설, 생활관련 시설의 이용, 다양한 정보의 제공 등이 포함되어 있다.

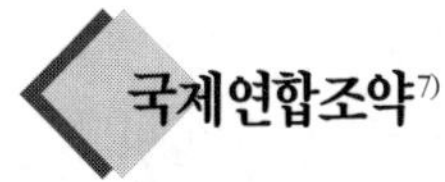

국제연합조약[7]

국제연합은 '인종, 성별, 언어, 또는 종교에 의한 차별 없는 모든 사람의 인권 및 기본적인 자유' 의 존중을 장려하기 위한 국제협력을 그 목적으로 하고 있다.

국제연합은 제3회 총회에서 세계인권선언을 채택하였고 1966년에 국제인권장전인 경제적·사회적 및 문화적 권리에 관한 국제규약(사회권규약 : A규약)과 시민적 및 정치적 권리에 관한 국제규약(자유권규약 : B규약)을 채택하였다.[8]

이 두 조약은 모두 전문에서 "인류사회의 모든 구성원 고유의 존엄성 및 평등하고 양도할 수 없는 권리를 인정하는 것이 세계의 자유, 정의 및 평화의 기초가 됨을 고려하고"라고 규정하였고, 제2조는 "이 규약의 당사국들은 이 규약에 선언된 권리들이 인종, 피부색, 성별, 언어, 종교, 정치적 또는 기타의 의견, 민족적 또는 사회적 출신, 재산, 출생 또는 기타의 사회적 신분 등에 의한 어떠한 종류의 차별도 없이 행사되도록 보장할 것을 약속한다"고 규정하고 있다.

나아가 국제연합은 1985년 제40회 총회에서 "체재국의 국민이 아닌 개인의 인권에 관한 선언(외국인의 인권선언)"을 한 후 1990년 12월에 총회에서 "모든 이주 노동자 및 그 가족구성원의 권리보호에 관한 국제조약(약칭 '이주 노동자 권리조약')"을 채택하였다.

국제연합의 이주 노동자 권리조약은 불법체류 노동자의 인권침해문제가 1970년대 이후 제기되기 시작하여 이들의 인권을 보호하는 것을 주요한 목적의 하나로 하여 채택되었다.

---

7) 신광철, 앞의 논문, 7~8면.
　최홍엽, 앞의 책, 86~96면 참조.
8) 이 규약은 우리나라가 1989년 10월 5일 국무회의 심의를 거치고 1990년 3월 16일 국회의 동의를 얻어 1990년 4월 10일에 체결·비준하였으며, 따라서 이 규약은 국내법과 동일한 효력을 가지고 있다.

이 조약 전문은 "이주에 관한 인도적인 문제가 비적법한 이주의 경우에 더욱 심각하다는 것을 인식하고 그를 위하여 이주 노동자의 비밀스런 이동과 부정거래를 방지하고 제거하기 위하여 그 기본적 인권의 보호를 확보함과 동시에 적절한 행동이 장려되어야 한다"고 규정하고 있다.

이 조약은 전문과 제1부부터 제9부까지 1,993개 조로 구성되어 있으며, 이 조약 제3부에 보장된 권리[9]는 체류의 합법, 불법 여부를 불문하고 모든 이주 노동자 및 그 가족에게 적용된다.

---

9) 제8조내지 제35조의 증명서를 소지하지 않았거나 불법체류 상태에 있는 노동자를 포함한 모든 이주 노동자가 향유하는 인권을 의미한다.

국제조약이 갖는 국내체류 외국인 근로자의 법적 지위보장에 대한 의미

이들 국제조약은 외국인 노동자의 고용과 생활보장 등 많은 측면에 대해 규정하고 있는데, 이들 국제노동기준의 근거에 있는 기본적인 원칙은 내국인 노동자와 외국인 노동자의 기회와 대우 면에서의 평등이라고 할 수 있다.

국제노동법상의 추세는 외국인 노동자에 대해 내국인 노동자와 균등한 대우를 요구하는 방향으로 나아가고 있고, 이러한 노동법상의 균등한 대우는 외국인 노동자의 취업이 국내법에 위반되는가 여부에 관계없이 이행될 것을 요구하고 있다고 할 수 있다.

그러나 이들 국제조약은 우리나라가 비준하여야 국내법과 동일한 효력이 인정된다.[10] 위에서 언급한 조약 중 국제연합조약의 "경제적, 사회적 및 문화적 권리에 관한 규약"(사회권규약)과 "시민적 및 정치적 권리에 관한 국제규약"(자유권규약)은 우리나라가 비준하였지만, 나머지는 비준하지 않은 상태이다. 따라서 이들 조약이 국내체류 외국인 근로자들의 법적 지위보장에 대해 갖는 의미는 사실상 크지 않다고 평가할 수 있다. 다만, 우리나라가 아직 비준하지 않은 조약의 경우에도 입법방향이나 법률의 해석적용에 있어 중요한 판단기준으로서의 효력은 인정된다고 할 수 있다.

---

10) 헌법 제6조 제1항, 헌법 제89조 제3호, 헌법 제73조, 헌법 제60조 제1항, 헌법 제82조 및 법률등공포에관한법률에 따라 국무회의가 조약안을 심의하고 대통령이 조약을 체결·비준하여 일정한 요건의 조약에는 국회의 동의를 거쳐 대통령이 공포하면 국내법과 동일한 효력을 갖는다. 허영, 『한국헌법론』, 1992., 243면.

2. 국내법상의 지위

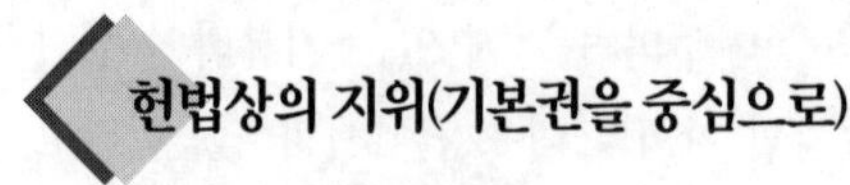

헌법상의 지위(기본권을 중심으로)

1. 기본권의 향유 여부

외국인의 권리능력을 인정하는 범위는 역사적으로 변천 과정을 거쳤다. 즉 적대주의에서 배타주의를 거쳐 오늘날 평등주의로 변모되었다. 그러나 국가에 따라서는 상호주의를 취하는 나라도 있고, 평등주의를 원칙으로 하면서 정치적·경제적 사정으로 인해 개별적인 제한을 두는 나라도 있다.

오늘날 교통·통신의 발달, 사회·문화의 진보로 사회·문화적 활동이 세계적 규모로 확대되고 있다. 여기서 외국인에게 내국인과 마찬가지로 평등한 권리능력을 인정하는 것(평등주의)이 현대법의 원칙으로 되어 있다.

우리나라 헌법에는 외국인이 기본권의 주체가 될 수 있는지에 대한 직접적인 규정은 없다. 다만 헌법 제6조 제2항은 "외국인은 국제법과 조약이 정하는 바에 의하여 그 지위가 보장된다"고 규정되어 있다.

헌법 제정자가 이와 같이 외국인의 지위에 대해 침묵하고 있는 것에 대해 외국인의 지위를 부정하는 것으로 보는 견해와 헌법 제정당시 국제화를 예측하지 못한 규율불비로서 법이론과 해석론에 의해 규율흠결을 보충해야 한다는 견해가 대립되어 있다.

전자에 의하면 외국인의 기본권 보장은 인정되지 않고 후자에 의해서만 외국인의 기본권이 보장된다고 볼 수 있다.

헌법학계의 통설[11]인 기본권 성질설은 후자의 흠결보충을 위한 헌법이론으로 분류할 수 있을 것이다.

위의 두 가지 견해 중에서 외국인의 지위를 인정하는 후자의 입장이 타당하다고 본다. 이에 대한 근거는 외국인의 지위에 대한 우리나라 국제규약의 비준이나 헌법재판소의 결정에서 찾아 볼 수 있다.

헌법 제6조에서 외국인은 국제법과 조약이 정하는 바에 의하여 그 지위가 보장된다고 규정할 뿐 외국인의 지위에 대하여 명문으로 규정한 바가 없으므로 헌법이론과 해석론을 통해 규율흠결을 보충해야 할 것이며, 이것은 입법자에게 외국인의 헌법상 지위 창설에 관한 형성과제를 부여한 것이라고 볼 수 있다. 따라서 입법자가 외국인 근로자의 기본권적 지위와 관련된 형성을 할 경우 이를 헌법 위반이라고 판단할 수는 없다.

헌법 제6조 제1항은 '헌법에 의하여 체결 · 공포된 조약과 일반적으로 승인된 국제법규는 국내법과 같은 효력을 가진다.' 라고 규정하고 있다. 그러므로 외국인 근로자는 위의 절차를 걸친 국제법과 조약에 따라 그 지위가 보장될 수 있다.

우리나라는 1989년 10월 5일 국무회의 심의를 거치고 1990년 3월 16일 국회 동의를 얻어 1990년 4월 10일에 대통령을 대리하여 외무부장관 명의로 체결 · 비준한 "경제적, 사회적 및 문화적 권리에 관한 국제규약(조약 제1006호. 이하 A규약이라고 함)"과 "시민적 및 정치적 권리에 관한 국제규약(조약 제1007호. 이하 B규약이라고 함)"이 1990년 6월 13일 공포되고 1990년 7월 13일부터 효력을 발생함으로써 국내법과 동일한 효력을 갖게 되었다.

특히 A규약(사회권규약)의 사회권규약에 보장된 권리 중 보수와 노동

---

11) 김철수, 『헌법학신론』, 제6판, 190면.
  권영성, 『헌법학원론』, 1996., 289면.
  허영, 앞의 책, 244면.
  최홍엽, 『외국인 근로자와 노동관계법의 적용』, 노동법연구 제4호, 58면.

조건에 대해 내국인과 평등한 취급, 노동조합과 기타 단체에 가입하고 그 원조를 구할 권리, 사회보장과 긴급의료에 대한 권리 등의 조항은 헌법에 따른 입법자의 형성으로서 헌법의 추상성을 구체화한 것으로 평가된다.[12]

또한 헌법재판소[13]는 불기소처분한 검사에 대한 국회노동위원회의 헌법소원에 대해 "헌법재판소법 제68조 제1항은 '공권력의 행사 또는 불행사로 인하여 기본권을 침해받은 자는 헌법소원의 심판청구를 할 수 있다"고 규정하고 있다.

여기서 기본권을 침해받은 자만이 헌법소원을 청구할 수 있다는 것은 곧 기본권의 주체라야만 헌법소원을 청구할 수 있고, 기본권의 주체가 아닌 자는 헌법소원을 청구할 수 없다는 것을 의미하는 것이다. 기본권 보장규정인 헌법 제2장의 제목이 '국민의 권리와 의무'이고, 그 제10조 내지 제39조에서 '모든 국민은 …권리를 가진다'고 규정하고 있으므로 국민(또는 국민과 유사한 지위에 있는 외국인과 사법인)만이 기본권의 주체라 할 것이다"라 하여 국회노동위원회의 헌법소원자격을 부인하였다.

이 헌법재판소판결을 통해 알 수 있는 것은 일단 국민이 헌법소원청구권자, 즉 기본권의 주체이나 국민과 유사한 지위에 있는 외국인과 사법인도 기본권의 주체임을 부인하지 않고 있다는 점이다. 즉, 헌법재판소는 외국인이 기본권 주체가 되는 것을 무조건 반대하는 것은 아니라고 하는 태도를 갖고 있다. 따라서 외국인 근로자가 일반적으로 기본권 향유의 주체라는 점에서는 이를 부인할 필요가 없게 된다.[14]

그러나 처음부터 외국인의 헌법상 지위를 부정하는 입장은 헌법학계의 통설인 기본권 성질설과는 차원을 달리하는 것으로 외국인 근로자의

---

12) 김영문, 「외국인 근로자의 법률적 지위」, 『외국인고용에 따른 사회·경제적 영향평가와 규율방안』,
   하경효 외, 고려대학교 노동문제연구소, 1998., 11~13면.
13) 헌재, 1994. 12. 29., 1993 헌마 120.
14) 하경효 외, 앞의 책, 13면 이하 참조.

헌법적 지위는 이와 같은 차원에서 논의될 성질이 아니라고 한다. 즉, 헌법체계의 편제로부터 기본권 조항(헌법 제10조~제39조)들이 "제2장 국민의 권리와 의무"에 속하는 것이므로, 외국인은 국민이 향유하는 기본권의 주체가 아니라고 하는 것으로서 국적성을 기준으로 기본권의 주체 여부를 판단하고 있다.[15]

그러나 이러한 견해는 오늘날 교통의 발달, 사회문화의 진보로 경제적·문화적 활동이 세계적 규모로 행하여지고 있으므로 외국인에게 내국인과 마찬가지로 평등한 권리능력을 인정하는 것이 현대법의 원칙으로 되어 있고 헌법 제2장의 '국민의 권리'에서 '국민' 이란 의미는 우리나라 국민뿐만 아니라 이와 유사한 지위에 있는 외국인이나 사법인을 포함한다는 위의 헌법재판소 결정에 비추어 보아 타당하지 않다고 본다.

2. 기본권의 성질

그러나 기본권 성질설에 따르면 외국인의 기본권적 지위가 인정되더라도 전적으로 인정되는 것이 아니라 기본권의 성질에 따라 달라진다고 한다.

통상 사회권적 기본권은 국가내적 권리이기 때문에 외국인은 사회권적 기본권의 주체가 될 수 없고, 자유권적 기본권은 그 성질상 국가없이도 실현될 수 있는 권리이기 때문에 국적이 다르다는 이유로 자유권의 부여를 거부할 수 없다고 한다. 즉, 외국인의 경우 사회권적 기본권은 향유할 수 없으나 자유권적 기본권인 경우에는 향유할 수있다는 것이 헌법학계의 통설[16]이다.

---

15) 박일경,『新憲法學原論』, 1986., 201면 참조.
16) 권영성,『헌법학원론』, 1995., 339면.
　　허영,『한국헌법론』, 1995., 234면.
　　계희열,『기본권의 주체, 고시연구』, 1995., 11. 53면.
　　정인섭,『재한외국인의 법적 지위』, 국회법학회논총, 제35권 제1호, 205면.

따라서 구체적으로 외국인 근로자와 관련해서 근로 3권이 자유권적 기본권인가 아니면 사회권적 기본권인가를 결정함으로써 그 향유주체의 긍정 여부를 판단할 수 있게 된다.

이러한 기본적 입장에서 현재 헌법학계의 통설은 근로의 권리·근로 3권을 국민에게만 부여된 권리라고 하여 이를 부인하고 있다.[17]

이에 대하여 헌법재판소[18]도 헌법 제33조에 규정된 근로기본권은 근로자의 근로조건을 개선함으로써 그들의 경제적·사회적 지위향상을 기하기 위한 것으로서 자유권적 기본권의 성격보다는 생존권 내지 사회권적 기본권으로서의 측면이 보다 강한 것으로서 그 권리의 실질적 보장을 위해서는 국가의 적극적인 개입과 뒷받침이 요구되는 것이라고 판시하였다.

그러나 헌법 제32조 근로의 권리와 제33조 노동권의 이념을 구체적으로 실현하기 위해 근로기준법과 노동조합및노동관계조정법 등 노동관계법이 제정되었고 이들 법에서 내외국인의 차별금지를 명문으로 규정하고 있다.[19]

이와 같이 근로기준법이나 노동조합및노동관계조정법의 외국인 근로자에 대해서 동등한 권리를 보장하고 있는 차별금지규정은 헌법학계의 통설에 의한다면 위헌이라는 결론에 도달하게 된다. 또한 노동3권은 사회권적 성격뿐만 아니라 자유권적 성격도 함께 가지고 있다고 보아야 한다.

안용교, 『한국헌법』, 1993., 236면.

손진운, 『신한국헌법』, 1993., 192면.

민경식, 『헌법과 노동인격의 실현』, 법학논문집 제20집, 중앙대법학연구소, 1995., 1992.

17) 실제로 그러한 결론을 내리고 있는 학자(권영성, 『헌법학원론』, 1996., 290면)도 있으며 다수의 헌법학자들(김철수, 『헌법학개론』, 1996., 597면 ; 허영, 『헌법이론과 헌법(中)』, 1992., 342면.)은 충분한 근거를 제시하지 않은 채 노동3권이 외국인 근로자에게도 보장된다고 설명하고 있다.

18) 헌재, 1991. 7. 22., 89헌가106.

19) 근로기준법 제5조에서는 차별금지의 대상으로 국적을 명시하고 있지만 노동조합및노동관계조정법이나 직업안정법에서는 국적을 명시하지 않아 논란의 여지가 있지만 국적도 포함되는 것으로 보아야 한다. 이에 대해서는 후에 설명하기로 한다.

이러한 노동3권의 자유권적 성격의 한 증거는 '노사자치의 이념'에서 찾아볼 수 있다. "노사간의 자치적 규율과 해결을 존중하고 촉진한다"고 하는 노사자치는 노동법 특히 집단적 노사관계법 분야에서 주요한 이념이다.

근대 시민사회의 기초이론은 국가가 사회(서로 대등하고 동등한 인격을 가진)에 대하여 간섭하지 않을 것을 원칙으로 하고 있고 노동권도 그 사회에 속한다고 본다. 따라서 노동권은 국가가 입법적으로 형성하거나 규율하는 것과 다르고 노사자치를 우선으로 하고 자율적으로 조정되지 않을 때에만 국가가 비로소 보충적으로 개입하여 규율하는 것이 우리나라의 헌법체계라고 본다.[20]

요컨대, 노동3권을 사회권으로만 파악할 수 없으며, 오늘날에도 자유권적 성격을 적극적으로 인정할 수밖에 없다고 하겠다.[21]

3. 외국인 근로자에 대한 단결권 보장

이와 같이 노동3권이 사회권적 성격보다는 자유권적 성격이 더 강하거나 혼합되어 있기 때문에 노동3권을 자유권적 성질로 본다면 헌법학계의 통설에 의한다 하더라도 외국인에게 노동권을 인정해야 한다.

또한 헌법 제33조 제1항은 '근로자는 근로조건의 향상을 위하여 자주적인 단결권, 단체교섭권 및 단체행동권을 가진다'라고 규정하여 노동3권이 기본권임을 나타내고 있다. 이것은 '근로자'라는 용어를 사용함으로써 근로자라면 누구나 노동3권을 보장받을 수 있다는 것을 의미하고 있다고 본다.[22] 그러므로 외국인 근로자도 헌법 제33조 제1항의 근로자

---

20) 김유성, 『노동법 II』, 1996., 20면.
21) 최홍엽, 『외국인 근로자의 노동법상 지위와 정책과제』, 한국노동연구원, 1997. 11., 22면.
22) 물론 헌법 제37조 제2항의 기본권 제한 법리에 의하여 노동조합및노동관계조정법상 일정한 제한이 가해지는 경우는 제외한다.

에 포함될 수 있는지 여부가 문제가 된다.

헌법 제33조 제1항의 단결권을 구체적으로 실현하기 위한 것이 노동조합및노동관계조정법이며, 동 법 제2조 제1호에서 "근로자"라 함은 직업의 종류를 불문하고 임금, 급료, 기타 이에 준하는 수입에 의하여 생활하는 자를 말한다"라고 정의하고 있다. 따라서 외국인이라도 직업의 종류를 불문하고 임금, 급료, 기타 이에 준하는 수입에 의하여 생활하는 자는 헌법 제33조 제1항의 근로자에 포함된다고 보아야 한다. 이에 대해 외국인이라고 하여 제외된다고 하는 규정이 어디에도 없으며 동 법 제9조(차별대우의 금지)에서 "노동조합의 조합원은 어떠한 경우에도 인종, 종교, 성별, 정당 또는 신분에 의하여 차별대우를 받지 아니한다"고 규정하여 차별대우를 금지하고 있다. 이 법규정에서 차별의 종류를 열거함에 있어 국적은 명시되어 있지 않지만 국적에 의한 차별금지도 포함된다고 본다.

단결권보장에 대해 외국의 실례를 살펴 보면, 먼저 독일의 경우 단결권을 외국인 근로자에게도 보장하는데 이견이 없다.

독일기본법에 의하면 근로조건과 경제조건의 유지를 위하여 단체를 결성할 권리는 누구에게나 그리고 모든 직업에 대하여 보장되고 있다(제9조 제3항). 이에 따라 통설[23]은 단결권이 인간의 권리(Menschenrecht)라고 보기 때문에, 외국인 근로자는 독일인 근로자와 마찬가지로 노동조합에 가입하고 그들만의 조직을 결성할 수 있다고 한다.

구체적으로 외국인 근로자를 노조에 가입시킬 것인지의 여부는 노조의 자율적 결정에 위임되어 있으며, 대부분의 노조들이 외국인 근로자의 가입자격을 인정하고 있다.

대만의 경우 노동허가를 취득하여 취업한 외국인근로자에 대하여 내

---

23) 독일에서도 외국인 근로자가 내국인 근로자와 동등한 권리·의무를 갖는다고 보는 것이 통설이다(자세한 내용은 in ; Blanpain(ed), Manfred Weiss, 『Federal Republic of Germany』, 1994, PP.57~59).

국인과 균등한 대우를 원칙으로 하고 있다.[24]

　일본의 경우[25]에는 단순기능 외국인 근로자에 대하여 우리나라와 같이 취업을 허가하지 않고 산업기술연수생이라 하여 노동관계법령을 배제시키나 그 외의 기능실습자나 정주자에 대해서는 국내 근로자와 동등한 지위를 보장하고 있다.

　외국인의 단결권 보장에 대하여 독일, 일본, 대만 등의 경우에서도 드러났듯이 노동 3권을 외국인 근로자라는 이유로 제한할 수 없다고 하는 것이 외국입법의 흐름이다.

　우리나라는 1990년 6월 13일 공포되고 1990년 7월 13일부터 효력이 발생된 사회권규약(조약 제1006호 : A규약)과 자유권규약(조약 제1007호 : B규약)은 외국인에 대한 사회권적 기본권과 자유권적 기본권에 대해서 그 지위를 보장하고 있다. 또한 외국인 근로자의 내국인 근로자와의 동등한 지위는 노동법학계나 노동부, 노동조합 등 노동계에서는 보편적인 가치로 인식되고 있어 오히려 이들에 대하여 기본권의 향유능력을 부인하는 것은 물론이고 어떠한 제한을 가하는 것은 위헌의 소지가 있다는 견해가 지배적이다.[26]

　따라서 근로의 권리나 노동 3권이 사회권적 기본권으로서 외국인 근로자는 그 향유의 주체가 될 수 없다는 헌법학계의 통설에는 수긍할 수 없으며 근로권과 노동 3권은 사회권과 자유권 양자에 모두 해당하며 노동관계에서 불법이냐 합법이냐를 불문하고 내·외국인간에 어떠한 차별

---

24) 대만 就業服務法 第43條, 外國人招聘雇傭許可及管理方法 第6條, 第7條.
25) 일본의 통설도 우리나라와 마찬가지다(片岡昇, 勞動法, 1994., 384면 ; 菅野和夫, 勞動法, 1994., 116면).
26) 대법원 1995. 9. 15., 94누12067 ; 대법원 1995. 12. 12., 95누2050 ; 서울고등법원 1993. 11. 26., 93다 916774.
　　하경효외, 앞의 책, 15~16면.
　　최홍엽, 앞의 책, 15~24면.
　　김수복,『노동법』, 1996., 246~247면.
　　김소영,『외국인력 관계법제 및 정책의 국제비교』, 1995. 8., 81~82면.
　　이병태,『노동법』, 1996., 41~43면.
　　박홍규,『노동법』, 1996., 772~773면.

도 허용되지 않는다는 노동법학계의 다수적 견해[27]가 타당하다고 본다.

판례[28]도 이와 같은 태도를 취하는 것으로 보인다. 따라서 외국인근로자의 경우 합법체류자나 불법체류자, 산업기술연수생에 대하여도 내국인 근로자와 동등하게 노동 3권이 보장되며, 단지 헌법 제37조 제2항에 따른 기본권제한 법리에 의해서만 제한될 수 있을 뿐이다.[29]

이종구·설동훈,『한국내 외국인 노동자의 실태조사연구』,『외국인력정책과 인권보호대책마련을 위한 정책토론회』,노동정책연구소, 1995. 4.

27) 하경효 외, 앞의 책, 15~16면.

최홍엽, 앞의 책, 15~24면.

김수복, 앞의 책, 246~247면.

김소영, 앞의 책, 81~82면.

이병태, 앞의 책, 41면.

박홍규, 앞의 책, 772~773면.

한편 일본의 통설도 우리나라와 마찬가지이다(片岡昇,『勞動法』, 1994, 384면 ; 菅野和夫,『勞動法』, 1994. 116면) 독일에서도 외국인 근로자가 내국인 근로자와 동등한 권리·의무를 갖는다고 보는 것이 통설의 입장이다.

28) 대법원 1995. 9. 15., 94누12067 ; 대법원 1995. 12. 22., 95누201950 ; 서울고등법원 1993. 11. 26., 93다 916774.

29) 최홍엽, 앞의 책, 22면 참조.

균등대우원칙에 따른 지위

1. 내외국인 균등대우의 일반원칙

근로기준법 제5조는 "사용자는 근로자에 대하여 남녀의 차별적 대우를 하지 못하며 국적, 신앙 또는 사회적 신분을 이유로 근로조건에 대한 차별적 대우를 하지 못한다"라고 명문으로 규정하여 국적에 의한 차별대우를 금지하고 있다.

여기서 국적이라 함은 일본인·중국인 등과 같이 국적법상의 지위를 말하는 것으로 외국국적을 가진 것을 이유로 근로기준법상의 차별대우를 해서는 안된다는 취지는 ILO의 기본원칙[30]과 우리나라 헌법 제11조 평등권의 기본원칙을 따른 것으로 오늘날 세계 각국에서 일반적으로 승인되고 있는 원칙이다. 마찬가지로 이중국적자나 무국적자에 대해서도 국적을 이유로 차별하는 경우에는 근로기준법 제5조에 저촉된다.

ILO조약 제111호(차별대우금지조약) 제1조는 "인종, 피부색, 성별, 종교, 정치적 견해, 출신국 또는 사회적 신분을 이유로 행하여지는 모든 차별, 배제 또는 우대로서의 고용, 직업상 기회 또는 대우의 균등을 파괴하거나 저해하는 효과가 있는 것"을 '차별금지' 대상으로 하여 국적에 대하여 명시하고 있으나 우리나라 헌법 제11조에서는 "모든 국민은 법 앞에 평등하다. 누구든지 성별·종교 또는 사회적 신분에 의하여 정치적·경제적·사회적·문화적 생활의 모든 영역에 있어서 차별을 받지 아니한다"고 선언하고 있다.

헌법의 기본권 조항(헌법 제10조~제39조)들이 "제2장 국민의 권리와 의무"에 속하는 것이므로, 외국인은 국민이 향유하는 기본권의 주체

---

30) 제111호 차별대우금지조약 및 제97호 조약, 제143호 조약, 제151호 권고는 외국인에 대하여 인종, 성별, 종교, 국적 등에 의해 차별을 금지하는 내용을 규정하고 있다.

가 될 수 없다는 의견[31]도 일부 있지만, 대다수의 헌법학자들은 외국인도 원칙적으로 평등권의 주체가 될 수 있다고 보아, 외국인도 성별이나 종교에 의해 차별을 받지 않는다고 해석하고 있다. 다만, 차별대우금지의 사유로서 국적이 열거되지 않기 때문에, 내외국인 균등대우의 원칙을 직접 규정하고 있는지의 여부는 논란이 될 수 있다.

헌법으로부터 국적차별의 금지가 직접적으로 도출될 수 있을 것인지는 논란의 여지가 있으나, 국적에 의한 차별은 평등의 이념과 조화가 되기 어렵다고 본다. 헌법상 평등의 원칙은 법의 적용을 받는 모든 인간은 원칙적으로 평등하게 다룰 것을 요구하는 법칙이기 때문이다.[32]

이러한 헌법상의 논란 여지와는 상관없이 근로기준법 제5조는 내외국인 균등대우의 원칙을 보다 분명히 하여 국적을 이유로 근로조건에 대한 차별을 할 수 없도록 하고 있다.

근로기준법 이외에도 노동조합및노동관계조정법 제9조(차별대우의 금지) 및 직업안정법 제2조(균등처우) 에서 균등대우의 원칙을 규정하고 있다. 그러나 이들 규정은 근로기준법과 다르게 국적에 의한 차별을 열거하고 있지 않아서 내외국인 균등대우의 원칙을 정하고 있는지에 대하여 이견이 있을 수 있으나 이 규정은 헌법상의 평등주의이념과 근로기준법상의 균등대우원칙을 따르거나 보다 구체화시킨 것으로 국적에 의한 차별도 금지된다고 보아야 한다.[33]

내외국인의 균등대우원칙은 국제적인 추세에 발맞추어 외국인 근로자의 권리를 보장하는데 의의가 있다. 외국인도 같은 인간이므로 동등하게 대우한다는 것은 외국인의 인권을 보장하기 위한 중요한 전제이다. 그러나 이러한 균등대우원칙은 외국인 근로자 뿐만 아니라 내국인 근로

---

31) 박일경,『신헌법학론』, 1986., 201면.
32) 최홍엽, 앞의 책, 8면.
33) 노동조합및노동관계조정법상의 차별대우금지가 외국인에 대해서도 적용된다는 이유는 헌법상의 지위에서 설명하였고, 직업안정법상의 차별대우금지원칙이 외국인에 대하여도 적용되는 지에 대하여는 후술한다. 직업안정법상의 차별대우금지원칙은 내국인에게만 적용되어야 한다는 주장도 있다. 이러한 주장을 하는 견해로는 최홍엽, 앞의 책, 30면 참조.

자의 보호를 위해서도 필요하다.

외국인 근로자가 낮은 임금으로 유입되면 이와 대체관계에 있는 내국인 근로자는 이들에게 자기의 일자리를 내주게 될 뿐만 아니라, 전체적인 내국인 근로자의 근로조건도 저하될 수 있는 것이다. 국외로부터 외국인의 유입이 많으면 많을수록 이러한 위험 부담은 커진다. 이러한 문제때문에 독일이나 대만, 일본 등 외국인 근로자를 사용하는 많은 국가가 외국인의 유입을 철저히 규제하고 내국인 근로자로 대체하기 어려운 부분에 한해서 외국인 근로자의 사용을 허가하고 있는 것이다.[34]

우리나라의 경우도 마찬가지로 내국인으로 대체되지 않아 인력난을 심하게 겪고 있는 3D업종을 중심으로 최소한의 인원만을 허용하고 있는 것이다. 이렇게 국가가 외국인 근로자의 유입을 제한하는 것과 별개로 직접 외국인에 의해 대체되거나 근로조건이 저하될 위험에 처해 있는 기업 내에서의 근로자들이나 노동조합에 의해 규제되기도 한다.

외국인에 대한 균등대우는 외국인 근로자를 보호하는 기능과 함께 이들이 저임금으로서 국내 근로자의 일자리를 빼앗거나 국내 근로자의 근로조건을 저하시키는 것을 방지하는 효과 이외에 외국인을 국내 근로자와 동등하게 대우하게 되면 국내의 사용자들이 언어소통, 업무능력의 저하, 숙식비나 귀국여비 등 부대비용의 증가를 감수하고까지 외국인을 고용하려고 하지 않기 때문에 외국인 근로자의 수요가 줄어드는 자기규제요인(Self - regulation incentive)으로 작용할 수 있다고 본다.[35]

그러나 외국인의 동등한 대우가 이들의 보호 측면이외에 국내 근로자의 근로조건 저하를 방지하고 결과적으로 외국인 근로자의 수요를 감소시켜 국내 근로자의 일자리를 창출한다고 하지만 이러한 논리는 외국인 근로자와 국내 근로자가 상호 대체관계에 있는 경우에는 타당하다고 볼

---

34) 대만의 경우" … 합리적인 근로조건에 의하여 국내에서 모집할 때는 작업장 소재지의 공립취업복무기구에 구인등기를 하여야 하며, 국내신문에 3일동안 연속으로 광고를 내야 한다…"(외국인초빙고용허가 및 관리방법 제6조)라고 규정하고 있다.
35) 노동부, 『단순기능 외국노동력의 국내 취업에 대한 정책대안』, 1994. 12., 57면.

수 있지만 보완관계에 있는 경우에는 그렇지 않고 대체관계에 있는 경우에도 선진국의 경험이나 노동경제이론상 부작용이 있다는 것은 유념하지 않으면 안 된다.

먼저 보완관계에 있는 경우를 살펴보기로 하자.

외국인 근로자가 국내 근로자와 대체관계보다는 보완관계에 있다는 사실은 선진국의 경험과 우리의 현실에서 찾아 볼 수 있다.

독일은 1950~1960년대에 경제가 고도성장하면서 극심한 인력부족과 내국인의 높아진 문화수준으로 인해 임금이 낮은 최하층 일을 기피하게 되자 외국인력을 한시적으로 활용하려 했으나, 1970년대 불황 때에도 이들의 숫자는 줄어들지 않아 귀국보조금을 주어도 자진출국한 자는 전체 불법체류자의 5% 미만이었다.[36] 따라서 독일정부의 외국인을 받아들여 다시 내보낸다는 원칙은 실패하였다고 볼 수 있다.

일본의 경우 1980년대 고도성장시기에 심각한 인력난으로 외국인을 활용하기 시작하였으나 1992년 거품경제의 붕괴 후에도 외국인력의 수요가 줄어들지 않자 인력부족이 일시적인 것이 아니라 구조적이라는 인식을 가지게 되었다.

마지막으로 대만의 경우를 살펴보면, 1980년대 중반부터 심각한 인력난을 겪게 되면서 1989년 10월에 외국인 근로자의 국내취업을 허용하였으며, 대만정부는 '외국인 근로자 고용허가 및 관리방법실시를 위한 가이드라인'에서 국내 근로자들이 취업을 꺼리는 직종에 한해 외국인 근로자를 허용한다는 방침을 세우고 있다.

이상의 국가들에서 외국인 근로자 활용에 대한 공통점은 첫째, 고도경제성장시기에 인력난이 심화되었고, 둘째, 경제가 발전하면서 내국인 근로자의 문화수준이 높아짐으로 인해 지저분하고 힘든 일(이른바 3D업종)을 기피하였고, 셋째, 앞의 두 가지 원인으로 인해 경기호황 때에

---

36) 독일정부는 1983년에는 『외국인 귀국준비촉진법』을 제정하여 귀국보조금을 지급하였으나, 이러한 정책에도 불구하고 당시 외국인 거주자 4만 1,950만 명 중 귀국자는 5%에 불과하였다 ; 김소영, 『외국인력관련법제 및 정책의 국제비교』, 1995. 8.

외국인 근로자를 활용하기 시작했고, 일단 국내에 들어온 외국인 근로자 숫자는 이후 불황 때에도 줄어들지 않았다는 사실이다.

이러한 사실은 우리나라의 경우도 마찬가지이다. 우리나라의 경우에도 올림픽 이후 경기가 호황국면으로 들어서면서 유입되기 시작한 외국인 근로자는 IMF 이후 경기가 침체되어 내국인 실업자수가 200만 명을 육박하여도 오히려 3D업종을 중심으로 한 영세중소기업에서는 인력난을 호소하고 있으며, 외국인력을 국내인력으로 대체시키는 경우 정부에서 한 업체당 3억원까지의 시설자금과 3천만원 이상의 운전자금을 지원하여 주어도 외국인 근로자는 국내 근로자에 의하여 좀처럼 대체되지 않고[37] IMF 이후 잠시 줄어들었던 외국인 근로자수는 오히려 1999년 1월부터 다시 증가하고 있는 실정이다.[38]

이러한 사실에서 우리는 외국인 근로자가 국내 근로자와 대체관계가 아닌 상호보완 관계에 있음을 알 수 있다. 즉 외국인 근로자는 국내 근로자보다 저임금으로 국내 근로자를 대체하는 것이 아니라, 오히려 국내 근로자보다 낮은 임금으로 국내 근로자에 의하여 채워지지 않는 업종이나 공정에 투입되어[39] 국내 근로자와 상호보완 관계를 유지한다고 보아야 한다. 이와 같은 경우는 미국에서도 찾아볼 수 있다.

1980년대 쿠바에서 미국 마이애미로 이민 온 이민자들의 예에서 보면, 미숙련 근로자를 포함한 내국인 근로자의 임금과 고용에 외국인 근로자가 영향을 못 미친다는 것이다.

그 이유는 미국인이 싫어하는 3D업종에 고유의 고용기회창출을 하고,

---

37) 중소기업협동조합중앙회는 세계은행(IBRD)자금 3천억원을 활용해 1998년 4월 21일부터 외국인력을 내국인으로 대체하는 기업에 대해 회사운전자금을 지원해왔으나 1998년 5월 15일 현재 18개업체 24명에 불과하다고 밝혔다(《한국일보》, 1998. 5. 15.).

38) 불법체류자의 경우 1997년말 14만 8,048명으로 최대를 기록한 이후 1998년 8월말 9만 2,686명으로 최저수준을 기록하였다가 1999년 2월말 현재 10만 5,574명으로 늘어났다.

39) 실증적인 연구결과에 의하면 외국인 근로자들은 2차 노동시장 혹은 3D업종 중에서도 특히 내국인 근로자가 꺼리는 3D업종에 국한되어 고용되어 있다. 정주연, 『외국인 노동력 유입에 따른 경제·사회적 효과분석』, 234면, 『외국인 고용에 따른 사회·경제적 영향평가와 규율방안』, 하경효 외, 1998. 11., 고려대학교 노동문제연구소.

기업으로서는 보다 저렴하게 제품을 생산하여 구매력을 높일 수 있으므로 오히려 내국인 근로자들의 임금이 올라간다고 한다. 이러한 결과에도 불구하고 이민에 대한 두려움이 너무 과장되어 있다는 것이다.[40] 이렇게 외국인 근로자가 내국인과 보완관계에 있는 경우 외국인 근로자로 인하여 국내 근로자와 기업체는 오히려 득을 보게 된다.[41]

그것은 국내 근로자를 구할 수 없거나 높은 인건비를 감당할 수 없는 한계기업이 국내 근로자보다 낮은 임금의 외국인 근로자를 활용할 수 있음으로써 도산이나 폐업을 막을 수 있기 때문이다.

따라서 외국인 근로자를 동등하게 대우하여 이들의 노동인권을 보호하고 이것은 결국 이들의 수요를 감소시켜 국내 근로자의 일자리를 늘릴 수 있다는 논리는 이러한 보완관계 가정하에서는 맞지 않으며 더욱 심각한 것은 앞에서 설명하였듯이 그 외국인 근로자가 대체관계보다는 보완관계에 있다는 것이다.

대체관계에 있는 경우에도 1 : 1 대체관계가 성립하지 않고 외국인 근로자가 감소된 만큼 내국인 근로자의 고용효과가 나타나지 않는다.

그 이유는 내국인 근로자가 대체되면서 임금이 상승하기 때문에 수요와 공급의 법칙에 따라 내국인의 수요도 감소되기 때문이다. 그러나 임금의 상승 없이 외국인 근로자가 내국인 근로자에 의해 대체되는 경우에는 다음과 같은 역기능이 나타나게 된다.

외국인 근로자가 국내 근로자와 임금수준이 대등하여 대체관계에 있게 되면 앞에서 설명하였듯이 국내 사용자들이 이들의 고용을 기피하여 수요가 줄게 되는 것은 사실이다.

그러나 국내 근로자에 의해 대체된 외국인 근로자들은 일자리를 잃고 바로 출국하는 것이 아니라, 일자리를 구할 때까지 국내에 머무르게 되어 실업상태에 빠지게 되므로[42] 외국인의 범죄증가나 궁핍으로 인한 인

---

40) The economist, Nov. 1st, 1997.
41) 남성일,『단순기능 외국인력 활용의 개선방안』, 한국경영자총협회, 1996. 6., 123면.
42) Ronald G. Ehrenberg, Roberts. Smith, MODERN LABOR ECONOMICS, 1998., 351~359면.

권문제 등 심각한 역작용을 불러일으킬 수 있다. 또한 국내에서 내국인
보다 낮은 임금으로 외국인 근로자를 채용하여 버텨오던 영세중소기업
들이 도산이나 폐업 또는 국내에서 이들의 고용을 포기하고 임금이 낮
은 외국으로 공장을 이전하기 때문에 결국 국내 근로자의 일자리가 상
실된다.

이 경우에는 외국인 근로자와 내국인 근로자가 대체관계에 있는 경우
에도 자기규제요인(Self-regulation incentive)이라는 순기능보다는 오
히려 국내 근로자와 기업체가 손실을 보는 역기능을 가져올 수도 있다.

따라서 외국인 근로자의 균등대우는 외국인 근로자의 생활보호권 자
체에서 논의되는 것이 바람직하며 국내 근로자의 근로조건 저하방지를
위한다는 논리와 연결하기에는 조심스럽게 접근해야 한다고 본다.

또한 균등대우의 원칙은 무제한적으로 적용되는 것이 아니라 일정한
경우 제한을 받을 수 있다.

균등대우란 동일가치노동에 대하여 차별대우를 금지하는 것으로서 우
리나라의 경우 외국인 근로자들은 이주 근로자가 아닌 단기체류 근로자
들로서 언어장애, 짧은 근속년수, 해당업무에 대한 미숙련 등 한 사업장
에서 오랫동안 근무한 국내 근로자에 비하여 업무능력이 낮은 것이 사
실이다.[43]

이와 같은 경우에 이들의 업무능력평가에 따라서 국내 근로자에 비하
여 상대적으로 불이익을 주는 경우에는 배분적 정의 관념에 어긋나지
않는다.[44] 즉 균등대우란 단지 국적을 이유로 차별을 금지하는 것을 의
미하며 개개근로자의 노동력 가치평가와 결부된 합리적인 차별은 얼마
든지 가능하다고 본다.[45]

다음으로 근대법원리 가운데 하나인 '국민주권'과의 관계에서 균등대

---

43) 재정경제원의 「외국인 산업기술연수생 실태조사보고」(『외국인력의 적정관리방안』, 재정경제
　원, 1997. 5. 22.)에 따르면 외국인 산업기술연수생의 임금수준은 국내 근로자의 80%이고, 생산성
　은 국내 근로자의 72%인 것으로 나타났다.
44) 대법원 1991. 7. 12., 90다카17009
45) 김형배, 근로기준법, 박영사, 1993., 63면.

우의 원칙은 일정한 제한을 받을 수 있다. 즉 근대법은 국가의 주권이 그 나라의 국적을 지니고 있는 국민에 있다는 것을 출발점으로 하였다.

이러한 전제하에서는 인간으로서의 권리에 해당하는 인간의 존엄과 행복추구권, 신체의 자유, 언론·출판의 자유 등 자유권적 기본권에 대해서는 균등대우의 원칙이 적용되지만 국가에 의해서 그 권리가 비로소 형성되는 사회권적 기본권 영역에서는 일정한 제한이 인정될 수 있다.

2. 내외국인 균등대우원칙의 적용범위

근로기준법 제5조에서 "사용자는 근로자에 대하여 남녀의 차별적 대우를 하지 못하며 국적·신앙 또는 사회적 신분을 이유로 근로조건에 대한 차별적 처우를 하지 못한다"고 규정하고 있다. 따라서 차별대우가 금지되는 것은 국적을 이유로 한 근로조건에 대하여 행하여지는 것을 말한다.

그러나 우리나라 노동법에서 근로조건에 대한 범위를 명확하게 규정한 바가 없지만 근로자의 직장에서의 대우에 관한 일체의 조건이 해당되며 임금·근로시간·승급·배치전환·휴가·안전위생·재해보상 등이 포함된다. 여기서 문제가 되는 것은 채용과 사용자가 보험료의 일부를 부담하는 의료보험, 국민연금, 고용보험 등 사회보험도 근로조건에 포함되는가의 여부이다.

채용을 근로조건에 포함시킨다면 근로관계의 성립을 국가가 벌칙으로서 강제하는 결과가 되어 노사관계에 있어서 사적자치의 영역에 국가의 개입을 인정하게 되는 것으로서 이는 근대 시민법 질서에 명백히 위반하는 것이다.

따라서 근로기준법 제5조의 균등대우의 원칙에 대한 위반문제는 근로자가 채용된 후에 비로소 발생할 수 있는 것이며, 채용 전 또는 채용 시

는 동조의 적용에서 제외된다고 해석해야 한다.[46]   그러나 국적을 이유
로 하여 채용에 있어서 차별을 하는 것이 아니라 성별을 이유로 채용에
있어서 차별을 하는 것은 남녀고용평등법에 의해 금지되고 있다(남녀고
용평등법 제6조).

그 다음으로 문제는 외국인 근로자가 국가에 대하여 취업을 청구할 수
있는가, 즉 고용시장에서의 균등대우에 대한 문제가 제기된다.

독일, 일본, 대만 등 외국인력을 활용하고 있는 나라들의 외국인력 활
용에 대한 공통점은 외국인 근로자의 국내 노동시장 유입에 대하여는
내국인의 고용사정에 방해가 되지 않도록 규제를 하고 있으며 국내 근
로자로 대체되지 않는 경우에 한해서 취업을 허용하고 있다.

독일에 있어서 노동허가제도의 근거인 고용촉진법 제19조 제1항은 노
동허가에 대해 "개개인의 사례관계를 고려하면서 노동시장의 상황과 전
개에 좇아 발급된다"고 규정하여 노동허가제도의 기본적 취지로서 내국
인 근로자 우선의 원칙(Vorrangprinzip)을 정한 것이라 해석되고 있다.
이는 독일노동시장에서 취업의 기회는 독일인 및 이와 동일시되는 자가
외국인 근로자보다 우선하여 부여되어야 한다는 원칙을 말한다. 또한
이러한 해석의 헌법상 근거로는 독일기본법상 직업의 자유규정(제12조
제1항)은 독일인에만 보장되고 있는 내용이 우선시 되고 있다.[47]

일본의 경우에도 단순기능 외국인력의 국내취업을 허용하지 않고 있
으며 기능실습제도 추진사업운영 기본방침 (Ⅱ)각론에서 수입범위에 대
하여 실시상황, 노동시장에의 영향, 국민생활의 영향 등을 고려한 수입
제한방법에 대하여 관계기관과 협의·결정할 것을 규정하므로서 역시
내국인 우선의 원칙을 기능실습제도의 기조로 하고 있다.[48]

마지막으로 대만의 경우는 어느 나라보다도 더욱 명료하고 확실하게
내국인 우선의 원칙을 관철하고 있다.

---

46) 김형배, 앞의 책, 69면.
47) A. Bleckmann, Allgemeine Grundrechtslehren, 1979., S.112.
48) 일본『기능실습제도 추진사업운영 기본방침』,노동대신, 1993. 4. 5., 참조.

고용주는 외국인을 사용하고자 하는 경우에는 우선 국내 근로자를 채용하기 위한 노력을 해야 하고 국내 근로자로 대체되지 않는 경우에 한하여 외국인 근로자를 채용하도록 하고 있다(외국인초빙고용허가및관리방법 제6조).

따라서 각 나라들은 내국인 우선의 원칙에서 외국인력의 취업을 규제함에 있어서도 자국과의 문화적·사회적 친숙도를 고려하여 사회적 규제비용을 최소화하기 위해서 차별적인 규제를 하고 있는 것이 특징이다.[49]

그리고 일단 국내시장에 유입된 경우에도 취업할 수 있는 범위를 한정하여 엄격히 규제하고 있다. 요컨대 노동시장에 있어서 내국인 우선의 원칙을 적용하고 있는 것이 보편화되고 있다.

우리나라도 출입국관리법령에서 국내 노동력의 대체 가능한 분야에서의 외국인 취업은 엄격히 규제하고 있으며, 필요불가결한 최소한의 범위 내에서 선별적으로만 취업을 허용하고 있다.

출입국관리법 제18조는 "① 외국인이 대한민국에서 취업하고자 할 때에는 대통령이 정하는 바에 따라 취업활동을 할 수 있는 체류자격을 받아야 한다,② 제1항의 규정에 의한 체류자격을 가진 외국인은 지정된 근무처 외에서는 근무하여서는 아니된다,③ 누구든지 제1항의 규정에 의한 체류자격을 가지지 아니한 자를 고용하여서는 아니된다,④ 누구든지 제1항의 규정에 의한 체류자격을 가지지 아니한 자의 고용을 알선 또는 권유하여서는 아니된다,⑤ 누구든지 제1항에 의한 체류자격을 가지지 아니한 자의 고용을 알선할 목적으로 그를 자기의 지배하에 두는 행위를 하여서는 아니된다"고 하여 외국인의 국내 노동시장 유입과 고용에 대해 제한을 하고 있다.

---

49) 독일의 경우 EC가맹국출신을 제외한 비독일계 외국인에 대해서만 국내취업을 규제하고(Arbeitsfrdeungsgesetz §19에서 법적근거를 두고 AEVO에서 규정하고 있다), 싱가포르의 경우 중국, 한국, 일본, 말레이시아를 전통적 노동력 공급국가로 인정하여 비전통적국가와 차별을 두고 있으며(김소영, 앞의 책, 39~40면 참조), 일본의 경우에도 일본인 2·3세를 정주자의 자격으로 국내취업에 있어서 제한을 두고 있지 않다(김소영, 앞의 책, 75면 ; 남성일, 앞의 책, 84면 참조).

그러나 고용에 있어서 이와 같은 각국의 내국인 우선정책은 외국인에 대한 고용에 있어서 차별을 금지하고 있는 ILO 등 국제규약에 배치된다.

ILO 제111호 조약 제1조, 제97호 조약, 제143호 조약 및 제151호 권고는 인종, 피부색, 성별, 종교, 정치적 견해, 출신국 또는 사회적 신분을 이유로 이주 근로자에 대하여 고용과 노동조건에 대한 차별대우를 하지 못하도록 규정하고 있기 때문이다.

따라서 내국인 우선원칙은 외국인 근로자를 자국 내의 노동시장으로 진입시키는 단계에서 국내 근로자의 취업보장을 위하여 국가의 이민정책이나 출입국관리정책을 통하여 총량적으로 규제할 때 적용되는 원칙으로, 일단 국내 노동시장에 진입한 이후에는 개별적인 외국인 근로자의 고용보장에 있어서 내국인과 동등한 대우를 하여야 할 것이다.

실제로 외국인력을 활용하는 국가들은 엄격한 규제를 통하여 국내취업을 허가하고, 일단 고용허가 등 자격을 취득하고 취업한 외국인 근로자에 대해서는 국내 근로자와 동등한 대우를 하고 있으나 취업할 수 있는 분야를 제한하고 있어 고용시장에서의 내외국인 동등원칙은 지켜지지 않는다고 볼 수 있다.

그러나 우리나라의 경우에는 출입국관리법상 외국인이 취업할 수 있는 체류자격을 규정하고 있으나 이것은 어디까지나 체류관리의 문제이고, 노동관계에서는 합법적인 취업자나 출입국관리법 제19조의3 제2항에서 규정하고 있는 연수취업자에 대하여 국내 근로자와 동등하게 취업활동을 보장하고 있으며 현행 노동관계법상 외국인에 대하여 어떠한 제한도 규정하고 있지 않다.[50]

이러한 이유에서 우리나라의 경우 외국인 근로자도 노동시장에서 고

---

50) 이 부분은 우리나라의 경우도 대만이나 독일 등과 같이 노동관계입법을 통하여 제한 할 수 있다고 생각되지만 현재로서는 우리나라에서 외국인을 노동관계법령으로 규제할 아무런 입법적 근거가 없다. 따라서 이러한 외국인 근로자의 노동권에 대한 근거법령이 하루빨리 제정되어야 한다고 본다.

용보장과 관련하여 국내 근로자와 동등한 대우를 받아야 한다고 본다.

이러한 국가에 대하여 취업을 요구할 수 있는 근로의 권리(헌법 제32조)는 외국인에게 제한되어 있기 때문에 국적에 의한 차별은 직업안정법상의 균등대우원칙에 포함되지 않는다는 견해[51]도 있으나 수긍할 수 없다고 본다.

이 견해는 헌법 제32조 제1항의 "근로권은 국민의 권리로서 외국인에게는 그 권리의 향유를 부정한다는 설"과 "외국인의 기본권은 자유권에 대해서는 인정되나 사회권에 대해서는 인정되지 않는다"는 헌법학계의 통설인 기본권 성질설에 따르면 타당하나, 앞에서 설명하였듯이[52] 이제 외국인 근로자의 노동법 적용에 있어서 국내 근로자와 동등한 대우를 하여야 한다는 것은 헌법학설상의 논란과 상관없이 노동법학계나 노동부, 판례 등은 이미 보편적 사실로써 인식하고 있다.

따라서 노동시장에서의 내국인 우선원칙은 외국인력을 국내 노동시장에 진입시키기 위한 단계에서의 총량적 규제 문제이고 일단 국내 노동시장에 합법적으로 진입하여 취업한 개별적인 외국인 근로자에 대해서는 직업안정법 제2조의 "성별, 종교, 사회적 신분, 혼인 여부 등을 이유로 직업소개·직업지도 또는 고용관계의 결정에 있어서 차별대우를 받지 아니한다"고 한 균등대우조항은 국적에 의한 차별도 포함된다고 보아야 한다.[53]

다음으로 근로기준법 제5조에서 차별대우의 금지대상으로 규정한 근로조건은 원칙적으로 산업재해보상보험법, 국민연금법, 의료보험법, 생활보호법, 고용보험법 등 사회보장법상의 규정에 따라 사용자가 부담하는 보험료 등도 포함된다고 보아야 할 것이다. 따라서 이와 같은 근로관계에 기초한 사회보험제도에 있어서 사용자의 의무에 차등을 두는 것도 근로기준법 제5조에서 금지하고 있는 차별대우에 해당된다고 보아야 한

---

51) 최홍엽, 앞의 책, 30면은 이러한 견해를 나타내고 있다.
52) 본장 "내외국인 균등대우의 일반원칙" 참조.
53) 서울형사지방법원(1993. 7. 14., 1993 고단 3581)은 직업안정 및 고용촉진에 관한 법률위반사건

다.

그러나 외국인의 사회보장적 지위에 대하여 외국인은 헌법상 사회권적 기본권의 향유주체가 아니므로, 외국인 근로자에게 이것을 배제한다고 하여도 반드시 이들에 대한 사회적 기본권을 침해한다고 볼 수 없다.

우리나라의 사회보장법 제8조는 국내에 거주하는 외국인의 사회보장제도의 적용은 상호주의 원칙을 천명하고 있으므로 우리나라 국민에게 사회보장혜택을 부여하지 않는 나라의 외국인에 대해서는 우리나라도 이들에 대하여 사회보장혜택을 부여하지 않아도 문제가 되지 않는다고 보아야 한다.[54]

그러나 현재 우리나라는 산재보험, 고용보험, 국민연금, 의료보험에 대하여 합법적인 취업자(산업기술연수생 및 불법체류자에 대해서는 후술하기로 한다)에 대하여 국내 근로자와 동등하게 적용하고 있다.

산재보험은 합법취업자는 물론 불법취업자에게도 적용되고 있으며, 국민연금의 경우 국내에 거주하고 있는 18세 이상~60세 미만의 외국인도 가입대상이 된다. 다만, 국내에서 근로자로서 사용기간이 지극히 단기인 자와 유동적 상태에 있어서 보험료의 징수 및 기타 사무취급의 기술적 곤란성이 있는 자는 적용이 제외된다(국민연금법 제6조 단서 동법 시행령 제2조).

한편 보건복지부는 1995년 8월 5일 국민연금법개정을 통하여 상시 5

에서 "… 유료직업소개를 하려고 하는 자에게 노동부 장관의 허가를 받도록 한 것은 유료직업소개사업을 정부의 감독 및 통제하에 둠으로써 구직 근로자를 보호하여 국민의 직업안정 및 고용촉진에 기여하는 것이라 할 것이고, 따라서 이러한 정부의 직업안정 및 고용촉진의무에서 비롯되는 이익을 향유할 권리는 그 성질상 인간이기 때문에 당연히 누릴 수 있는 것이라기보다는 그 나라의 국민된 자격으로서 누리게 되는 바, '국민의 권리'라고 봄이 상당할 것이다. …" 라고 하여 외국인의 직업안정법상의 권리를 부인한데 반하여, 대법원(1995. 7. 11., 94도1814)은 "…이 법은 근로자의 직업안정 및 고용촉진을 도모하기 위한 법률임이 명백하고, 근로자의 지위는 근로기준법 제5조에서 명시하고 있듯이 국적에 불문하고 차별적 대우를 받지 않게 되어 있으며, … 법 제1조의 2 균등처우조항에서 "성별, 종교, 사회적 신분, 혼인여부 등을 이유로 차별대우를 받지 아니한다 하고만 했을 뿐이고, 거기에 국적이란 사유가 열거되지 않았다고 해서 외국인을 배제한다는 취지라고 보아야 할 이유가 없고, …"라고 판시하여 외국인에 대하여 직업안정법상의 국내 근로자와 동등한 지위를 인정하고 있다.

54) 하경효 외, 앞의 책, 106면.

인 이상을 사용하고 있는 국내 기업체에 종사하는 외국인 근로자는 국민연금에 의무적으로 가입하도록 하고 있다.

의료보험의 경우 영주목적으로 체류하는 외국인이나, 5인 이상 사업장 근로자 및 산업기술연수생에게만 적용되어 왔으나 1999년 1월부터는 유학·연수, 상사주재, 회화지도, 연구·교수, 문화예술 등의 목적으로 앞으로 1년 이상 국내에 체류할 예정인 외국인(해외동포 포함)과 이들의 배우자 및 20세 미만 자녀, 내국인의 외국인 배우자와 자녀들에게도 의료보험을 적용시키기로 하였다.

고용보험의 경우 고용보험법상 외국인을 제외하는 명문규정은 없다. 따라서 노동부는 국내 거주자격이 있는 외국인은 취업활동에 아무런 제한이 없으므로 당연 적용대상으로 하되, 출입국관리법상 국내취업활동이 가능한 체류자격을 가진 외국인의 경우에는 본인이 가입을 희망하는 경우에 적용토록 하고, 출입국관리법상 일정한 체류자격이 없는 외국인의 경우에는 국내고용이 금지되어 있으므로 이른바 "불법취업자"는 당연히 고용보험의 적용대상이 되지 않는다.

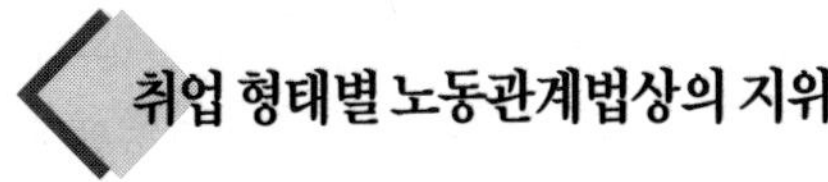

취업 형태별 노동관계법상의 지위

외국인 근로자도 근로계약의 형태, 노동력 제공의 양태, 활동업종에 따라 그때그때마다 상이한 법적 문제 발생과 그에 대한 대책이 필요하다. 따라서 외국인 근로자는 이를 유형화하지 않으면 안 된다. 특히 외국인 근로자도 헌법상 기본권의 향유주체가 될 수 있다고 하여 일률적으로 논하는 것은 곤란하고 이들에 대하여 유형별로 구체적인 법적 검토가 이루어져야 한다.

현재 우리나라의 외국인 근로자 활용정책은 교수, 회화지도, 연구 등 전문인력은 내국인과 동일하게 취급하여 국내취업을 허용하고, 단순기능인력은 국내취업을 금지한다는 원칙하에 산업기술연수생 명목으로 국내에서 기술연수를 허용하고 있다. 산업기술연수생의 경우에도 중소기업협동조합중앙회 등 사업자 단체의 추천에 의하여 도입되는 경우와 외국과 합작관계가 있는 국내기업체가 직접 도입하는 경우가 있다.

산업기술연수생의 국내체류는 현행 출입국관리법상 정식취업이 금지된 상태에서 법적 근거 없이[55] 운영됨으로써 산업기술연수생의 노동법 적용에 대한 논란은 물론 산업기술연수생에 대한 중간착취, 폭행, 송출수수료의 과다징수, 사업장 무단이탈 등 적지 않은 문제점을 야기시켜 왔다. 또한 이들의 경우에도 중소기업협동조합중앙회 등 사업주단체가 도입하는 경우와 달리 국내기업체가 직접 도입하는 경우에는 국내노동법이 전면 배제되는 등 또 다른 문제점이 존재하고 있다. 그리고 불법체류자는 자격외 취업자, 체류기간 초과취업자, 그리고 밀입국 취업자로서 이들의 숫자는 국내에서 합법취업자수를 초과하여 1999년 2월말 현재 10만 5,574명이 국내에서 취업하고 있으며, 이들은 통계[56]에 의하면

---

55) 산업기술연수제도는 법률에 근거없이 법무부 훈령에 의해 도입되어 오다가 1997년 12월 13일 출입국관리법 제19조의2, 제19조의3의 신설로 법률적 근거를 갖게 되었다.

56) 외국인의 월평균임금에 대한 조사결과에 대하여, 산업연구원(1993. 9.) ; 산업기술연수생 ; 34만

산업기술연수생보다는 높은 임금을 받고 있는 것으로 나타나고 있으나 주로 산업기술연수생을 배정받지 못하는 영세업체나 위험한 작업환경에서 취업활동을 함으로써 산재사고, 폭행, 임금체불, 중간착취 등의 열악한 근로환경에 노출되어 있어 이들의 보호와 관리가 시급한 실정이다.

이상과 같이 외국인 근로자의 유형을 합법취업자, 산업기술연수생, 불법체류자 등 3종류로 나누어 보았다.

이하에서는 이들에 대하여 구체적으로 노동법의 적용문제와 문제점을 검토해보기로 한다.

1. 합법취업자의 법률적 지위

① 외국인이 우리나라에서 취업할 수 있는 체류자격은 출입국관리법 제10조 및 동법 시행령 제23조에 규정되어 있다.

출입국관리법시행령 제23조에서 취업을 허가하고 있는 체류자격은 시행령 〈별표1〉 중 9. 단기취업(C-4), 19. 교수(E-1)내지 25. 특정활동(E-7) 및 25의 2. 연수취업(E-8)D의 체류자격을 말한다(1995. 12. 1., 1998. 4. 1.개정).

취업을 허가하고 있는 체류자격 기호인 E-1~E-7은 차례로 교수, 회화지도, 연구, 기술지도, 전문직업, 예술흥행, 특정직업인으로 모두 전문기술분야의 직종에 국한되어 있다. 그리고 일시흥행, 광고, 패션모델, 강연 등 수입을 목적으로 활동하려고 하는 자에 대하여 단기취업(C-4, 체류상한기간 90일)의 체류자격이 부여되고 있다.

또한 1998. 4. 1. 출입국관리법의 개정으로 연수취업자격을 신설하여 외국인이 산업기술연수생으로 입국하여 2년간 연수를 하고 기술자격증

5,000원, 불법취업자 : 41만 9,000원, 아벨라/박영범(1993. 10.) ; 산업기술연수생 : 37만 1,000원, 불법취업자 : 42만원, 노동정책연구소(1995. 4.) ; 산업기술연수생: 31만원, 불법취업자 : 65만 6,000원으로 나타났다 (중소기업협동조합중앙회, 앞의 백서).

을 취득한 경우에는 1년간 연수취업(E-8)으로 체류자격을 허가하여 취업활동을 할 수 있게 하였다.

이들 합법체류자 현황을 보면(표3-1참조) 연도별 입국자 총수는 1991년 2,973명, 1992년 3,395명, 1993년 3,767명, 1994년 5,265명, 1995년 8,228명, 1996년 13,420명, 1997년 36,808명으로 1991년 이후부터 숫자가 점진적으로 증가하다가 1996년부터 크게 증가하기 시작하였고 특히 1997년에는 36,808명으로 13,420명인 1996년에 비하여 1년 사이에 거의 3배가 증가하였다.

직종별로 보면 교수, 회화지도, 연구, 기술지도, 전문직업, 예술흥행, 특정직업의 전 분야가 최소 2배 이상 증가하였다. 이들은 1년 이상의 장기체류자격으로 국내에서 합법적인 취업활동을 하게 되며, 일본, 미국, 캐나다 등 대부분 선진국의 고학력자들로 사전에 치밀한 계약과정을 거쳐 입국하므로 단순기능 외국인력이나 국내 근로자에 비하여 훨씬 유리한 근로조건 및 부대조건을 확보한 상태에서 취업을 하고 있다.

이들은 최저임금법, 근로기준법, 산업재해보상보험법, 고용보험법은 물론 노동3권의 보장 등 노동관계법의 적용에 있어서 국내 근로자와 동등한 대우를 받으며 아무런 제약을 받지 않는다. 노동관계법 이외에 사회보장법에 의한 국민연금[57]이나 의료보험[58]의 혜택도 국내 근로자와 동일하게 받는다고 보아야 한다.

앞에서 언급했듯이 그 동안 합법취업자는 교수, 연구, 기술지도, 전문직업 분야에서 일반 근로자에 비해 월등한 대우를 받고 취업함으로써 노동법상의 부당한 대우 등 논란의 여지가 적었으나, 몇 가지 문제점들

---

57) 국민연금관리공단은 5인 이상 사업장의 외국인 근로자에게만 국민연금을 적용시켜 왔으나 내·외국인 동등대우 원칙과 상호주의 원칙에 따라 1999년 4월부터 국내에 거주하는 18세 이상 60세 미만인 외국인에 대해서 보험료를 부과하기로 했다(《동아일보》, 1999. 1. 18.).
58) 지금까지는 영주목적으로 체류하는 외국인이나, 5인 이상 사업장 근로자 및 산업기술연수생에게만 적용되던 것을 1999년부터는 유학·연수, 상사주재, 회화지도, 연구·교수, 문화예술 등의 목적으로 앞으로 1년 이상 국내 체류할 예정인 외국인(해외동포 포함)과 이들의 배우자 및 20세 미만 자녀, 내국인의 외국인 배우자와 자녀에게도 적용하게 되었다(《조선일보》, 1999. 1. 10.).

〈표 3-1〉　　　　　　　□ **합법취업자 현황**

(단위 : 명)

연도	교수 (E-1)	회화지도 (E-2)	연구 (E-3)	기술지도 (E-4)	전문직업 (E-5)	예술행위 (E-6)	특정직업 (E-7)	계
1991	612			358		326	1,677	2,973
1992	542			404		430	2,019	3,395
1993	465	1,136	61	320	72	418	1,295	3,769
1994	511	2,241	125	396	145	563	1,284	5,265
1995	647	4,230	290	599	198	598	1,666	8,228
1996	793	7,473	539	918	254	1,017	2,426	13,420
1997	2,111	16,192	1,660	3,476	651	2,211	10,507	36,808

자료) 법무부 출입관리국 심사과, 「외국인 관리현황」 1997. 12.

을 지적해 볼 수도 있다. 1992년까지만 해도 한 명도 없던 회화지도가 1993년 1,136명에서 해마다 배로 증가하여 1997년에는 1만 9,192명으로 전체 합법취업자의 거의 반수를 차지하고 있다. 이렇게 회화지도가 급격히 증가한 것은 과거 문민정부의 세계화 정책과 함께 초등학교에서의 조기영어교육 정책에 따라 수요가 급증했기 때문이다.

　국내수요의 급증으로 상당수의 회화지도가 단기관광 목적으로 입국하여 불법으로 이루어지고 있는 경우도 있다. 이들의 문제는 불법체류자의 법적지위 부분에서 후술하기로 하고, 합법취업자의 경우에도 우리나라 영어교습소나 학원 등이 매우 영세하고, 급격한 수요증가로 낮은 수준의 외국인 강사들이 입국하므로 인해 이들에 대해서도 국내 근로자와 비교하여 차별대우가 문제된다.

　실제로 현장에서 가장 많이 발생하는 것은 임금이나 퇴직금의 체불, 부당한 해고 및 2~3개월의 단기계약으로 인한 퇴직금 지급이나 연·월차휴가 부여의 회피 및 고용불안 등으로 우리나라 사용자들에 대한 부당한 대우 건수가 늘어나고 있다.

합법취업자의 경우에도 우리나라 출입국관리법 제18조 제2항은 "제1항의 규정에 의한 체류자격을 가진 외국인은 지정된 근무처 이외에서 근무하여서는 아니 된다"고 규정하고 있으므로 지정된 근무처 이외에서 근무하는 경우에는 불법체류자로 간주된다. 이 문제는 실제로 영어 등 외국어 교습현장에서 문제가 된다.

대형학원에서 전임으로 고용하는 경우에는 문제가 되지 않으나, 회화지도의 체류자격자가 급증한 이후에는 대부분이 위와 같은 전임 고용보다 한 곳에 지정되어 입국한 다음 여러 학원을 파트타임으로 근무하는 경우가 많다. 따라서 이들은 이미 불법체류자에 해당되므로 근로조건은 더욱 열악해질 수밖에 없다. 이 과정에서 필연적으로 중간 알선업자에 의한 근로기준법 제8조의 중간착취의 문제가 발생할 수 있다.[59]

또 한가지 문제는 90일 이내의 단기취업을 목적으로 입국하는 자들이다. 이들은 출입국관리법시행령 〈별표 1〉의 9호에 의해 단기취업(C-4) 비자로 입국하여 일시흥행, 광고·패션모델, 강의·강연, 연구, 기술지도 등의 수익을 목적으로 단기간 취업활동을 하려는 자들로서 1996년 총 입국자수는 542명이었으나 1997년 총 입국자수는 5,418명으로 1996년에 비하여 10배가 증가하였다.

이들 입국자수가 급격히 증가한 이유는 1997년부터 우리나라의 경기가 침체되기 시작하면서 기업체에서 국내의 값비싼 유명모델보다는 외국의 값싼 저급모델들을 선호하고 있기 때문이다. 또한 이러한 국내수요에 의해 이들을 전문적으로 국내에 취업시키는 알선조직이 성행했기 때문이라고 해석할 수 있다.

---

59) 삼성경제연구소는 고액 외국어 과외 등 사교육의 횡행이 젊은이들이 생산적인 분야로 진출하는 것을 가로막고, 무자격 외국인 불법체류를 양산하는 등 고용구조 왜곡을 초래하고 있다(《한겨레신문》, 1997. 6. 20.), 경찰은 외국인강사를 학원에 소개해준 뒤 학원으로부터 소개비로 80~120만원, 외국인으로부터 월 16~18만원씩 받는 수법으로 28억 8,000만원을 챙긴 혐의로 알선업자를 구속했다(《중앙일보》, 1997. 7. 18.).

이들은 입국 후 체류자격을 부여받은 회사에서 전속으로 근무하는 것이 아니라, 대부분 불법 모델전문인력 공급회사에 소속되어 근무하게 되므로 체류자격을 위반하여 취업하거나 체류기간을 초과하여 근무하기 때문에 불법체류자로 전락하게 된다. 이들이 문제되는 것은 근로시간이나 임금 등 근로조건 전반에 대해서도 문제가 되지만, 특히 불법 알선공급[60]으로 인한 중간착취 문제가 더욱 심각하다고 본다.

② 1997년 12월 13일 신설된 출입국관리법 제19조의3 제3항은 "법무부 장관은 산업기술연수생으로서 대통령령이 정하는 요건을 갖춘 자(연수취업자)에 대하여 취업활동을 할 수 있도록 체류자격변경허가를 할 수 있다. 이 경우 연수취업자의 관리에 관하여는 제1항 및 제2항의 규정을 준용한다"고 규정하고 동법 시행령 제23조 제1항은 "법 제18조 제1항에서 취업활동을 할 수 있는 체류자격이라 함은 〈별표 1〉중 체류자격 9. 단기취업(C-4), 19. 교수(E-1) 내지 25. 특정활동(E-7) 및 25의2. 연수취업(E-8)의 체류자격을 말한다"고 규정하여 연수취업제를 도입하였다.

이 연수취업제는 산업기술연수생으로 입국하여 2년간 연수를 마치면, 소정의 자격심사를 거쳐 합격한 후 체류자격을 연수자격(D-3)에서 취업자격(E-8)으로 변경하여 1년간 체류기간을 연장해 주는 제도이다. 이 제도는 산업기술연수생이 2년 동안의 연수를 마친 후 1년 동안 취업활동을 보장받을 수 있는 제도로서, 그 동안 연수를 받던 업체와 근로자 신분으로서 정식으로 고용계약을 체결하고 취업활동을 할 수 있다.

우리나라는 현재 출입국관리법상 산업기술연수생이나 연수취업자에 대한 규정 이외에 노동관계법상에서 이들의 규제에 대한 근거 법령이 없으므로 출입국관리법상의 규제와 상관없이 연수취업자에 대해서는 노

---

60) …은 단기취업비자로 입국한 외국인 남녀들을 광고모델 등으로 불법 알선해온 ○○○ 씨를 출입국관리법 위반 혐의로 구속했다. 검찰에 따르면 이들은 1997년 7월 단기상용비자로 입국한 미국인 M씨를 유명 의류회사 속옷광고모델로 소개해주고, 150만원을 받는 등 1997년 1월부터 7월까지 외국인 모델 17명을 의류회사, 방송사 등에 취업시켜 주고 9,400만원을 챙긴 혐의다"(《중앙일보》, 1999. 3. 14.).

동법상 아무런 제한없이 국내 근로자와 동등한 지위를 보장받을 수 있다. 따라서 연수취업자에게는 그 동안 노동부지침이나 연수계약에 의해 보장받지 못했던 연·월차휴가와 퇴직금 등을 지급받을 수 있을 뿐만 아니라 노동3권도 보장받을 수 있다고 본다.

연수취업제도는 그 동안 노동부가 추진하던 고용허가제와 산업기술연수제도를 절충한 일본의 기능실습제도와 유사한 제도이다. 그러나 당초 노동부가 고용허가제도를 도입하여 외국인 근로자의 보호와 더불어 노동3권 등 이들을 규제할 수 있는 법적 근거를 마련한다는 취지는 이번 취업연수제도에서 전혀 반영되지 않았다. 위헌 여부의 문제는 별론으로 하고, 이들 연수취업자에 대해서 노동3권을 포함하여 노동법 적용범위에 있어서 문제가 발생할 수 있다고 본다. 그러나 산업기술연수생이 실제로 연수취업자격을 부여받는 시기는 2000년 4월 1일 이후에나 가능하다.

2. 외국인 산업기술연수생의 노동법상 지위

I) 외국인 산업기술연수생제도의 법적 근거

산업기술연수생은 1991년 10월 26일 제정된 법무부 훈령 제255호(외국인산업기술연수사증발급에관한업무처리지침)에 근거하여 국내 기업체에서 산업기술연수의 목적으로 체류하는 자들이다. 법무부 훈령은 그 이후 수차례에 걸쳐 개정되었고, 정부가 본격적으로 외국인 단순기능인력을 산업기술연수생의 명목으로 사업주단체를 통해 도입하기 시작한 것은 1993년 12월 28일부터이다. 개정된 지침 제2조(연수목적 사증발급 대상자)는 "① 외국인 산업기술연수 사증발급은 다음 각호의 1에 해당하는 산업체 등에서 연수하려는 자를 대상으로 한다.

1) 외국환관리법에 의하여 외국에 직접 투자하거나 외국기업과 합작

으로 외국에 투자한 산업체

　2) 기술개발촉진법에 의하여 외국에 기술을 제공하는 산업체

　3) 대외무역법에 의하여 외국에 산업설비를 수출하는 산업체

　② 제1항의 규정에 불구하고 법무부 장관은 외국인에 대한 연수가 불가피하다고 판단하여 주무부처(청)의 장 또는 주무부처(청)의 장이 법무부 장관과 사전에 협의하여 지정하는 산업체 유관공공단체의 장이 추천하는 산업체 등에서 연수하려는 자를 사증발급 대상으로 할 수 있다"고 규정하고 있다.

　이 지침 개정에 의해 제2항을 추가함으로써 그 동안 제1항 각호에 해당하는 국내 기업체가 직접 산업기술연수생을 도입하던 것 이외에도 이에 해당되지 않는 산업체도 사업주단체의 추천을 받아 도입할 수 있는 길이 열렸다. 당시 통상산업부는 추천기관으로 중소기업협동조합중앙회를 지정하여 국내 중소기업체에 외국의 단순기능인력을 대량으로 도입하기 시작하였다.

　연수계약상의 법률관계는 다음 장에서 후술하기로 하고 여기서는 사실상의 노무제공관계를 중심으로 산업기술연수생의 노동관계법상 지위에 대해서 위의 지침 제1항에 의한 경우('합작방법에 의한 산업기술연수생'이라고 함)와 제2항에 의한 경우('중소기업협동조합중앙회를 통한 산업기술연수생'이라고 함)을 중심으로 검토해 보기로 하겠다.

2) 외국인 산업기술연수생의 근로자성

　외국인 기술연수제도는 위와 같은 근거에 의한 것이지만, 당초의 의도와는 달리 사실상 일반적으로 3D업종이라 불리는 영세·중소 기업체의 인력난 등을 해소하기 위한 방편으로 활용되고 있는 실정이어서 근로기준법의 적용 여부가 문제되고 있다.

　외국인 연수제도는 ① 당해 외국인 산업기술연수생이 본국 회사에 소

속되어 있어 기본적으로 본국 회사의 근로관계가 전제되어 있고,[61] 국내 사업체와는 근로계약을 체결하지 않고 단순히 연수계약만 체결하고 있다는 점, ② 연수업체는 이들에게 필요한 숙박시설을 제공하여야 하고, ③ 산업기술연수생은 연수활동 이외의 목적으로 취업할 수 없고, ④ 산업기술연수생의 임금은 송출회사에 송금되어 일정한 관리비를 공제하고 이들에게 지급되거나, 산업기술연수생들의 연수수당에서 매월 송출회사의 관리비를 지급하고 있다는 특징이 있는 반면 사실상의 노무제공에 있어서는 일반근로자와 다를 바가 없다.

근로기준법 제14조에서는 근로자를 "직업의 종류를 불문하고 사업 또는 사업장에서 임금을 목적으로 근로를 제공하는 자"를 말한다고 규정하고 있는 바, 이처럼 근로기준법에서 말하는 근로자는 근로관계를 전제로 하고 있는 것이고, 근로관계가 성립하려면 사용종속관계하에서 노무를 제공하기로 하는 유효한 계약이 체결되어야 한다.

학설상으로는 이와 같은 근로관계가 성립하려면 유효한 근로계약의 체결만으로 충분하다는 계약설과 근로계약 이외에 근로자의 작업개시 또는 경영체 안으로의 편입이라는 사실적 요소가 필요하다는 편입설의 대립이 있다. 그러나 둘 모두 유효한 근로계약의 체결이 필요하다고 보는 점에서는 차이가 없다.[62] 다만, 이와 같은 근로계약의 체결이 있는지의 여부는 그 명칭이나 형식에 불문하고 실질적으로 판단해야 할 것이

---

61) 산업기술연수생과 송출기관이 체결하는 '연수자파견계약서'(Contract for Dispatching Trainee) 제1조(계약의 체결) 제1항은 송출기관은 산업기술연수생 선발조건에 따라 산업기술연수생을 추천하고 산업기술연수생은 대한민국 연수업체로 파견되기로 결정됨에 따라, 연수와 관련되는 제반 사항은 이 계약 또는 표준계약을 체결하여 이행하도록 한다고 규정하고 있다. 제2항은 이 계약의 합의내용을 변경·수정할 필요가 있는 경우는 송출기관과 산업기술연수생이 합의하여 변경·수정하여야 한다고 규정하고 있다. 경험적 조사에 의하면 산업기술연수생은 연수업체에 편입되기 이전에 제반 근로조건에 관하여 이미 소상하게 알고 있으므로 산업기술연수생과 연수업체 사이에는 근로조건의 결정 영역이 거의 존재하지 않는다고 한다. 이에 대한 케이스 스터디를 진행한 연구로서 정주연, "한국기업에서 외국인 근로자의 고용에 따른 경제사회적 효과 : 국제 비교적인 시각에서의 분석", 「외국인고용에 따른 사회·경제적 영향평가와 규율방안」, 고려대학교 노동문제연구소, 1998년 춘계학술발표회 발표 논문, 57면 이하 참조. 기타 자세한 내용은 다음 제4장에서 자세히 설명하기로 한다.
62) 김형배, 앞의 책, 97면 ; 대법원 1972. 11. 14., 72다895.

므로 "임금을 목적으로 사용종속관계에서 노무를 제공하기로 하는 계약"은 모두 이에 해당한다고 할 것이다.[63]

① 학 설

이와 같은 여러 가지 특징에 비추어 외국인 산업기술연수생의 근로자성에 대해서는 부정설과 긍정설로 그 견해가 대립되어 있다.[64]

① 부정설 — 산업기술연수생은 기본적으로 국내에서 연수활동 이외의 목적으로 취업활동을 할 수 있는 취업자격을 갖고 있지 않으며, 위에서 본 바와 같이 별도의 목적과 별도의 체류자격만을 가지고 본국 소속회사와 근로관계를 유지한 채 일정기간 동안만(원칙적으로 6개월 이내이고 최장 2년까지 밖에는 연장되지 않는다) 연수활동을 하는 것이다. 그러므로 통상의 근로관계에서는 볼 수 없는 여러 형태의 법적 규제를 받고 있으므로, 비록 그 연수활동의 일환으로 행해지는 실무연수가 실질적으로 통상의 근로제공과 다를 바 없다 하더라도, 이것만을 근거로 산업기술연수생을 근로기준법상의 근로자로 보는 것은 이와 같은 법적 규제를 무시하는 것으로써 타당하지 않다고 보는 것이다.

② 긍정설 — 산업기술연수생에 대한 법적 규제와 그 현상이 위와 같이 여러 가지 특징을 가지고 있더라도, 산업기술연수생이 근로기준법 소정의 근로자인지에 대한 여부를 판단함에 있어서는, 그 산업기술연수생이 사용종속관계하에서 실질적으로 사실상 노무를 제공하고 그에 대한 대가로서 임금 등을 받고 있느냐에 의해 결정되어야 한다. 따라서, 그 형식상의 명칭 및 그에 따른 여러 법적 규제나 현상적인 차이에 의해 결정할 사항은 아니라고 본다.

---

63) 대법원 1991. 7. 26., 90다20251 ; 대법원 1991. 12. 13., 91다24250 ; 대법원 1992. 6. 26., 92도674 ; 대법원 1995. 12. 22., 95누201950.
64) 김형진, 대법원 판례해설 제24호, 대법원, 1995.

이 견해는 산업기술연수생이 비록 취업자격이 아닌 연수목적의 체류자격을 갖고 있다 하더라도, 그 연수의 실질적인 내용이 연수를 받고 있는 국내사업체에서 사용종속관계하에 사실상 노무를 제공하고 있고, 연수수당 등의 명목으로 그와 같은 근로제공에 대한 대가의 성격을 지니는 금품을 받았다면, 이와 같은 산업기술연수생은 그 형식상의 명칭에도 불구하고 근로기준법 소정의 근로자에 해당한다고 본다.

② 우리 정부의 태도와 판례

● 우리 정부의 태도

정부 당국은 원래 산업기술연수생은 근로기준법 소정의 근로자가 아니라는 입장을 표명하였다. 그러다가 1994년 2월 7일에 이르러 산업기술연수생 및 불법취업 외국인 근로자에 대해서도 산재보험법을 적용하겠다고 그 방침을 바꾸었다. 실제로 1995년 2월 14에는 노동부예규, 1995. 2. 14. 제258호로 「외국인산업기술연수생의보호및관리에관한지침」을 제정하여 산업기술연수생이 사실상의 노무를 제공하고 임금·수당 등 여하한 명칭으로든지 근로의 대상을 지급받고 있는 경우에는, 일정한 한도 내에서 근로자로서의 권리·의무를 부여하고, 나아가 산업기술연수생에 대해서도 산업재해보상보험법 적용대상으로 허용하기에 이르렀다.

그러나 노동부 지침은 그 적용에 있어서 다음과 같은 이유로 중소기업협동조합중앙회 등 사업주단체를 통해 들어온 산업기술연수생들만을 대상으로 하고 있다. 즉, 합작방법에 의한 산업기술연수생은 적용대상에서 제외된다. 그 이유를 살펴보면 다음과 같다.

합작방법에 의한 산업기술연수생은 위의 법무부 지침 제1항에 해당하는 국내 기업체가 해당국가의 합작회사나 현지법인의 근로자를 국내에 파견하여 기술연수를 시키는 제도이다.

이 제도는 우리나라의 외국 현지법인 등 외국의 기업체에 고용되어 근무증인 정규직원이 국내 관련기업체에 파견되어 외국의 본사직원 신분으로 연수를 받는 것이므로, 한국에서의 노동법 적용의 여지는 없다고 본다. 이러한 연수제도는 주로 대기업을 위주로 외국기업이나 해외 현지법인과의 기술교류 및 전수를 위해 사용되고 있다. 따라서 이와 같이 순수한 기술연수의 경우에는 산업기술연수생에 대한 국내 노동법 적용은 문제가 되지 않는다. 이러한 취지에서 산업기술연수생에 대해 노동관계법의 일부 조항을 적용시키도록 규정한 노동부 지침(외국인산업기술연수생의보호및관리에관한지침, 노동부예규 제258호, 1995. 2. 14.)은 그 적용에 있어서 법무부 지침 제1항에 의한 산업기술연수생을 제외시키고 있다.

그러나 문제는 이들 산업기술연수생이 이와 같이 순수한 연수목적으로 외국 본사의 정규직원 자격으로 입국하여 연수하는 것이 아니라, 국내에서 인력난을 겪고 있는 영세중소기업의 외국인력 도입창구로 운용되고 있다는 것이다.

이들의 연도별 입국자수는(〈표 3-2〉 참조) 1992년 9,695명, 1993년 9,104명, 1994년 1만 934명, 1995년 2만 1,322명, 1996년 2만 1,400명, 1997년 2만 7,470명으로 해마다 계속 증가하여 1997년에는 중소기업협동조합중앙회를 통해 입국한 인원 2만 82명을 추월하였으며, 1997년말까지 총입국 인원도 전자의 경우 9만 9,926명에 비해 후자는 9만 6,459명으로 중소기업협동조합중앙회를 통한 인원보다 많다.

〈표 3-2〉　　　　　　　□ 합작방법에 의한 연수생 현황

(단위 : 명)

년 도	1992	1993	1994	1995	1996	1997
인 원	9,695	9,104	10,934	21,322	21,400	27,471

자료)《중앙일보》, 1996. 5. 27.
법무부 출입국관리국 심사과 「외국인 관리 현황」, 1997. 12.

이렇게 합작방법에 의한 산업기술연수생 입국수가 급격히 늘어난 이

유는 첫째, 중소기업협동조합중앙회를 통해 산업기술연수생을 도입하는 경우에는 정부의 쿼터에 의해 배정받지 못하면 아예 산업기술연수생의 도입이 불가능하므로, 배정에서 제외된 영세중소업체들이 정부의 쿼터 적용을 받지 않는 합작방법을 선호하고, 둘째, 노동부가 1995년부터 중소기업을 통한 산업기술연수생에 대해서 최저임금이나 산재보상 등 노동법을 적용시키게 되어 외국인력의 인건비가 상승하자 노동부 지침을 적용받지 않는 직접 도입방법을 선호하게 되었고, 셋째, 중소기업협동조합중앙회의 경우 중소기업청 고시에 의해 일정한 조건을 갖춘 소수의 전문 사후관리업체만이 선정되어 외국인 관리업무에 참여할 수 있으나, 반면 합작방법의 경우에는 누구나 쉽게 할 수 있으므로 전문알선업체가 적극적인 국내 수요자를 개발하게 되었다.

따라서 직접 외국인을 도입하는 국내 기업체들은 외국 현지법인의 정규직원을 도입하는 것이 아니라, 중간 알선업자와 외국 송출기관을 통해 송출하고, 국내에서 순수한 기술연수가 아닌 생산현장에서 단순기능인력으로 활용하고 있는 실정이다. 그럼에도 불구하고 최저임금이나 산재보상 등 국내 노동법이 적용되지 않아 인권의 사각지대로 여겨지고 있다.

이들에게 실제로 문제가 될 수 있는 것은 최저임금에 미달하는 저임금과 장시간 근로, 산업재해에 대한 보상 뿐만 아니라 폭행, 강제근로, 불법 알선업자에 의한 중간착취 등 노동관계 전분야에 존재한다. 결과적으로 합작방법에 의한 산업기술연수생의 근로자성은 처음부터 고려하지 않은 것이다.

반면에 중소기업협동조합중앙회 등 사업주단체의 추천에 의한 경우에는 처음부터 도입취지가 인력난을 심하게 겪고 있는 국내 기업체의 인력공급을 목적으로 도입된 취지이다. 따라서 형식은 기술연수이지만 내용은 사실상의 근로제공으로써 외국인력 도입의 편법에 불과하므로 합작산업기술연수생과 같이 외국기업 소속으로 파견되었다 해서 국내 노동법을 배제시켜야 할 여지가 없다고 본다.

이런 취지에서 노동부는 중소기업협동조합중앙회 추천에 의해서 도입되는 산업기술연수생에 대해서는 순수한 기술연수의 성격보다는 사실상의 취업성격이 더 강하다고 보아, 「외국인산업기술연수생의보호및관리에관한지침」(노동부예규 제258호 1995. 2. 14. 제정)을 마련하여 근로기준법, 최저임금법, 산업안전보건법, 산업재해보상보험법 및 의료보험법의 기본적 입법정신에 준거하여 폭행금지, 연수수당의 정기지불, 최저임금수준의 보장, 산업안전보건의 확보, 산업재해보상보험 및 의료보험의 혜택 등 제한적인 범위내에서 관계법을 적용시키고 있다. 따라서 이 경우 산업기술연수생은 노동법상의 근로자에 관한 지위를 제한적으로 향유하고 있다고 할 수 있다.

● 판례의 태도

대법원은 "민법상의 고용계약이든 도급계약이든 계약의 형식이 어떠하던지간에 실질에 있어 근로자가 임금을 목적으로 종속적인 관계에서 사용자에게 근로를 제공하였다면 그는 근로기준법 제14조 소정의 근로자로 해당된다 할 것이므로, 산업기술연수사증을 발급받은 외국인이 (중략)……연수계약을 체결하였더라도 그 계약의 내용이 단순히 산업기술의 연수에만 그치는 것이 아니고 대상업체가 지시하는 바에 따라 소정시간 근로를 제공하고, 그 대가로 일정액의 금품을 지급받으며 더욱이 소정시간외의 근무에 대하여는 근로기준법에 따른 시간외 근로수당을 지급받기로 하는 것이고, 이에 따라 당해 외국인이 대상업체의 사업장에서 실질적으로 대상업체의 지시·감독을 받으면서 근로를 제공하고 수당명목의 금품을 받아 왔다면 당해 외국인도 근로기준법 제14조의 소정의 근로자에 해당한다"[65]라고 판시하여 산업기술연수생도 근로기준법 제14조의 근로자로 인정하여 산업재해보상을 받을 수 있다고 하였다.

---

65) 대법원 1995. 12. 22., 95누2050 ; 대법원 1991. 7. 26., 90다20251 ; 대법원 1991. 12. 13., 91다24250 ; 대법원 1992. 6. 26., 92도674 ; 대법원 1995. 9. 15., 94누12067.

 그러나 산업기술연수생에 대해서 대법원이 근로기준법상의 근로자로 인정하고 있다고 하여도 개별법마다 제정목적과 이에 따라 근로자의 정의가 각각 다르므로, 노동관계법이 이들에 대해 전면적으로 적용된다고 볼 수는 없다.

● 사견

 위에서 설명한 바와 같이 산업기술연수생에 대해 사실적 노무제공관계를 인정하여 산업기술연수생이라는 명칭에도 불구하고 근로자성을 인정하는 것이 법원의 일관된 태도이다. 그리고 대법원도 산업기술연수생에 대해서 근로자성을 인정한 이상, 본질상 내국인만이 적용될 수 있는 성질의 것만 제외하고는 산업기술연수생에게도 국내의 노동관계법령이 모두 적용된다고 보아야 할 것이다.

 그러나 산업기술연수생이 국내의 연수업체에 직접 고용되는 것이 아니라, 외국 송출기관 소속으로 파견계약에 의해 국내 연수업체에서 기술연수를 받으며 사실상의 노무를 제공함으로써 고용종속관계가 존재하는 영역도 있지만 그렇지 않은 부분도 존재하고 있다(이 부분에 대해서는 다음 장에서 후술함). 따라서 산업기술연수생에 대해서 근로자성을 인정한다고 하여도 그것은 전자에 해당되는 부분에 한해서만 인정되어야 한다고 본다.

3) 외국인 산업기술연수생에 대한 노동3권 향유문제

외국인 근로자의 노동3권에 대해서는 긍정설[66]이 일반적 견해이나, 경험적 사실에 비추어 연수업체에는 거의 노동조합이 결성되어 있지 않거나, 기존의 노동조합의 활동도 미약하고, 불법체류 근로자의 경우는 강제퇴거의 우려 때문에 집단적 노사관계법상의 지위문제는 사실상 이론적 문제에 지나지 않는다는 인식이 지배적이다.

산업기술연수생의 경우에도 대법원이 근로자로 인정하고 있으므로, 합작방법에 의한 산업기술연수생이든 중소기업협동조합중앙회를 통한 산업기술연수생이든 노동3권이 보장되어야 한다. 그러나 이들에 대한 노동3권이 인정되어도 조합원으로 받아들일 것인지는 노동조합규약에 의해 결정되어야 할 노동조합 내부의 사항이다.[67] 그러나 노동조합이 산업기술연수생의 단결권을 노동조합규약에서 전면적으로 배제하면 헌법상 단결권 침해의 소지가 있다고 본다.

산업기술연수생의 근로3권을 배제하는 규정으로서는 노동부 지침이 산업기술연수생에 적용되는 국내 법령 가운데 「노동조합및노동관계조정법」과 「근로자참여및협력증진에관한법률」의 적용을 배제하고 있고, 표준계약서에서도 쟁의행위 참가를 제재사유로서 규정함으로써 노동조합 활동에 대한 접근을 봉쇄하고 있다. 또한 노동부의 외국인 근로자 고용허가제 법안에서도 외국인 근로자가 집단행동을 한 경우에는 고용허

---

66) 노동3권을 국민에게만 보장된 사회권으로 보느냐, 아니면 국민의 권리가 아니라 인간이면 누구나 누릴 수 있는 권리로 보느냐에 따라서 부정론과 긍정론으로 나뉘고 있다.
　부정론 － 어수봉·권혜자, 『외국인 노동자와 노동정책』, 한국노총 중앙연구원, 1995., 132면.
　박서운, 『바람직한 외국인력정책의 모색』, 노동정책연구소 토론회 자료집, 1995., 117면.
　긍정론 － 중소기업협동조합중앙회, 『외국인 근로자 고용법안에 대한 중소기업계의 의견』, 1996. 10.
　우종호, 『외국인 산업기술연수생제도의 문제점과 정책과제』, 한국노동연구원 토론회 자료집, 1996. 2. 15.
67) 하경효 외, 앞의 책, 84면
　김영문, 「산업기술연수생의 노동법적 지위」, 『노동문제논집』, 제15집, 고려대학교 노동문제연구소, 1998. 12., 39~40면.

가 취소 및 계약기간 연장을 금지시키고, 즉시 출국시키는 안을 마련하고 있다.

그러나 산업기술연수생이 연수업체와 직접적인 근로관계를 맺고 있는 경우에는 국내의 일반적 견해처럼 근로3권이 보장되는 한 고용허가 법안이나 노동부 지침 및 개별계약에 의해서 외국인의 헌법적 권리를 박탈할 수는 없다고 해야 할 것이다. 산업기술연수생에게 근로3권을 차별대우하는 것은 물론 근로3권이 근로기준법 제5조의 근로조건에 해당하지 않으므로 동조의 위반이라고 할 수는 없을 것이지만, 헌법상의 평등원칙에 저촉되는 것이라고 판단된다.

그러나 산업기술연수생의 집단적 노사관계법상의 지위문제에 있어서도 산업기술연수생의 고용형태로부터 출발하지 않으면 안 된다고 본다. 만일, 다음 장에서 고찰하는 바와 같이 산업기술연수생이 연수업체와 직접적인 근로계약관계를 맺지 않고 파견관계로만 본다면, 원칙적으로 파견 근로자의 지위를 갖고 있는 산업기술연수생은 파견사업장 내에서 파견사업주에 대한 쟁의행위만이 가능할 것이다.

왜냐하면 파견사업에서의 쟁의행위만이 파견 근로자에게 적용되는 단체협약을 가져올 것이고, 사용 사업장에서 쟁의행위에 의해 체결된 단체협약은 파견 근로자에게는 적용되지 않을 것이기 때문이다.[68]

요컨대 연수업체에서의 쟁의행위와 관련하여 산업기술연수생은 제3자로서의 지위를 갖는다고 해야 할 것이다. 따라서 연수업체에서 쟁의행위가 발생한 경우에는 산업기술연수생은 노무급부를 거절하거나 중단할 수 있지만, 쟁의행위에 참가할 수는 없다.

만일 산업기술연수생이 연수업체에서 발생한 쟁의행위에 참가하게 되

---

68) 판례(대법원, 1993. 11. 23., 92누13011)는 반드시 근로자 파견사업은 아니지만 근로자 공급사업에 있어서 사용사업주의 단체교섭 상대방으로서의 지위를 부정한다. 독일의 통설은 사용사업주를 단체교섭의 상대방으로 보는데는 부정적 견해를 취한다. 이에 관해서는 Schaub, a.a.O., S. 1061 ; Schüren, Arbeitnehmerüberlassungsgesetz, 1994., Einl. Rdnr. 265 ff. 참조.
그러나 국내의 유력한 견해(김형배,『노동법』, 495면 이하)는 사용자 개념의 확대로 이를 긍정한다.

면, 연수업체에 대해서는 노동력 제공의 의무를, 파견사업주에 대해서는 신의성실의무를 위반하는 것이 된다. 또한 연수업체에게는 산업기술연수생의 계속 취업의 기대가능성이 없기 때문에, 파견사업주나 모집기관으로 하여금 산업기술연수생의 교체를 요구할 수 있다고 해석해야 할 것이다.

그러나 이와 같은 원칙론에도 불구하고 냉동창고관련 판례·학설의 불일치를 고려하지 않으면 안 된다.

판례는 근로자의 사용자·사업주에 대한 단체교섭권을 부정하고 있으나, 유력한 학설[69]에 따르면 냉동창고 사업주와 같은 사용사업주도 사용자 개념의 확대에 의해 사용자로서의 지위를 갖기 때문에, 동일한 구조하에서 사용사업주인 연수업체의 산업기술연수생도 단체교섭의 지위를 인정해야 할 것이다.

그러나 이 경우에도 노동력 제공관련 근로조건 — 근로시간이 전형적인 경우에 해당 — 의 결정권자는 사용자 사업주가 명백하므로 단체교섭의 지위를 인정하지 않으면 안 될 것이다. 그러나 노동성과 배분관련 근로조건—임금이 전형적인 경우에 해당—은 단체교섭의 대상이 될 수 없다고 보아야 한다.[70]

그리고 산업기술연수생과 집단적 노사관계에 있어서 또 하나의 문제점은 연수업체 내에서 동종 근로자의 과반수 이상이 적용받는 하나의 단체협약이 있는 경우, 노동조합및노동관계조정법 제35조의 일반적 구속력이 산업기술연수생까지 적용되어 단체협약의 효력이 확장될 수 있는가 하는 점이다.

이에 대해서도 산업기술연수생을 연수업체와 직접근로관계를 맺고 있는 근로자로 인정하는 국내의 일반적 견해의 입장에서는 당연히 산업기

---

69) 김형배, 앞의 책, 569면.
　　김형배, 『항운노조조합원과 사용자 사이의 법적관계』, 1996., 359면 .
70) 하경효 외, 앞의 책, 85~86면.
　　김영문, 앞의 글, 39~41면.

술연수생에게도 단체협약의 효력이 확장된다고 보아야 할 것이다. 그러나 산업기술연수생을 송출기관에 소속한 파견 근로자로 인정하는 경우에는 단체협약의 일반적 구속력이 이들 산업기술연수생에게는 적용되지 않는다고 보아야 한다. 그렇지만 이 경우에도, 앞에서 파견 근로자의 경우 노동력 제공과 관련된 부분은 사용사업주와 단체교섭을 할 수 있다고 보는 것처럼, 단체협약의 효력 확장에 있어서도 산업기술연수생이 송출기관에 소속된 파견 근로자라고 하여 전적으로 부인하여서는 안되며, 노동력 제공과 관련된 근로조건에 대해서는 단체협약의 효력이 확장될 수 있다고 본다.

3. 불법체류자의 노동법상 지위

1) 불법체류자의 정의 및 현황

우리나라 출입국관리법은 제17조(외국인의 체류 및 활동범위) 제1항에서 "외국인은 그 체류자격과 체류기간의 범위내에서 대한민국에 체류할 수 있다"고 규정하고 제18조(외국인 고용의 제한)에서 "① 외국인이 대한민국에서 취업하고자 할 때에는 대통령령이 정하는 바에 따라 취업활동을 할 수 있는 체류자격을 받아야 한다, ② 제1항의 규정에 의한 체류자격을 가진 외국인은 지정된 근무처 이외에서 근무하여서는 아니된다, ③ 누구든지 제1항에 의한 체류자격을 가지지 아니한 자를 고용하여서는 아니된다, ④ 누구든지 제1항의 규정에 의한 체류자격을 가지지 아니한 자의 고용을 알선 또는 권유하여서는 아니된다, ⑤ 누구든지 제1항의 규정에 의한 체류자격을 가지지 아니한 자의 고용을 알선할 목적으로 그를 자기 지배하에 두는 행위를 하여서는 아니된다"고 규정하고 있으므로 외국인은 체류자격과 체류기간의 범위내에서만 체류가 허용되고, 특히 취업활동을 하는 경우에는 취업활동을 할 수 있는 체류자격을 받아야만 한다.

따라서 불법체류자란 취업활동을 할 수 없는 체류자가 취업활동을 하거나, 취업활동을 할 수 있는 체류자인 경우에도 체류기간을 넘겨 체류하는 자라고 말할 수 있다. 그 외에 밀입국 등으로 인해 아예 체류자격을 갖지 않고 국내에 체류하면서 취업활동을 하는 자도 모두 포함된다.

불법체류자가 문제되는 것은 출입국관리법 제17조 제1항(구출입국관리법 제15조 제1항)과 동법 제18조(구출입국관리법 제15조 제2항)의 고용제한규정을 위반하여 취업활동을 하는 경우이다.

이러한 불법체류의 유형은 첫째, 동남아국가 출신의 경우에는 단기관광 비자로, 중국교포의 경우는 주로 3개월간의 방문 비자로 입국하였다가, 기한을 넘겨 국내 기업체에 취업하고 있는 불법취업자[71]로서 이들이 불법체류자의 대부분을 차지하고 있다.

둘째 산업기술연수생으로 입국하여 연수업체의 열악한 근로환경이나 낮은 임금으로 인해 해당 연수업체를 이탈하여 타 업체에 취업하는 경우이다.

셋째, 합법체류기간중에 체류목적을 벗어나서 취업활동을 하고 있는 경우를 들을 수 있다.

우리나라의 불법체류자 현황은 1994년 4만 2,231명, 1995년 8만 1,866명, 1996년 12만 9,054명, 1997년 14만 8,048명, 1998년 9만 2,686명, 그리고 1999년 2월말 현재 10만 5,574명을 기록하여, 우리나라 전체 외국인 취업자 중에 64% 1997년 기준)를 넘고 있어 이들의 문제가 심각하다고 볼 수 있다.

불법체류자의 문제는 그 동안의 경험에 비추어 볼 때, 단순외국인력정책도입과 불법취업자의 묵인은 양립할 수 없으므로, 지속적이고 강력

---

71) 불법체류자가 취업한 경우를 불법취업자라고 한다면 불법체류자라고 하여 반드시 불법취업자라고 볼 수는 없으나 여기서의 논의는 불법취업한 불법체류자를 의미하므로 이하에서는 불법취업자와 불법체류자를 구분하지 않고 불법체류자라고 한다. 노동법상의 '불법취업' 이란 강제노동, 14세 이하의 소년노동, 연소자의 야간노동 등 불법고용을 의미하는 것으로, 취업 사증을 발급받지 못하였거나 체류기간을 초과한 외국인이 취업하는 현상과는 구분되는 개념이다.

한 단속을 실시할 것을 요구하게 되었다. 1998년 출입국관리법의 개정에 의해 불법단속 권한자의 확대와 최근 실업사태 및 정부의 자진 출국 종용으로 인해 불법체류자는 상당히 감소하는 추세지만, 불법체류자의 노동법적 보호문제는 근원적으로 해결되지 않고 있다.

불법체류자의 노동법상 문제는 출입국관리법상의 고용제한규정을 위반하여 취업활동을 하는 것은 출입국관리법이란 강행규정에 위반되는 것이고, 이들과 이들을 고용하는 국내 사업주간에 체결한 근로계약의 효력과 관련되어 있다. 즉 출입국관리법이라는 강행규정이 효력법규냐 단속법규냐에 따라 근로계약의 운명이 달라지기 때문이다. 그러므로 불법체류자의 노동관계법상의 지위를 논하기에 앞서, 출입국관리법상의 고용제한규정이 단속법규인가, 아니면 효력법규인가를 먼저 규명해야 할 필요가 있다.

2) 출입국관리법상의 고용제한규정의 성격

① 견해의 대립

출입국관리법 제17조 제1항(구출입국관리법 제15조 제1항)에 의하면 "외국인은 허가된 체류자격과 체류기간의 범위내에서 대한민국에 체류할 수 있다"고 규정하고 동법 제18조 제3항은(구출입국관리법 제15조 제2항)에서 "누구든지 제1항의 규정에 의한 체류자격을 가지지 아니한 자를 고용하여서는 아니된다"고 규정하고 있다. 이러한 외국인의 고용제한규정의 성격에 대해서는 견해가 대립된다.[72]

① **단속법규설** ─ 위 고용제한규정은 대한민국에 체류하는 외국인의 체류관리에 관한 사항에 대하여 이를 규제하기 위한 것에 불과하므로,

---

72) 김형진, 앞의 해설, 301~307면.

위 규정에 위반한 고용계약도 유효하다는 견해이다.[73]

② **효력규정설** ─ 앞의 외국인 고용제한규정은 국내 고용시장의 안정 및 노동인력의 효율적 관리 등의 목적을 달성하기 위해 외국인이 대한민국에서 취업활동을 할 수 있는 체류자격(이하 취업자격 – Employment Eligibility라고 한다)에 관하여 이를 법률적으로 규제하기 위한 것이고 아울러 이와 같은 취업자격을 갖지 아니한 경우 외국인은 대한민국 내에서 취업활동을 하지 못하도록 하기 위한 규정으로 풀이한다. 만약 위 규정에 위반한 고용계약에 대하여 그 법률 효과를 인정하게 되면 위와 같은 목적을 효과적으로 달성할 수 없고, 오히려 불법취업을 조장하는 결과를 초래하므로 위 규정은 강행규정으로서의 효력규정이라는 견해이다.[74]

② 외국의 사례

● 독일의 경우[75]

독일의 고용촉진법(Arbeitsförderungsgesetz) 제19조는 외국인이 취업을 하기 위해서는 원칙적으로 독일 정부의 노동허가를 요한다고 규정하여 노동허가제를 채택하고 있다. 그리하여 종래의 지배적인 학설과 판례는 노동허가가 없는 외국인을 불법 고용인줄 알면서 고용한 경우, 이는 고용촉진법 제19조의 법률적 금지조항을 위반한 것으로써, 독일민법 제134조(금지법규에 위반하는 당해 법률에 의하여 어떤 다른 결과가

---

73) 김유성, 「외국인 근로자와 노동관계법 적용」, 『법무연수원 비상근 연구위원 논문집』, 제8집, 60면.
   김선수, 「한국에서의 외국인 근로자 인권문제」, 『시민과 변호사』, 통권 제12호, 160면.
   이광택, 「노동법률판례평석」, 『노동법률』, 1994년 10월호, 14면.
   등이 이와 같은 견해를 취하고 있고, 서울고법 1993. 11. 26., 93구16774가 이 견해를 따르고 있다.
74) 노동부예규, 1993. 2. 2., 근기 01254 - 152 질의회신에 나타난 노동부의 견해도 같은 취지로 보여지고, 법무부도 같은 견해를 갖고 있는 것으로 보여진다.
75) 외국인 노동자의 노동법적 문제(제2주제), Michael Wollenschäger, 『국제노동법 및 사회보장 제14차 세계학술대회 발표논문집』, 310면.
   김유성, 앞의 논문집, 60면.

발생하지 아니하는 한 무효이다)에 따라 무효라고 보았으나, 1977년 연방노동법원이 "고용촉진법 제19조 제1항은 허가없는 현실의 취업을 방해하기 위한 것이기 때문에 고용계약의 무효까지 요구하는 것은 아니다"라고 판시한 이래 고용계약유효설이 지배적인 견해가 되었다. 다만, 노동허가가 없다는 것은 외국인 근로자의 노무제공이 법률적으로 불가능하다는 것이기 때문에 노동허가가 없는 한 근로관계는 정지되고(Mit dem Fehler der Arbeitserlaubnis ist das Arbeitsverhaltins suspendiert), 당사자는 통상의 해지에 관한 권리를 갖고, 그리고 외국인 근로자가 실제로 근로를 제공한 경우에는 협정임금에 대한 청구권을 갖는다고 한다.

독일의 판례[76]도 대다수가 당연히 무효로 되는 것은 아니라고 본다. 외국인을 취업시킬 때 노동허가가 요구되는 것이지, 근로계약을 체결한다고 해서 반드시 무효가 되는 것은 아니다. 그러나 취업시킬 때까지 허가를 받지 못하면 사실은 무효가 된다.

● **오스트리아** [77]

고용허가없이 체결된 고용계약은 무효라고 보고 있고, 고용주는 실질적인 고용상태를 바로 종료시켜야 하며, 고용관계에 대한 해지통보는 고용계약의 무효를 내세우는 것으로 족하다고 한다. 다만, 외국인 근로자가 실제로 노무를 제공한 경우에는 고용관계가 실질적으로 종료될 때까지 합법적인 고용계약에 근거한 것과 동일한 보호를 받는다.

---

76) 독일 판례(BAG 13. 1. 1977, AP Nr.2 zu §19 AFG ; BAG 7. 2. 1990, AP Nr.14 zu §1 kSchG 1969 Personenbedingte Kündigung)의 경우는 노동허가에 관한 고용촉진법 제19조 위반의 경우에도 근로계약의 효력에는 영향이 없다는 일반적 견해를 유지하고 있다. 이에 관한 상세한 내용은 MünchHandbuch/Berkowsky, §132 Rdnr.132 ff. 참조.

77) 외국인 노동자의 노동법적 문제(제2주제), Gerhard Schnorr, 『국제노동법 및 사회보장 제14차 세계학술대회 발표 논문집』, 83면.

● 일본의 경우[78]

외국인의 취업에 관해서는 우리나라처럼 출입국관리및난민인정법(흔히 입관법이라고 한다)에서 규율하고 있으며, 불법취업 외국인 근로자에 대한 일본 노동성의 입장은 "노동기준법 등의 노동제법령은 일본국내에서 노동을 하면 일본인인가를 불문하고 그리고 불법취업인가를 불문하고 당연히 적용된다"는 입장을 취하고 있다.

● 미국의 경우[79]

미국의 경우도 외국인이 미국 내에서 취업활동에 종사하려면 반드시 출입국업무를 담당하는 이민귀화청(Immigration and Naturalization Service : INS)으로부터 취업승인(employment authorization)이 이루어진 체류자격이 부과된 사증을 갖고 있어야 한다(이민자의 경우에도 자신의 영주자격에 부수하여 취업승인이 일괄적으로 부여된다). 따라서 외국인이 취업승인이 이루어진 체류자격이 부과된 사증을 갖지 아니한 채 미국 내에서 취업활동에 종사하면 체류자격을 위반한 것으로 간주되어 강제퇴거 대상이 된다.

한편 1986년 개정된 이민개혁관리법 및 1990년 개정된 이민국적법에 의하면 모든 사용자에 대해서 '취업승인을 받지 아니한 외국인(unauthorized aliens)'임을 알고서 당해 외국인을 계속 미국에서 고용하거나, 보수를 받고 모집하는 행위 등을 하지 아니할 의무와 외국인이 취업승인을 받지 아니하였음을 알고서 당해 외국인을 계속 미국에서 고용하지 아니할 의무를 부과하였다. 또한 이에 위반하는 행위를 불법으로 금지하고 이를 위반한 고용주에 대해서는 벌칙을 부과할 수 있도록 규정되어 있다.

그러나 연방대법원은 불법취업 외국인 근로자라 하더라도 연방노동관

---

78) 昭和 1963. 1. 26., 基發 제50호.
　　김유성, 앞의 논문집, 75면.
79) 고준성, 「미국에서의 외국인 고용규제에 관한 연구」, 『법조』, 통권450호, 84면.

계법의 적용을 받는 근로자에 해당한다고 판시한 바 있고, 1988년에는 제11연방순회심판소 역시 1988년에 불법취업 외국인은 그 법에 따라 소급임금(back pay)을 청구할 수 있고, 이는 1986년의 이민개혁관리법상의 사용자 제재규정과 상치하는 것이 아니라는 입장을 취하고 있다.

③ 효력규정설과 단속법규설의 근거와 법적 효과

외국인 고용제한규정을 효력규정으로 보는 견해의 근거는 첫째, 출입국관리법은 외국인이 대한민국에서 취업활동을 할 수 있는 취업자격에 관해 법률적으로 규제할 뿐만 아니라 외국인이 이와 같은 취업자격을 갖지 아니한 경우에는 대한민국 내에서 취업활동을 하지 못하도록 금지하는 것은 물론 이에 위반할 경우에는 당해 외국인을 강제출국시킴과 아울러 당해 외국인을 처벌하는 것은 물론이고 당해 외국인을 고용한 고용주에 대해서도 별도로 처벌하도록 되어 있다. 또한 출입국관리법상의 외국인 고용제한규정은 단순히 대한민국에 체류하는 외국인의 체류관리에 관한 사항을 규율하기 위해 그와 같은 취업자격이 없는 외국인의 취업이라는 사실적 행위 자체만을 금지하기 위한 것이 아니라, 취업자격 없는 외국인과의 고용에 따른 법률의 발생도 금지하려는 것에 있다.

둘째, 고용제한규정에 위반한 법률효과를 인정하게 되면 사실상 불법취업을 단속함에 있어서 장비, 인력 등 여러 면에 걸쳐 현실적인 어려움이 매우 커서 위와 같은 목적을 효과적으로 달성할 수 없다. 뿐만 아니라 불법체류자로 인한 부작용이 심화되고 불법취업을 조장하는 결과가 발생할 수도 있다.

셋째, 단속법규로 보는 경우에도 불법체류자와 국내 사용주가 불법 사실을 알면서도 고용계약을 체결하는 것은 서로 통정하는 것이므로, 당해 근로계약은 선량한 풍속 및 기타 사회질서에 반하는 것으로써 무효로 보아야 한다.

넷째, 단속법규설이 주장하는 근로기준법 제5조의 국적을 이유로 한 차별금지조항은 합법적인 근로계약 체결을 전제로 하는 것으로, 이를 근거로 근로기준법의 적용을 주장하는 것은 적절하지 않다고 본다.

따라서 효력규정설의 입장에서는 이처럼 취업자격이 없는 외국인과의 근로계약을 무효로 볼 경우 당해 외국인은 근로기준법상의 근로자라고 할 수 없다. 그러나 근로기준법이나 산재보상법의 적용을 받지 않게 되고, 따라서 근로계약에 따른 임금청구는 허용될 수 없을 것이나 실제로 근로를 제공한 기간 동안 외국인은 사실상의 근로를 제공하고, 이로 인해 사용자는 임금상당의 이익을 얻은 것이 되므로, 부당이득반환의 법리에 의해 구제 받을 수 있다고 본다.

그리고 산업재해에 대해서는 사실상의 근로를 제공하도록 함에 있어서 사용자가 준수해야 할 안전배려의무 등의 위반을 이유로 한 손해배상책임의 문제로 해결할 수밖에 없으며, 국가가 취업자격이 없는 외국인의 취업을 금지하면서 그 불법취업중의 산재사고에 대해서 국가가 다시 그 보험자의 위치에서 행하게 되는 산재보험법을 적용하는 것은 국가정책의 혼선을 초래하는 것이므로 허용될 수 없다고 주장한다.

이에 반해 단속법규설의 입장은 첫째, 출입국관리법은 대한민국에 입국하거나 체류하는 외국인의 관리에 관한 사항을 규율함을 목적으로 하는 법이다. 따라서 외국인 고용제한규정은 대한민국 내의 외국인의 불법체류를 단속할 목적으로 이를 금지 또는 제한하는 법규에 불과하므로 위 규정에 위반한 고용계약도 유효하다고 본다.[80]

둘째, 불법취업 외국인 근로자에 대하여 근로기준법 및 산재보험법이 적용되어야 한다는 근거로 근로기준법 제5조의 국적을 이유로 한 차별대우금지규정을 들고 있다.

셋째, 국제노동기구(ILO)의 제97호 조약 및 제86호 권고, 나아가 ILO

---

80) 서울고등법원 1993. 11. 26., 93구16774 ; 서울고등법원 1993. 12. 3., 93구19995 ; 서울고등법원 1994. 9. 1., 94구2673.

제143호 조약 제9조 제1호에서 "이주 노동자가 관계법령을 준수하지 아니하고 그 지위가 정당화될 수 없는 경우에 있어서도 보수, 사회보장 및 기타의 급부는 과거의 고용으로부터 발생한 권리를 근거로 하여 본인 및 그 가족에게 동등하게 보장되어야 한다 "고 규정하고 있다는 점을 들어 불법취업 외국인 근로자에 대해서도 근로기준법 및 산재보험법이 적용되어야 한다고 말한다.

따라서 단속법규설의 입장에서는 근로기준법 제5조에 근거하여 불법취업한 외국인 근로자도 임금, 근로시간 등의 기본적인 근로조건에 관하여 근로기준법이 당연히 적용되어야 할 것이라고 한다.

위의 두 설을 결론적으로 판단하면, 다음과 같은 문제점이 있다.

첫째, 출입국관리법상의 외국인의 고용제한규정은 단순히 외국인의 불법체류를 단속할 목적뿐만이 아니라 국내 근로자의 취업기회를 보장하기 위해 취업자격이 없는 외국인의 고용이라는 사실행위를 금지시키기 위한 목적도 아울러 갖고 있다고 보고 있다. 그러나 이미 형성된 근로관계에 있어서 근로자로서의 신분에 따른 노동관계법상의 제반 권리 등의 법률효과까지 금지하려는 규정으로 보기는 어렵다.

둘째, 출입국관리법상의 고용제한규정이 의도하는 법의 입법목적도 불법취업자와 고용주를 동시에 처벌함으로써 어느 정도 달성될 수 있다고 보여지므로, 이들의 고용계약을 합리적 범위내에서 인정하는 것이 반드시 국가시책에 반한다고 볼 수는 없다.

셋째, 효력규정설과 같이 고용제한규정을 위반한 근로계약을 원시적 무효로 보는 것은 불법체류자에게 너무 가혹하여 이들에 대한 인권침해 소지가 있다.

넷째, 단속법규설의 주장처럼 불법체류자에 대해서도 전면적으로 근로기준법, 산업재해보상보험법 등의 노동관계법이 적용되어야 한다면 심각한 문제가 아닐 수 없으며, 입법정책이 무의미해지고 합법취업자와의 형평원칙에도 어긋난다.

3) 우리나라 판례의 입장

우리나라의 판례는 그 동안 하급심에서 일관되게 불법체류자의 근로계약에 대해서 위의 단속법규설의 입장을 취해 왔다. 즉, "체류자격을 가지지 아니한 외국인의 고용을 금지하는 구출입국관리법 제15조 제2항은 국가가 외국인의 불법체류를 단속함을 목적으로 이를 금지하는 단속법규에 불과한 것이므로 이에 위반한 행위에 대하여는 소정의 벌칙이 적용될 뿐 근로계약행위 자체의 법률상 효력에는 아무런 영향이 없다"는 내용을 견지해 온 것이다.[81]

그러나 대법원[82]은 "가. 구출입국관리법(1992. 12. 8. 법률 제4522호로 전문 개정되기 이전의 것) 제15조 제1항에서 외국인이 대한민국에서 체류하여 행할 수 있는 활동이나 대한민국에서 체류할 수 있는 신분 또는 지위에 관한 체류자격과 그 체류기간에 관하여 규율하면서 아울러 같은 조 제2항에서 외국인 고용을 제한하고 있는 바 그 입법취지가 단순히 외국인의 불법체류만을 단속할 목적으로 한 것이라고 할 수 없고, 위 규정들은 취업자격이 없는 외국인의 유입으로 인한 국내 고용시장의 유지 등의 목적을 효율적으로 달성하기 위하여 외국인의 취업자격에 관하여 규율하면서 취업자격이 없는 외국인의 고용이라는 사실적 행위자체를 금지하고자 하는 것이지 나아가 취업자격이 없는 외국인이 사실상 제공한 근로에 따른 권리나 이미 형성된 근로관계에 있어서의 신분에 따른 노동관계법상의 제반권리 등의 법률관계까지 금지하려는 규정으로 보기 어렵다.

나. 취업자격이 없는 외국인의 구출입국관리법상의 고용제한규정을 위반하여 근로계약을 체결하였다 하더라도 그것만으로 당연히 그 근로계약이 무효로 된다고 할 수 없고 취업자격은 외국인에 대한 대한민국

---

81) 서울고등법원 1993. 11. 26., 93구16774 ; 서울고등법원 1993. 12. 3., 93구19995 ; 서울고등법원 1994. 9. 1., 94구2673.
82) 대법원 1995. 9. 15., 94누12067.

내에서 법률적으로 취업활동을 가능케 하는 것이므로 이미 형성된 근로관계가 아닌 한 취업자격이 없는 외국인과의 근로관계는 정지되고 당사자는 언제든지 그와 같은 취업자격이 없음을 이유로 근로계약을 해지할 수 있다"고 판시하여 그 동안 하급심에서 취하던 단속법규설과 배치된 효력법규설에 가까운 태도를 보이고 있다.

즉, 대법원은 출입국관리법 제15조 제2항이 국내 근로자의 취업기회 보호라는 고용제한규정의 취지를 갖고 있는지(효력법규설의 입장), 아니면 불법체류자의 인권보호 및 국내 근로자와의 동등대우를 우선해야 할 것인지를(단속법규의 입장) 형량하는 고민에서, 이에 대한 절충으로 불법체류자의 과거 제공된 노동력은 단속법규설의 입장에서 이미 형성된 근로관계를 보호하고, 장래에는 효력법규설의 입장에서 무효로 보아 당사자가 계약상의 권리의무관계를 강제할 수 없고 근로계약은 당연히 정지되는 것으로 해석하였다.

4) 사 견

그러나 불법체류자의 근로계약을 유효하게 보면, 만일 불법체류 근로자가 근로관계의 유효나 근로관계의 종료를 위해 해고보호규정을 원용하면, 사용자는 계속적으로 불법체류 근로자를 사용하기 위해서 법률에 반하는 행위를 묵인해버리는 결과를 가져올 수 있고, 불법체류자의 경우에는 근로관계의 존속을 다투어 해고보호소송까지 들어갈 가능성이 있다.

따라서 불법체류 근로자의 근로계약의 사법적 효력은 부정되어야 한다. 이 경우 근로계약의 무효시점은 불법취업자가 사용자와 근로계약을 체결하는 시점이 아니라, 출입국관리법을 위반한 시점이라고 해야 할 것이다. 위 대법원의 판례가 불법체류자의 근로계약은 유효하나 장래를 향해서 정지한다는 견해를 취함은 이와 같은 법리를 오해한 것이라고 볼 수 있다. 또한 사용자가 불법체류 근로자의 계약을 장래를 향해서 해지할 수 있다는 견해도 마찬가지다.

이 견해는 근본적으로 사용자가 불법체류 근로자를 계속해서 사용하고자 하는 경우, 근로계약을 해지하지 않고 근로계약의 유효를 원용할 때 그에 대한 해결책을 갖고 있지 않기 때문이다. 따라서 출입국관리법을 위반한 계약은 처음부터 무효이나, 다만 계속적인 채권관계로서의 근로계약은 그 소급효가 제한되어 '장래'를 향해서만 무효이고, '과거'는 유효한 것으로 취급된다고 보아야 한다.[83]

결론적으로 말해, 불법체류자의 근로계약은 사법상 무효이나 산재보상이나 퇴직금, 임금 등의 근로조건 등 이미 제공된 근로계약의 내용은 하자있는 근로관계의 이론[84]에 의해 보호될 수 있다고 본다. 장래를 향한 근로관계는 사용자의 해지도 필요하지 않으며, 판례의 경우처럼 정지되지도 않고, 당연히 무효가 된다고 해야 한다.

---

83) 김영문, 앞의 글, 92~93면.
84) 이러한 용어사용례에 관해서는 Zöllner/Loritz, Arbeitsrecht, 5. Aufl., 1996., S. 271 참조.

외국인의 취업알선

1. 문제의 제기

우리나라 경제규모가 확대되고, 산업구조 개편과 산업활동인구의 감소 등으로 인해 외국인 근로자들이 국내 산업현장에 급격하게 유입되기 시작하면서 과거에는 경험하지 못한 여러 가지 부작용이 발생하고 있다. 그 중의 하나가 이들에 대한 불법 취업알선이나 직업소개가 문제이다. 국내에서 국외로 나가는 인력공급은 국외에서의 자국민 보호라는 측면에서 직업안정법에서 별도의 규정을 두고 있다.

직업안정법 제19조(유료직업소개사업) 제1항은 "유료직업소개사업의 허가는 소개대상이 되는 근로자가 취직하는 장소를 기준으로 하여 국내 유료직업소개사업과 국외 유료직업소개사업으로 구분하되, 국내 유료직업소개사업을 하고자 하는 자는 시·도지사의 허가를, 국외유료직업소개사업을 하고자 하는 자는 노동부 장관의 허가를 받아야 한다. 허가받은 사항을 변경하는 경우에도 또한 같다".

동법 제30조 제1항은 "누구든지 국외에 취업할 근로자를 모집하고자 하는 경우에는 노동부 장관에게 신고하여야 한다".

동법시행령 제33조 제2항 "근로자 공급사업은 공급대상이 되는 근로자가 취업하고자 하는 장소를 기준으로 하여 국내 근로자 공급사업과 국외 근로자 공급사업으로 구분하며, 각각의 사업의 허가를 받을 수 있는 자의 범위는 다음 각호와 같다.

1. 국내 근로자 공급사업의 경우는 노동조합에 의한 노동조합

2. 국외 근로자 공급사업의 경우는 국내에서 제조업·건설업·용역업·기타 서비스업을 행하고 있는 자. 다만, 연예인을 대상으로 하는 국외 근로자 공급사업의 허가를 받을 수 있는 자는 노동부 장관이 따로 정한다"라고 규정하고 있다.

그러나 국외로부터 국내로 유입되는 외국인 근로자의 공급과 알선에 대해서는 현행 직업안정법상 아무런 별도의 규정을 두고 있지 않다. 이는 우리나라의 경제규모가 작았던 과거에는 외국인 근로자의 유입을 예상치 못했기 때문에 이에 대한 법적 근거를 마련하지 못한 것이다. 따라서 규율불비로 인해 외국인 근로자의 공급과 알선에 대해서는 국내 근로자를 대상으로 한 현행 직업안정법은 적용되지 않는다는 견해와 근로기준법 제5조에서 사용자는 근로자에 대하여 국적을 이유로 근로조건에 대한 차별적 대우를 하지 못하도록 규정하고, 직업안정법 제2조에서 누구든지 성별·종교·사회적 신분 등을 이유로 직업소개·직업지도 또는 고용관계의 결정에 있어서 차별대우를 받지 아니한다고 규정하고 있으므로 외국인 근로자도 당연히 직업안정법의 적용을 받아야 한다는 견해로 대립되어 있다.

2. 판례의 입장

근로자의 알선이나 공급에 대해 직업안정법 제19조(유료직업소개사업) 제1항[85]은 국내 유료직업소개사업을 하고자 하는 자는 시·도지사의 허가를, 국외 유료직업소개사업을 하고자 하는 자는 노동부 장관의 허가를 받도록 규정하고 있다. 또한 동법 제33조 제1항에서는 누구든지 노동부 장관의 허가를 받지 아니하고는 근로자 공급사업을 하지 못한다고 규정하고, 동법 제3항에서 제1항의 규정에 의한 허가의 대상과 요건은 대통령령으로 정한다고 규정하고 있다.

따라서 근로자의 직업알선과 공급을 하고자 하는 자는 위의 규정에 따라 시·도지사나 노동부 장관의 허가를 받아야 함에도 불구하고, 외국

---

85) 판결 당시에는 직업안정및고용촉진에관한법률 제10조였으나 1994. 1. 7. 법4733호로 전문 개정되었다.

인 산업기술연수생에 대해서는 이러한 규정의 제재를 받지 않고, 법무부 훈령상의 절차를 대행해 준다는 명목으로 외국인 산업기술연수생을 알선하고 입국절차나 관리를 대행하는 민간업체가 우후죽순처럼 생겨나게 되었다. 이들은 국내 기업체로부터 외국인 산업기술연수생의 도입절차에 관한 업무위탁을 받고 위탁수수료 명목으로 일정한 금액을 지불받고, 사실상 외국인 산업기술연수생의 알선업무까지 맡아보게 되었다.

이에 대해 지방법원[86]은 "… 피고인들이 국내 기업체에 알선하여 준 외국인 근로자들은 법무부 훈령 제255호에 의거하여 산업기술연수생의 신분으로 입국한 자들임이 명백한 바, 피고인들이 위 외국인 근로자들의 입국절차를 대행해 주고 그에 소요되는 비용과 수수료 명목으로 기업체로부터 돈을 받은 행위를 직업안정및고용촉진에관한법률 소정의 허가대상자인 유료 직업소개행위라고 단정하기 위하여는 위 법률의 적용대상인 '근로자'에 외국인도 포함된다는 것이 전제되어야 한다.

그러나 위 법률은 '모든 국민은 근로의 권리를 가진다. 국가는 사회적·경제적 방법으로 근로자의 고용증진…에 노력하여야 하며…'라고 규정하고 있는 헌법 제32조 제1항에 따라 국가의 국민에 대한 고용촉진 및 직업안정의무를 이행하기 위한 수단으로서 제정된 것이라 할 것인바, 이는 위 법률 제1조가 그 제정목적에 관하여 '근로자의 능력에 적응한 직업에 취업할 기회를 부여함으로써 공업 기타 산업에 필요한 노동력을 충족시켜 직업안정 및 고용촉진을 도모하고…'라고 규정하고 있고, 제2조에서 정부의 직업안정 및 고용촉진업무의 일환으로서 '구직자에 대한 국내 및 국외의 직업소개와 직업지도 및 직업보도에 관한 사항'을 수행하고 있음에 비추어 명백하다 할 것이다.

그러므로 유료직업소개를 하려고 하는 자에게 노동부 장관의 허가를 받도록 한 것은 유료직업소개사업을 정부의 감독 및 통제하에 둠으로써 구직 근로자를 보호하여 국민의 직업안정 및 고용촉진에 기여하려는 것

---

86) 서울형사지방법원 1993. 7. 14., 93고단3581 선고, 직업안정및고용촉진에관한법률 위반사건.

이라 할 것이고, 따라서 이러한 정부의 직업안정 및 고용촉진의무에서 비롯되는 이익을 향유할 권리는 그 성질상 인간이기 때문에 당연히 누릴 수 있는 것이라기 보다는 그 나라의 국민된 자격으로서 누리게 되는 이른바, '국민의 권리'라고 봄이 상당할 것이다.

더욱이 위 법률은 정부가 행할 업무의 내용에 관하여 우리의 경제규모가 미미한 수준에 머물러 있던 처음 제정 당시에는 '구직자에 대한 직업소개'만을 규정하였다가(1961. 12. 6. 법률 제807호), 그 후 경제성장 및 산업구조의 변천에 따라 국내기업 및 근로자의 해외진출이 활발해지자 '구직자에 대한 국내 및 국외의 직업소개업무'에까지 확대하여 (1967. 3. 30. 법률 제1952호) 국외 취업근로자의 모집절차에 관하여는 따로 규정을 신설하기에 이르렀는 바, 그럼에도 불구하고 위 법률 어디에도 외국인 근로자의 국내취업에 관한 사항을 규정하고 있지 아니한 것은 위 법률 제정 및 개정 당시에는 이 사건과 같은 외국인 근로자의 국내취업이 별로 사회문제가 되지 아니하여 이를 전혀 고려하지 않았던 데에 기인한 것이라고 보아야 할 것이다.

그렇다면 외국인 근로자를 국내기업에 알선하여 주는 행위는 위 법률의 적용대상이 아니라 할 것이므로 결국 이 사건 공소사실은 죄가 되지 아니하는 경우에 해당하여 형사소송법 제325조 전단에 따라 주문과 같이 판결한다."라고 판시하여 외국인 산업기술연수생의 알선은 국내의 직업안정법에 적용되지 않는다고 하였다.

그러나 이 사건에 대해 대법원[87]은 "원심에서 정부의 직업안정 및 고용촉진의무에서 비롯되는 이익을 향유할 권리는 그 성질상 인간이기 때문에 당연히 누릴 수 있는 것이라기보다는 그 나라의 국민된 자격으로서 누리게 되는 국민의 권리라고 할 것이다"라는 것을 인정하면서 그 사정만 갖고 외국인 근로자는 법의 적용대상이 되지 않는다고 말할 수 없다고 판시하였다.

---

87) 대법원 1995. 7. 11., 94도1814 선고 ; 이와 동일한 취지의 대법원 판결 대법원 1997. 5. 7., 96도2950.

즉 "…이 법은 근로자의 직업안정 및 고용촉진을 도모하기 위한 법률임이 명백하고, 근로자의 지위는 근로기준법 제5조에서 명시하고 있듯이 국적에 불문하고 차별적 대우를 받지 않게 되어 있으며, …법 제1조의2 균등처우조항에서 성별, 종교, 사회적 신분, 혼인 여부 등을 이유로 차별대우를 받지 아니한다 하고만 했을 뿐 국적을 표시하지 않았다 하더라도 위와 같은 열거사유들은 예시적인 것일 뿐이고, 거기에 국적이란 사유가 열거되지 않았다고 해서 외국인을 배제한다는 취지라고 보아야 할 이유는 없고, 위 법이 제정될 당시에 외국인 근로자의 국내 취업문제가 법률적으로나 사회적 쟁점사항이 된 일이 없다 해서 반드시 그것은 제외된 것이라 단정할 수도 없으며, 또 외국인 근로자를 포함한다고 해석하는 것이 죄형법정주의에 위배되는 법 해석이라고 할 근거도 없다. 따라서 법 제10조가 규정하는 유료직업소개사업에 관한 허가규정은 외국인 근로자를 국내에 알선하여 주는 소개업에도 적용이 된다고 보아야 할 것이며…"라고 판시하여 초심 판결과 배치되게 외국인 산업기술연수생의 국내 직업알선에 대해서는 소정의 허가를 받아야 한다고 하였다.

3. 적용범위

이와 같이 산업기술연수생의 알선과 공급에 관해 국내 직업안정법상의 유료직업소개사업과 근로자 공급사업규정을 적용받아 소정의 허가를 받을 것을 요구하고 있다.

직업안정법의 적용은 단지 산업기술연수생뿐만 아니라, 합법적인 취업이 허용되는 전문직종의 합법취업자나 불법체류자 등 합·불법 유무를 따지지 아니하고 이들에 대하여 직업소개를 하거나 공급을 하는 경우에는 직업안정법 제19조에 의한 유료직업소개사업에 대해서 시·도지사로부터 허가를 받거나, 동법 제33조에 의해 노동부 장관으로부터 근로자 공급사업에 대한 허가를 받아야 한다. 이러한 직업안정법상의 허가를 받지 않고 외국인 근로자에 대한 직업소개나 근로자 공급사업을 하는 경우에는 직업안정법 제47조 제1호에 의해 5년 이하의 징역 또는 2,000만원 이하의 벌금에 처하게 된다.

동 조항의 적용범위는 외국인 산업기술연수생, 합법취업자는 물론이고 불법체류자를 알선소개하는 경우에도 적용된다. 불법체류자의 경우 출입국관리법상의 처벌은 별개로 하더라도 직업안정법상의 보호에 있어서는 합법취업자와 동등한 지위를 보장받게 된다.

특히 불법체류자나 외국인 산업기술연수생을 알선소개하는 경우에는, 누구든지 취업활동을 할 수 없는 체류자격을 가진 자의 고용알선 또는 유도를 해서는 안 된다고 규정한 출입국관리법 제18조 제4항의 위반과 함께 직업안정법 제19조를 동시에 위반하게 된다.

따라서 외국인 근로자의 경우 시·도지사의 허가를 받지 않고 유료직업소개사업을 하는 경우에는 헤드헌터, 정보제공, 취업알선, 직업소개 등 사업의 명칭유무에 불구하고 직업안정법 위반을 면치 못하게 된다.

4. 위반사례

삼성경제연구소는 고액 외국어 과외 등 사교육의 횡행은 젊은이들이 생산적인 분야로 진출하는 것을 가로막고, 무자격 외국인 불법체류를 양산하는 등 고용구조 왜곡을 초래하고 있다고 발표[88]하였다. 아울러 외국어 강사 등 외국인 합법체류자의 급격한 증가와 함께 이들의 불법 취업알선이나 공급에 대한 심각성을 지적하였다.

경찰은 외국인 강사를 학원에 소개해준 뒤 학원으로부터 소개비로 80~120만원, 외국인으로부터 월 16~18만원씩 받는 수법으로 28억

---

88) 《한겨레신문》, 1997. 6. 20.

8,000만원을 챙긴 혐의로 알선업자를 구속했다.[89] "…은 단기취업비자로 입국한 외국인 남녀들을 광고모델 등으로 불법 알선해온 ○○○씨를 출입국관리법 위반 혐의로 구속했다. 검찰에 따르면 이들은 1997년 7월 단기상용비자로 입국한 미국인 M씨를 유명 의류회사 속옷광고 모델로 소개해 주고 150만원을 받는 등 1997년 1월부터 7월까지 외국인 모델 17명을 의류회사, 방송사 등에 취업시켜주고 9,400만원을 챙긴 혐의다"

이와 같이 시·도지사로부터 허가를 받지 않고 외국인 근로자의 직업소개를 하는 경우, 합법취업자는 물론 불법체류자의 경우에도 직업안정법을 위반하게 된다. 그러나 시·도지사로부터 유료직업소개사업에 관해 허가를 받은 경우에는 불법체류자, 산업기술연수생, 합법취업자의 여부에 상관없이 직업안정법상의 위반문제는 발생하지 않는다. 반면, 불법체류자나 산업기술연수생의 경우에는 직업안정법과는 별도로 취업활동을 할 수 없는 체류자격에 대해 고용의 알선이나 유도를 금지하고 있는 출입국관리법 제18조의 위반문제는 여전히 존재한다. 유료직업소개사업에 대한 허가를 받은 경우에도 노동부 장관이 결정·고시한 요금 외의 금품을 받는 경우에는 직업안정법 제19조 제6항 위반으로 1년 이하의 징역이나 500만원 이하의 벌금에 처하게 된다.

직업소개업에 관한 허가는 유료직업소개뿐만 아니라 무료직업소개사업을 하는 경우에도 직업안정법 제18조 제1항에 의해 시·도지사의 허가를 받아야 하며, 이를 위반시에는 1년 이하의 징역 또는 500만원 이하의 벌금에 처하게 된다.

---

89) 《중앙일보》, 1997. 7. 18.

제 4 장

산업기술연수생의 노동법상 지위

1. 연수계약의 2중 구조

서 론

산업기술연수제도는 그 법적 취약성, 산업기술연수생의 도주이탈, 내국인과의 차별대우, 송출비리 등 그 동안 여러 가지 부작용이 발생하였다. 또한 이 제도를 담당하는 중소기업협동조합중앙회나 연수업체, 송출기관 등이 이를 조장하거나 방조하는 것처럼 여겨져 많은 비판을 받아왔다.

그러나 이런 문제들은 단순히 누구 하나의 잘못에서 비롯된 것이 아니라 산업기술연수제도를 아무런 준비없이 성급하게 도입한 정부의 졸속정책, 국내 기업체의 외국인력 수요에 비해 공급이 턱없이 부족한 현실, 이로 인하여 급증하는 불법체류자 문제에 적극적으로 대처하지 못한 출입국 관리당국 등 여러 가지 복합적인 원인들의 결정체라고 볼 수 있다.

따라서 외국인 근로자의 문제를 해결하기 위해서는 근본적이고 포괄적인 관점에서 접근하여 그 구체적인 문제들을 하나하나 실행해 나가야지 어느 한 가지만을 개선한다고 해결될 문제가 아니라고 본다. 그러나 이러한 여러 가지 제도상의 문제에도 불구하고 실무에 있어서는 상당히 구체적으로 산업기술연수생의 관리와 보호를 하고 있다.

그 동안 산업기술연수생에 대해 근로자로서의 인정 여부와 노동관계법 적용여부에 대해 끊임없이 논쟁을 벌여왔으나, 이들의 구체적인 법률적 지위검토를 위해서는 표준계약서의 검토·분석이 무엇보다도 중요하다. 표준계약서의 내용이 노동관계법령에 위반되지 않는 한 우선적

으로 적용되어야 할 것이다.[1]

중소기업협동조합중앙회의 각종 연수협력 관련계약서를 검토해 본 결과, 산업기술연수제도를 중소기업협동조합중앙회가 독점하여 운영하기 시작한 이후부터는 운영 초기부터 산업기술연수생의 근로자성을 인정하여 이를 바탕으로 모든 표준계약서가 작성되었음을 알 수 있다.

따라서 제도를 운영함에 있어, 첫번째 원칙은 현재의 외국인력 도입제도가 비록 출입국관리법상의 연수제도에 의해 도입되었기 때문에 산업기술연수생이란 명칭을 사용하였지만, 장차 일어날 산업기술연수생의 근로자성 문제에 대한 논쟁을 예상하고 산업기술연수생이란 명칭과 상관없이 실무집행 단계에서는 근로자성을 인정하여 노동관계법령을 준거하여 각종 표준계약서를 만들게 되었다. 그러나 전반적인 노동관계법령을 일일이 계약으로 열거할 수가 없어서 산업기술연수생의 보호에 필수적이고 핵심적인 사항만 명시하고, 기타 사항은 회사의 관례나 법령[2]에 따르도록 했다.

그리고 두번째 원칙은, 산업기술연수생에 대해 근로자성이 인정되면 현행 직업안정법 제33조 제1항의 근로자 공급금지규정[3]과 출입국관리법상 고용제한규정 위반문제가 발생하여 이러한 문제를 해결하기 위한 고민 끝에 산업기술연수생을 외국의 송출기관이 직접 고용하여 국내에

---

1) 표준계약서 4(연수협력계약서) 제1조 제6항 및 표준계약서 5(연수계약서) 제1조 제8항은 본 계약에서 정하지 않은 사항은 당사자간에 체결되는 표준계약에 의하여 효력이 발생되고 기타 사항은 대한민국의 관례와 법령에 따른다고 규정하여 노동관계법령보다 표준계약서가 우선적으로 적용됨을 명시하고 있다.

2) 이를 입증하는 것으로는 표준계약서 4(연수협력계약서 : 연수업체 — 송출기관) 제1조 제6항 "본 계약에서 정하지 않은 사항은 제2조에 의해 당사자간에 체결되는 표준계약에 의하여 효력이 발생되고 기타 사항은 대한민국의 법령과 관례에 따른다", 표준계약서 5(연수계약서 : 연수업체 — 산업기술연수생) 제8항 "본 계약서에서 정하지 않은 당사자간의 권리 의무, 준수 이행 사항은 B와 송출기관이 체결한 연수협력계약서에 의하여 반드시 효력이 발생되며 기타 사항은 대한민국 법령과 관례에 의한다"는 규정을 들 수 있을 것이다.

3) 직업안정법 제33조 제1항은 "누구든지 노동부 장관의 허가를 받지 아니하고는 근로자 공급사업을 하지 못한다"라고 규정하여 근로자 공급사업을 원칙으로 금지하고 사업의 허가를 받을 수 있는 범위를 동법 시행령 제33조 제2항 제1호에서 "국내 근로자 공급사업의 경우는 노동조합법에 의한 노동조합"이라고 규정하여 노동조합만이 공급사업을 할 수 있도록 규정하고 있다.

파견시키도록 하고, 국내의 연수업체는 외국인 근로자를 고용하지 않고 기술연수만 시킬 수 있도록 하여, 국내 실정법 위반의 문제를 피해보려고 한 것임을 알 수 있다.[4]

---

4) 표준계약서 5(연수계약서) 및 표준계약서 6(연수자파견계약서) 참조.

산업기술연수제도의 운영구조

현재 중소기업협동조합중앙회에서 운영하고 있는 산업기술연수제도는 직업안정법상의 근로자 공급사업의 금지와 출입국관리법상의 외국인 고용제한규정을 피하기 위해 산업기술연수생을 외국의 송출기관이 직접 파견하는 형식을 취한다. 중소기업협동조합중앙회(A), 연수업체(B), 외국의 송출기관(C), 산업기술연수생(D), 국내의 사후관리회사 (E) 등 당사자 관계가 매우 복잡하게 되었다[5](〈표 4-1〉 참조).

실제 산업기술연수생의 연수수당을 포함한 근로조건은 이러한 구도로부터 출발한다. 따라서 중소기업협동조합중앙회의 표준계약서는 산업기술연수생의 근로자성이나 법률적 지위뿐만 아니라, 이들을 둘러싼 여러 당사자 내지 제3자로서의 지위에서 나오는 권리와 의무의 판단기준이 된다고 볼 수 있다. 따라서 산업기술연수생의 법률적 지위는 이 구도를 정확히 파악하고 법적 관계를 규명해 보는 것부터 시작해야 할 것이다.

1. 연수업체와 외국 송출기관의 관계(B-C)

국내 연수업체와 산업기술연수생 파견업체인 외국의 송출기관은 산업기술연수제도에서 가장 중요한 관계라고 볼 수 있다. 원래 산업기술연수제도는 국내기업과 외국기업과의 직접적인 산업기술연수생 파견제도이다. 따라서 연수업체와 송출기관은 산업기술연수생 파견계약의 당사자로서 산업기술연수생과의 관계에 있어서 계약상의 모든 권리와 의무의 주체가 된다고 볼 수 있다. 또한 산업기술연수생에 대해 외국의 송출

---

5) 연수제도상의 각종 계약에서 중소기업협동조합중앙회을 'A', 연수업체를 'B', 송출기관을 'C', 산업기술연수생을 'D', 국내사후관리기관을 'E' 라고 부르기도 한다.

〈표 4-1〉　　　　　□ 외국인 산업기술연수제도상의 당사자 관계

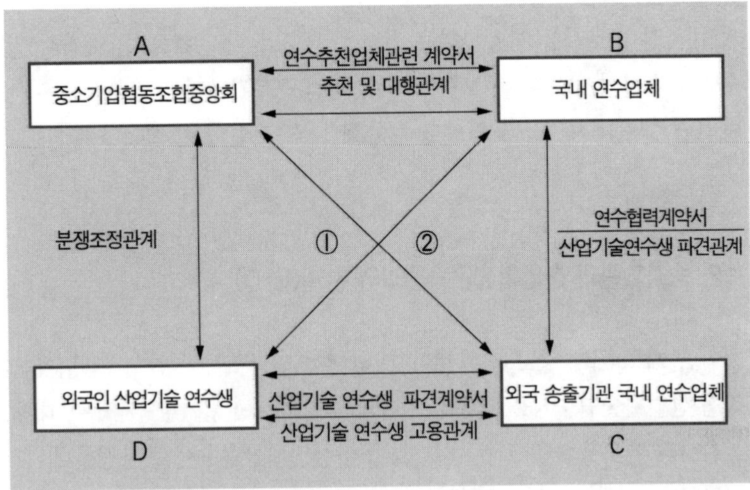

$①: A - C - \dfrac{\text{산업기술연수생 추천관련계약서}}{\text{선정관계}}$　　$②: B - D - \dfrac{\text{연수계약서}}{\text{산업기술연수생 사용관계}}$

기관은 '파견사업주', 국내연수업체는 '사용사업주'의 지위에 있게 된다.

　비록 중소기업협동조합중앙회가 송출기관을 선정하여 산업기술연수생을 도입하고 있지만, 추천기관 내지 제도운영기관으로서 당사자들간의 표준연수계약을 작성하여 지도·감독할 뿐, 산업기술연수생과의 실질적인 노무 제공관계에 있어서는 연수업체와 송출기관이 직접 파견계약을 체결하도록 함으로써 산업기술연수생과의 관계에서 직접적인 권리·의무관계는 발생하지 않는다.

　연수업체와 송출기관이 체결하는 계약을 「연수협력계약서」[6]라고 한다. 실증적 조사[7]에 의하면 산업기술연수생은 연수업체에 편입되기 이전에 제반 근로조건에 관해 이미 소상하게 알고 있으므로, 산업기술연

---

6) 이 계약서를 B-C계약이라고도 한다.
7) 이와 관련하여 케이스 스터디를 진행한 연구로서 정주연, "한국기업에서 외국인 근로자의 고용

수생과 연수업체 사이에는 근로조건의 결정 영역이 거의 존재하지 않는다고 한다. 또한 연수업체는 산업기술연수생을 사용하는 입장에서 통상의 내국인 근로자를 사용한다는 입장을 가지고 있지 않으며, 따라서 연수업체와 산업기술연수생 사이에 직접적인 근로관계가 성립한다는 것은 이러한 실증적 사실을 도외시한 것이라고 볼 수 있다.

2. 송출기관과 산업기술연수생과의 관계(C-D)

이 관계도 매우 중요한 관계이다. 앞에서 언급했듯이 연수파견업체는 직접 산업기술연수생을 고용하여 자기의 명의로 산업기술연수생에 대해 사용자의 지위를 가지고 국내 기업체에 산업기술연수생을 파견한다. 그러므로, 외국 본지의 송출회사로부터 출발하여 국내 연수업체에서 연수기간은 물론 귀국시까지 산업기술연수생에 대한 제반문제에 대해 국내 기업체의 귀책사유에 의한 사항만 제외하고는 포괄적인 책임을 지게 된다.

연수협력계약서 제7조(송출기관의 의무사항) 제1항은 "C는 산업기술연수생을 추천한 시점부터 가 개인별 산업기술연수생의 계약이 종료되어 귀국한 시점(만기 또는 중도 귀국)까지 본 계약에서 제시하는 다음 각 호의 사항을 이행하여야 한다"고 규정하여 송출기관이 산업기술연수생의 한국 내에서 산업기술연수를 받고 있는 전 기간 동안 사용자의 지위에서 산업기술연수생을 관리하고 보호할 의무를 부과하고 있다. 산업기술연수생 파견업체와 산업기술연수생이 체결하는 계약을 「산업기술연수생 파견계약서」[8]라고 하며, 주로 산업기술연수생과 파견업체인 송

에 따른 사회적 경제 효과 : 국제 비교적인 시각에서의 분석", 「외국인 고용에 따른 사회 · 경제적 영향평가와 규율방안」, 고려대학교 노동문제연구소, 1998년 춘계학술발표회 발표논문, 57면 이하 참조.
8) 이 계약서를 C-D계약서라고도 한다.

출기관의 권리 · 의무사항을 규정하고 있다.

즉, 송출기관은 자국 내에서 중소기업협동조합중앙회나 연수업체의 요구조건에 따라 산업기술연수생을 선발하여 교육시켜 출국시키고 연수업체는 산업기술연수생을 파견계약의 내용에 따라 연수시키며, 연수업체와 산업기술연수생간에 고용종속관계가 존재하지 않는 것을 원칙으로 하고 있다.[9]

그 동안 연수업체와 산업기술연수생이 체결하는 연수계약서가 사실상의 근로계약으로 인정되는 경우가 있어 중소기업협동조합중앙회는 1999년 6월부로 전면 개정하는 표준계약서에서 연수계약서를 폐지하고, 송출기관과 산업기술연수생과의 산업기술연수생 파견계약의 내용을 더욱 강화하였다. 즉, 산업기술연수생이 한국의 연수업체에서 연수하는 중에도 송출기관이 산업기술연수생에 대한 고용종속관계가 있음을 계약상 명시하고 있는 것이다.[10]

송출기관은 중소기업협동조합중앙회나 연수업체의 요구조건에 따라 근로자를 선발하여 한국의 연수업체에 파견되는 것을 조건으로 고용계약을 체결하고, 파견계약서에서 정한 근로조건의 내용을 산업기술연수생에게 숙지시킨다.[11]

---

9) 정주연, 앞의 발표문, 59면 이하.

10) 산업기술연수생 파견계약서 개정안 제1조 제3항은 "C는 D에 대하여 D가 대한민국의 연수업체에서 연수하고 있는 동안 사용종속관계를 가지고 연수에 대한 지휘명령권을 가진다. 단 일상적인 연수활동에 관한 사항에 대해서는 연수업체에 위임한다"라고 규정하고 있으며 제7조 제2항은 "D는 대한민국 연수업체에서 연수기간중 C와 D가 체결한 연수파견계약의 내용을 준수하여야 하며 이의 변경을 요구하는 경우에는 반드시 C에게 요구하여야 하며 D가 직접 연수업체에 요구할 수 없다"라고 규정하여 송출기관과 산업기술연수생의 고용종속관계를 더욱 강화하고 연수업체와 산업기술연수생의 지휘명령관계가 없음을 명시하고 있다.

11) 산업기술연수생 파견계약서 제2조(표준계약서의 활용) 제1항~제3항, 제5조(연수조건), 제8조(송출기관의 의무).

3. 연수업체와 산업기술연수생의 관계(B-D)

산업기술연수생은 한국에 입국하여 연수업체와 연수계약을 체결한다. 연수계약의 내용은 고용조건을 정하는 것이 아니라, 산업기술연수생이 송출기관과 자국에서 체결한 근로조건의 내용을 숙지하고 준수한다는 내용과 연수업체 역시 송출기관과 체결한 파견계약의 내용에 따라 연수를 시킨다는 내용에 불과하다.[12] 그러나 연수업체는 산업기술연수생을 직접 사용하는 관계이므로 연수기간 동안 연수업체의 귀책사유로 발생하는 모든 사고에 대해서 책임을 짐과 동시에, 사용관계(근로제공관계)에서 발생할 수 있는 사항에 대해서는 사용 사업주의 지위에서 근로기준법상의 사용자 책임에 준하는 의무를 계약내용으로 부과하고 있다.

또한 연수업체가 직접 산업기술연수생에 대해 지휘명령하는 관계에 있고, 산업기술연수생은 사실상 노무제공관계에 있게 되어 산업기술연수생의 근로자성 문제가 대두되면서 이 관계의 중요성이 높아지고 있다. 연수업체와 산업기술연수생간에 체결하는 계약을 「연수계약서」[13]라고 하며, 주로 국내 연수업체와 산업기술연수생간의 권리·의무를 명시하고 있다.

---

12) 표준계약서 5(연수계약서) 제1조 제2항은 "B와 D는 외국인연수협력단, 송출기관간 체결한 표준계약서의 내용을 성실히 이행하고 B는 표준계약을 D가 보기 쉬운 곳에 비치하여 그 내용을 주지시킨다"고 규정하고 동조 제5항은 "본 계약의 합의내용은 외국인연수협력단과 송출기관이 동의하지 않는 한 변경될 수 없다"고 규정하였다. 산업기술연수생에 대한 연수조건은 표준계약에 의해 결정되며 이러한 표준계약상의 연수조건은 외국인연수협력단이나 송출기관이 동의하지 않으면 연수업체가 임의로 변경할 수 없다고 함으로써 연수업체는 단순히 산업기술연수생을 연수시키는 지위에 있으며 사용자로서 산업기술연수생에 대해 연수조건의 결정권한이 없음을 명시하고 있다. 이에 대해서는 앞의 정주연 교수의 실증적인 연구결과에서도 산업기술연수생은 연수업체에 편입되기 이전에 제반 근로조건에 관해서는 이미 소상하게 알고 있으므로 산업기술연수생과 연수업체 사이에는 근로조건의 결정 영역이 거의 존재하지 않는다고 한다.
13) 이 계약서를 B-D계약서라고도 한다.

4. 중소기업협동조합중앙회와 외국 송출기관의 관계(A-C)

중소기업협동조합중앙회는 국내 연수업체에 비해 월등한 조직력과 공신력을 가지고 있는 준정부기관이라고 볼 수 있다. 이러한 지위를 바탕으로 중소기업협동조합중앙회는 외국의 적격한 송출업체를 선정하여, 연수업체와 외국송출기관간에 산업기술연수생 파견계약을 체결하게 하고 산업기술연수생을 파견하여 연수하도록 한다.

중소기업협동조합중앙회는 송출기관을 선정하고, 이들이 향후 한국의 연수업체에 산업기술연수생을 파견함에 있어 준수해야 할 사항, 연수조건, 계약 불이행시 제재사항 등을 계약으로 체결하며 이를 「산업기술연수생 추천관련계약」[14]라고 한다.

본 계약은 산업기술연수생이나 연수업체에게 직접적인 효력을 미치는 것이 아니라, 당사자가 체결한 개별계약에서 본 계약의 중요한 내용을 준수하도록 하고 있다.

5. 연수업체와 중소기업협동조합중앙회와의 관계(A-B)

중소기업협동조합중앙회는 국내 중소기업체의 이익대표기관으로서 이들 회원사들을 위해 업무를 대행하거나 서비스를 제공하는 역할을 수행하게 된다.

중소기업협동조합중앙회는 출입국관리법시행령 제24조의 2 제1항 제4호(구법무부의 「외국인산업기술연수사증발급등에관한업무처리지침」 제2조 제2항)에 의거 주무부처의 장관으로부터 지정된 추천권자의 자격으로 연수업체를 추천하는 지위에 있게 함과 동시에, 연수사증 신청업무의 대행, 우수한 송출기관을 선정하여 국내 연수업체에게 산업기술연

---

14) 이 계약서를 A-C계약서라고도 한다.

수생 공급을 알선해 주는 역할을 하게 된다.

중소기업협동조합중앙회와 국내 연수업체가 체결하는 계약을 「연수 추천관련계약서」라고 한다. 현재 우리나라에서 산업기술연수생을 사용하는 연수업체는 1만여 개가 넘으며, 사실상 이들이 직접 송출기관과 산업기술연수생 파견계약을 체결하기란 기술상 불가능하다. 따라서 절차의 간소화를 위해 중소기업협동조합중앙회는 제도의 정책입안 및 수행 기능을 담당하는 한편, 산업기술연수생을 사용할 연수업체를 추천하고, 연수업체와 송출기관간에 원만한 계약을 체결할 수 있도록 하는 업무를 대행해 주는 역할을 한다.

외국인 산업기술연수생의 근로자성

산업기술연수생을 근로자로 인정하여 노동관계법을 적용해야 한다는 주장[15]은 제도개선 차원에서 논의되는 것이다. 그러나 연수제도와 산업기술연수생이란 명칭만으로 외국인 근로자가 노동관계법을 적용받지 못하여 낮은 임금, 중간착취, 폭행 및 강제근로 등 열악한 근로조건과 국내 근로자와 비교하여 엄청난 차별대우를 받고 있는 것처럼 생각하거나 오해해서는 안 된다.

연수제도가 일반 여론으로부터 많은 비판을 받고 있는 것은 제도상 나타나는 모순이나 문제점에 불과하며, 산업기술연수생의 보호라는 규범적인 내용에 있어서는 산업기술연수생의 보호에 많은 신중을 기했다고 볼 수 있다.[16]

즉, 연수협력계약에서 산업기술연수생의 근로자성을 인정하는 내용으로써 근로조건의 핵심적인 사항인 근로시간, 최저임금의 보장, 법정수당의 지급, 폭행 및 강제근로 금지, 임금의 지불원칙 등을 직접 명시하여 근로기준법을 적용하였으며, 기타 사항은 회사의 관례나 법령에 따르도록 하고 있다는 점도 이를 증명하는 것이다.

따라서 산업기술연수생의 경우 이들에 대한 노동관계법의 적용에 대한 법적 근거가 취약함에도 불구하고, 계약에 의해 노동관계법의 대부분을 적용받고 있다고 보아야 한다.

기타 구체적인 적용문제에 대한 법적 평가에 대해서는 다음에 후술하

---

15) 이에 대한 학설은 본 서문에서 설명하고 있으며, 출입국관리법상의 고용제한규정을 단속법규로 보는 입장은 모두 산업기술연수생을 근로자로 인정해야 한다는 긍정설의 입장을 취하고 있다는 것이다.

16) 중소기업협동조합중앙회는 연수제도 운영에 대해서는 중소기업청 등 정부의 지침이나 지시에 의해 기획하고 실무를 집행하고 있으나, 연수계약중 산업기술연수생의 근로조건과 같은 노동문제에 대해서는 변호사, 공인노무사, 학계로 구성된 자문위원들의 독립적인 법률적 자문에 의거 외국인 산업기술연수생의 노동문제나 규범적 문제에 대하여 매우 신중하게 정책을 집행하고 있다.

기로 하고, 연수계약에 명시된 산업기술연수생의 노동관계법 적용조항을 살펴보면 다음과 같다.

① **법령과 관례의 적용** — 본 계약서에서 정하지 않은 당사자간의 권리의무, 준수 이행 사항은 B와 송출기관이 체결한 연수협력계약서에 의해 반드시 효력이 발생하게 되며 기타 사항은 대한민국 법령과 관례에 의한다(연수계약서 제1조 제8항, 연수협력계약서 제1조 제6항).

② **근로조건의 명시 및 산업기술연수생에 대한 주지** — B와 D는 외국인 연수협력단, 송출기관간 체결한 표준계약의 내용을 성실히 이행하고 B는 표준계약을 D가 보기 쉬운 곳에 비치하여 그 내용을 D에게 주지시킨다(연수계약서 제1조 제2항).

③ **최저임금의 적용** — 연수수당은 최저임금을 기본급으로 하며 월 1회 지급하는 고정급제로 한다(연수협력계약서 제4조 제1항 제3호, 제2항).

④ **근로시간** — 산업기술연수생의 기본연수시간은 1일 8시간(토요일은 4시간), 1주 44시간 및 유급 주휴일을 포함하여 월 226시간을 기준으로 한다(연수협력계약서 제2항 후단).

⑤ **시간외 근로의 제한과 법정수당의 지급** — 연수업체는 산업기술연수생과의 합의에 의하여 위 제3항에서 정한 1일 8시간, 1주 44시간 이외의 시간외 초과연수를 시킬 수 있으며, 시간외 초과연수는 기본연수시간외 초과연수(1일 2시간, 1주 12시간 범위내)를 지칭하며 시간외 연수수당 산정은 기본급의 150%로 한다(연수협력계약서 제4조 제3항).

⑥ **유급휴일과 수당의 지급** — 연수업체는 산업기술연수생에게 1주일에 1일의 유급 휴일(일요일)을 제공한다. 휴일에 연수한 경우 휴일수당은 상기 제1항 기본시간급의 150%로 한다. 기타 휴일은 연수업체의 내부규정에 의하고 공휴일은 대한민국 법령에서 정한 규정에 따른다(연수협력계약서 제4조 제5항).

⑦ **산업재해보상보험의 적용** — 연수업체는 산업기술연수생의 재해 발생시 치료비 및 보상비의 확보를 위하여 산업기술연수생을 피보험자로

하는 산업재해보상보험에 가입하고 재해 발생시 보험기관이 정하는 요양비와 보상금을 청구한다(연수협력계약서 제4조 제10항).

⑧ **임금의 지불원칙** — 연수업체는 산업기술연수생의 연수수당을 매월 1회 계약상의 정기일에 거래 외국환은행을 지정하여 산업기술연수생의 명의로 개설된 은행계좌 입금 등을 통하여 한화로 직접 지급함을 원칙으로 한다(연수협력계약서 제5조 제1항).

⑨ **휴업지불의 지급** — 연수업체의 귀책사유로 산업기술연수생이 연수를 계속할 수 없는 때에도 연수장소 이동일까지 1일 기본급을 지급하여야 한다. 연수업체가 파업 및 휴업 등 산업기술연수생의 귀책사유가 아닌 사유로 산업기술연수생이 연수를 하지 못하는 경우 기본연수수당의 100%를 지급한다(연수협력계약서 제5조 제5항 및 제6조).

⑩ **강제근로의 금지** — 산업기술연수생이 연장연수를 원하지 않을 경우 강제연수를 하지 않도록 한다(연수협력계약서 제8조 제2항 제5호).

⑪ **산업기술연수생에 대한 안전배려 및 조치**

— 산업기술연수생이 입국한 후 6개월 및 18개월이 도래하는 월에 연수업체의 부담으로 신체검사 실시(연수협력계약서 제8조 제2항 제3호).

— 연수실시 전 반드시 작업상 위험한 기계작동 방법 등에 대하여 충분한 교육을 실시하고 작업장 내 업무상의 사고예방을 철저히 할 것과 매월 1회 이상 안전교육 실시(동조 동항 제13호 및 22호).

— 연수업체는 산업기술연수생에게 필요한 작업복, 안전화, 안전모, 방진마스크 등 안전보호구를 무상으로 지급한다(동조 제5항).

결론적으로 산업기술연수제도상의 각종 표준계약서에 명시된 이들 규정을 보면, 이미 산업기술연수생에게 — 일부 규정을 제외하고 — 기본적으로 노동관계법의 적용을 명시한 것으로 보아, 표준계약서는 외국인 산업기술연수생의 근로자성을 인정하는 전제로부터 출발하고 있다고 판단된다.

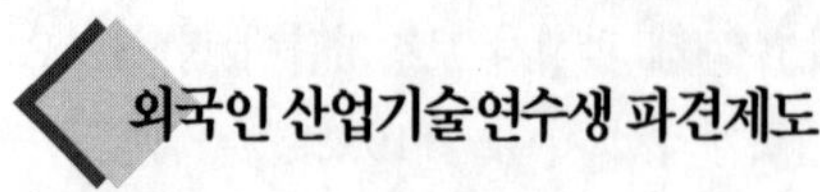

외국인 산업기술연수생 파견제도

1. 서 론

외국인 산업기술연수는 앞에서 언급했듯이 파견제도에 의해 운영되고 있다. 즉, 외국의 송출기관이 자국 내에서 한국의 산업기술연수를 목적으로 하고, 이에 따른 제반 연수조건을 제시한 후 산업기술연수생을 직접 고용하여 국내 연수업체에 파견시키면, 국내 연수업체는 송출기관과 체결한 파견계약에서 정해진 내용에 따라 연수를 시키고 있다. 그러나 이러한 법률상의 관계는 실제 연수에 있어 국내 기업체가 직접 지휘명령을 하고, 산업기술연수생은 사실상의 노무를 제공함으로써 그렇게 단순하지만은 않게 되었다.

중소기업협동조합중앙회는 외국의 송출기관이 자국 내에서 한국에서의 산업기술연수를 조건으로 하여 산업기술연수생을 직접 고용하고 한국 기업체에 파견시키며 한국 내에서 연수업체에 인도한 후에도 이들에 대한 사용자의 지위에서 연수기간은 물론 한국에 체류하고 있는 전 기간 동안 포괄적인 책임을 부담시키고 있다.[17]

물론 산업기술연수생이 한국에 도착하여 소정의 교육을 받은 후 연수업체에 인도되면 연수업체에서 인적·물적 책임을 지게 되나, 이 책임의 범위는 연수계약에 근거하여 사실상의 노무제공으로부터 발생하는 사용자로서의 책임과 귀책사유에 한한다고 보아야 한다.

반면에 송출기관은 연수업체의 귀책사유가 없거나, 귀책사유가 있더라도 도산·폐업 등으로 인한 이행불능 상태, 산업기술연수생의 귀책사

---

17) 연수협력계약서 제7조 (송출기관의 의무사항) 제1항 "송출기관은 산업기술연수생을 추천한 시점부터 각 개인별 산업기술연수의 계약이 종료되어 귀국한 시점(만기 또는 중도귀국)까지 본 계약서에서 제시하는 다음 각 호의 사항을 이행하여야 한다"는 이를 구체적으로 반영하고 있다.

유나 사적인 사유, 불가항력적인 사유에 대해 책임을 지도록 되어 있다.[18] 이것은 어떻게 생각하면 송출기관에게 산업기술연수생에 대한 사용자 책임을 넘어선 대리인이나 후견인으로서의 책임까지 부담시키고 있다고 볼 수 있다.

이러한 송출기관의 책임은 일면 과중한 책임일 수도 있으나, 그것은 산업기술연수생이 홀로 타국인 한국에 와서 생활함으로써 만약 불의의 사고가 난 경우 이를 해결하거나 도와줄 가족 등 친지가 없기 때문에 곤란하게 될 것을 우려, 중소기업협동조합중앙회가 수요자 독점이라는 경제원리와 송출기관에 비해 우월적인 지위를 이용하여 이들에게 이런 과중한 역할을 부여했다고 보여진다.

현행 중소기업협동조합중앙회의 산업기술연수제도 운영방법에 의하면, 산업기술연수생의 입국절차와 출국절차는 중소기업협동조합중앙회와 송출기관 국내 연락사무소(사후관리회사)가 업무를 대행한다. 그러므로 국내 연수업체는 중소기업협동조합중앙회에 산업기술연수생 배정 신청만 하고 입국날짜와 출국날짜에 맞춰 산업기술연수생을 인수·인도만 하면 된다.

이러한 측면에서 생산직 인력 이외에도 관리직 인원이 더욱 부족한 국내 연수업체들을 대신해 비자 신청, 교통편 예약, 입출국 계획 등 복잡한 관리업무를 송출기관인 국내 사후관리기관이 대행함으로써 시간과

---

18) 표준계약서 4(연수협력계약서) 제9조(당사자간의 책임 및 협조) 제5항은 "산업기술연수생이 연수와 상관없이 질병에 걸리거나 개인의 귀책사유에 의한 사고로 요양중인 경우 B는 산업기술연수생이 요양토록 조치해 주고 보험기관 및 보험회사에서 보상이 가능한 경우 다음 각 호대로 처리한다. 단, 30일을 초과 요양하는 때 보험기관 및 보험회사의 보상이 불가능한 경우 C로 하여금 산업기술연수생을 출국시킬 수 있다"라고 규정하고 있으며 동조 제7항은 "교통사고, 폭발, 폭행 등 B의 귀책사유가 아닌 산업기술연수생의 예기치 않은 사고로 상해를 입은 경우 B는 대한민국에서 산업기술연수생의 계약기간 및 본국에서의 경제활동 능력을 감안하여 관련보험 회사로부터 보상 또는 가해자, 사고 책임자로부터 배상을 받도록 협력한다. 이러한 사유로 인해서 요양기간이 30일을 초과하는 경우 B는 B에 해당하는 책임과 부담을 지고 C와 협의하여 보험상의 보상을 조속히 받을 수 있도록 하고 C가 그 산업기술연수생을 귀국시키도록 조치한다"고 규정하여 국내 연수업체의 귀책사유가 없는 사고에 대하여 송출기관이 산업기술연수생을 귀국 조치시키는 등 산업기술연수생에 관한 책임을 부담하고 있다.

경비를 절약할 뿐만 아니라, 외국인 산업기술연수생에 대해 연수기간 동안에도 사용자 책임 및 자기의 귀책사유 이외에는 책임을 지지 않고, 송출기관이 부담하게 되므로 그 책임부담이 직접 고용하는 것에 비해 훨씬 경감된다.

이와 같이 연수업체의 책임을 경감하는 것은 외국인의 경우 국내에 가족이나 친지가 없기 때문에, 업무상은 물론 개인적인 사유로 인해 사망 등의 사고가 발생하게 되면 법적인 책임 이외에도 도의적인 측면에서 국내 사용자가 그 뒷처리를 하지 않을 수 없고, 산업기술연수생을 활용하고 있는 대부분의 업체가 영세중소기업이라는 것을 감안하면 이들에게 이러한 사고는 큰 부담이 아닐 수 없다는 데에 있다.

따라서 송출기관에 대해 사용자 책임이나 연수계약상의 책임을 가중시키는 것은, 이들에게 「파견사업주」에 해당하는 사용자 책임을 부여함으로써 결국 국내 연수업체의 책임을 경감시켜 보자는 데 있다고 사료된다.

지금까지 논의된 고용허가제도는 외국인 근로자에게 노동법을 적용하여 국내 근로자와 동등한 대우를 하고, 국내 기업체가 직접 외국인을 고용함으로써 송출기관의 중간마진을 배제하자는 것이 주요 핵심내용이다. 그러나 외국인 근로자를 국내 연수업체가 직접 고용하게 되면 이들을 직접 채용하는데 소요되는 시간과 경비의 부담은 물론이고, 현행 연수제도와 비교해 볼 때 단순히 임금상승효과 이외에 외국인이라는 특수한 사항 때문에 위와 같은 부가적인 부담을 안게 된다는 문제가 발생한다.

송출기관의 역할이나 사용자 책임을 위와 같이 가중한다면 송출기관의 연수협력계약상의 업무와 책임은 사실상 지나친 측면도 있다. 물론 송출기관이 그 동안 산업기술연수생에 대해 과대수수료를 징수하고, 이로 인해 산업기술연수생의 도주이탈이 증가하는 등 여러 가지 부작용이 발생한 것도 사실이다.

그럼에도 불구하고 지금까지 송출기관의 문제점에 대한 논의과정을 살펴보면, 대부분의 언론매체나 연구사례 및 판례들은 송출기관을 하나의 인력알선업체 정도로 여기거나 극단적인 경우에는 불법 브로커 등으로 취급하여 왔고 이들의 역할에 대해서는 거의 무시되어 왔다. 그리하여 학계나 판례 모두 산업기술연수생의 사실적 노무제공관계만을 고려하여 이들을 근로자로 인정하면서도 책임문제와 관련하여 송출기관이 어떠한 역할을 해야 하는가에 대해서는 전혀 언급하지 않고 있다. 그러나 사실적 노무제공관계가 있다고 하여 반드시 사용종속관계가 존재하는 것은 아니며, 산업기술연수생을 근로자로 인정한다고 해도 국내 연수업체에 대해서 전적으로 사용자 책임을 부담시킬 수는 없다고 본다.

지금까지 살펴볼 때 산업기술연수생에 대해 근로자로 인정하는 것에는 이제 더 이상 반론의 여지가 없다고 보여진다. 따라서 앞으로는 과연 국내 연수업체에게 사용자 책임을 전적으로 부담시킬 수 있는가에 대한 이론적 검토와 연수협력계약상 송출기관의 구체적인 사용자 지위를 바탕으로 검토해 보기로 한다.

2. 사용자 책임 및 주요 쟁점사항

1) 파견제도에서의 사용자 책임

근로자 파견제도는 자기가 고용하는 종업원을 타 사업체에 파견시켜 그 곳의 지휘명령을 받아 업무를 행하게 하는 것으로, 노동시장의 유연성과 탄력성 제고차원에서 보편성을 인정받고 있다.

그러나 실제에 있어 이러한 파견제도는 노동시장에서 다른 유사한 인력공급제도와 차별하기가 매우 어렵다. 특히 파견제도에서도 평상시에는 자기의 근로자를 고용하지 않다가 타인의 파견요청이 있을 때마다 근로자를 모집하여 공급하는 등록형의 경우는 직업알선과 구별되기 어렵고, 기타 도급 등의 형식을 빌린 외부 노동력 이용제도와 동일한 형식을 취하고 있어서 정확한 구별이 더욱 어려운 실정이다. 그러나 파견제도는 외부인력을 자기명의로 공급한다는 면에서는 도급, 소사장, 하청 등과 같이 특수근로관계와 비슷하지만, 파견사업주는 사용자의 지위를 갖는다는 점에서는 사용자의 지위가 아니라 단순히 근로자를 제3자에게 알선하거나 소개하는 직업소개제도와 차이가 있다.

그러나 최근 친자회사, 사외공, 도급회사의 근로자, 파견 근로자 등 복잡한 근로관계를 둘러싼 분쟁이 속출하고 있으며, 여기서 기존의 특수인력공급관계와 파견근로를 구별하기가 쉽지 않기 때문에 과거의 전형적인 근로형태의 사용자 개념으로는 이러한 문제를 해결할 수 없다. 그렇기에 새로운 노동법상의 사용자 개념과 근로계약법리에 대한 이론적 재검토가 필요하게 되었다.

우리와 유사한 법률제도를 취하고 있는 일본의 판례 경향을 보면, 도급이나 사외공, 친자회사의 형식을 빌어 근로자를 공급하였어도 수급인이 단순히 알선이나 소개에 그쳐 사실상의 사용자 책임을 지지 않고, 근로자가 도급인의 직접적인 지도감독하에 사실상의 노무제공을 하는 경우에는 도급인의 사용자 책임을 인정하고 있다.[19]

그러나 근로자파견은 이와 같은 과거의 특수근로관계와는 양상이 다르다. 일본의 경우 초기의 판례[20]에서는 파견근로자에 대해 사외공의 경우와 동일하게 직업안정법 제17조를 고려하여 사용사업주의 사용자 책임을 인정하였으나, 그 후의 일본 데이터 비지니스 사건[21]에서는 사용종속관계의 성립 자체를 부정적으로 해석하였다.

또한 최근의 「세가」텔레비젼 사건에 관한 판례는 제1심에서 이중 근로계약론을 채용하여 파견 근로자의 관계에서는 파견사업주와 사용사업

---

19) 사외공에 관한 판례의 입장은 근로자가 모기업,도급기업의 직접적 지휘감독을 받아 그 사업장 내에서 취로하는 이상 양자간에 사용종속관계는 존재하는 것으로 보아 모기업 등의 사용자 책임을 긍정하는 예가 많다(仙台地裁 1969. 3. 26. 판결 ; 橫兵地裁 1972. 10. 24. 판결 ; 대법원 1986. 8. 19.,83다카657 등).
20) 京都地裁 1976. 5. 10. 판결 ; 靑林地裁 1978. 2. 14. 판결.
21) 大阪地裁 1976. 6. 17. 판결.

주 양자 공히 사용자 책임을 부담하여야 한다고 하면서, 파견 근로자가 "피신청인 회사(사용사업주)와의 근로계약의 존재만을 요구해 온 경우에는 … 사용자로서 책임을 지지 않을 수 없다"고 하여 사용사업주의 사용자 책임을 긍정하였다.

이에 대하여 제2심[22]은 "특정의 당사자간에 사실상 사용종속관계가 존재한다고 하는 것은 그간의 근로계약이 성립하고 있다는 것을 추측케 하는 일응의 징표라고 하지 않을 수 없다. 그러나 … 당사자간의 의사의 합치를 전혀 문제삼지 않고 단순히 사용종속관계가 형성되어 있다는 사정만을 가지고 근로계약이 성립하였다고 볼 수 없다"라고 하여 사용사업주의 사용자 책임을 부정하였다.

그러나 이와 같이 기존의 특수인력공급관계와 파견근로의 구분에 대한 구체적인 이론구성 및 판단기준에 관해서는 정설이 확립되어 있지 않지만, 결론적으로 종합해 보면[23] 자기명의로 근로자를 공급하는 면에서는 사외공, 친자회사, 도급 등과 근로자 파견제도가 다를 바 없기 때문에 법인격부인의 법리[24] 또는 직업안정법 제17조, 근로기준법상의 중간착취배제 조항을 매개로 하여 중간매체인 자회사, 수급인 등에 대해서 사용자성을 부정하고 모회사나 도급인에 대해 사용자 책임을 부과하고 있다.[25]

이에 반해 근로자 파견은 파견사업주가 단순히 근로자를 타인에게 알선공급하는 것에 그치지 않고, 또한 사용사업주와 파견 근로자간에 사

---

22) 福岡高裁 1983. 6. 7. 판결.

23) 이철수, 『노동관계법상의 국제비교연구(Ⅱ) — 근로자파견제, 정보제공의무 —』, 한국노동연구원, 1994. 12., 70~75면.

24) 친자회사의 경우 모자회사가 경제적으로 단일의 기업체로서의 실질을 가진다는 점, 모회사의 자회사에 대한 관리지배가 현실적이고 통일적이라는 점 등을 자회사의 법인격을 부인하는 요건으로 삼고 있다(仙台地裁 1969. 3. 26. 판결).

25) 이와 같이 수급인의 사용자 책임을 부인하고 도급인에게 사용자 책임을 인정하는 근거로 직업안정법 제17조 내지 근로기준법상의 중간착취배제 조항을 인용하여 도급계약 자체를 위법무효로 보는 예가 많다(대법원 1978. 1. 17., 77다1239 ; 대법원 1979. 7. 10., 78다1530 ; 대법원 1986. 8. 19., 83다카657).

실상의 사용존속관계가 존재하더라도 파견사업주가 사회적 실태로서 독립한 기업으로 실체를 갖추고 있는 한 사용사업주와 파견 근로자간에 근로계약관계를 인정하지 않거나 사용사업주와 파견사업주의 사용자 책임을 분리시키고 있는 경향이라고 볼 수 있다.[26]

2) 산업기술연수제도에서의 쟁점사항

우리나라는 파견제도에 의해 외국의 송출기관이 계약상 파견사업주의 지위에서 산업기술연수생을 파견시키고 관리하고 있음에도 불구하고 이들의 실체적 존재를 무시하고 연수업체와의 사실적 노무제공관계만을 고려하여 연수업체와의 관계에서만 산업기술연수생의 근로자성을 인정하려는 것이 판례의 태도이다.[27]

여기서 쟁점이 될 수 있는 사항은 연수업체의 지도감독과 산업기술연수생의 사실적 노무제공이 곧 사용종속관계를 의미할 수 있는가 하는 문제와 파견제도에 의해 산업기술연수생을 파견시키고 있다면 「파견근로자보호등에관한법률」의 위반효과가 어떻게 발생할 것인가이다.

① 사용종속관계의 판단

최근 노동시장에서의 노동의 유연성과 탄력성 제고에 따라 다양한 형태의 비전형적인 특수근로관계가 급속도로 증가하고 있는데 여기에서는 사실적 노무관계를 제공한다고 하여 반드시 사용종속관계가 존재하지는 않는다.

또한 지도감독의 측면에서 사용종속관계를 검토해 본다면 일의 완성을 목적으로 하는 도급의 경우에도 지시나 감독관계가 성립될 수 있다.

---

26) 이철수, 앞의 책, 73~74면.
27) 대법원 1995. 12. 12., 95누2050 ; 대법원 1992. 6. 26., 92도674 ; 대법원 1995. 9. 15., 94누12067.

즉 도급이란 '일의 완성'을 약정하고 타방이 보수의 지급을 약정함으로써 도급이 성립하고(민법 제664조), '일의 완성'이란 수급인이 계약에 따라 정해진 일정한 업무를 달성하는데 이르기까지의 일체의 위험을 부담하는 것을 의미한다. 그러므로 수급인이 도급계약에 기초하여 도급인의 사업장에 근로자를 이행보조자로 투입한 경우에도 도급인과 근로자간에 '지휘명령관계'가 성립하는 것은 아니지만, 도급인은 수급인에게 큰 부담을 주지 않는 범위 내에서 적당한 지시나 감독을 할 수 있다(민법 제669조).[28]

이에 반해 근로자 파견제도란 당초부터 타인을 사용할 목적으로 근로자를 고용하는 제도로서, 그 보편성과 법인성을 인정받은 제도이므로 파견 근로자에 대해 사용사업주가 지도감독을 한다고 해서 사용사업주에 대해서 사용종속관계가 있다고 보기는 어렵다. 이러한 사용사업주의 지휘명령권의 근거[29]에 대하여는 첫째, 근로계약이 없는 근로관계로 설명하는 방법, 둘째, 파견사업주와 근로자간의 근로계약에 그 법적 근거를 구하는 해석, 셋째, 파견사업주와 사용사업주간에 성립하는 합의, 즉 근로자 파견계약에 그 법적 근거를 두는 해석이 있다.

이중 첫 번째 설은 사용자 책임의 중점이 파견사업체보다는 사용사업체와의 노동법적인 관계로 옮겨지게 되므로 근로자 파견법상의 이론과는 거리가 멀고, 두 번째 설은 사용사업주를 파견사업주의 경영상 이행보조자로서 위치를 부여하게 되므로 실태적 관점에서 적합하지 않다고 본다. 세 번째 설이 현행 「파견근로자의보호에관한법률」의 해석론입장에서 타당하다고 본다.

이 경우 근로자 파견계약에는 근로계약의 당사자인 파견사업주의 지휘명령권한의 일부를 상대방에게 양도한다는 취지의 합의가 포함된다고 해석된다. 물론 "사용자는 노무자의 동의없이 그 권리를 제3자에게 양

---

28) 곽윤직, 『채권각론』, 박영사, 1995., 379면.
29) 이철수, 앞의 책, 79~80면.

도하지 못한다"고 규정한 민법 제657조 제1항의 해석과 관련하여 문제가 제기된다. 그러나 파견사업주가 파견 근로자에게 파견을 조건으로 하는 시점에서 '동의'의 의사표시를 한 것으로 보아야 할 것이다.[30]

② 「파견근로자의보호등에관한법률」과의 관계

「파견근로자의보호등에관한법률」은 우리나라의 경우 1998년 2월 14일 제정되어, 동년 2월 20일 공포되고, 7월 1일부터 시행되고 있다. 동법 제7조에 의하여 근로자 파견사업을 하고자 하는 경우에는 노동부의 허가를 받도록 되어 있고, 기타 여러 가지 규제를 하고 있는데, 산업기술연수제도의 경우 이러한 실정법과의 관계에 대해 어떻게 해석할 것인가 하는 문제가 제기된다.

현재 산업기술연수생의 법률관계를 파견·공급관계로 볼 수 있는 근거는 산업기술연수제도상의 각종 연수협력관련계약뿐이며, 이를 규정하거나 적용시킬 만한 법률적 근거는 마련되어 있지 않고 있다. 따라서 산업기술연수생의 법률관계에 있어서 연수협력계약상의 파견·공급에 관한 내용이 1998년 7월 1일부터 적용되는 근로자파견법에 저촉되거나 모집기관·송출기관 등이 직업안정법에 저촉되는지의 판단여부가 문제된다.

현행 「파견근로자보호등에관한법률」은 국내에서의 내국인 파견근로자 법규이다. 따라서 산업기술연수생 관계에 대해서는 원칙적으로 동법이 적용될 수 없다고 본다. 따라서 산업기술연수생의 근로자 파견·공급관계의 규범적 근거는 연수협력관련계약이므로 이 규범으로부터 출발해야 하며, 다만 동법은 표준계약의 해석·적용에 있어서 모델적 지침을 제공하는 것에 불과하다고 여겨진다.

직업안정법의 적용과 관련하여 중소기업협동조합중앙회나 외국의 송

---

30) 이철수, 앞의 책, 80면.

출기관이 제33조의 근로자 공급사업자에 해당하는가 하는 문제도 제기된다. 만일 근로자 공급사업자가 되기 위해서는 동조의 규정에 따라 노동부 장관의 허가를 받지 않으면 안 되는데, 동법의 규제대상은 국내 근로자 공급사업자(특히 노동조합)와 국외로 인력을 공급하고자 하는 국외 근로자 공급사업자이고, 산업기술연수생과 같은 국외로부터의 근로자공급사업자에게는 적용되지 않는다고 본다. 따라서 노동부 장관의 허가는 산업기술연수생의 국외 송출기관에 적용되는 것이 아니다.

그러나 산업기술연수생에 대해 사실적 노무제공관계를 인정하여 근로자로 볼 경우 직업안정법상의 저촉문제가 발생할 수 있다. 하지만 중소기업협동조합중앙회는 산업기술연수생을 공급하는 지위가 아니라 단순히 국내 기업체와 외국의 송출기관을 선정하여 산업기술연수생을 추천하는 지위에 있을 뿐이므로 동법에 대한 저촉여지가 없으며, 송출기관은 국내법을 적용시킬 수 없는 외국기관으로서 역시 동법에 대한 저촉문제가 발생하지 않는다. 반면 법률의 규율대상이 아니라고 하여 근로자의 파견·공급 등의 법률관계를 사용할 수 없는 것은 아니다. 왜냐하면 법률의 규정은 파견·공급관계의 본질적 개념 내용을 창설하는 것이 아니라, 대상영역 중 일부를 규율의 대상으로 삼기 때문이다.

특히 넓은 의미의 근로자 대차관계에는 근로자 파견사업(Arbeitnehmer berlassung)이 있는가 하면, 진정한 의미의 근로자 대차관계도 존재한다. 그렇기 때문에 산업기술연수생의 근로관계가 현행법상의 근로자 파견사업에 해당하지 않는다고 하여 근로자 파견·공급사업에 해당하지 않는다고 볼 수는 없다.[31] 또한 「파견근로자의보호등에관한법률」의 적용을 받는다고 해도 근로자 파견사업에 대한 노동부 장관의 허가요건은 동법이 파견 근로자 보호에 관한 일반법이고, 출입국관리법상의 산업기술연수생에 관한 규정들은 특별법의 위치에 있으므로, 노동부 장관의

---

31) 하경효 외, 앞의 책, 46~49면.
  김영문, 앞의 글, 6~12면.

허가요건도 산업기술연수생의 법률관계를 파견·공급관 계로 파악하는 데 있어서 장애요인이 될 수 없다.[32] 또한 연수협력관련계약상의 파견·공급에 관한 내용이 실정법에 저촉된다고 하여 그 사법상의 계약에 관한 효력이 부인된다고 볼 수 없다.[33]

이에 대한 판례의 입장을 살펴보면, 도급이나 하청 등의 형식을 빌어 근로자를 공급하고 있으나 실제에 있어서는 단순히 근로자를 알선하는 데 불과한 경우에는 근로자의 중간착취배제 등의 원리에 의해 그러한 불법적인 도급 등을 무효로 인정하고 있는 경우가 많다.[34] 이와 달리 근로자 파견제도란 파견사업주가 하나의 사회적 실태로서 독립적으로 존재하고, 근로자를 직접 고용하여 사용자 책임의 지위에서 파견하게 되므로 비록 실정법을 위반하였다고 해서 계약내용 자체가 무효로 된다고 보지는 않고 있다.

이러한 예로 British Airways Board 사건[35]에서 파견사업주가 직업안정법 제22조 위반 등의 유죄판결을 받은 사실을 인정하면서 "이것 자체로부터 바로 근로자와 공급받는 자간에 직접적인 근로계약이 성립한 것은 아니다"라고 하여 파견사업주와 파견근로자간의 의사의 합치(계약)의 유효함을 전제로 하여 사용사업주의 사용자 책임을 부정하였다.

---

32) 하경효 외, 앞의 책, 48면.
  김영문, 앞의 글, 8면.
33) 그러나 이에 대해 독일의 경우에는 AÜG §9 1, §10 (1)에서 근로자 파견에 대하여 허가를 받지 않은 경우에는 무효로 되며 무료로 된 시점부터 사용사업주와 파견 근로자간에 고용계약이 성립한 것으로 본다. AÜG §9 Unwirksamkeit. Unwirksam sind : 1. Verträge zwischen Verleihern und Leiharbeitnehmern, wenn der Verleiher nicht die nach §1 erforderliche Erlaubnis hat. AÜG §10 Rechtsfolgen bei Unwirksamkeit. (1) 1st der Vertrag zwischen einem Verleiher und einem Leiharbeitnehmer nach §9 Nr. 1 unwirksam, so gilt ein Arbeitsverhältnis zwischen Entleiher und Leiharbeitnehmer zu dem zwischen dem Entleiher und dem Verleiher fur den Beginn der Tätigkeit vorgesehenen Zeitpunkt als zustande gekommen.
34) 대법원 1978. 1. 17., 77다1239 ; 대법원 1979. 7. 10., 78다1530 ; 대법원 1986. 8. 19., 83다카657.
35) 東京地裁 1979. 11. 29., 판결.

3) 산업기술연수생의 파견 근로자 지위

근로자 파견제도를 외국인 산업기술연수제도와 비교하여 설명하는 것은 지금 당장 산업기술연수생을 파견 근로자로 인정하자는데 있는 것은 아니다. 그러기 위해서는 제도적·법률적·경제적 효과 측면에서 검토하거나 해결해야 할 사항이 너무 많기 때문에 현실적으로 불가능하다고 볼 수도 있다.

그러나 이미 파견제도는 각국에서 합법화하고 있는 추세이며, 우리나라의 경우에도 1998년 7월 1일부터 시행하고 있다. 이렇게 파견제도가 법적으로 인정받게 된 이유는 파견사업주가 근로자를 직접 고용하고 사용자의 지위로서 파견하고, 그 관계에서 사용사업주와 파견사업주간에 책임관계가 명확하여 중간착취라는 문제가 발생하지 않기 때문인 것이다. 따라서 실정법상의 위반이나 적용문제와는 별도로 이러한 실체적 관점에서 현재 산업기술연수제도상의 산업기술연수생 파견제도를 파악하고 그 당사자에 대한 실체를 인정해야 할 필요가 있다.

현재의 연수표준계약서를 살펴보면, 산업기술연수제도가 파견제도에 의해 이루어지고 있으며, 산업기술연수생에 대한 사용자 책임에 있어서도 연수계약상 사용사업주와 파견사업주의 책임관계를 구체적이고 명확하게 구분하여 산업기술연수생을 보호하고 있다고 판단된다. 파견사업주가 외국 정부가 추천한 송출기관으로서 국가기관이나 기업으로서의 실체를 구비하고 있고, 계약 자체가 공서양속(公序良俗)에 반하거나 반사회적인 내용이 아닌 한 연수계약상의 파견제도가 규범적 근거로서 무시될 이유가 없다고 본다.[36]

따라서 산업기술연수생의 법률적 관계에 대해 당사자간에 체결한 표준계약서의 내용은 「파견근로자의보호등에관한법률」이 적용되지 않거

---

36) 산업기술연수에 관한 연수협력계약서는 정부의 승인을 받아 공정거래위원회의 심의를 통과한 계약서이다.

나 이에 저촉된다 할지라도 사법상의 효력에는 영향이 없으므로, 표준
계약서상에서 「파견근로자의보호등에관한법률」상의 사용사업주와 파견
사업주의 책임에 준해 연수업체와 송출기관에 부과하고 있는 사용자 책
임을 계약당사자인 연수업체와 송출기관이 부담하여야 한다.

앞에서 논의한 바와 같이 산업기술연수생의 근로자성을 부인할 수 없
는 것은 기정사실이다. 따라서 산업기술연수생을 근로자로 보호하여 국
내 근로자와 동등하게 대우하되, 연수협력계약상의 파견제도에 의해 파
견 근로자로 인정함으로써 국내 기업체의 부담을 파견사업주인 외국의
송출회사와 분담할 뿐만 아니라, 외국의 송출기관이 독점하고 있는 송
출이익(고용잉여)을 국내 기업체와 공유하고[37] 더 나아가 산업기술연수
생과의 합리적 임금차별의 근거도 마련할 수 있을 것이다.

그 동안 단순외국인력의 활용과 관련하여 산업연수제도를 유지할 것
인지, 고용허가제도를 취할 것인지의 핵심적 쟁점은 외국인 근로자의
보호냐, 아니면 국내 기업체의 부담경감이냐 하는 것이었다. 이러한 문
제는 지금까지 논의해 본 바와 같이 산업기술연수생의 보호는 근로자성
을 인정함으로써 해결하고, 국내 기업체의 부담경감이나 합리적 임금차
별의 근거는 이들을 파견 근로자로 인정함으로써 해결할 수 있다고 본
다.

현재의 학설이나 판례의 입장처럼 산업기술연수생의 법적 지위에 대
하여 사실상의 노무제공관계만을 인정하여 국내 기업체의 사용자 책임
만을 인정하게 되면 이들의 부담이 너무 가중된다.

산업기술연수생을 사용하는 국내 기업체들 대부분이 영세중소기업이
라는 측면을 고려하면 이러한 부담은 재검토되어야 한다. 따라서 노동
력 제공과 관련된 사실적 노무제공관계에 있어서는 근로자로 인정하되,
성과배분과 관계된 부분에 있어서는 파견계약에 따라 이들을 파견 근로

---

37) 남성일, 앞의 책, 136~137면.

자로 인정하여야 할 것이다.[38)]

이렇게 되면 향후 가장 큰 문제가 될 수 있는 산업기술연수생에 대한 퇴직금 지급 등 파견사업주의 영역에 속하는 성과배분에 관한 사항은 국내 연수업체에게 사용종속관계를 인정할 수 없다고 본다.

물론 아직까지 법원의 판결이 산업기술연수생에 대해 산재보상 등 개별적인 사항별로 근로자성을 인정하고 있으므로, 국내 기업체가 노동관계법령 전 분야에서 사용자 책임을 부담해야 된다고 볼 수 없으며, 이 부분에 대해서는 앞으로 법원의 판례가 주목된다.

3. 연수계약상 송출기관의 구체적인 사용자 책임

이상과 같이 산업기술연수에 있어서 연수파견제도에 대해 알아보고, 파견계약서의 법률적 효과와 산업기술연수생인 파견 근로자의 지위에 대해서도 검토해 보았다.

문제는 현재의 산업기술연수생 파견제도가 파견이라는 형식을 빈 사실상의 인력알선에 불과한 것인가, 아니면 내용면에 있어서도 파견사업주가 산업기술연수생을 고용하여 실질적으로 사용자의 책임을 부담하고 있는가 하는 점이다. 따라서 여기서는 외국송출기관의 연수협력계약상 구체적인 사용자 책임에 대해 검토해 보기로 한다.

중소기업협동조합중앙회의 연수협력계약서상의 외국 송출기관의 책임영역을 구분해 보면 첫째, 국내 연수업체를 대신하여 산업기술연수생의 입출국 계획 및 수속을 대행하는 업무, 둘째, 산업기술연수생에 대해 파견사업주로서의 사용자 책임, 셋째, 사용자책임의 범위를 넘어선 대리인이나 후견인으로서의 지위 등으로 구분할 수 있다.

---

38) 하경효 외, 앞의 책, 47~53면.
　　김영문, 앞의 글, 6~12면.

1) 국내 연수업체를 위한 업무대행

과거에는 산업기술연수생을 사용하기 위해 국내 기업체들이 직접 산업기술연수생을 신청하고, 입국이나 출국수속을 밟아야 했기 때문에 인력난에 허덕이는 중소기업체에서는 이러한 수속을 밟는다는 것이 큰 부담이 되지 않을 수 없었다. 따라서 이러한 시장에서의 필요성에 의해 민간 대행업자들이 나타나게 되었다.

이들은 국내업체에 대해 외국인 근로자의 알선과 입출국 수속대행을 맡아 왔으며, 이것은 국내 기업체의 입장에서도 직접 수속을 밟는 것보다 분명히 시간과 경비를 절약할 수 있었으며, 전문적인 서비스도 받을 수 있었다. 그러나 안타깝게도 연수제도 시행초기에는 이런 민간 대행업자를 규제할 수 있는 법적근거[39]가 없었기 때문에 이들이 우후죽순처럼 생겨나 과당경쟁으로 인한 외국인 근로자의 덤핑공급으로 인해 턱없이 낮은 임금, 서로 빨리 들여오기 위해서 담당공무원들과의 유착비리 등이 사회적 비판을 받게 되자 정부가 중소기업협동조합중앙회에 이 업무를 독점시키게 되었다. 당시 명목은 이런 대행업무를 중소기업협동조합중앙회가 전적으로 맡아본다고 하면서, 민간 알선업자들의 개입을 차단시켰다. 따라서 중소기업협동조합중앙회가 외국인 연수업무를 독점한 이후부터는 산업기술연수생의 추천 및 비자 신청 또는 입출국 대행업무를 중소기업협동조합중앙회가 맡아서 하는데, 이 중에서 추천 및 법무부 출입국관리국의 사증인정 신청업무는 중소기업협동조합중앙회가 대행을 하고, 입출국 수속대행은 송출기관의 국내 연락사무소(사후관리대행기관)가 맡아서 하고 있다.

결국 송출기관은 산업기술연수생의 사용자 지위뿐만아니라 과거의 민간 대행업자들이 맡아서 하던 일의 일부까지 담당하게 되었다. 따라서

---

39) 현재도 이 문제는 중소기업협동조합중앙회가 외국인력업무를 독점하고 민간 대행업자를 배제하는데 대하여 헌법상의 직업선택의 자유를 침해한다는 견해가 지배적이다.
하경효 외, 앞의 책, 103~105면.

국내연수업체는 산업기술연수생 입국시 인수 날짜에 정해진 장소에 가서 산업기술연수생을 데려오기만 하면 되고, 출국할 때도 정해진 장소에서 송출기관에 인도만 하면 되므로 수요자인 국내업체에서는 이와 관련하여 할 일이 거의 없다. 이러한 대행을 함에 있어서 그 비용은 전적으로 송출기관의 사후관리대행기관이 부담한다. 이것은 국내 연수업체가 산업기술연수생을 수입한다는 수요자시장(buyer's market)의 경제원리에 따른 당연한 결과로 볼 수 있다.[40]

이러한 점을 구체화시킨 연수협력계약의 내용을 살펴보면 다음과 같다.

① 송출기관의 국내 연락사무소 설치 — 송출기관과 중소기업협동조합중앙회는 업무를 효율적으로 추진하고 원활한 산업기술연수생 사후관리를 위하여 반드시 송출기관의 사무소 또는 사후관리기능을 가진 기타 사무소를 대한민국법령에 따라 설치하여, 입출국에 따른 산업기술연수생 인수인도 실행 및 관리, 상해 등의 방지대책수립 및 사후수습조치, 도주이탈 예방 및 이탈자 소재지 파악, 산업기술연수생 교체, 산업기술연수생 출국조치의 역할을 담당하는 등 본 계약의 내용 및 중소기업협동조합중앙회가 정한 산업기술연수생 세부관리지침과 송출기관의 사무소 운영지침에 따라 이행토록 하고, 송출기관의 사무소는 산업기술연수생 세부관리지침과 송출기관의 사무소 운영지침을 반드시 따라야 한다. 사후관리란 산업기술연수생 입국 신고일로부터 출국 신고일까지 연수와 관련되는 제반사항으로 한다(산업기술연수생 추천관련 기본계약서(A-C 계약) 제3조 제3항).

② 산업기술연수생의 입국수속대행 — 송출기관은 산업기술연수생 입국과 관련, 산업기술연수생 입국 5일 전에 확정된 입국일정을 중소기업협동조합중앙회에 통보해야 하고, 산업기술연수생의 대한민국 입국수속을

---

40) 남성일, 앞의 책, 150면.

마친 즉시 산업기술연수생 입국현황을 중소기업협동조합중앙회에 통보하여야 한다. 산업기술연수생 입출국과 관련하여 송출기관은 연수업체 간의 연수협력계약에서 정해진 대로 중소기업협동조합중앙회가 지정하는 인수·인도 장소에서 연수업체와 인수·인도를 실행하고, 인수·인도에 입회한 중소기업협동조합중앙회측의 관계자에게 입출국 현황 및 인수인도 결과를 제출하여야 한다(산업기술연수생 추천관련기본계약서(A-C계약) 제3조 제6항).

③ 산업기술연수생의 출국수속대행 — 송출기관의 사무소는 산업기술연수생 출국시 산업기술연수생 출국 현황을 파악하여 산업기술연수생 출국 60일 전까지 출국 현황을 중소기업협동조합중앙회에 통보하여야 하고 출국일정을 중소기업협동조합중앙회와 협의 조정하여 확정한다. 이 경우 송출기관 사무소는 확정된 산업기술연수생별 출국일자를 연수업체에 통보하여 연수업체가 이에 따라 교통편을 산업기술연수생 출국 30일 전까지 준비하도록 조치하여야 한다(산업기술연수생 추천관련기본계약서(A-C계약) 제3조 제7항, 연수협력계약서(B-C계약) 제7조 제1항 제14호).

2) 파견사업주로서의 지위

송출기관은 자국의 근로자를 한국의 산업기술연수생으로 파견할 것을 조건으로 고용하여, 소정의 교육연수를 시킨 다음 국내 기업체에 파견하게 된다. 송출기관은 산업기술연수생이 한국에서 국내 기업체에 인수·인도되어 연수하는 기간을 포함하여 한국체류 전기간 동안 사후관리 책임 등 포괄적인 책임을 부담하고 있다.

이와 같은 송출기관의 파견사업주로서의 책임을 증명할 수 있는 연수협력계약상의 구체적인 사항을 살펴보면 다음과 같다.

1) 업무협조 — 송출기관은 연수협력관련계약에서 정한 대로 합의한

사항을 성실히 이행하여야 하며 대한민국에서 연수를 받고 있는 산업기술연수생의 효율적 관리와 중소기업협동조합중앙회의 업무를 원활히 하기 위하여 중소기업협동조합중앙회가 요구하는 사항을 즉시 조치해야 한다(산업기술연수생추천관련기본계약서 제3조 제1항).

2) 사후관리사무소의 설치 — 송출기관은 산업기술연수생의 원활한 사후관리를 위하여 반드시 국내에 사무소[41]를 설치해야 하며 사후관리란 산업기술연수생 입국신고일로부터 출국신고일까지 연수와 관련되는 제반사항으로 한다(A-C계약 제3조 제1항).

3) 산업기술연수생 연수상황점검 — 송출기관의 사무소는 다음 각호의 집계 현황을 매월 작성하여 다음달 7일까지 중소기업협동조합중앙회에 제출하여야 한다(A-C계약 제3조 제8항).

① 연수수당 체불현황, ② 산업기술연수생 도주 등 각종 사고 현황, ③ 산업기술연수생 인수인도 후(또는 재계약 체결 후) 1개월 이내에 조사해온 산업기술연수생 연수실태, ④ 산업기술연수생 애로상담 건수 및 처리결과, ⑤ 연수와 관련하여 중소기업협동조합중앙회가 요구하는 사항, ⑥ 연수조건 준수 및 연수기간 연장에 따른 재계약 체결의 협력, ⑦ 계약기간 동안 산업기술연수생의 재해발생시 의무사항 이행

이 중 산업기술연수생 점검상황은 중소기업협동조합중앙회가 송출기관을 평가하는 중요한 자료이다.

4) 산업기술연수생에 대한 연수기간 동안 의무사항 이행 — 송출기관은 산업기술연수생을 추천한 시점부터 각 개인별 산업기술연수생이 계약이 종료되어 귀국한 시점(만기 또는 중도 귀국)까지 연수협력관련계약서에서 정한 다음의 사항을 이행하여야 한다(A-C계약 제7조 제1항).

① 산업기술연수생 재해, 사고현황 관리, ② 도주이탈 및 사고산업기술연수생 소재지 파악 및 귀국조치, ③ 산업기술연수생 교체사유시 신속

---

41) 송출기관이 사후관리를 위하여 국내 사무소를 설치하여야 하지만 그 설치 및 운영은 중소기업청 고시에 의해 일정한 자격요건을 갖추고 중소기업협동조합중앙회로부터 선정을 받은 전문 사후관리회사만이 외국인 산업기술연수생 사후관리를 할 수 있다.

하게 교체 및 연수업체의 부당행위에 대해 연수협력단에 통보, ④ 산업기술연수생 출국계획 및 출국조치, ⑤ 외국인연수중재위원회 활용, ⑥ 산업기술연수생의 관리실태를 매월 점검.

5) 산업기술연수생의 귀책사유에 대한 손해배상 — 송출기관은 산업기술연수생이 업무상의 사고나 질병 이외에 개인적인 사유 및 고의로 연수장소를 이탈하거나 조기 귀국할 때에는 연수업체가 산업기술연수생에게 지불한 연수수당 외의 부대비용 및 기타 손해에 대하여 보상토록 한다(B-C계약 제7조 제5항).

6) 계약상 권리의 주장 — 송출기관은 산업기술연수생 파견계약에서 체결한 대로 연수중에 산업기술연수생이 연수업체에게 계약의 권리를 주장할 때는 송출기관의 사무소가 산업기술연수생의 동의를 구하여[42] 연수업체에게 요구할 수 있으며 이 경우 연수업체로부터 시정조치가 없거나 개선이 안될 때 송출기관은 이 사항을 외국인연수협력단에 통보한다(B-C계약 제7조 제8항).

7) 제반경비송금의 협조 — 송출기관은 산업기술연수생 추천관련 제반경비 징수를 산업기술연수생이 대한민국 입국 전에 마치도록 한다. 단, 산업기술연수생 사후관리비, 자국 정부에 납부하여야 할 조세 및 공과금(해낭하는 경우에 한함)은 정기일에 산업기술연수생이 송출기관의 국내 연락사무소에 지급하도록 한다. 송출기관의 사무소가 징수하는 비용내역은 송출기관과 산업기술연수생이 체결한 파견계약서에서 정함에 의하며 이 경우 사후관리비는 외국인 연수협력단에서 정하도록 한다(B-C계약 제5조 제8항).

8) 연수계약(B-D계약)의 변경 — 연수계약상의 합의내용은 외국인 연수협력단과 송출기관이 동의하지 않는 한 변경될 수 없다.

9) 본 계약서에서 정하지 않은 당사자간의 권리 의무, 준수 이행 사항

---

42) 송출기관은 자국내에서 연수생과 연수생 파견계약(고용계약)을 체결할 때에 한국내에서 연수기간 동안 발생될 수 있는 연수수당, 각종 사고에 대한 청구·신청 권한을 송출기관에 위탁한다는 내용의 위임에 대한 내용을 파견계약에 명시하고 있다(표준계약서 제 13조).

은 연수업체와 송출기관이 체결한 연수협력계약서에 의하여 반드시 효력이 발생되며 기타 사항은 대한민국 법령과 관례에 의한다.

3) 대리인이나 후견인의 지위

송출기관이 산업기술연수생에 대해 파견사업주로서의 사용자 책임을 부담하는 것은 당연하다고 볼 수 있다. 하지만 중소기업협동조합중앙회는 송출기관과 연수협력관련계약을 체결하면서 산업기술연수생의 보호를 강화한다는 관점에서 한국에서 연수하고 있는 전 기간 동안 산업기술연수생에 대해 사용자 책임의 한계를 넘어선 포괄적 책임을 송출기관에 부여하고 있다.

즉 송출기관은 연수업체가 국내에서 산업기술연수생을 인수하여 그들의 지배영역하에서 연수를 시키고 있는 동안에도 연수업체의 귀책사유가 없거나 연수업체의 귀책사유가 있더라도 연수업체가 도산하여 폐업상태에 있는 등 계약상의 책임에 대한 이행불능상태에 있는 경우, 산업기술연수생의 귀책사유로 인한 경우, 불가항력적인 사고로 인한 부상이나 사망 등의 경우에 있어서 사고처리 및 출국조치에 있어서 계약상의 의무를 부담하고 있다.

현재 산업기술연수생을 사용하고 있는 연수업체가 대부분 상시 근로자 30인 미만으로 산업기술연수생을 사용하는 숫자도 한 기업체당 1명부터 5명 내외가 대부분이다. 이러한 영세업체들은 산업기술연수생을 신청하여 입국하자마자 도산하는 업체가 있는가 하면, 연수중에도 수많은 기업체들이 도산하여 산업기술연수생들이 일자리를 잃는 것은 물론이고, 숙식조차 해결하기 어려운 경우에 빠지게 된다. 특히 이런 상황은 IMF 이후 수많은 기업체의 도산으로 더욱 심각한 상태이다. 이런 경우 위와 같은 연수협력계약상의 송출기관의 의무는 매우 중요하다. 송출기관은 산업기술연수생의 연수실태를 수시로 점검하여 외국인 연수협력단에 보고하며, 부도업체가 발생하면 송출기관의 비용으로 다른 연수업체를 배정받을 때까지 해당 산업기술연수생들의 숙소를 제공하고 관리하게 된다.

중소기업협동조합중앙회는 산업기술연수생이 한국 내 체류기간 중 사망 등의 사고가 발생하는 경우 산업기술연수생의 본국 가족과의 연락 등으로 사고처리가 지연되는 것을 방지하기 위해 산업기술연수생이 본국에서 파견계약서를 체결할 당시 이러한 사고의 처리에 관하여 모든 권한을 송출기관에 위임한다는 내용의 위임장을 가족으로부터 받도록 하고 있다.

이와 같은 송출기관의 대리인이나 후견인으로서의 지위를 규정한 연수협력관련계약서의 구체적인 내용을 살펴보면 다음과 같다.

① 한국 체류기간 동안의 포괄적 책임 — 송출기관은 산업기술연수생을 추천한 시점부터 각 개인별 산업기술연수생이 계약이 종료되어 귀국한 시점(만기 또는 중도 귀국)까지 연수협력 관련 각종 계약상의 의무사항을 이행하여야 한다(A-C계약 제6조 제1항, B-C계약 제7조 제1항).

② 산업기술연수생의 안전과 이익을 위한 중재 신청 — 연수업체와 송출기관의 분쟁과 산업기술연수생 개인의 이익과 안전에 직접 관련된 사항은 당사자간 자율적으로 합의 조정하고, 그렇시 못할 경우 외국인 연수협력단에 중재[43]를 요청한다(B-C계약 제9조 제2항).

③ 산재사고나 상해사고 발생시 배상에 대한 중재신청 — 산재사고나 상해사고가 연수업체의 귀책사유로 발생한 때 그 보상 및 배상금액이 지급받은 총액을 초과하는 경우 연수업체는 그 초과분에 대하여 민사배상금 및 위로금을 지급할 수 있으며 연수업체와 송출기관은 민사배상과 위로

---

43) 산업기술연수생이 임금체불이나 각종 사고를 당하는 경우 노동부에 권리구제 신청을 하거나 법원에 소송을 제기한다는 것이 사실상 불가능하므로, 산업기술연수생의 신속한 권리구제를 위해 연수표준계약서에서는 계약 당사자간에 분쟁이 발생한 경우 우선 외국인 연수협력단의 중재를 거친 후에 민사소송을 제기할 수 있다는 조항을 명시하고 있다. 또한 계약 당사자가 이 규정을 위반하여 직접 민사소송을 제기하는 경우에는 중소기업협동조합중앙회는 관련계약을 해약할 수 있다고 규정하고 있다.

금 지급에 대하여 분쟁이 있을 시 외국인 연수중재위원회에 중재로서 해결한다(B-C계약 제10조 제4항, 제6항).

④ 산업기술연수생 사망의 처리 — 작업장 내에서 산업기술연수생 자신의 귀책사유나 연수업체의 귀책사유에 의한 산업기술연수생의 사망사고에 대하여 송출기관이나 사망 산업기술연수생의 관계자는 이미 가입한 보험약관에 따른 보험금 청구 또는 민사소송을 제기할 수 있고 송출기관자체의 책임 및 부담으로 장례준비가 된 시체, 유골 또는 쇄골, 유품, 유물을 본국으로 송환하여 산업기술연수생 유족에게 전달하도록 조치하여야 한다(B-C계약 제11조 제1항, 제3항).

⑤ 산업기술연수생의 귀책사유로 인한 예기치 않은 사고의 책임 — 산업기술연수생이 산업기술연수생에 대한 제재의 사유 또는 산업기술연수생 귀책사유 및 산업기술연수생의 결격사유, 산업기술연수생 개인의 예기치 않은 사고 등 연수업체의 귀책이 없는 사유로 산업기술연수생이 중도 귀국하는 경우 C가 교통비 및 책임을 부담하고 귀국시킨다(B-C계약 제13조 제3항).

⑥ 연수업체의 도산 등 이행불능사유 발생시 — 연수업체 도산 등의 사유 발생 및 해산, 폐업, 파산, 화의 개시, 회사정리절차 개시 신청 또는 예측불허의 불가항력적인 급박한 사정으로 연수중단 사유 발생시 산업기술연수생이 연수를 희망하고 연수중단 사유 발생일로부터 10일 이내에 새로운 연수업체가 추천될 수 있는 경우 산업기술연수생은 연수업체 교체신청을 하여 연수를 계속할 수 있다. 단, 잔여기간이 3개월 미만 남았거나 연수업체 교체가 불가능할 경우에는 부득이 연수업체가 귀국교통비를 부담하고 송출기관이 산업기술연수생을 귀국조치시키며, 연수업체가 지급불능이 되거나 주소불명이 되는 경우에는 연수중단사유 발생일로부터 10일 이내에 송출기관이 교통비를 부담하여 산업기술연수생을 귀국조치시키고 이후에 송출기관은 연수업체로부터 상환 받을 수 있는 조치를 취한다(B-C 계약 제13조 제4항).

⑦ 민·형사 사건에서의 수습조치 — 산업기술 연수생 관련 민·형사 사

건 발생시 산업기술연수생 관리 및 사후수습조치

4) 소 결

이상의 내용을 종합해 보면, 송출기관은 단순히 외국인력을 알선·소개하는 지위를 넘어, 산업기술연수생에 대해 파견사업주에 준하는 사용자의 지위를 가지고 표준계약서상의 각종 책임을 부담하고 있다. 따라서 송출기관이 실체적으로 존재하고, 위와 같이 사용자로서의 실질적 책임을 부담하고 있는 이상 국내 연수업체의 사용자 책임도 산업기술연수생에 대해 전적으로 사용자 책임을 부담하는 것이 아니라, 사용사업주에 준하는 사용자의 지위를 가지고 근로제공관계에서 발생하는 부분에 한하여 인정되어야 할 것이다.

2. 연수표준계약상의 구체적인 지위 및 법적 평가

서론

산업기술연수생들은 대부분 영세중소기업체의 열악한 근로환경 속에서 산업기술연수라는 명칭하에 사실상의 노무를 제공하고 있다. 낮은 임금 수준은 물론 노동법상의 권리침해에 대한 구제에 있어서도 국내 근로자들은 노동부나 노동위원회 등에 본인이 직접 임금체불에 대한 진정서제출이나 부당해고 구제신청을 하는 등 자력에 의한 권리구제를 신청할 수 있다. 하지만 산업기술연수생의 경우 언어소통은 물론 한국의 법률이나 관습에 익숙치 못해 이들이 만약 권리침해를 당하여도 사실상 자력에 의한 구제는 불가능하다고 해도 과언이 아니다.

그러나 그 동안 산업기술연수생이 근로자로 인정되지 않음으로써 엄청난 불이익과 노동착취를 당하는 것처럼 사회에 비쳐지고 있으나, 이는 지나친 기우에 불과할지도 모른다. 법률상의 불안한 지위와는 상관없이 연수제도 내부에서는 산업기술연수생들이 국내 근로자에 비해 상대적으로 열악한 환경에 있다는 것을 인정하고, 이들을 실질적으로 보호하기 위한 계약상의 여러 가지 조치들을 연수업체나 송출기관의 의무로 하여 2중 3중 규정하고 있다.

물론 이것은 어디까지나 산업기술연수생이 법률에 의해서 보호되기 이전에 당사자간의 계약에 의해서 보호되는 것이기 때문에 계약 이행의 확보에 있어 한계점을 가지고 있는 것이 사실이다. 그러나 다행한 것은 단순히 계약이라 하더라도 순수한 사인간의 계약이 아니며, 준정부기관이라고 할 수 있는 중소기업협동조합중앙회가 송출기관이나 연수업체에 비해 우월적 지위를 가지고, 만약 이들이 계약상의 의무를 이행하지 않을 경우 연수협력관련계약을 해제할 수 있게 함으로써 산업기술연수생의 보호와 관련 어느 정도의 강력한 이행을 확보하고 있다고 볼 수 있다.

지금부터는 표준연수계약서상의 산업기술연수생의 보호에 대해 검토해 보고 종합적으로 평가해 보도록 한다.

연수계약상의 외국인 산업기술연수생에 대한 보호와 법적 평가

1. 근로조건의 명시

근로자가 처음부터 근로조건의 내용을 모른다는 것은 계약자유의 원칙에 근본적으로 어긋날 뿐만 아니라, 사용자가 경제적으로 우월한 지위를 이용하여 근로자에 대한 구체적인 근로조건을 명시하지 않는다든가 또는 고의적으로 명확한 근로조건을 제시하지 않는 것은 평등한 거래방식에 어긋난다. 따라서 근로조건의 불확정 상태에서 근로자는 취업을 강제당할 위험성이 있기 때문에, 근로기준법은 사용자로 하여금 근로계약 체결시에 근로자에 대한 임금·근로시간 및 기타의 근로조건을 명시하도록 규정하고 있다.[44]

이러한 근로조건의 명시는 자신의 근로자를 타인에게 사용케 하는 파견 근로자에게 있어 더욱더 중요한 것이다. 만약, 사용자와 근로계약을 체결하면서 자기가 타인에게 사용된다는 것도 모르고 계약을 체결한다는 것은 용납될 수 없기 때문이다. 이러한 이유로 해서 「파견근로자의 보호등에관한법률」 제20조에서는 파견에 종사할 업무 등을 명시한 근로자 파견계약을 서면으로 체결하도록 하고, 제24조에서는 파견사업주가 근로자를 파견근로자로서 고용할 때에는 미리 당해 근로자에게 그 취지를 알려주어야 한다고 규정하고 있다.

연수계약도 이와 같은 취지를 반영하여 산업기술연수생 보호에 기여하고 있다. 즉 송출기관이 자국 내에서 산업기술연수생을 한국의 산업기술연수로 파견한다는 조건으로 파견계약을 체결하고, 계약내용을 주

---

44) 근로기준법 제24조에서는 "사용자는 근로계약의 체결시에 근로자에 대하여 임금, 근로시간 기타의 근로조건을 명시하여야 한다. 이 경우 임금의 구성항목, 계산방법 및 지불방법에 관한 사항에 대하여는 대통령령이 정하는 방법에 따라 명시하여야 한다"고 규정하고 있다.

지시키도록 송출기관의 의무사항으로 부담시키고 있다.[45]

산업기술연수생이 한국에 입국하여 연수를 받을 때에는 국내 연수업체가 산업기술연수생을 인수받는 즉시 연수계약을 체결하고, 연수업체와 산업기술연수생이 서명 · 날인하며,[46] 연수업체는 표준계약을 산업기술연수생이 보기 쉬운 곳에 비치하여 그 내용을 산업기술연수생에게 주지시켜야 한다.[47]

연수계약은 한국어를 원문으로 하여 체결하되 계약의 내용과 의미를 전달하기 위해 영문으로 번역하여 기재하도록 되어 있다. 이와 같이 연수계약을 한글과 영어로 기재하도록 되어 있는데, 산업기술연수생이 영어권이 아닌 경우에는 근로조건의 명시 취지가 무색하게 된다. 물론 송출기관이 연수조건의 내용을 본국에서 출국하기 전에 교육시키거나 자국어로 연수계약을 첨부하여 주지시키는 경우에는 문제가 없지만, 그렇지 않은 경우에는 연수조건이 불확정한 상태에서 불이익을 강요받을 수 있다. 그러므로 본 조항은 근로기준법의 취지에 맞게 산업기술연수생의 모국어로 번역하여 제시하도록 바뀌어야 한다.

산업기술연수생이 연수중 연수업체에게 계약의 권리를 주장할 때에는 송출기관을 통해 할 수 있으며, 연수조건이 이행되지 않을 시에는 즉시 송출기관 또는 송출기관 국내 연락사무소에 통보하여 시정할 수 있도록 하고 있다.[48]

2. 근로계약기간

근로기준법 제22조는 "근로계약은 기간의 정함이 없는 것과 일정한 사

45) 산업기술연수생 파견계약서(D-C 계약) 제2조(표준계약서의 활용) 제1항, 제2항 및 제5조(연수조건).
46) 연수계약서(B-D 계약) 제1조 제1항.
47) B-D 계약 제1조 제2항.
48) B-D 계약 제1조 제9항.

업완료에 필요한 기간을 정한 것을 제외하고는 그 기간은 1년을 초과하지 못한다"고 규정하고 있다. 이것은 장기계약기간을 인정하는 것은 인신구속이나 강제노동이 될 우려가 있으므로, 근로자의 자유가 부당하게 구속되는 것을 막기 위한 것이다.

그러나 근로기준법 제22조를 위반하여 1년을 초과하는 근로계약을 체결하는 경우에 대한 견해로 제1의 견해는 근로기준법 제23조에 위반하여 1년 이상의 계약을 체결하는 경우라도 처벌의 대상이 되기는 하나 근로계약이 당연히 무효로 되는 것은 아니며 1년의 계약기간을 가진 근로계약으로 될 뿐이라고 본다.[49]

제2의 견해는 근로계약의 기간을 정하는 경우 원칙적으로 1년을 초과할 수 없다고 본다. 이는 1년을 초과하는 장기근로계약으로 인해 인신구속 내지 강제노동의 폐단이 발생할 가능성을 예방하고, 근로자의 퇴직의 자유를 보장하려는 취지라고 설명한다.[50]

이에 대한 통설과 판례[51]는 1년을 초과하는 기간의 근로계약은 근로기준법 제23조의 강행적 · 직률적 효력에 의해 기간이 1년으로 단축된다고 본다. 그러나 1년을 넘는 기간이 근로자와 사용자 쌍방에 대하여 전면적으로 무효가 되는 것은 아니다.

왜냐하면 본조의 목적은 근로계약기간이 1년을 넘는 경우 근로자의 퇴직의 자유를 제한하게 되어 이를 금지하는 것이므로, 근로자의 퇴직의 자유가 제한되지 않는 한 1년을 넘는 계약이라도 1년 경과 후 근로자의 해지가 허용되는 경우라면 본조 위반이 허용되지 않는다고 보아야 할 것이다.[52]

그러나 이와 관련하여 최근의 대법원 판례[53]는 "근로계약기간은 단지

---

49) 김형배, 『근로기준법』, 163면.
50) 박상필, 『한국노동법』, 대왕사, 1993., 174~175면.
51) 박홍규, 『노동법론』, 삼영사, 1995., 420면.
52) 대법원 1989. 7. 11., 88다카21296
53) 대법원, 1996. 8. 29., 95다5783

근로계약의 존속기간에 불과할 뿐 근로관계에 있어서 임금·근로시간·후생·해고 등 근로자의 대우에 관하여 정한 조건을 의미하는 근로기준법 제20조(개정 전) 소정의 근로조건에 해당하지 아니하므로 근로계약 당사자는 원칙적으로 이를 임의로 정할 수 있다 할 것이며 따라서 1년을 초과하는 근로계약을 정하여 근로계약을 체결하였다 하더라도 그 계약기간의 정함 자체는 유효하므로…"라는 입장을 취하고 있다.

그러나 연수계약에서 근로자의 체류기간은 2년으로 하며, 기간산정은 대한민국 출입국관리사무소 입국 신고일로부터 출입국관리사무소 출국 신고일까지를 기준으로 한다. 하지만 출국은 체류기간 종료4일 전까지 행하여야 한다고 하고, 산업기술연수생의 연수기간은 산업기술연수생이 입국한 후 송출기관과 연수업체의 산업기술연수생 인수·인도 이후부터 산업기술연수생 출국시 송출기관과 연수업체간에 산업기술연수생 인수·인도가 완료될 때까지 체류목적에 부합된 체류기간을 연수기간으로 한다.[54]

그러나 연수기간의 연장은 대한민국법령 및 실정을 감안하여 연수업체의 신청이 있는 경우 출입국관리법상의 연장이 허용된 산업기술연수생에 한해 1회 연장할 수 있고, 연장기간은 외국인등록증상의 출국예정일로부터 다음 출국 신고일까지 1년으로 한다.[55]

산업기술연수생은 사실상 체류기간 내에서만 국내에서 연수할 수 있다는 외국인으로서의 특수성 때문에 연수계약상에서 연수기간을 정하지 않고, 체류기간 동안을 연수하는 것으로 하고 있다. 따라서 체류기간이 2년이라면 연수기간도 2년이라고 볼 수 있으며, 이 경우 1년을 초과한 근로계약기간으로 근로기준법 제23조의 위반문제가 제기될 수 있다. 그러나 체류기간이 2년이라는 것은 외국인 산업기술연수생이 국내에서 체류할 수 있는 상한선을 의미하므로, 그 이전에 출국하는 것은 본인의 의

---

54) B-D 계약 제2조 제1항, 제2항.
55) B-D 계약 제2조 제3항.

사에 달려 있다.

따라서 산업기술연수생은 본인이 희망하는 경우에는 언제든지 출국할 수 있으나 대부분의 산업기술연수생이 오히려 한번 입국하면 더 많은 수입을 위해 본인의 의사에 따라 장기체류하려고 하는 것에 비추어 본다면 연수기간에 구속되어 강제근로를 할 수 있다는 염려는 현실적으로 발생하지 않는다고 보아야 할 것이다.

3. 차별금지 및 강제근로 · 폭행 금지

근로기준법 제5조는 "사용자는 근로자에 대하여 남녀의 차별적 대우를 하지 못하며 국적, 신앙 또는 사회적 신분을 이유로 근로조건에 대한 차별적 처우를 하지 못한다"고 규정하여 사용자가 근로자에 대해 국적이나 사회적 신분 등을 이유로 차별적으로 대우하는 것을 금지하고 있다.

동조는 헌법 제11조의 '법 앞에 평등'을 사용자와 근로자와의 관계에 대하여 구체적으로 실현하고자 하는 것이다.

차별대우 금지와 관련하여 산업기술연수생에게 중요한 것은 국적에 의한 임금차별이라고 할 수 있다. 산업기술연수생을 내국인과 비교하여 단지 외국인이라는 이유만으로 차별하는 경우에는 이 조항을 위반하는 것에 해당한다. 그러나 대부분의 산업기술연수생의 경우 언어장애, 짧은 근속기간, 낮은 귀속의식, 업무에 대한 미숙련 등의 이유로 인해 국내 근로자에 비하여 업무능력이 떨어지는 것이 현실이다. 따라서 이러한 업무능력의 저하 등 합리적 기준에 의한 차별은 본조의 위반이라고 볼 수 없다.

사용자가 산업기술연수생의 임금을 결정하면서 개개인의 능력에 따라 임금을 결정하는 것은 차별에 해당되지 않지만, 취업규칙이나 급여규정에서 단지 산업기술연수생이라는 이유만으로 차별적 기준을 적용하는 경우에는 그 취업 규칙은 본 조항 위반이라고 보아야 한다.

또한 동법 제6조는 "사용자는 폭행, 협박, 감금 기타 정신상 또는 신체상의 자유를 부당하게 구속하는 수단으로써 근로자의 자유의사에 반하는 근로를 강요하지 못한다"고 규정하여 경제적 우위에 있는 사용자가 전단적 지배를 바탕으로 한 강제근로를 금지하고 있다.

여기서 금지의 대상의 되는 근로의 강제라 함은 근로의 실행을 요하는 것이지만, 반드시 사용자가 의도하는 근로가 실행으로 옮겨지는 것을 요건으로 하는 것은 아니므로 준비단계의 착수도 이에 포함되는 것으로 보아야 한다.[56]

근로기준법 제7조는 "사용자는 사고발생 기타 여하한 이유로도 근로자에게 폭행, 구타행위를 하지 못한다"고 규정하고 있다. 이 규정은 근로자가 업무상 부주의나 업무미숙 등으로 인해 공장시설에 손해를 입힌 경우에도 근로자를 폭행·구타하지 못하도록 금지하는 규정이다.

이와 같은 규정들은 사용자가 경제적으로 월등한 지위와 종속노동관계를 이용해 근로자에게 폭행 등의 억압적인 방법을 사용하여 강제근로를 강요하는 등 전 근대적인 노사관행을 금지시키기 위한 규정들이다.

특히 산업기술연수생의 경우에는 이들이 연수하는 기업체들이 대부분 영세한 중소기업체들로서, 이들 사업장에서는 아직도 위와 같은 전 근대적인 잔재가 남아 있을 수도 있기 때문에, 국내 근로자에 비하여 특별히 보호를 요할 필요가 있다. 그러나 현실적으로는 외국인 근로자들이 국내 사업주들보다는 같은 사업장의 국내 동료근로자나 상급자로부터 구타나 폭행을 당하는 사례가 많았다.

연수제도에서는 이러한 인권침해 행위를 방지하기 위해서 연수계약서 등에서 이러한 행위의 금지를 명시하고 있다. 즉 "연수업체는 산업기술연수생의 생활, 자국의 관습, 문화, 인격을 존중하여 어떠한 경우에도 구타나 욕설, 모독행위를 하여서는 안 된다"[57]라고 규정하고 있으며,

---

56) 김형배, 『근로기준법』, 78면.
57) 연수계약서 제5조 제2항 제12호.

"연수업체 또는 연수업체가 고용하고 있는 대한민국 근로자가 인종, 피부색, 언어, 외양, 민족성, 종교, 행동양식 등의 차이를 이유로 산업기술연수생을 내국인 근로자와는 다르게 인격적 차별, 폭언, 욕설, 모독 및 폭행, 구타행위를 하지 않도록 연수업체는 사내 근로자에게 사전교육을 철저히 시킨다"라고 규정하여 연수업체나 연수업체의 근로자가 산업기술연수생을 국적이 다르거나 피부색 등이 다르다는 이유로 차별대우하거나 폭행 등 인격을 침해하는 행위를 하지 못하도록 하고 있다.

여기서 연수업체란 기업체의 사용자나 관리자뿐만 아니라 동료 근로자들까지 포함하는 것이다. 외국인 근로자의 폭행이나 인격모독이 사용자에 의해서 이루어지는 예는 거의 없고, 대부분은 작업장 내에서 내국인의 상급자나 동료 근로자에 의해 이루어짐으로써 이들의 행위까지 금지시키고 있는 것이다. 더 나아가 연수업체는 이에 대하여 사전에 철저히 교육을 시키도록 하고 있다. 또한 연수업체는 산업기술연수생이 원하지 않을 시에는 연장연수를 포함하여 강제연수를 시키지 못하도록 규정하고 있다.[58]

4. 근로시간 및 법정수당

연수제도에서도 근로기준법상의 1일 8시간, 1주 44시간 원칙을 그대로 적용하고 있으며, 연장근로의 경우 원칙적으로 근로자의 동의가 없으면 강제로 실시할 수 없도록 계약상 명문으로 규정하였다. 또한 6일간 계속 근로한 경우 유급 주휴일의 부여와 연장, 야간, 휴일 근로시에 이에 따른 법정수당을 지급하도록 하고 있다.

이에 대한 연수계약상의 규정을 살펴보면 다음과 같다.

① 기본연수수당 — 산업기술연수생의 기본 연수시간은 1일 8시간(토

---

58) B-C 계약 제8조 제2항 제5호, A-B 계약 제6조 제1항 제4호.

요일은 4시간), 1주 44시간 및 유급 주휴일을 포함하여 월 226시간을 기준으로 하고, 기본연수수당은 상기 연수수당을 기준으로 한다(B-D 계약 제3조 제2항).

② 시간외 연수시간 및 수당 — 연수업체는 산업기술연수생과 합의하여 1일 8시간, 1주 44시간 이외의 시간외 초과근로를 시킬 수 있으며, 시간외 초과연수는 기본 연수시간외 초과연수(1일 2시간, 1주 12시간 범위내)를 지칭하며, 시간외연수수당 산정은 기본연수수당의 150%로 한다(B-D 계약 제3조 제3항).

③ 휴일 — 연수업체는 산업기술연수생에게 1주일에 1일의 유급 휴일(일요일)을 제공한다. 휴일에 연수한 경우 휴일수당은 기본시간급의 150%로 한다. 기타 휴일은 연수업체의 내부 규정에 의하고 공휴일은 대한민국법령에서 정한 규정에 따른다.

산업기술연수생의 연수시간과 법정수당에서 쟁점이 될 수 있는 것은 법정가산수당이다. 연수계약서에서는 기본연수수당을 기준으로 하여 지급하도록 되어 있는데, 근로기준법에서는 통상임금을 기준으로 지급하도록 하고 있다. 통상임금이란 근로자에게 정기적·일률적으로 소정근로 또는 총 근로에 내해 시급하기로 정해진 시간급금액·일급금액·주급금액·월급금액 또는 도급금액을 말한다.[59]

통상임금의 산정에 있어서도 근로의 양이나 질에 관계되는 근로의 대상은 모두 포함되어야 한다. 다만 통상임금의 산정은 평균임금의 산정과 달리 실제 근무일수나 실제 수령한 임금에 구애받지 않고 고정적이고 평균적인 일반 임금을 대상으로 한다.[60] 따라서 정기적이고 고정적으로 지급되는 작업수당, 기술수당, 직책수당 등은 명칭 여하에 상관없이 통상임금의 산정기초가 된다.[61]

---

59)「근로기준법시행령」제6조 제1항.
60) 대법원 1978. 10. 10., 78 다1372.
61) 대법원 1990. 11. 9., 90다카6948 ; 대법원 1992. 3. 20., 91다11407 ; 대법원 1992. 5. 22., 92다7306.

산업기술연수생의 경우 대부분 기본연수수당 이외에 국내 근로자처럼 다른 수당이 없으므로, 이 경우에는 기본급이 바로 통상임금이 되지만 만약, 연수업체가 기본급을 올려서 그 이상으로 지급하는 경우에는 실제 지급하는 임금을 기준으로 법정가산수당을 지급하여야 할 것이다.

5. 최저임금의 적용 및 임금의 지불원칙

1995년 2월 14일 제정된 노동부 예규에 따라 산업기술연수생에 대하여 국내 최저임금이 기본연수수당으로 지급되고 있다. 근로기준법 제42조의 임금지불원칙을 적용하여 산업기술연수생에게 직접 통화로 정기일에 지불하도록 하고 있다. 산업기술연수생의 연수수당 지불에 대해 연수계약상의 내용을 살펴보면 다음과 같다.

① 연수업체가 산업기술연수생에게 지급하는 기본연수수당은 대한민국에서 정해진 최저임금 수준을 보장하는 금액으로 한다(B-C 계약 제4조 제2항, B-D 계약 제3조 제1항 제30호).

② 연수업체는 산업기술연수생의 기본연수수당을 매월 1회 계약상의 정기일에 거래 외국환은행 지정을 통하여 산업기술연수생의 명의로 개설된 계좌에 한화로 입금 지급함을 원칙으로 한다. 연수수당 송금 및 관리는 산업기술연수생 본인의 부담으로 하며 연수업체는 산업기술연수생에게 정기적금 가입 등을 안내한다(B-D 계약 제4조 제1항, A-B 계약 제5조 제1항).

③ 연수업체가 국내 은행구좌를 개설할 때 거래 외국환 지정은행에서 산업기술연수생의 명의로 외화보통예금 또는 외화당좌예금을 개설하고 기본연수수당 지급총액을 한화로 입금토록 한다. 단 산업기술연수생은 연수업체로부터 기본연수수당의 입금결과를 확인한다(B-D계약 제4조 제2항, B-C 계약 제5조 제3항).

④ 기본연수수당 지급일은 정산 마감일과 같고, 기타 수당은 기본연수수당 지급일로부터 2일 이내에 정산 마감하여 입금 지급하며, 연수수당 대장을 작성한 후 회사의 명판과 직인을 날인하여 비치한다(B-C 계약 제5조 제2항).

⑤ 송출기관은 산업기술연수생 추천관련 제반경비 징수를 산업기술연수생이 대한민국 입국 전에 마치도록 한다. 단, 산업기술연수생 사후관리비, 자국 정부에 납부하여야 할 조세 및 공과금(해당되는 경우에 한함)은 정기일에 산업기술연수생이 송출기관의 국내 사무소에 지급토록 한다. 이와 관련하여 산업기술연수생과 송출기관의 연락사무소 협조요청이 있는 경우 연수업체는 산업기술연수생으로부터 이 금액을 지급받아 송출기관의 연락사무소로 송금해줄 수 있다.

송출기관의 국내 연락사무소가 징수하는 비용내역은 송출기관과 산업기술연수생간의 산업기술연수생 파견계약에서 정함에 의하며, 이 경우 사후관리비는 외국인 연수협력단에서 정하도록 한다(B-C 계약 제6조 제8항, B-D 계약 제6조 제3항).

⑥ 연수업체는 연수 종료시 연수수당, 보상금(해당되는 경우), 출국교통비 등 일체의 금품 정산 및 지급을 완료하여야 한다(B-C계약 제8조 제2항 제6호).

외국인 산업기술연수제도를 처음 도입할 당시 주무부처였던 통산산업부와 노동부는 산업기술연수생을 근로자로 인정하지 않고, 노동법을 적용하지 않아 산업기술연수생의 임금은 전적으로 국내 연수업체와 송출기관간의 산업기술연수생 파견계약에 의해 이루어졌다. 이것은 그후 중소기업협동조합중앙회가 업무를 독점한 후에도, 중소기업협동조합중앙회는 각국의 GNP와 노동력의 질을 평가하여 최저임금에 미달하는 금액[62]을 기본연수수당으로 결정하였다가, 1995년 2월 14일 제정된 「외국

---

62) 1994년 중소기업협동조합중앙회는 출신국별 산업기술연수생의 기본연수수당을 중국·필리핀

인산업기술연수생의보호및관리에관한지침」에 따라 이들에게 최저임금을 적용하게 되었다.

중소기업협동조합중앙회는 최저임금의 적용 이외에도 그 동안 송출기관이 파견계약에 근거하여 산업기술연수생의 연수수당을 관리하던 것을 금지시키고, 연수수당 전액을 연수업체가 직접 산업기술연수생에게 지불하도록 하였다. 따라서 현재는 근로기준법 제42조에 의해 연수수당 전액이 통화로 정기일에 직접 산업기술연수생에게 지급된다고 보아 임금지불의 원칙에 위배되지 않는다.

그러나 문제가 될 수 있는 것은, 산업기술연수생의 매달 연수수당에서 송출기관의 사후관리비로 2만 4,000원씩 공제되는 것이 전액불이나 중간착취에 해당하는가와 현재 산업기술연수생의 정기적금 의무가입이 근로기준법 제29조의 강제적금의 금지규정에 위반되는지이다.

1994년 연수 시작 초기에는 국내 연수업체가 연수수당을 산업기술연수생에게 직접 지급하지 않고, 송출기관과의 파견계약에 의해 송출기관 국내 은행계좌로 입금하였다. 그러면 송출기관은 본국의 산업기술연수생 가족에게 송금하거나 일정기간 유치하는 등의 관리를 하면서 산업기술연수생으로부터 매달 일정금액의 송출수수료를 산업기술연수생 관리비 명목으로 공제하였다.

그러다가 1995년 노동부 지침에 의해 국내 연수업체가 연수수당을 산업기술연수생에게 직접 지불하게 하고, 그 동안 송출기관이 임의로 정하여 공제하던 산업기술연수생 관리비를 정부에서 매월 2만 4,000원으로 결정하여, 연수업체가 산업기술연수생의 연수수당 지급시 연수수당에서 공제하여 송출기관의 사후관리사무소에 송금하도록 하였다. 따라서 송출기관이 산업기술연수생으로부터 지급받고 있는 것은 산업기술연수생과 송출기관이 체결한 파견계약으로부터 나오는 송출수수료(파견

260달러, 인도네시아 250달러, 미얀마·파키스탄·베트남 230달러, 스리랑카·네팔 210달러, 방글라데시 200달러로 정하였던 바, 이는 1994년의 우리나라 최저임금 26만 400원(330달러)에 크게 미달하는 수준이었다.

대가)로 인정된다고 보아야 할 것이다.

산업기술연수생 관리비의 공제근거는 위와 같이 파견계약에서 찾을 수도 있지만, 근로기준법 제42조 제1항은 "임금은 통화로 직접 근로자에 지불하여야 한다. 다만, 법령 또는 단체협약에 특별한 규정이 있는 경우에는 임금의 일부를 공제하거나 또는 통화 이외의 것으로 지급할 수 있다"고 규정하여 법률이 정하는 경우에는 임금의 일부를 공제할 수 있도록 하였다.

마찬가지로 중기청 고시(외국인산업기술연수제도운영에관한지침, 중기청 고시 제1997-16호) 제34조(사후관리등) 제2항은 "중앙회는 산업기술연수생의 사후관리에 소요되는 경비에 충당하기 위하여 산업기술연수생으로부터 매월 사후관리비를 받을 수 있다"고 규정하고 있고, 이에 따라 중소기업협동조합중앙회가 이를 연수협력계약상의 규정으로 정한 것이므로 전액불의 원칙을 정한 법률의 취지에 반하지 않는다.

또한 근로기준법 제29조는 "① 사용자는 근로계약에 부수하여 강제저축 또는 저축금의 관리를 규정하는 계약을 체결하지 못한다, ② 사용자가 근로자의 위탁으로 근로자의 저축금을 관리하게 될 경우에는 보관과 반환방법을 정하여 노동부 장관의 인가를 받아야 한다"고 규정하여 사용자의 일방적인 서축금 관리를 금지하고 있다.

사용자가 근로자로 하여금 임금의 일정액을 사업장 또는 사용자가 지시하는 은행에 강제로 적금케 하고, 그 반환을 어렵게 하는 경우에는 근로자를 사업장에 구속시키는 결과를 가져온다. 사용자가 저축금을 사업자금으로 유용하고 사업경영이 악화될 경우에는 그 반환이 어렵게 될 우려가 있기 때문이다.

강제저축의 유형으로는 사용자 자신이 저축의 명의자로 되는 경우와 사용자가 지정하는 제3자(은행 등 금융기관)와의 저축계약을 강요하는 경우를 들 수 있다. 어느 경우를 막론하고 강제적금으로서 금지된다.[63] 그런데 중소기업협동조합중앙회의 연수계약 제4조 제1항에는 연수업체는 산업기술연수생의 정기적금 가입을 안내한다고 되어 있고, 위의 중소기업청 고시 제23조 제1항은 "중앙회 회장은 산업기술연수생에게 목돈마련의 기회를 부여하기 위하여 연수수당의 일정비율을 정기적금으로 가입토록할 수 있다"고 규정하고 제2항에 따라 "제1항의 정기적금은 중소기업 전담은행이 취급"하며, 제3항에 따라서 "정기적금은 산업기술연수생의 출국시 지급함을 원칙으로 하며, 이 경우 중앙회 회장은 출국예정확인서를 발급하여야 한다"고 규정하고 있다.

이에 따라 현재 산업기술연수생이 입국하면 입국교육단계에서 기업은행의 정기적금에 의무적으로 가입하고, 매월 연수수당에서 50%가 정기적금으로 들어간다. 당초 중소기업청은 이 제도를 산업기술연수생들의 목돈마련의 명분으로 실시하였으나, 사실은 산업기술연수생의 도주이탈을 방지하기 위한 것이다. 산업기술연수생이 입국 후 처음 몇 달 동안은 본국에서의 출국비용 등을 갚기 위해 돈이 더 필요하다는 현실에 비추어 볼 때, 산업기술연수생의 의사를 무시하고 일률적으로 50%씩 정기적금을 들게 하는 것은 원칙적으로 근로기준법상의 강제저축 금지규정에 위반되는 것이므로 폐지되어야 한다.

그러나 이것은 산업기술연수생의 현실적인 측면을 고려한 것이며, 현재 근로기준법상의 저축금 관리가 사용자의 지배하에서 부당하게 관리되거나 사업자금으로 유용되는 것을 방지하기 위하여 노동부 장관의 허가를 받은 경우에 한해 인정하고 있는 취지에 비추어 본다면, 산업기술연수생의 연수수당 관리는 산업기술연수생 관계에 있어서 근로기준법에 대하여 특별법 지위에 있다고 할 수 있는 중소기업청 고시에 의해 이루어지고 있고, 또한 산업기술연수생 본인의 명의로 개설된 계좌에 입금되어 본인이 보관하고 있으므로[64] 오히려 연수업체의 부당한 관리나 유

---

63) 김형배, 『근로기준법』, 183면.
64) 산업기술연수생의 연수수당 정기적금제도는 산업기술연수생 명의로 개설된 계좌에 매월 기본

용의 염려가 없다. 그러므로 외국인 연수수당의 정기적금제도 자체가 강제저축이나 저축금의 관리를 제한하고 있는 근로기준법의 취지에 저촉된다고 볼 수는 없다.

6. 휴업수당의 지불

민법상 사용자가 근로자의 노무급부이행을 받을 수 없거나 받지 아니한 경우에는 근로자의 이행 제공이 있는 때부터 사용자는 채권자지체책임(민법 제400조 이하)을 지게 된다. 또 사용자의 책임있는 사유로 근로자가 이행할 수 없게 된 경우에는 근로자는 사용자에 대해 임금을 청구할 수 있다(민법 제538조 Ⅰ전단 : 채권자의 귀책사유로 인한 이행불능). 따라서 민법상 사용자 귀책사유에 의해 근로자가 근로제공을 하지 못한 경우에는 사용자는 그 기간에 대해 임금의 100%를 근로자에게 지급하여야 하나, 그 지급을 강제하는 수단이 특별히 마련되어 있지 않으므로 소송법상의 절차에 의하지 않으면 안 된다.

이에 반하여 근로기준법 제45조 제1항에서는 "사용자의 귀책사유로 인하여 휴업하는 경우에는 사용자는 휴업기간 중 당해 근로자에 대하여 평균임금의 100분의 70 이상의 수당을 지급하여야 한다"고 규정하고, 동법 제112조에서 이에 위반한 경우에는 3년 이하의 징역 또는 2,000만원 이하의 벌금에 처한다는 처벌규정을 두고 있다.

즉 민법의 규정에 의하면 사용자의 귀책사유로 인한 이행불능(민법 제538조)의 경우에는 근로자에게 임금 전액에 대한 청구권이 생기지만, 이것은 어디까지나 재판상 청구에 의한 것이다. 근로기준법상의 휴업수당은 평균 임금의 70% 이상을 근로자의 생존권 확보를 위하여 법률에

연수수당의 50%를 예치하며, 통장은 산업기술연수생 본인이 직접 보관하고 일정한 기간이 경과하는 때에 인출할 수 있도록 하고 있으며, 정기적금의 가입이나 관리에 있어서 연수업체나 송출기관이 전혀 관여하지 않는다.

의해 사용자가 당연히 지불해야 하며, 그렇지 않은 경우 처벌을 받게 된다.

산업기술연수생의 경우 연수업체의 귀책사유에 의해 휴업을 하는 경우 이들의 열악한 지위에 비추어 본다면 법원에 소송을 청구하는 것은 물론이고 노동부지방사무소에 휴업수당을 청구한다는 것이 쉬운 일이 아닐 것이다. 이러한 현실적 사항을 고려하여 중소기업협동조합중앙회는 연수협력관련계약에서 연수업체의 귀책사유로 연수를 계속할 수 없는 경우에는 그 기간 동안에 해당하는 임금 100%를 지급하도록 하고 있다. 연수협력계약서 제5조 제5항은 "… 불경기 등 연수업체의 귀책사유로 산업기술연수생이 연수를 계속할 수 없을 때에도 연수장소 이동일까지 1일 기본급을 지급하여야 한다"고 규정하여 연수업체의 귀책사유로 인하여 연수를 하지 못한 기간 동안 연수수당의 100%를 계산하여 지급하도록 하고 있다.

또한 동 계약서 제6조는 "연수업체는 파업 및 휴업 등 산업기술연수생의 귀책사유가 아닌 사유로 산업기술연수생이 연수를 하지 못하는 경우 기본연수수당의 100%를 지급한다"고 규정하고 있다. 이 경우에도 연수업체가 지불능력이 없는 경우를 대비하여 산업기술연수생을 신청할 때는 의무적으로 보증보험에 가입하도록 하여, 연수업체가 경영상 어려움이나 부도 및 휴업으로 인해 연수수당을 체불하는 경우 산업기술연수생 1인당 100만원까지 보증보험회사에서 우선적으로 지급하고 있다. 따라서 이러한 미지급 임금채권의 확보 자체로는 근로기준법보다 좋은 대우를 받고 있다고 볼 수 있다.

7. 산업안전보건의 확보

산업사회의 급속한 진전과 더불어 고도로 기계화·화학화되고 있는 산업은 필연적으로 산업재해의 가능성을 증대시킴으로써 근로자의 안전과 보건에 대한 보호가 노동법의 중요한 과제로 등장하였다.

따라서 근로자를 산업재해로부터 보호하기 위해서 근로기준법과 산업안전보건법에서는 사용자가 안전보건 관리체계 및 위험 또는 유해시설에 있어서 위험방지 조치, 위험작업에 있어서의 취업제한 및 금지, 유해물질로부터의 근로자 보호, 근로자에 대한 안전보건 교육, 근로자의 건강진단 등을 실시함으로써 근대적인 작업환경에서 근로자의 보호조치를 사전에 강구하고 있다.

특히 외국인 산업기술연수생이나 근로자는 국내 작업환경에 익숙하지 못하고, 언어장애로 인한 의사소통의 어려움, 제도·관습의 차이로 인해 국내 근로자에 비하여 산업재해 위험이 크다. 뿐만 아니라 이들 외국인 근로자들의 재해는 자칫 국내·외적인 인권문제로 비춰질 수도 있다. 이러한 취지에서 산업기술연수생에 대해 연수협력계약 등에서 연수업체는 산업기술연수생이 연수를 실시하기 전에 위험한 기계, 작업방법 등에 대한 안전교육을 실시하도록 하고, 위험한 작업에 대해서는 연수를 금지하고 있다. 또한 건강관리를 위하여 정기적인 건강진단도 실시하고 있다.

이러한 연수계약상의 외국인 근로자에 대한 안전보건기준 확보에 대해 살펴보면 다음과 같다.

① 산업기술연수생이 입국한 후 6개월 및 18개월이 도래하는 월에 연수업체의 부담으로 관내보건소에서 AIDS 및 대한민국 전염병 예방법에서 정하는 사항에 대한 신체검사 실시, 연수기간을 연장하는 경우 신체검사는 1회만 실시하고 검사시기는 계약체결 후 6개월로 한다(B-C 계약 제8조 제2항 제3호, 제4호).

② 연수실시 전 반드시 작업상 위험한 기계 작동방법 등에 대하여 충분한 교육을 실시하고 작업장내의 업무상 사고예방에 철저를 기한다(B-C 계약 제2항 제13호).

③ 산업기술연수생에게 필요한 작업복, 안전화, 안전모, 방진마스크

등 안전보호구를 무상으로 지급한다(B-C 계약 제8조 제5항).

④ 연수업체는 산업기술연수생에게 기술·기능 실습에 필요한 사항과 산업안전보건 및 관리, 사고예방, 한국어, 관습, 일상생활에 필요한 사항을 교육시켜야 한다(A-B 계약 제17조 제3항).

⑤ 연수업체는 의무적으로 산업안전보건 확보(산업안전수칙, 유해물질 취급요령, 작업현장 안전확보 및 안전교육 등), 신체검사(연 1회)를 실시하여야 한다(A-B 계약 제4조 제2항 제6호, 제7호).

⑥ 연수업체는 산업기술연수생의 연수분야를 연수계획서에 표시된 대로 연수시킬 수 있도록 하되, 일정한 업무[65]는 제한하여야 한다. 단, 부득이한 경우에는 안전장치를 필히 갖추고 교육을 시킨 다음 연수를 실시해야 하고, 안전장치 불비로 인한 사고처리 책임은 연수업체가 부담하여야 한다.

산업기술연수생에게도 노동부 지침 제258호(1998. 2. 23. 제369호로 개정)에 의해 산업안전법이 적용되어 위험한 작업이 제한될 수 있다. 하지만 이러한 산업안전보건법상의 제한이나 금지규정보다 연수계약에서 정해진 외국인 근로자에 대한 사고예방이나 안전확보에 관한 규정이 우선적으로 적용되므로 연수업체에서는 이러한 작업이나 유해물질을 다루게 해서는 안 된다. 또한 산업안전법에서 제조업의 경우는 정기건강 진단을 1년에 1회[66] 하도록 되어 있으나, 유해물질 취급자는 6개월에 1회 받도록 되어 있다. 그러므로 만약 산업기술연수생이 이러한 업무에 종사한다면 연수계약상 1년에 한 번 받는다는 규정에도 불구하고 산업안전법상의 기준을 우선적으로 적용받아야 한다.

---

65) ① 작업을 위해 오토바이를 타고 이동하여야 하는 분야, ② 철탑설치, 전선 또는 전화선 가설, 선박 외부 작업, ③ 발파, 채석작업, ④ 독극물 취급, 가스제조, 화학약품(황산, 염산, 초산 등) 취급, ⑤ 청소부, 도로상의 작업, ⑥ 금속제품 가공작업, 기계기구 제조작업중 신체절단 위험이 있는 작업, ⑦ 기계장치 설치 및 해체작업과 건물외벽작업 등이 이에 해당한다.
66) 산업안전법 시행규칙 제99조 제1항.

8. 산업재해보상보험의 적용

산업기술연수생에 대하여 도입초기에는 근로자로 인정하지 않는 원칙 하에 노동관계법의 적용은 물론 산업재해보상보험을 적용하지 않았다. 그러나 1995년 2월 14일 제정된 노동부 예규(제258호)「외국인산업기술연수생의보호및관리에관한지침」에 의해 중소기업협동조합중앙회의 추천에 의하여 입국한 산업기술연수생에 대해서는 산재보험을 적용하게 되었다. 동 지침 제8조(산업기술연수생의 보호) 제1항 제6호에서 산업재해보상보험 및 의료보험혜택을 규정하고 있으며, 이에 따라 중소기업협동조합중앙회의 연수계약서 제3조 제9항에서 연수업체가 산업기술연수생의 재해발생시 치료비 및 보상비의 확보를 위해 산재보험에 가입할 것을 명시하고 있다.

9. 연차휴가 및 퇴직금의 지급

산업기술연수생에 대해서는 노동부 지침에 의해 노동관계법이 제한적으로 준용되고 있고, 이미 대법원 판례에 따라 근로자성이 인정되어 있다는 점은 앞에서 여러 번 설명하였다. 또한 근로자성이 인정되었다 하더라도 그것은 어디까지나 산재보상 등 개별적인 관계에서의 판단일 뿐, 산업기술연수생의 근로자성이 인정된다고 하여 이들에게 국내 전체 노동관계법령이 적용될 수 없다는 점 역시 언급하였다. 따라서 산업기술연수생이 근로자로 인정될 경우 산재보상이나 근로제공관계에서 발생하는 근로시간 등의 규제 이외에 연차휴가나 퇴직금의 지급여부가 관심이 된다.

이에 대해서는 지금까지 산업기술연수생의 사실적 노무제공관계를 중요시 해온 대법원 판례나 국내의 다수견해를 따르면 당연히 산업기술연수생도 근로자로 인정됨으로써 근로기준법상의 연차휴가와 퇴직금규정을 적용받을 수 있다고 본다.

그러나 산업기술연수생을 근로자로 인정하더라도 연수계약상의 파견·공급관계에 의한 파견 근로자로 인정하게 되면, 산업기술연수생의 근로자성 문제와 연수계약의 성격문제 영역을 구별하여 판단해야 할 것이다.

이러한 연수파견계약의 모델이 될 수 있는 현행「파견근로자의보호등에관한법률」은 근로제공단계의 사용사업주의 책임과 성과배분단계의 파견사업주의 영역을 구분하고 있으며, 여기서 성과배분단계에 속하는 퇴직금의 지급과 연차휴가는 파견사업주가 부담하도록 하고 있다.[67]

이러한 파견 근로자에 관한 법률이 산업기술연수생에게 직접 적용될 수는 없으나, 산업기술연수생의 파견·공급에 관한 사항을 내용으로 하고 있는 연수계약서가 동법을 모델로 하여 연수업체와 송출기관을 사용사업주와 파견사업주에 준하는 지위로 인정하여 각자의 책임영역을 구분하였다.[68] 이에 따라서 외국의 송출기관이 산업기술연수생을 직접 고용하여 국내 연수업체에 파견시킴으로써 이들과 고용관계가 없는 국내 연수업체는 퇴직금을 지불할 의무가 없다고 본다.

이에 대한 규범적 근거는 산업기술연수생에 대해서는 노동법을 제한적으로 적용시키도록 하고 있는 노동부 지침에서도 산업기술연수생에 대한 연수수당의 지불 및 연수시간, 휴게시간, 휴일연수에 관한 내용만 규정하고 있을 뿐, 퇴직금과 연차수당의 적용에 대해서는 규정되어 있지 않다. 따라서 산업기술연수생의 경우 근로자로 인정된다고 하여도 이것은 어디까지나 근로제공단계에서 발생하는 사용사업주의 지배영역 범위내에서 인정될 뿐이고, 파견사업주와의 고용관계에서 발생하는 성과배분의 영역에 속하는 부분은 인정될 수 없다. 그러므로 퇴직금과 연차휴가는 현행 산업기술연수생의 파견·공급제도를 내용으로 하는 연수

---

67) 파견근로자의보호에관한법률 제34조(근로기준법의 적용에 관한 특례) 제1항.
68) 이에 대하여 제4장 참조.

계약하에서는 인정될 수 없다고 보아야 할 것이다.

그러나 월차휴가의 경우는 연수계약이나 노동부 지침에서 규정하고 있지 않지만 근로자파견법에서 사용사업주가 부여하도록 되어 있고, 근로제공단계에서 발생하는 성질의 것이므로 연수업체가 부담해야 할 것이다.

10. 쟁의행위 가담금지규정

산업기술연수생은 주로 노동조합이 결성되어 있지 않은 국내3D업종의 영세중소기업에 배정되어 기술연수를 받고 있으므로 이들이 노동조합 활동이나 노동3권을 향유하기란 거의 불가능한 것이 현실이다.[69]

산업기술연수생의 노동3권 배제에 대한 규범적 근거는 노동부지침이 산업기술연수생에게 적용되는 국내 법령 가운데 노동조합 및 노동관계조정법과 「근로자참여및협력증진에관한법률」의 적용을 배제하고 있는 한편 표준계약서[70]도 쟁의행위 참가를 제재사유로 규정하고 있는 것을 들을 수 있다. 따라서 산업기술연수생에 대해서는 노동조합활동에 대한 접근을 봉쇄하고 있다.

이와 같이 노동3권의 배제는 비단 산업기술연수생뿐만 아니라 국내 근로자와 동등한 대우를 전제로 하는 고용허가제도의 도입논의 과정에

---

69) 이에 대한 실증적 조사에 의하면 산업기술연수생들이 배정되어 있는 연수업체는 주로 3D업종의 영세중소업체로서 거의 노동조합이 결성되어 있지 않거나, 기존의 노동조합의 활동도 미약하여 이들에 대한 집단적 노사관계법상의 지위문제는 사실상 이론적 문제에 지나지 않는다는 인식이 지배적이다는 것이다.
하경효 외, 앞의 책, 84~86면.
김영문, 앞의 글, 39~41면.
70) 표준계약서 5(연수계약서) 제6조(산업기술연수생의 의무사항) 제1항 제3호 "산업기술연수생의 신분을 벗어난 태업, 파업, 쟁의 등 노사분규 및 정치활동, 집회가담 금지", 제12조(산업기술연수생에 대한 제재) 제7호 "산업기술연수생의 신분을 벗어난 태업, 파업, 쟁의 등 노사분규에 가담하려 하는 증거가 있거나 가담한 경우 또는 정치활동을 하는 경우"라고 규정하여 산업기술연수생 쟁의행위에 가담하는 것을 제재사항으로 하고 있다.

서도 외국인 근로자의 노동3권을 배제한다는 것이 우리 정부의 일관된 견해였다.[71] 그러나 외국인 근로자에 대하여 노동3권을 보장해야 한다는 것이 국내의 일반적인 견해이고[72]이고, 이미 산업기술연수생에 대하여 근로자성을 인정하는 것이 판례[73]의 일관된 태도이다.

　그러므로 산업기술연수생에 대해서 노동3권을 전면적으로 부인하는 위와 같은 노동부 지침이나 표준계약서는 효력상 한계가 있다고 보아야 할 것이다. 따라서 위의 표준계약서가 산업기술연수생의 제재사유로서 산업기술연수생이 태업, 파업, 쟁의행위 등 노사분규에 가담하는 것을 규정한 것이, 외국인 근로자가 노동조합에 가입하지 않고 조합원의 신분이 아닌 상태에서 불법으로 쟁의행위에 참여하는 것을 금지하는 의미[74]라면, 위의 규정이 근로자의 단결권을 침해한 것이라고 볼 수는 없다. 그러나 만약 정당한 조합활동의 일환으로 쟁의행위에 가담하는 것을 금지한 내용이라면 헌법에 보장된 근로자의 노동3권을 침해한 규정으로 해석할 수 있다.

　따라서 중소기업협동조합중앙회의 표준계약서상의 산업기술연수생에 대한 태업, 파업 등 쟁의행위의 가담금지규정이 전자보다는 후자의 의

---

71) 노동부, 앞의 개선방안, 1996. 10., 58면.
　　재정경제원, 앞의 관리방안, 1997. 5. 22., 6면.
72) 하경효 외, 앞의 책, 15~16면.
　　최홍엽, 앞의 책, 15~24면.
　　김수복, 앞의 책, 246~247면.
　　김소영, 앞의 책, 81~82면.
　　이병태, 앞의 책, 41면.
　　박홍규, 앞의 책, 772~773면.
　　한편, 일본의 통설도 우리나라와 마찬가지다(片岡昇, 『勞動法』, 1994, 384면 ; 菅野和夫, 『勞動法』, 1994. 116면). 독일에서도 외국인 근로자가 내국인 근로자와 동등한 권리·의무를 갖는다고 보는 것이 통설이다.
73) 대법원 1995. 9. 15., 94누12067 ; 대법원 1995. 12. 12., 95누2050 ; 서울고등법원 1993. 11. 26., 93다916774.
74) 외국인 산업기술연수생이 임금인상을 요구하며 집단으로 작업을 거부한 사건은 태광산업사건 및 1997년 9월 25일 전북 전주시 덕진구 팔복동 (주)BYC 사건과 합작산업기술연수생이 임금인상을 요구한 이화섬유사건을 들 수 있다. 이들 산업기술연수생들이 임금인상을 요구하며 작업을 거부하고 농성을 하는 것은 절차에 의한 정당한 쟁의행위에 해당하지 않는다고 보아야 한다.

도로 명시되었다면 위의 규정은 삭제되어야 할 것이다. 그러나 산업기술연수생이 조합원의 신분이 아닌 상태에서 국내 근로자로 구성된 타 노동조합의 쟁의행위에 가담하는 것에 대해서는 이를 정당한 쟁의행위로 볼 수 없으므로 사용자가 이에 대해 징계권을 행사할 수 있다고 본다.

따라서 이러한 산업기술연수생에 대해 표준계약에 의한 제재규정을 정하는 것은 노동3권 침해로 볼 수 없다고 사료된다. 따라서 "산업기술연수생의 신분을 벗어나서 태업, 파업 등 쟁의행위에 가담금지"라고 한 현행 연수표준계약서는 "산업기술연수생이 연수업체의 노동조합원이 아니거나 불법 쟁의행위에 가담한 경우"로 수정하는 것이 바람직할 것이다.

11. 소 결

지금까지는 외국인 산업기술연수생이 산업기술연수생이란 명칭으로 인해 마치 국내 노동관계법의 적용을 전혀 받지 못하여 이들이 국내 근로자와 비교할 때 엄청난 차별대우를 받거나 노동탄압을 받는다고 오해를 하는 경우가 많았다. 그러나 앞에서 검토해 보았듯이 산업기술연수생에 대해서는 노동관계법의 내용을 연수표준계약서가 상당부분 수용하고 있으며, 일부 규정은 외국인 산업기술연수생이 국내 근로자에 비해 열등한 사회적 환경에 처해있는 현실을 감안하여 노동관계법의 내용보다 더 좋은 보호를 하고 있다.

연수표준계약이 노동관계법에 위반되는 경우 원칙적으로 무효가 되어야 하나, 산업기술연수제도에 대해서는 노동부 지침이나 노동관계법에 대해서 특별법의 지위에 있다고 할 수 있는 출입국관리법 및 중소기업청 고시에서 별도의 규정을 두고 있다. 뿐만 아니라 연수표준계약과 산업기술연수생제도의 특성상, 이를 무시한 노동관계법의 도식적이고 천편일률적인 적용은 어렵다고 보아야 한다.

그러나 연수표준계약서에 규정이 없는 경우에는 노동관계법이 보충적으로 적용되어야 할 것이지만, 산업기술연수생의 근로관계가 파견근로관계라는 특성을 고려한다면 산업기술연수생의 사실상의 노무제공관계만을 인정하여 국내 연수업체에 노동관계법상의 사용자 책임을 전적으로 부담시키는 것은 부당하다고 본다.

따라서 외국의 송출기관이 실체적으로 존재하고 파견사업주로서 사용자의 의무를 부담하고 있는 한, 국내 연수업체의 사용자 책임도 파견법상의 사용사업주에 갈음하여 근로제공관계에서 발생하는 부분에 한정되어야 하리라고 본다.

제 5 장

산업기술연수제도의 개선과 고용허가제도

I. 산업기술연수제도의 문제점

 외국인 산업기술연수생의 법률적 지위에 관한 문제점

1. 외국인 산업기술연수생 도입의 취약한 법률적 근거

우리나라는 그 동안 외국인력의 활용에 있어서 전문기술인력은 국내 취업을 허용하여 적극적으로 활용하되, 단순기능인력은 허용하지 않는 것을 원칙으로 하여 왔다. 그러나 1980년대 이후 고도경제성장과 함께 중소제조업체를 중심으로 인력난이 심각해지고, 한편으로 1988년 올림 픽 이후 입국심사가 완화되면서 외국인 관광객으로 입국한 동남아시아 관광객을 위주로 국내에 불법체류하는 인원이 급증하게 되었다.

정부는 이러한 상황 아래서 외국인력을 국내 단순기능인력으로 활용 하고자 1991년 10월 26일 「외국인산업기술연수사증등에관한업무처리 지침」(법무부훈령 제255호) 및 그 시행세칙을 발표하여 1991년 11월 1 일부터 산업기술연수생 명목으로 외국의 단순기능인력을 도입하기 위한 산업기술연수제도를 시행하였다. 따라서 산업기술연수제도는 외국인력 의 국내취업을 금지하고 있는 원칙하에서 외국인력을 근로자가 아닌 산 업기술연수생 명목으로 외국인력을 도입하기 위한 공식적인 창구가 된 셈이다.

당시 법무부의 업무처리 지침상 산업기술연수생을 도입하기 위한 연 수목적 사증발급 대상자는 다음의 4종류가 있다.

첫째, 외국환관리법에 의하여 외국에 직접 투자하거나 외국기업과 합 작으로 투자한 산업체

둘째, 기술개발촉진법에 의하여 외국에 기술을 제공하는 산업체

셋째, 대외무역법에 의하여 외국에 산업설비를 수출하는 산업체

넷째, 외국인에 대한 연수가 불가피하다고 판단하여 주무부처의 장이 추천하는 산업체

등이 이에 해당한다.

따라서 산업기술연수제도는 위와 같은 경우에 한해 국내 기업체와 투자 등의 관계가 있는 외국 기업체가 소속 근로자를 기술연수를 위해 국내 기업체에 파견하는 제도로서 출발하였다. 그러나 이러한 정부의 의도와는 달리 심각한 인력난을 겪고 있던 우리나라의 중소제조업체들은 중간 알선업자를 통해 단순기능인력으로 활용하고자 산업기술연수생을 집단적이고 대량적으로 도입하게 되었다. 이로써 도입과정에서 발생하게 되는 중간착취 등의 문제는 물론이고, 산업현장에서는 이들이 기술연수라는 명칭과는 달리 사실상 노무를 제공함으로써 이들에 대한 근로자 인정 여부가 논의되게 되었다.

이와 같이 산업기술연수제도는 결과적으로 사실상 노무를 제공하게 되는 단순기능인력의 편법적인 도입방법에 불과하다. 그리고 산업기술연수생을 근로자로 인정하게 되는 한, 이들의 도입을 노동관계법상의 아무런 근거없이 단순히 법무부 지침으로 외국인력의 공식 도입창구로 활용하는 것은 그 법적 근거가 너무나 취약하나고 볼 수 있다.

산업기술연수생의 도입과 관련하여 정부는 1997년 12월 13일 출입국관리법 개정시 제19조의2(산업기술연수생의 보호등)와 제19조의 3(산업기술연수생의 관리등)을 신설하여 법률적 근거를 마련하였으나, 이것은 어디까지나 출입국관리법상의 목적에 따른 체류관리에 불과하며, 아직도 외국인 산업기술연수생의 노동법상의 지위나 관리에 관한 법적 근거는 마련되고 있지 않다.[1]

---

1) 개정법하에서도 법적 근거가 취약하다는 것을 지적하는 내용에 대하여는 하경효 외, 앞의 책, 95~105면 참조.

2. 노동부 지침의 한계

노동부는 외국인 산업기술연수생에 대해서 도입초기에는 이들을 근로자로 보지 않았다. 따라서 노동법을 적용하지 않는 것을 원칙으로 하였다. 그러다가 1995년 네팔 산업기술연수생의 명동성당 농성사건을 계기로 노동부는 「외국인산업기술연수생의보호및관리에관한지침」(노동부 예규 제258호 1995. 2. 14. 제정)을 발표하여 산업기술연수생의 보호를 위해 노동관계법의 일부를 적용토록 하였다.[2]

물론 노동부 지침은 노동관계법의 기본적 입법정신에 준거하여 산업기술연수생의 보호에 필요한 핵심적인 사항을 부분적으로 적용시키고 있다. 그러나 산업기술연수생에 대해서는 이미 대법원에서 이들의 근로자성을 인정하고 있으므로, 산업기술연수생이 근로자로 인정되고 있는 이상 국내 근로자와 동등한 대우가 보장되어야 한다. 따라서 과거 산업기술연수생을 근로자로 인정하지 않은 상태에서 이들의 보호명분으로 노동관계법령을 제한적으로 적용시키도록 한 위의 노동부 지침은 효력상 한계가 있다고 보아야 한다. 산업기술연수생이 근로자로 인정되는 한 모든 노동관계법령은 내국인과 동등하게 적용되어야 하고, 이들이 적용대상에서 배제될 수 있는 근거는 법률에 의해서만 가능할 것이다.

---

2) 그 주요한 내용은 다음과 같다.
　가. 산업기술연수생의 적용범위(지침 제3조) : 이 지침의 적용대상이 되는 산업기술연수생은 법무부훈령 제304호(1994. 9. 14.) 「외국인산업기술연수사증발급등에관한업무처리지침」제2조 제2항의 규정에 의한 주무부처의 장 또는 주무부처의 장이 지정하는 산업체 유관 공공단체의 장(중소기업협동조합중앙회장)이 추천하는 산업기술연수생으로 한다.
　나. 산업기술연수생의 지위(지침 제4조) : 산업기술연수생은 출입국관리법령에 의한 산업기술연수생신분의 체류자격을 가지되 연수과정에서 현장연수의 특성상 사실상의 노무를 제공함으로써 임금·수당 등 여하한 명칭으로든지 근로의 대상을 지급받고 있는 경우에는 이 지침이 정하는 한도 내에서 근로자로서의 권리·의무를 갖는다.
　다. 산업기술연수생의 보호(지침 제8조) : 산업기술연수생은 근로기준법, 최저임금법, 산업안전보건법, 산업재해보상법 및 의료보험법의 기본적 입법정신에 준거하여 다음 각호의 사항에 관한 보호를 받는다(제1항). 1. 폭행 및 강제근로금지, 2. 연수수당의 정기·직접·통화불 지급 및 금품청산, 3. 연수시간, 휴게·휴일, 시간외·야간 및 휴일연수, 4. 최저임금수준의 보장, 5. 산업안전보건의 확보, 6. 산업재해보상보험 및 의료보험혜택.

더욱이 현행 노동부 지침은 그 적용대상에서도 모든 산업기술연수생에 대해 적용하는 것이 아니라, 중소기업협동조합중앙회의 추천을 통해 입국한 산업기술연수생에게만 적용되고, 법무부 지침 제2조 제1항에 의해 합작방법에 의해 국내 기업체가 직접 도입하는 산업기술연수생에 대해서는 적용을 배제시키고 있다.

그러나 합작방법을 통한 산업기술연수생에 대하여 앞에 나온 제3장의 2. 국내법상의 지위에서 고찰하였듯이 이들 역시 순수한 투자관계나 합작관계를 통해 도입하는 것이 아니라, 중간 알선업자를 통하여 집단적으로 도입되고 있으며, 국내 산업체에서 사실상의 노무를 제공하고 있는 실정이다. 그러므로 중소기업협동조합중앙회를 통해 입국한 산업기술연수생과 별반 다를 바가 없다. 따라서 이들에게도 노동부 지침이 동일하게 적용되어야 하며, 더 나아가 근로자의 지위를 인정받아 국내 근로자와 동등하게 노동관계법이 적용되어야 할 것이다.

3. 출입국관리법의 위반문제

산업기술연수생은 산업연수 자격으로 입국하여 국내 기업체에서 산업기술연수를 하며, 이 과정에서 사실상의 노무를 제공함으로써 취업활동을 하고 있다. 따라서 이러한 산업기술연수생의 국내 기업체에서의 취업활동은 여러 가지 측면에서 문제가 되지 않을 수 없다. 그 중에 하나가 산업기술연수생이 불법체류자가 아닌가 하는 문제가 제기된다.

우리나라 출입국관리법 제10조(체류자격) 제1항은 "외국인으로서 입국하고자 하는 자는 대통령령이 정하는 체류자격을 가져야 한다(개정 1996. 12. 12.)"고 규정하고 있으며, 동법 제17조(외국인의 체류 및 활동범위) 제1항은 "외국인은 그 체류자격과 체류기간의 범위내에서 대한민국에 체류할 수 있다"고 규정하고 있다. 그리고 동법 제18조(외국인 고용의 제한) 제1항은 "외국인이 대한민국에서 취업하고자 할 때에는 대통령령이 정하는 바에 따라 취업활동을 할 수 있는 체류자격을 받아야 한다"고 규정하고 있으며, 동법 시행령 제23조(외국인의 취업과 체류자격) 제1항은 "법 제18조 제1항에서 취업활동을 할 수 있는 체류자격이라 함은 〈별표 1〉 중 체류자격 9. 단기취업(C-4), 19. 교수(E-1) 내지 25. 특정활동(E-7) 및 25의2. 연수취업(E-8)의 체류자격을 말한다(개정 1995. 12. 1., 1998. 4. 1.)"라고 규정하고 있다.

따라서 위의 규정에 의한다면 현재 연수자격의 체류자격을 갖고 국내 산업체에서 사실상 취업활동을 하고 있는 산업기술연수생은 출입국관리법 제18조와 동법 시행령 제23조의 '취업활동을 할 수 있는 체류자격'을 갖지 아니한 자들로 불법체류자의 처지에 놓이지 않을 수가 없게 되었다.

이에 대한 대법원 판례[3]도 "… 출입국관리법 제18조 제1항은 '외국인이 대한민국에서 취업하고자 할 때에는 대통령령이 정하는 바에 따라 취업활동을 할 수 있는 체류자격을 받아야 한다' 고 규정하고, 이에 관한 동법 시행령(1995. 12. 1. 대통령령 제14187호로 개정되기 전의 것) 제23조 제1항은 '법 제18조 제1항에서 취업활동을 할 수 있는 체류자격이라 함은 〈별표 1〉 중 체류자격 9. 단기취업(C-4) 및 19. 교수(E-1) 내지 25. 특정직업(E-7)의 체류자격을 말한다' 라고 규정하고 있으므로, 외국인 산업기술연수의 체류자격은 '취업활동을 할 수 있는 체류자격' 이라고 할 수 없다"고 판시함으로써 산업기술연수생을 불법체류자로 인정하였다.

이러한 대법원의 판례는 산업기술연수생의 사실적 노무제공관계만을 고려한 것이다. 즉, 외국인 산업기술연수제도의 현실과 산업기술연수생은 국내 연수업체에 취업하는 것이 아니라, 송출기관 소속으로 파견되어 국내연수업체와는 고용종속관계가 존재하지 않는다는 계약관계를 전혀 고려하지 않은 것이므로 산업기술연수생을 불법체류자로 인정한 것

---

3) 대법원 1997. 5. 7., 96 도 2950 ; 동 취지의 판결로는 대법원 1995. 9. 15., 94누 12067.

은 수긍할 수가 없다.[4]

4. 직업안정법의 위반문제

근로자의 알선이나 공급에 대하여 직업안정법 제19조(유료직업소개사업) 제1항[5]은 국내 유료직업소개사업을 하고자 하는 자는 시 · 도지사의 허가를, 국외 유료직업소개를 하고자 하는 자는 노동부 장관의 허가를 받도록 규정하고 있다. 또한 동법 제33조 제1항에서는 누구든지 노동부 장관의 허가를 받지 아니하고는 근로자 공급사업을 하지 못한다고 규정하고, 동법 제3항에서 제1항의 규정에 의한 허가의 대상과 요건은 대통령령으로 정한다고 규정하고 있다.

따라서 근로자의 직업알선과 공급을 하고자 하는 자는 위의 규정에 따라 시 · 도지사나 노동부 장관의 허가를 받아야 함에도 불구하고, 외국인 산업기술연수생에 대해서는 이러한 규정의 제재를 받지 않고, 법무부 훈령상의 절차를 대행해준다는 명목으로 산업기술연수생을 알선하고 입국절차나 관리를 대행하는 민간업체가 우후죽순처럼 생겨나게 되었다. 이들은 국내 기업체로부디 산업기술연수생의 도입절차에 관한 업무위탁을 받고 위탁수수료 명목으로 일정한 금액을 지불받고 사실상의 산업기술연수생의 알선업무까지 맡아보게 되었다.

이에 대해 법원[6]은 "…피고인들이 국내 기업체에 알선하여 준 외국인 근로자들은 법무부 훈령 제255호에 의거하여 산업기술연수생의 신분으

---

4) 이에 대한 실증적인 연구결과에서도 산업기술연수생에 대하여 국내 연수업체는 산업기술연수생을 고용하였다고 생각하지 않고 있으며, 산업기술연수생의 연수조건에 대해서도 이미 이들이 한국에 입국하기 전에 중소기업협동조합중앙회, 송출기관, 산업기술연수생이 체결한 표준계약서에 의해 연수조건을 소상하게 알고 입국하므로써 국내 연수업체가 연수조건의 결정에 관여할 여지가 전혀 없다는 것이다. 정주연, 앞의 발표문, 59면 이하.

5) 판결 당시에는 직업안정 및 고용촉진에 관한 법률 제10조였으나 1994. 1. 7. 법 4733호로 전문 개정되었다.

6) 서울형사지방법원 1993. 7. 14., 93고단3581(직업안정및고용촉진에관한법률 위반사건.)

로 입국한 자들임이 명백한 바, 피고인들이 위 외국인 근로자들의 입국
절차를 대행하여 주고 그에 소요되는 비용과 수수료 명목으로 기업체로
부터 돈을 받은 행위를 직업안정및고용촉진에관한법률 소정의 허가대상
자인 유료직업소개행위라고 단정하기 위하여는 위 법률의 적용대상인
'근로자'에 외국인도 포함된다는 것이 전제되어야 한다…(중략)…그럼
에도 불구하고 위 법률 어디에도 외국인 근로자의 국내 취업에 관한 사
항을 규정하고 있지 아니한 것은 위 법률 제정 및 개정 당시에는 이 사
건과 같은 외국인 근로자의 국내취업이 별로 사회문제가 되지 아니하여
이를 전혀 고려하지 않았던 데에 기인한 것이라고 보아야 할 것이다. 그
렇다면 외국인 근로자를 국내기업에 알선하여 주는 행위는 위 법률의
적용대상이 아니라 할 것이므로 결국 이 사건 공소사실은 죄가 되지 아
니하는 경우에 해당하여 형사소송법 제325조 전단에 따라 주문과 같이
판결한다"라고 판시하여 산업기술연수생의 알선은 국내의 직업안정법
에 적용되지 않는다고 하였다.

그러나 이 사건에 대해 대법원[7]은 원심에서 정부의 직업안정 및 고용
촉진의무에서 비롯되는 이익을 향유할 권리는 그 성질상 인간이기 때문
에 당연히 누릴 수 있는 것이라기보다는 그 나라의 국민된 자격으로서
누리게 되는 국민의 권리라고 할 것이다 라는 것을 인정하면서, 그 사정
만 갖고 외국인 근로자는 법의 적용대상이 되지 아니한다고 말할 수 없
다고 판시하였다. 즉"…이 법은 근로자의 직업안정 및 고용촉진을 도모
하기 위한 법률임이 명백하고, 근로자의 지위는 근로기준법 제5조에서
명시하고 있듯이 국적에 불문하고 차별적 대우를 받지 않게 되어 있으
며, …법 제1조의2 균등처우조항에서 성별, 종교, 사회적 신분, 혼인 여
부 등을 이유로 차별대우를 받지 아니한다고만 했을 뿐 국적을 표시하
지 않았다 하더라도 위와 같은 열거 사유들은 예시적인 것일 뿐이고, 거
기에 국적이란 사유가 열거되지 않았다고 해서 외국인을 배제한다는 취

---

7) 대법원 1995. 7. 11., 94도1814 ; 이와 동일한 취지의 판결로는 대법원 1997. 5. 7., 96도2950.

지라고 보아야 할 이유는 없고, 위 법이 제정될 당시에 외국인 근로자의 국내 취업문제가 법률적으로나 사회적 쟁점사항이 된 일이 없다해서 반드시 그것은 제외된 것이라 단정할 수도 없으며, 또 외국인 근로자를 포함한다고 해석하는 것이 죄형법정주의에 위배되는 법 해석이라고 할 근거도 없다. 따라서 법 제10조가 규정하는 유료직업소개사업에 관한 허가규정은 외국인 근로자를 국내에 알선하여 주는 소개업에도 적용이 된다고 보아야 할 것이며…"라고 판시하여, 초심 판결과 배치되게 산업기술연수생의 국내직업알선에 대해서는 소정의 허가를 받아야 한다고 하였다.

이와 같이 산업기술연수생의 알선과 공급에 관한 국내 직업안정법상의 유료직업소개사업과 근로자공급사업규정을 적용받아 소정의 허가를 얻을 것을 요구하고 있다.

위의 판결은 물론 중소기업협동조합중앙회가 산업기술연수생도입을 독점하기 전의 일반 민간대행업자들의 외국인 알선과 관련된 판례이지만, 중소기업협동조합중앙회도 여기에서 예외일 수는 없다고 본다. 따라서 중소기업협동조합중앙회는 이러한 실정법상의 위반문제를 피해보기 위해 외국 송출기관이 직접 파견하는 형식을 취하고 있으나, 사실관계에 있어서 여전히 직업안정법상의 위반문제의 소지가 있을 수 있다고 본다.

대법원이 판결[8]을 통해 지속적으로 인정해 오고 있듯이, 산업기술연수생 역시 '사실상 사용종속관계에서 사실상의 근로를 제공하고 연수수당 또는 연수비 명목으로 임금을 지급받는 근로자'라고 할 경우 모집기관은 산업기술연수생 연수업체간의 근로관계 성립에 관해서는 제3자로서 직업소개를 하거나 근로자 공급사업을 행하는 것으로 볼 수 있다.

물론 출입국관리법 제19조의 3(산업기술연수생의 관리등) 제2항은 "제1항의 규정에 의한 산업기술연수생의 관리 및 산업기술연수생의 입

---

8) 대법원 1995. 7. 11., 94도1814 ; 대법원 1995. 9. 29., 95도1331.

국과 관련된 모집에 관하여 필요한 사항은 대통령령으로 정한다"고 규정하고 이에 따라서 동법 시행령 제24조의4(산업기술연수생의 모집 및 관리) 제1항은 "…위원회의 심의·조정을 거쳐 소관 중앙행정기관의 장이 지정하는 기관·단체(이하 '모집기관' 이라 한다)를 통하여 산업기술연수생을 모집하여야 한다"고 규정하고 있다.

이 규정은 산업기술연수생이 순수한 기술연수를 받음으로써 근로자로 인정되지 않는 경우에는 효력이 있을 수 있으나, 현재와 같이 산업기술연수생이 국내 연수업체에서 사실상의 노무를 제공함으로써 근로자로 인정되는 경우에는 노동관계법이 적용되지 않는 것을 전제로 한 위의 규정은 효력이 없고, 직업안정법상의 근로자 공급규정이나 직업소개에 관한 규정이 적용되어야 할 것이다.[9]

따라서 현재와 같이 순수한 산업기술연수가 아닌 단순기능인력의 도입과 관리에 관해서는 노동관계법상 별도의 규정이 시급히 마련되어야 할 것이다.

---

9) 하경효 외, 앞의 책, 101~102면.

산업기술연수제도 운영상의 문제점

1. 산업기술연수제도의 독점적 운영

현재의 산업기술연수제도는 중소기업협동조합중앙회가 연수 추천부터 시작하여 국내 기업체에 대한 신청대행 및 외국 송출기관의 선정까지 일체의 업무를 전담하여 독점하고 있다. 따라서 현재의 산업기술연제도의 문제점은 제도 자체의 문제보다 독점이라는 운영방식에서 비롯되었다고 본다. 수만 명에 이르는 산업기술연수생을 중소기업협동조합중앙회가 처음부터 끝까지 대행하고 통제하기란 불가능하며, 여기에는 엄청난 비효율성이 내재해 있다는 것은 조직원리상 당연하다고 본다.

현대 국가에서 가능한 한 많은 업무가 민간업자에게 이양되고 전문화 · 세분화 · 자율화되고 있는 추세에서 연수제도와 관련된 모든 업무를 준정부기관이 독점하고 있는 것은 바람직하지 못하다고 본다. 더욱이 외국인력 송출입업무는 정부가 추진하는 경우 경제논리보다는 정치논리나 외교논리에 의해 불필요한 외교상 마찰을 일으킬 소지가 크다.[10]

산업기술연수 시행초기에는 정부의 아무런 규제나 통제가 없는 상태에서 우후죽순처럼 산업기술연수생 도입업무 대행회사들이 생겨나 부당경쟁 등 부작용을 일으킨 것은 주지의 사실이다.

이러한 이유에서 정부 방침에 의해 중소기업협동조합중앙회가 전담하여 운영하고 있으나, 이에 대한 법적 근거가 전혀 없으며,[11] 국내의 대행회사들을 완전히 배제시킴으로써 오히려 외국 송출기관의 이윤만 극대화시키는 결과를 초래하였다.

---

10) 이에 대한 실례로 산업기술연수생의 수요자는 국내 기업체이므로 국내 기업체에서 원하는 국가의 산업기술연수생을 도입해야 함에도 송출희망 국가들의 외교적 경로를 통한 요청으로 인해 국내 기업체가 원하지 않는 나라의 산업기술연수생을 도입하여 강제로 할당함으로써 국내 기업체의 불만을 사거나 이들이 적응을 못하여 활용되지 못하는 사례가 많다.

11) 1993년 12월 28일 개정된 법무부 훈령 제294호는 제2조 제2항에서 통상산업부 장관 또는 그가 지

　중소기업협동조합중앙회에서 선정된 송출기관들은 자국 내에서 독점적으로 산업기술연수생을 공급하게 됨으로써, 송출비용의 독점가격 형성 등 여러 가지 부작용을 나타내고 있다. 사실 초기의 대행회사들은 아무런 규제없이 생겨나 과당경쟁 등 부작용을 야기시켰지만, 신속한 업무대행으로 빠른 시간 내에 외국인력을 국내 기업체에 배정하였으며, 외국 송출기관에 대한 강력한 통제권을 갖고 송출과정에서 발생하는 고용잉여를 공유하였다는 긍정적인 측면도 있다.

　그러나 중소기업협동조합중앙회가 전담한 이후 모든 업무를 단독처리함으로써 업무가 지체되어 신청에서부터 국내 기업체에게 배정되기까지 6개월 이상의 많은 시간이 소요되어 국내 연수업체들이 필요한 인력을 제때에 활용하지 못함은 물론, 연수업체와 산업기술연수생의 조화를 고려하지 않은 배정으로 이탈자 발생의 주요 원인이 되고 있다.

　이러한 독점의 폐해는 중소기업협동조합중앙회의 독점뿐만 아니라 외국의 송출기관을 선정하여 이들에게 산업기술연수생 공급에 관한 독점권을 부여함으로써 송출국가에서의 부작용도 심각한 실정이다.

　현재 송출기관은 송출국 정부의 추천을 받은 송출회사 중에서 중소기업협동조합중앙회가 자체평가기준에 의해 국가별로 소수의 회사를 선정[12]하기 때문에, 이들은 자국 내에서 산업기술연수생 송출에 관한 독점권을 가지고 과다한 수수료 징수 등 많은 부작용을 낳고 있지만, 사실 이들을 통제하기란 현재 불가능한 상태이다.

정하는 산업체 유관공공단체의 장이 추천하는 산업체에서 연수하려는 자도 사증발급의 대상이 되었고, 통상산업부 장관이 중소기업협동조합중앙회를 산업체 유관공공단체로 지정함으로써 중소기업협동조합중앙회가 산업기술연수생의 추천단체가 되는 법적 근거가 마련되었다. 그런데 1994년 1월 중소기업협동조합중앙회는 외국인 산업기술 연수협력사업 운용요령이라는 자체의 기준을 만들고 단순히 연수업체를 추천할 뿐만 아니라 산업기술연수생의 선발, 초청, 교육, 사후관리 등에 관한 규정들을 만들어 이와 관련된 업무들을 독점적으로 운영하기 시작했다.
12) 현재 중소기업협동조합중앙회에서 선정한 국가별 송출회사의 수는 중국 10개, 베트남 8개, 인도네시아 9개, 필리핀 6개, 방글라데시 4개, 스리랑카 2개, 파키스탄 1개, 네팔 1개, 우즈베키스탄 1개, 미얀마 1개, 태국 1개, 이란 1개, 카자흐스탄 1개 등 총46개 회사이다.

2. 산업기술연수생 파견제도의 문제점

1) 당사자 관계의 복잡성

중소기업협동조합중앙회의 산업기술연수제도 운영에 있어서 파견제도를 도입하였다는 것은 앞의 제4장에서 설명한 바 있다. 산업기술연수생이라 하더라도 국내 기업체에서 사실상의 노무를 제공하면 근로자로 인정되므로, 이들을 공급하거나 알선하는 경우 직업안정법상의 유료직업소개사업이나 공급사업허가를 받아야 한다.[13]

그러나 근로자 공급사업의 경우 직업안정법 제33조 및 동법 시행령 제33조 제2항 제1호에 의해 노동조합법에 의한 노동조합만이 가능하기 때문에 중소기업협동조합중앙회가 근로자 공급사업을 하기란 불가능하고, 한편 출입국관리법 제18조의 외국인 고용제한규정에 의해 산업기술연수생을 국내 사업체가 고용할 수 없다는 법률적 딜레마에 빠지게 되었다. 중소기업협동조합중앙회는 이러한 실정법 위반의 문제를 피하고자 산업기술연수생의 공급을 외국의 송출기관이 직접 하도록 하고, 국내 기업체에서는 이들을 고용하는 것이 아니라 송출기관 소속의 산업기술연수생을 연수시키는 연수파견제도를 도입하게 되었다.

이러한 연수파견제도는 당시에 논의되었던 노동부의 「근로자파견사업의규제및파견근로자보호에관한법률안」을 모델로 하여 송출기관을 파견사업주로 하고 국내 연수업체를 사용사업주로 하여, 산업기술연수생에 대한 이들 양자의 책임을 연수관련계약서를 통해 되도록 분명하게 명시하여 산업기술연수생을 둘러싼 불명확한 책임관계로 인한 분쟁의 소지를 미연에 방지하려고 노력하였다.

그러나 이러한 중소기업협동조합중앙회의 의도에도 불구하고 현재 연수파견제도는 중소기업협동조합중앙회, 국내 연수업체, 외국 송출기관,

---

13) 대법원 1995. 7. 11., 94도1814 ; 대법원 1997. 5. 7., 96도2950.

산업기술연수생, 사후관리기관 등 당사자 관계가 매우 복잡하고, 이들의 책임관계가 중복되거나 분명하지 않아 애매모호한 경우가 많다.

2) 송출기관(파견사업주)에 대한 통제권 상실

위와 같이 당사자 관계가 복잡한 것 이외에도, 연수파견제도의 가장 큰 허점은 파견사업주인 송출기관은 외국기관으로서 국내법이 적용되지 않아 통제할 수 없다는 것이다. 물론 아무리 국내법이 적용되지 않는 외국기업이라 하더라도 이들과 체결한 계약의 효력은 부인될 수 없다. 그러나 문제는 이들이 계약을 이행하지 않는 경우 제재할 수 있는 수단이 없다는 것이다.

과거 일반 대행업자들이 개별적으로 하던 산업기술연수생 도입을 중지시키고, 정부가 통치권 차원(정부방침)에서 중소기업협동조합중앙회에 독점시킬 때에는 최소한 정부 차원에서 송출국의 정부와 쌍무협정[14]을 통해 국내법과 동일한 효력이 발생하도록 하여 이들을 제재할 수 있는 기반을 마련했어야 했는데, 이러한 준비 없이 무작정 외국인을 도입한 것은 정부의 실책이라고 볼 수밖에 없다.

중소기업협동조합중앙회는 산업기술연수생의 보호를 위해서 송출회사가 지켜야 할 송출수수료의 상한선, 산업기술연수생의 보호에 관한 사항, 도주방지대책 등을 표준계약서에 명시하고, 송출회사가 이를 지키지 않을 경우 산업기술연수생 쿼터 할당에서 불이익을 주거나 송출계

---

14) 외국인력을 도입하는 국가들은 대부분 양국가간 쌍무협정을 통해 외국인 근로자의 지위보장, 송출업무 등에 관한 사항을 사전에 규정하고 있는 것이 관례이다. 독일의 경우 노동력 수출국가와 외국인 근로자 수입을 위한 협정을 1955년 이탈리아 정부와 체결한 이후, 1960년에는 스페인과 그리스, 1961년 터키, 1964년 포르투칼, 1965년 튀니지공화국, 1968년 유고슬라비아와 체결하였다. 일본의 경우에도 남미국가들과의 쌍무협정을 통해 일본인 2세(니켄진)를 도입하고 있다. 김소영, 앞의 책, 13면, 75면

약을 해제하는 등의 제재조치[15]를 취하고 있지만 지금 이들에 대한 통제권을 거의 상실한 상태이다.

산업기술연수생의 도입은 국내 기업체가 수요자인 수요자 독점시장이므로 우리나라 정부나 제도를 운영하는 중소기업협동조합중앙회가 송출국가나 송출회사를 강력하게 통제하고 이러한 통제권을 바탕으로 연수협력계약의 이행을 확보해야 한다. 그럼에도 불구하고 우리나라 정부나 산업기술연수제도를 직접 운영하고 송출기관을 선정하는 우월적 지위에 있는 중소기업협동조합중앙회가 송출국의 정부나 송출회사를 통제하지 못하는 이유는 다음과 같다.

즉, 중소기업협동조합중앙회가 송출기관을 선정함에 있어서 송출국 정부에 송출기관을 복수로 추천하여 줄 것을 요청하고, 복수 추천자 중에서 중소기업협동조합중앙회의 선정기준에 따라 송출기관을 선정하게 된다. 그러나 일단 중소기업협동조합중앙회로부터 선정된 송출기관은 중소기업협동조합중앙회보다 자기를 추천해 준 자국 정부의 통제를 더욱 중요시하고, 이들 송출국가들의 대부분이 후진국으로서 송출기관과 정부가 유착되어 있는 경우가 대부분이기 때문이다.

더욱이 국내에서 송출기관의 선정을 둘러싸고 뇌물수수 등의 비리문제가 여론에 끊임없이 등장하자 중소기업청은 아예 외국의 송출기관 선정권마저 송출국가에 의뢰하도록 하여,[16] 선정권을 근거로 한 외국 송출기관을 통제할 수 있는 바탕을 상실하였음은 물론 사실상 수요자 독점

---

15) 중소기업협동조합중앙회는 송출기관에 대해 산업기술연수생 1인당 100달러의 보증금을 예치시키고 산업기술연수생이 도주이탈하는 경우 보증금을 반환하지 않으며, 중소기업협동조합중앙회에 귀속시키고 있다. 또한 도주율이나 관리실적에 따라 송출기관의 산업기술연수생 쿼터 할당을 하고 있으나 현재까지 송출계약을 해제한 예는 거의 없다.

16) 중소기업청은 1998. 6. 15. 중소기업청 고시를 개정(외국인산업기술연수제도운영에관한지침, 중소기업청 고시 제1998-14호)하면서 그 동안 중소기업협동조합중앙회에서 외국 송출기관을 선정하던 것을 동 지침 제11조 제1항에서 "중앙회 회장은 다음 각호의 1에 해당하는 사유가 있을 때에는 산업기술연수생의 모집·선발, 교육, 추천 등의 업무를 수행하는 송출기관의 선정을 송출국가에 의뢰하여야 한다"라고 규정하여 송출기관의 선정권을 사실상 포기하고 송출국가에 넘겨 버렸다.

의 우월한 지위뿐만 아니라 국민주권까지 포기한 셈이 되었다. 이렇게 송출기관은 자국 정부에 의해 선정되므로써 자국 정부에 의해 통제될 뿐 한국 정부나 중소기업협동조합중앙회의 통제를 따를 이유가 없는 것이다. 이것이 바로 연수파견제도에 있어서 가장 큰 문제점이라고 볼 수 있다.

2. 고용허가제도

고용허가제도의 논의배경과 내용

1. 고용허가 제도의 논의배경

외국인 단순기능인력의 도입은 인력난을 심하게 겪고 있던 중소기업 주들의 요청에 의해 통상산업부를 중심으로 한 경제부처의 요청으로 도입되는 당시 외국인력의 도입에 대해 반대입장을 고수하였던 노동부는 산업기술연수생의 도입 초기에는 소외되어 있었다. 그러나 산업기술연수생이 대량으로 유입되면서 이들에 대한 중간착취, 임금체불, 산재보상, 폭행 및 강제근로 등의 각종 부작용이 노출되자 노동부는 산업기술연수생이란 명칭을 사용, 편법으로 도입하여 이들에게 노동법을 적용시키지 않는 것은 문제가 있다고 보고, 고용허가제를 도입하여 외국의 단순기능인력을 근로자의 신분으로 활용함으로써 국내 근로자와 동등한 지위를 보장해야 한다는 주장을 하기 시작했다.

따라서 고용허가제도의 도입 논의는 산업연수제도로 인한 산업기술연수생에 대한 부당한 임금차별 등 부작용에 대한 대안으로써 제기되기 시작하였으며, 고용허가제도는 기본적으로 노동관계법에 의거 외국인의 고용·취업을 규제하되 체류허가(법무부) 및 노동허가(노동부)로 구분하여 외국인력을 관리하는 제도이다.

이 제도는 독일, 대만, 싱가포르 등에서 채택하고 있는 제도이며, 외국의 근로자에 대해서 국내 근로자와 동등한 지위를 보장하는 것을 원칙으로 한다.

노동부는 고용허가제도의 도입을 위해 노동부 내에 외국인력정책연구반을 구성하고, 1994년 12월에 「단순기능 외국노동력의 국내취업에 관한 정책대안」을 발표하여 고용허가제도에 대한 이론적 근거를 마련하였다. 그러다가 1995년 1월 9일 네팔 산업기술연수생들의 명동성당 농성사건을 계기로 정식으로 고용허가제도를 도입할 것을 발표하고, 세계화추진위원회에 정식의제로 상정하게 되었다.

노동부가 1996년 10월에 발표한 「외국인 근로자 도입 제도개선방안」에 의하면 고용허가제도를 위한 법률제정의 필요성을 다음과 같이 설명하고 있다.

첫째, 경제적 측면이다. 국내 사업주단체나 경영계에서 고용허가제를 도입하면 임금이 상승할 것으로 우려하고 이에 반대하고 있으나, 산업기술연수제도에 있어서 1996년 9월 조사시점 현재 산업기술연수생 1인당 소요되는 비용은 직·간접 비용을 포함하여 월 72여 만원으로 국내 동종 근로자 91만원의 79% 수준을 지불하고 있으며, 이는 대만이나 싱가포르 등 고용허가제도를 도입하고 있는 나라의 경우 자국 근로자의 70~75%를 지불하는 것과 비교할 때, 외국인 고용비용을 지불할 만큼 지불하고 있음에도 단순히 연수제도로 운영하기 때문에 국제사회로부터 외국인을 차등대우하거나 노동착취한다는 오해를 불러일으킨다는 것이다.

둘째, 사회적 측면이다. 산업기술연수생 사용시 고용사업주는 국내 근로자와의 임금차액만큼 고용잉여(일종의 보조금) 효과를 볼 수 있는 반면, 국민전체의 입장 또는 타 업종, 타 사업장 입장에서 볼 때 2세 교육, 문화적 갈등, 질병, 범죄, 마약문제 등 사회적 비용을 부담하게 되며 국제적 비난으로 인한 직·간접적인 불이익 등 많은 부담을 감당하게 된다. 따라서 산업기술연수생 사용사업주는 산업기술연수생 사용의 직접적인 수혜자로서 사회적 비용의 일부를 부담해야 하므로, 사업주가 이러한 비용을 부담하게 하는 장치(예: 고용분담금제)를 마련해야 한다. 동 분담금을 재원으로 중소기업의 인력지원 등 고용환경 개선에 사용토록 하고 산업기술연수생을 잘 관리하다가 계약만료 후 출국토록 조치함으로써, 국민이 부담하게 될 사회적 비용을 최소화시키기 위한 제도적 장치마련이 필요하다.

셋째, 외교적 측면이다. 우리나라가 ILO이사국으로 선출되고, 세계경제 11위권이며 또한 OECD가입을 한 시점에서, 경제적으로는 외국인 사용비용을 오히려 외국보다 비싸게 지불하면서도 국제적으로 인권탄압이니 노동착취니 하는 등의 비난을 받고, 반감이 고조되고 있는 실정이다. 또한 산업기술연수생을 도입하고 있는 14개국은 우리 기업체들이 진출한 국가들인데, 그런 나라에서 우리 기업에 대한 부정적인 이미지와 반감이 누적되고 있다.

이러한 사례로 국외사건을 보면, 1995년 9월 6일 필리핀 인권단체 Migrante 시위(주 필리핀 한국대사관 앞), 1995년 1월 23일 아시아 이주자 센터 등 10개 단체의 항의 공문, 1995년 7월 24일 Saudi Gazette 일간지 비난기사, 1996년 7월 17일 일본 데도리 카톨릭교회 항의문이다. 또한 국내사건을 보면, 1995년 1월 9일~1월 17일 네팔 산업기술연수생의 명동성당 농성사건, 1995년 8월 2일~8월 9일 베트남 산업기술연수생 작업 거부(김해태광실업), 1995년 6월 10일~7월 20일 외국인 근로자 명동성당 농성(쇠사슬 시위) 등을 들 수 있다.

결국, 단기적으로 살펴볼 때 편법적인 연수제에서 얻은 경제적 이익보다 몇 십배의 직·간접적인 손해로 우리에게 돌아온다는 것이다.

넷째, 국내법 적용 측면이다. 중소기업협동조합중앙회 산업기술연수생은 사실상의 근로에 종사하고 있기 때문에 1995년 2월 14일 부처간 합의에 의하여 「외국인산업기술연수생의보호및관리에관한지침」(노동부 예규)을 제정하여 노동관계법 중 근로기준법 일부(금품청산, 근로시간 등), 최저임금법, 산업안전보건법, 산업재해보상보험법과 의료보험법 등 중요한 내용은 이미 적용시키고 있다. 그러므로 '산업기술연수생' 의 신분을 '근로자'로 변경시킨다 하더라도 노동관계법과 국내법은 이미 거의 적용시키고 있으므로 별 문제가 없다. 다만, 노동3권 보장문제에 있어서 외국인은 국내 근로자와 달리 입국시 1년의 단기계약을 체결하고 성실히 근무할 경우에 한해 계약기간을 1년 단위로 연장케 함으로써 근로조건 등과 관련하여 쟁의행위를 할 수 있는 여지가 거의 없다는 것이다.

다섯째, 종합적인 인력정책의 측면이다. 최근 외국인력 수요도 중소제조업뿐만 아니라 신공항 건설 등의 건설업, 연근해 어업, 운수업, 관광업 등 업종이 다양해지고 양적으로도 확대되는 실정이다. 그러므로 전체 인력정책 차원에서 외국인력 지원체계가 마련되어야 하나 현행 산업기술연수제도로는 이에 효과적으로 대응하기가 곤란하다. 따라서 적정수준의 외국인력을 국가 전체의 종합적인 인력정책 틀 속에서 적시에 도입·사용토록 함으로써 국내 기업의 국제경쟁력 강화에도 기여하고, 외국인력이 무분별하게 도입되었을 때 발생할 수 있는 부작용을 사전에 예방할 수 있는 체계적·종합적인 인력정책 수립·시행이 필요하다.

2. 고용허가제도의 내용

외국인 산업기술연수제도의 부작용에 대한 개선이나 대안으로 끊임없이 제기된 것이 일본의 연수취업제도와 독일 및 대만, 싱가포르가 채택하고 있는 고용허가제도이다. 고용허가제도는 위에서 언급한 바와 같이 노동부가 외국인력정책연구반을 구성하여 이론적 근거를 마련한 후, 1994년 12월에 「단순기능 외국노동력의 국내취업에 관한 정책대안」을 발표하고, 세계화추진위원회에 정식의제로 상정하여 공론화시키고 1996년 10월에 법안을 마련하였다.

이러한 노동부안과 별도로 외국인 근로자고용법안이 1996년 9월에 의원입법안으로 국회에 상정되었으며, 한편 세계화추진위원회는 연수제도의 개선방안 및 고용허가제 도입에 관한 연구 및 실시 국가를 직접 방문하여 현지 조사·결과를 바탕으로 1996년 6월에 일본과 같은 '연수취업제'의 실시가 가장 적합하다는 결론을 내렸다.

따라서 여기서는 노동부안 및 의원입법안[17]의 고용허가제도 내용에 대하여 상호 비교하여 검토해 보기로 하고, 고용허가제 도입을 반대하고 일본의 연수취업제를 도입할 것을 결정한 세계화추진위원회의 결정내용에 대하여 검토해 보기로 한다.

1) 법안별 고용허가제도의 주요 내용

1 외국인 노동자 인권보장과 상담지원활동 탄압저지를 위한 공동대책위원회 보호법안[18]

노조 대표 5인, 사용자 대표 5인, 외국인 노동자 상담지원단체 대표 1인, 시민사회단체 대표 2인, 노동부 장관, 법무부 장관으로 구성하는 외국인 근로자 고용을 위한 전담기구를 구성하고(법안 제3조), 노동허가제도를 도입(법안 제4조)하여 일반노동허가와 특별노동허가를 부여하되, 일반노동허가는 노동부 장관이 고시한 작업장에서 1년간 취업, 1년 단위로 연장하며, 특별노동허가는 일반노동허가를 받은 후 5년 이상 국내 취업한 자로서 업종에 관계없이 취업할 수 있다.

노동관계법의 적용은 근로기준법, 최저임금법, 노동조합법 및 노사관계조정법, 산업안전보건법, 산업재해보상법 등 내국인과 동등한 법적용을 원칙(법안 제10조)으로 하고 있다. 이외에 의료보험, 고용보험, 국민연금을 적용(법안 제11조)시키고 있으며, 노동허가제이므로 고용허가제와 달리 귀국보증금이나 고용분담금을 규정하고 있지 않다. 외국인 근로자의 만기귀국을 독려하기 위해 노동허가를 받은 외국인 근로자가 기

---

17) 고용허가제법안은 1996년 9월 이재오 의원(외 다수)이 「외국인 근로자 고용법안」, 방용석 의원(외 다수)이 「외국인 근로자 고용 및 보호에 관한 법률안」과 박형규 목사 외 5만 6,511명이 청원한 「외국인 노동자 보호법 제정을 위한 청원서」가 있다.

18) 외국인 노동자 인권보장과 상담지원활동 탄압저지를 위한 공동대책위원회인 외국인 노동자 인권보장 기독교 대책본부(청원자 : 대표 박형규 목사 외 5만 6,511명)의 「외국인 노동자 보호법 제정을 위한 청원서」를 의미한다.

간이 만료되어 귀국하는 경우 대통령령이 정하는 일정액의 귀국보장금 지급을 규정(법안 제15조)하고 있다.

외국인 근로자는 국가간 쌍무협정을 통해 도입(법안 제5조)하며, 상대국가의 국가기관이나 국가지정 공익기관에서 인력송출을 담당하게 하며, 현지 파견 노동부 공무원이 외국인 근로자를 고용할 사업주를 대리하여 근로계약을 체결한다. 그리고 인력 송출회사에 의한 인력송출 금지 및 모집과 알선 비용 및 근로자 왕복 여비를 고용사업주가 부담한다.

이 법안의 핵심은 노동허가제의 도입, 외국인 근로자에 대한 국내 노동법의 전면적인 적용, 사회보장제도의 차별없는 적용, 외국인 근로자에 대한 차별금지, 노동부 공무원이 국내 사업주를 대리하여 직접 고용계약체결, 상대 국가의 국가기관이나 국가지정 공익기관에서 직접 인력송출을 담당하고 모집과 알선비용 및 왕복 여비를 국내 사업주가 부담하는 것 등이다.

② 외국인 근로자 고용법안[19]

외국인 근로자의 고용과 관리에 관한 중요한 사항을 심의·조정하기 위하여 노동부에 위원장 1인을 포함한 15인 이내의 위원으로 구성되는 외국인근로자고용위원회를 두고, 위원장은 노동부 장관으로 하고 위원회 아래 실무위원회를 둘 수 있다(법안 제3조).

국내에서 취업을 희망하는 외국인 근로자는 노동허가를 받아야 하고, 이 경우 허가는 외국인 근로자 송출국가의 국가기관 또는 그 국가가 인정하는 기관을 통하여 신청해야 하며(법안 제5조), 외국인 근로자를 사용하고자 하는 사업주는 노동부 장관의 고용허가를 받아야 한다(법안 제6조).

노동허가를 받고자 하는 사업주는 외국인 근로자의 귀국을 위한 보증

---

19) 이재오 의원(외)의 입법안, 발의 년월일 : 1996. 9.

금으로 노동부령이 정하는 금액을 금융기관에 예치하거나 보증보험에 가입하도록 하고, 사업주가 외국인 근로자의 출국조치 소요비용을 부담할 수 없는 경우에는 고용보증금을 당해 외국인 근로자의 출국에 소요되는 비용으로 사용하도록 하고 있다(법안 제7조). 또한 고용허가를 받은 사업주는 외국인 근로자의 입국 전에 입국일로부터 1년 단위의 기간을 정하여 고용계약을 체결하도록 하고, 2회에 한하여 외국인 근로자의 고용계약기간을 1년의 범위 내에서 연장할 수 있다(법안 제10조, 제16조).

사업주는 외국인 근로자라는 이유로 임금·근로조건 등 노동영역에 있어서 국내 근로자와 차별대우를 하지 못하도록 하고(법안 제17조) 근로기준법, 최저임금법, 산업안전보건법, 산업재해보상보험법을 적용토록 하고 있다(법안 제18조). 노동부 장관은 고용허가를 받아 외국인 근로자를 고용하는 사업주에게 외국인 근로자의 수급조절 등 외국인 근로자의 고용 및 관리비용에 충당하기 위하여 외국인 근로자 고용분담금을 부과할 수 있으며, 외국인 근로자의 연간 임금총액의 100분의 20 범위 안에서 위원회의 심의를 거쳐 노동부 장관이 결정·고시한다(법안 제19조).

이 법안의 주요 내용은 사업주에게는 고용허가제, 외국인 근로자에게는 노동허가제를 도입하는 것이며, 고용분담금과 귀국보증금 및 외국인 근로자에 대한 노동관계법의 적용을 주요 골자로 하고 있다.

③ 외국인근로자고용및보호에관한법률[20]

외국인력 도입이 필요한 업종 및 도입한도, 고용허가 및 노동허가절차, 근로조건 등 차별적 처우금지에 관한 사항을 심의·의결하기 위하여 '외국인력정책심의위원회'를 설치하고, 외국인 근로자의 관리를 노

---

20) 방용석 의원(외)이 발의한 법안, 발의 년월일 ; 1996. 9.

동부로 일원화한다(법안 제3조, 제4조).

　외국인 근로자를 고용하는 사업주에게 고용허가제를 실시하며 외국인 근로자의 출국조치소요비용에 충당하기 위하여 고용보증금을 납부하게 한다(법안 제5조, 제7조).

　외국인 근로자의 고용허가는 기업규모별 상한선을 두고, 1년 이내의 기간을 정하여 고용을 허가하도록 하며, 국내의 공공기관 혹은 비영리 법인이 송출국가의 국가기관이나 국가가 인정하는 기관을 통하여 외국인 근로자를 모집하도록 한다(법안 제4조, 제11조).

　외국인 근로자는 근로기준법, 최저임금법, 산업재해보상보험법 및 의료보험법의 적용을 받도록 하며, 외국인 근로자의 차별적 대우를 금지하고 있다(법안 제17조, 제18조). 또한 노동허가 기간은 1년으로 하되, 1년을 단위로 2회 노동허가 기간을 연장할 수 있도록 하고 있다(법안 제15조).

　외국인 근로자를 고용하는 사용자에게 외국인 근로자의 고용 및 관리비용에 충당하기 위하여 고용분담금을 부과한다(법안 제20조).

　이 법안의 주요 내용은 앞의 이재오 의원의 입법안과 비슷한 내용으로, 고용허가와 노동허가 도입 및 고용보증금과 고용분담금을 주요내용으로 하고 있으며, 1년 단위로 노동허가를 연장하고 최대 3년간 취업이 가능하다.

④ 노동부의 입법안

　외국인 근로자 도입을 총괄 조정하는「외국인근로자고용위원회(위원장 : 노동부 장관)」를 설치 · 운영하여 현행「외국인산업기술연수조정협의회(위원장 : 법무부 차관)」을 노 · 사 · 정 · 공익대표가 참여하는 위원회로 개편하고 국내 인력수급 현황에 따른 적정 외국인력 도입규모 및 도입 업종 등 외국인력관련 중요정책사항을 심의 · 결정하되, 외국인력 도입 업무의 집행 · 관리는 업종별 단체(예: 중소기업협동조합중앙회,

수협 등)를 통해 운영한다.

현재 외국인력 수요의 다양성과 형평성을 충족시키기 위해서는 도입 업종 및 인원을 확대해야 하며, 도입 업종은 국내 인력수급사정을 고려하되, 현행 중소제조업뿐만 아니라 건설업, 연근해 어업 등으로 확대하여 도입인원을 우리나라 전체취업자(2,093만 명)의 1%인 20만 명을 상한선으로 총량규제를 설정하여 운영한다. 경제상황에 따른 외국인력 수요조절 차원에서 내외국인 근로자 임금차이 범위 내에서 사업주에게 고용분담금을 부과하며, 계약만료 후 또는 중도 귀국시 항공료 등의 사용을 위해 일정 금액 예치, 입국허가 위반 등의 경우 국고에 귀속시키는 고용보증금 설치를 규정하고 있다.

외국인 근로자에게는 체류자격을 취업자격으로 하여, 원칙적으로 국내 근로자와 동등대우를 하고 체류기간은 1차 1년이다. 또한 1년 단위로 연장하여 최장 3년으로 하되, 귀국 후 재취업을 금지한다. 다만, 입법시 외국인 근로자의 쟁의행위를 방지하기 위해 고용계약의 내용에 고용계약연장 및 고용중지에 대해 단체교섭 또는 단체행동을 제한하는 내용 등을 포함하도록 하여 부작용을 최소화한다.

합법적인 외국인력 수입정책과 불법취업자의 묵인은 양립할 수 없으므로, 합법적인 쿼터는 확대하되 불법취업 특히 불법 고용주 및 불법 알선업자에 대한 강력한 단속이 필요하다. 이를 위해 현재 법무부 소관사항인 불법취업단속을 출입국 관리요원을 증원하거나 경찰 및 노동부 감독관에게도 불법 외국인 고용사업주, 불법취업자 및 알선업자에 대한 단속권을 부여한다.

2) 세계화추진위원회의 연수취업제

외국인 산업기술연수생의 사업장 무단이탈, 임금차별, 송출기관의 과대수수료 및 송출기관 선정을 둘러싼 송출비리 등 외국인 산업기술연수제도의 부작용과 이에 대한 대안으로 고용허가제도가 노동부를 주축으로 끊임없이 대두되기 시작했다. 한편으로 세계화추진위원회는 고용허가제도의 도입을 정식의제로 채택하여 대만 등 고용허가제를 실시하는 국가를 직접 방문하여, 현지 실사를 거치는 등 장기적이고 종합적인 검토결과 1996년 6월 14일「외국인력에 관한 종합대책」을 발표하였으며 그 주요한 내용은 다음과 같다.

① 연수취업제의 도입 — 연수취업제도를 도입하여 외국인력의 기술연수를 촉진하고, 연수 후 근로자 신분으로 일정기간 연수직종 관련업체에 취업케 한다.

② 산업연수제도의 개선 — 중소기업중앙회의 산업연수제도를 당분간 존속하되, 근로자 신분을 인정하여 임금·근로조건을 기업이 자율적으로 결정하도록 한다. 산업기술연수제도를 장기적으로 연수취업제로 전환하며 산업기술연수생제도를 제조업에서 농업, 어업, 건설업 등 다양화하고, 전문·기술인력에 대해서는 허용범위를 확대하여 취업을 허가한다.

③ 전담기구의 신설 — 외국인력을 총괄 전담할 수 있는 전담기구를 국무총리실 산하에 설치한다. 제조업(중소기업협동조합중앙회), 농업, 수산업, 건설업 등은 각각 해당분야의 공공기관을 통하여 도입되며 이들을 통제·조정할 수 있는 외국인력 총괄 전담기구를 설치한다.

④ 임금차별 및 불법체류자 문제 — 고용허가제도를 도입하고 있는 대만의 경우도 외국인 근로자의 임금은 최저임금수준인 월 1만 4,880대만달러(약 541미달러)이며, 숙식비용을 포함할 경우 월 2만 1,000대만달러의 고용비용을 부담하고 있다. 이것은 동일 직종의 대만 내국인 근로자의 임금인 월 3만 2,000대만달러에 비해 월등히 낮은 수준이다. 1996년 4월말 현재 불법취업자는 2만 6,593명으로 추정되고 있으며, 이는 1991년의 4만 6,390명에 비해서는 감소하였으나, 고용허가제 도입초기의 2만 1,391명에 비해서는 오히려 늘어났다.

즉 세계화추진위원회가 고용허가제도의 도입을 검토하면서 결론적으로 연수취업제의 도입을 택한 배경은, 대만 등 고용허가제도를 도입한 국가들을 직접 방문하여 현지 조사한 결과 고용허가제도의 문제점도 심각하며, 특히 불법체류자의 발생이나 외국인 근로자와 내국인 근로자의 임금차이가 역시 존재한다는 것이다.

따라서 우리나라의 경우 현재의 연수제도를 보완하면서 장기적으로 연수취업제로 전환하여 외국인 산업기술연수생에 대해 근로자성을 부여함으로써 국내 근로자와 동등한 대우를 해주고, 외국인력 도입규모를 국내 총 취업인구(1,200만 명)의 2%까지 상한선으로 하여, 총량적 규제를 해야 한다는 것이다.[21]

3) 현행 산업기술연수제도와 고용허가제도의 차이점

고용허가제도란 앞에서 언급하였듯이 우리나라 사업주가 정부로부터 직접 외국인 근로자의 고용에 대한 허가를 받은 후 고용하는 것을 말한다. 이러한 면에서 외국의 송출회사가 고용하여 파견하고 우리나라 기업체에서는 고용관계 없이 지휘명령권만 가지고 사용만 하는 현재의 산업기술연수제도와 근본적인 차이가 있는 것이다.[22] 즉, 외국인 근로자에 대해서 산업기술연수생이냐 근로자냐 하는 명칭에 상관없이 누가 고용하여 근로자에 대한 근로기준법상의 사용자로서의 책임을 부담하느냐가 가장 큰 차이점이다.

___

21) 세계화추진위원회, 「외국인력에 관한 종합대책」, 1996. 6. 14.
22) 이와 같은 연수파견제도는 일본의 산업기술연수제도를 도입하면서 함께 도입한 제도로 일본의 경우 각각의 개별조합단위별로 외국의 송출기관과 산업기술연수생 파견계약에 의해 산업기술연수생을 도입하고 이들은 일본 내의 산업기술연수생 사용업체에 파견되어 기술연수를 받게 된다. 이 과정에서 일본연수업체와 외국인 산업기술연수생의 고용종속관계는 물론 지휘·명령 관계가 거의 없으며 기술연수에 대한 모든 지시는 산업기술연수생을 도입한 조합과 연수업체가 체결한 파견계약(연수계약)에 따라 파견사업주역할을 담당하는 송출기관과 조합이 행한다. 따라서 외국인 산업기술연수생에 대하여 일본 내의 연수업체 내에서 노동법이 적용될 여지가 없다. 그러나 우리나라의 경우 일본으로부터 산업기술연수제도를 도입하고 연수파견제도를 실시하고 있지만 일본과 달리 국내 연수업체가 산업기술연수생에 대하여 직접 지휘·명령 내지 지시권을 행사함으로써 산업기술연수생에 대한 근로자성이 인정되고 있다고 본다.

산업기술연수제도는 외국의 송출기관이 산업기술연수생을 고용함으로써 노동법상의 사용자로서의 책임을 전적으로 부담하며 국내 기업체는 사용관계에서 발생하는 제한적인 사유에서만 사용자 책임을 일부 부담한다고 보아야 한다.

따라서 외국인 근로자를 고용하면서 발생하는 위험부담에 대하여 외국의 송출기관과 국내 기업체가 연대하여 책임을 지거나 사안에 따라서는 책임을 각자 분담하게 된다. 그러나 고용허가제도의 경우 송출기관은 근로자를 송출계약에 따라 선발하여 출국시키기만 하면 되고 노동법상의 사용자 책임 등 어떠한 책임도 발생하지 않으며 송출에 관한 계약위반의 효과만 있을 뿐이다.

따라서 노동법상의 사용자 책임 등 근로자에 대한 포괄적 책임은 국내 고용사업주에게 있으므로 외국인 근로자 고용에 따른 위험부담은 전적으로 국내 사업주가 부담하게 된다. 특히 외국인 근로자의 고용은 국내 근로자의 고용에 비하여 많은 비용과 부담이 수반하게 된다.

외국인 근로자를 고용하는 사업주는 이러한 노동법상의 사용자로서 책임이외에 고용분담금 등의 부담이 가중된다. 그러나 외국인 근로자의 입장에서 살펴보면 노동법상의 근로자의 지위를 얻게 되므로 국내 근로자와 동등한 대우를 받을 수 있어 유리한 제도이다.

우리나라에서 고용허가제도를 도입하려고 하는 목적은 현행 산업기술연수제도가 외국인 근로자를 산업기술연수생의 신분으로 활용함으로써 이들의 법적 지위가 취약하기 때문에 이 제도를 도입함으로써 이들에게 노동법을 적용하여 국내 근로자와 동등한 대우를 해주기 위한 것이다.

그러나 현재 우리나라의 산업기술연수제도는 산업기술연수생의 보호에 필요한 핵심적인 사항에 대해 이들에게 노동법을 제한적으로 적용[23]

---

23) 노동부 예규 제258호(1995. 2. 14.)"외국인산업기술연수생의보호및관리에관한지침" 및 중소기업협동조합중앙회의 각종 연수협력표준계약서에서 국내 노동관계법령을 적용시키고 있다.

시키고 있고 또 법원의 판례[24]에서도 근로자성을 인정받고 있으므로 외국인 근로자의 노동권이나 법률적 지위에 있어서는 차이가 거의 없다고 보아야 한다.[25]

24) 대법원 1995. 12. 22., 95누2050 선고 ; 대법원 1995. 9. 15., 94누12067선고 ; 대법원1992. 6. 26., 92도674 선고.

25) 바로 이와 같이 우리나라의 산업기술연수제도가 이미 국내 노동관계법령을 거의 적용시키고 있는 시점에서 단지 산업기술연수제도라는 명칭 때문에 국제사회에서 외국인 근로자의 인권탄압이나 노동착취를 하는 것처럼 오해되고 있기 때문에 고용허가로 전환해야 한다는 것이 노동부의 입장이다(1996. 10., 노동부-외국인 근로자 도입제도개선 방안).

고용허가제도 법안에 대한 평가

1. 서 론

앞에서 비교해 본 고용허가법안의 주요 핵심은 산업기술연수제도의 문제점이나 부작용을 해소하는데 초점이 맞추어져 있다고 볼 수 있다.

즉 산업기술연수제도에서 외국인 근로자가 산업기술연수생신분으로 차별대우를 받는 것, 송출기관의 과대수수료로 인하여 불법체류자를 양산한다는 산업기술연수제도에 대한 비난, 전담부서나 기구의 부재 등의 문제점을 해결하는데 중점을 두고 있다. 그러나 고용허가제도가 뜨겁게 논의되던 시기는 우리나라의 1인당 국민소득이 1만 달러를 초과하고, ILO 이사국으로 선출되었으며, 세계 경제 11위권으로 급부상하여 OECD가입을 한 현시점에서 외국인 근로자를 국내 근로자와 동등하게 대우함으로써 국제적으로 인권탄압이니 노동착취니 하는 등의 비난을 들을 필요가 없고 선진국의 문턱에서 국제적 책임을 다하여야 한다는 명분[26]에 입각한 주장이라고 볼 수 있다.

여기에서 국내 기업체들의 어려운 사정과 필요에 의하여 외국인인력을 도입한다는 실리적인 측면은 거의 무시되고 외국인 근로자의 인권보호라는 명분에 치우쳐서 모든 법안이 만들어졌다고 볼 수 있다. 따라서 이러한 법안은 현재 우리나라 경제가 IMF 위기를 맞이하여 1인당 국민소득은 다시 7천불 수준으로 떨어지고 국가의 경제규모 또한 법률안 제정당시 세계11위권에서 17위권 밖으로 밀려났으며 국내 기업체의 도산이 속출하는 등 모든 기초여건이 전혀 다른 상황에 이르게 되었으므로 처음부터 다시 검토하지 않으면 안될 것이다.

---

26) 이재오 의원(외)의 입법안이나 노동부 입법안의 취지는 선진국의 진입을 눈앞에 두고 있는 우리나라로서는 외국인 근로자에 대한 균등대우를 규정하고 있는 ILO조약 및 권고를 존중한다는 측면에서도 외국인 근로자에 대한 차별금지내용으로 하는 법률의 제정이 요청된다고 함.

다음에서는 고용허가제도의 주요한 내용에 대해서 평가하여 보기로 하자.

2. 산업기술 연수제도가 불법체류자의 양성제도라는 점에 대하여

고용허가제도의 도입을 위한 가장 핵심적인 이유중의 하나가 현행 산업기술연수제도가 외국인 산업기술연수생에 대한 임금차별 때문에 불법체류자를 양성한다고 보고 불법체류자를 근본적으로 해결하기 위해서는 외국인 산업기술연수생을 근로자신분으로 인정하여 동등한 대우를 해주어야 한다는 것이 고용허가제도의 주요한 내용이다.

그러나 불법체류자는 고용허가를 실시하고 있는 대만이나 싱가포르의 경우에도 심각하며, 대만의 경우 정부당국의 불법체류자에 대해 사면·전직의 불허용 등 예외조치를 인정하지 않을 뿐만 아니라 철저한 단속에도 불구하고 1996년 4월말 현재 불법취업자수는 외국인 전체 체류자 21만 4,788명중 2만 6,593명으로 추정되고 있으며, 이는 1991년의 4만 6,390명에 비해서는 감소하였으나 고용허가제 도입초기의 2만 1,391명에 비해서 오히려 늘어난 편이다.

이에 비해 우리나라는 그 동안 수차례에 걸쳐 불법체류자에 대한 처벌을 면제하고 출국시한을 연장하여 주었으며, 1999년 2월 현재 불법체류자 10만 5,574명 중 산업기술연수생으로 입국하여 무단이탈하여 불법체류하고 있는 자는 2만 명에 불과할 뿐 대부분은 관광이나 친지방문, 합법취업자로 입국한 후 체류기간을 넘긴 경우[27]이므로 현재의 불법체류자가 단지 연수제도에 기인했다고 볼 수 없으며 대만 등 이미 고용허가제도를 채택하고 있는 나라의 경우를 보더라도 고용허가제도를 도입한

---

27) 1996년말 현재 외국인 취업자수 21만 494명중 합법취업자 : 18만 1,440명(산업산업기술연수생 : 16만 8,020명, 기타 취업자 : 1만 3,420명), 불법취업자 : 12만 9,054명 중 산업기술연수생이탈자는 1만 9,834명에 불과함.

다고 하여 불법체류문제가 모두 해결된다고 볼 수 없다.

현재의 불법체류자는 수요에 비하여 턱없이 모자라는 외국인 산업기술연수생의 공급으로 인하여 발생한다고 볼 수 있다. 1997년 말 국내취업 외국인은 총 21만 7,543명이며 이중에서 산업기술연수생으로 입국한 인원은 5만 1,735명에 불과하다. 따라서 불법체류자를 줄이기 위해서는 외국인 근로자에 대한 국내 근로자와의 임금차별을 줄여나가면서 정부의 철저한 단속과 함께 합법취업자의 도입규모를 확대해야 할 것이다.

3. 외국인 근로자의 동등한 지위 보장

산업기술연수제도상의 외국인 산업기술연수생은 근로자로 인정받지 못함으로써 국내 근로자에 비하여 차별대우를 받고 있으며, 따라서 고용허가제도를 도입하여 외국인 근로자를 내국인과 동등하게 대우해야 한다는 것이 고용허가제도의 핵심취지이다. 이러한 동등한 지위보장의 핵심은 임금에 있어서 차별금지라고 볼 수 있다.

그러나 임금에 있어서의 차별이 단순히 외국인 근로자라는 사실만이라면 내외국인 균등대우원칙에 위배되지만 외국인의 경우 짧은 근속연수, 언어소통의 어려움, 업무에 대한 미숙련으로 인한 능력저하 등 노동력의 질적 차이로 인한 임금에 있어서의 합리적인 차별은 가능한 것이다.

1996년 9월 현재 산업기술연수생 1인당 71만 5,922원으로 국내 근로자의 91만 2,113원의 78.5%[28]에 해당하며 이러한 임금의 차이는 이들의 생산성이 87%[29]에 이르는 것을 감안하면 국내 근로자와 임금에 있어서

---

28) 1996년 1월 중소기업협동조합중앙회 70만원(직접비용 57만원, 간접비용 13만원, 1,683개업체)
　　1996년 3월 한국경영자총협회 76만원(직접비용 54만원, 간접비용 22만원),
　　1996년 9월 노동부 72만원(직접비용 57만원, 간접비용 14만원, 183개업체).
29) 중소기업청이 산업기술연수생을 활용중인 98개 중소기업을 대상으로 1998년말 조사·발표한 내용임 ; 경향신문 1999. 2. 25.

의 차별은 거의 없으며, 오히려 고용허가제도를 도입하고 있는 대만이나 싱가포르의 경우 자국 근로자의 70~75%를 지불하는 것과 비교할 때 상대적으로 더 많이 지불하고 있다고 볼 수 있다.[30] 따라서 현재의 외국인 산업기술연수생의 국내 근로자와의 임금차이가 단순히 산업기술연수생이란 이유로 인해 생긴 것으로 간주하고 고용허가제도를 도입하면 이들에 대해 동일한 임금이 적용될 수 있다는 생각은 타당하지 않다고 본다.

앞에서 설명하였듯이 우리나라의 경우 이미 외국인 산업기술연수생에 대하여 노동관계법이 대부분 적용되고 사용자들이 도주이탈을 방지하기 위하여 외국인 산업기술연수생의 임금을 성과이상으로 올려주는 경향으로 인하여 이들의 임금이 고용허가제도를 도입하고 있는 나라들보다도 오히려 높은 실정이다.

4. 노동3권의 보장

고용허가제도는 외국인 근로자가 노동허가를 취득하고 고용허가를 취득한 국내 사업체에 고용되면 내국인 근로자와 동등한 지위를 부여받으며 국내의 노동관계법령을 적용 받을 수 있는 제도이다.

위의 고용허가제도에 관한 법안들도 외국인 근로자에게 국내 노동법이 적용됨을 명시하고 있으나 노동3권의 보장에 있어서는 분명하지 않다.

노동부의 입법안이나 정부의 태도는 외국인 근로자에게 노동관계법령을 적용시키더라도 노동3권은 제한한다는 의지를 분명히 표현하고 있다[31] 노동부 입법안 이외에 의원입법안의 경우도 외국인 근로자에 대

---

30) 노동부 1996. 10. 외국인 노동자도입제도 개선방안.
31) 노동부는 입법안에서 외국인은 국내 근로자와 달리 입국시 단기계약을 체결하고 , 성실히 근로할 경우 계약기간을 1년단위로 연장케 함으로써 근로조건 등과 관련한 쟁의행위를 할 수 있는

하여 노동3권이 보장되는지에 대해서 애매한 태도를 보이고 있다.

외국인 노동자 인권보장과 상담지원활동 탄압 저지를 위한 공동대책위원회의 청원서에서는 외국인 근로자에 대하여 외국인 근로자라는 이유만으로 내국인 근로자와 차별적인 처우를 금지(법안 제12조)하고 외국인 근로자에게도 근로기준법, 최저임금법, 노동조합법, 노동쟁의조정법, 산업재해보상보험법, 산업안전보건법 등 내국인 근로자에게 적용되는 모든 노동관계법령이 적용된다(법안 제10조)고 명시하여 외국인 근로자의 노동3권 보장을 분명히 하였다. 그러나 이재오 의원(외)의 「외국인근로자고용법안」과 방용석 의원(외)의 「외국인근로자고용및보호에관한법률안」에서는 외국인 근로자에 대한 내외국인 차별금지조항[32]을 명시하였으면서 노동관계법령의 적용에 있어서는 노동조합법이나 노동쟁의조정법[33]의 적용을 명시하고 있지 않다.

이재오 의원(외) 법안의 경우 제18조(다른 법률의 적용)제1항에서 "이 법에 의하여 대한민국에 고용된 외국인 근로자는 근로기준법, 최저임금법, 산업안전보건법, 산업재해보상보험법 및 의료보험법의 적용을 받는다."라고 규정하고 있으며, 방용석 의원(외) 안은 제17조(법령의 적용)에서 "이 법에 의하여 대한민국에 소재하는 사업 및 사업장에 고용된 외국인근로자는 근로기준법, 최저임금법, 산업재해보상보험법, 산업안전보건법 및 의료보험법의 적용을 받는다."라고 명시하고 있다.

이렇게 각 법안들이 외국인 근로자의 국내 근로자와 동등한 지위보상을 주장하면서 노동3권에 대해서는 유보적인 입장을 취하는 이유는 고

여지가 거의 없다고 보며, 계약갱신과 관련된 쟁의행위를 금지하고 있다(1996. 10. 노동부 「외국인 근로자 도입제도 개선방안」), 재정경제원의 1997. 5. 22. 「외국인력적정관리방안」에서 고용허가제도를 도입하여 취업을 합법화하고 정식근로자로 활용하고, 외국인 근로자의 기본적 노동권을 보장하되 단체행동권은 제한하는 보완장치를 마련.

32) 이재오 의원(외)안 제17조(차별금지) "사업주는 외국인 근로자라는 이유로 임금·근로시간 등 근로조건에 있어서 내국인 근로자와 차별대우를 하여서는 아니된다"고 규정하고 있고, 방용석 의원(외) 안 제18조(차별적 처우금지) 제1항에서 "사용자는 외국인 근로자라는 이유로 내국인 근로자와 차별적 처우를 하여서는 아니 된다."고 규정하고 있다.

33) 노동조합법 및 노동쟁의조정법은 노동조합및노동관계조정법으로 통합변경되었음.

용허가제도를 반대하는 경영계의 주된 반대이유가 고용허가제도를 도입하면 외국인 근로자에게도 노동3권을 인정하게 됨으로써 외국인 근로자의 집단행동, 노조설립 등으로 인해 산업현장에 새로운 불씨가 될 수 있다고 주장하고 있기 때문이다.

그러나 외국인 근로자의 노동3권은 법령에 명시가 되어 있지 않더라도 헌법상 보장된 권리로서 이를 제한하거나 유보할 수 없으며 단지 헌법 제33조 제3항(법률이 정하는 주요방위산업체에 종사하는 근로자의 단체행동권은 법률이 정하는 바에 의하여 이를 제한하거나 인정하지 않을 수 있다)이나 헌법 제37조 제2항에 의한 기본권제한의 법리에 의해서만 제한할 수 있다고 본다.

5. 국내 사업주의 부담 가중

지금까지 논의한 산업기술연수제도와 고용허가제도여부의 핵심은 저임의 외국인 근로자를 활용하도록 하여 국내 영세기업체의 인건비 부담을 줄여야 한다는 실리적인 측면과 외국인 근로자를 국내 근로자와 동등하게 대우해 주어야 한다는 명분적인 측면에 대한 흑백논쟁에 불과하다.

하여간 고용허가제도를 도입하면 국내의 외국인 고용사업주는 임금이외에 연·월차수당을 포함한 각종 법정수당[34]을 추가로 지급하게 됨은 물론 1년을 초과하는 계속근로연수에 대하여 퇴직금을 지급하여야 하고 회사의 취업규칙 등의 규정에 의해 지급하는 상여금도 국내 근로자와 차별 없이 지급하여야 함으로써 인건비가 상승함은 기정사실이다. 뿐만

---

34) 현재 외국인산업기술연수생의 경우도 연장수당, 야간수당, 휴일수당 등 기본적인 법정수당은 지급하고 있다.

아니라, 외국인 근로자의 연간임금총액의 20%[35]를 고용분담금으로 정부에 납부하여야 한다.

위의 서론에서 언급하였듯이 1996년말 고용허가법안을 상정할 당시는 우리나라 경제규모가 세계11위를 차지하고 1인당 GNP가 1만 달러를 넘어섰으며 OECD 가입을 한 시점에서 이미 선진국에 도달한 착각 속에서 우리경제의 실리는 망각하고 국제적인 체면과 명분에 사로잡혀 외국인 근로자의 추상적인 인권보호 측면에만 치우친 법안이라고 할 수 있다. 그러나 도의적인 측면에서 뿐만 아니라 산업기술연수생에 대하여 대법원이 근로자로 인정한 이상 이제 더 이상 외국인 근로자가 산업기술연수생이란 명목으로 인권이나 근로의 권리를 침해 당해서는 안 된다.

따라서 실리와 명분을 놓고 어느 하나만을 최고의 가치로 선택하기보다는 어려운 국내 영세업체의 부담을 완화하면서 외국인 근로자의 인권이나 근로의 권리도 함께 보장할 수 있는 공동의 가치를 모색해야 할 것이다.

6. 구조적인 문제점의 상존

위에서 검토한 고용허가법안들의 또 하나의 공통점은 외국인력을 도입함에 있어 국내 중간조직을 배제하고 국가기관이나 비영리 기관이 송출국의 국가기관이나 공공단체를 통하여 직접 도입한다는 것이다.[36] 모든 법안이 이렇게 국가기관을 통하여 모집하도록 하고 있는 것은 우리

---

35) 이재오 의원(외) 의 입법안은 임금총액의 20% 범위안에서 고용분담금을 납부하도록 명시하고 있으나 노동부안이나 방용석 의원(외)의 법안은 고용분담금은 국내경제상황, 산업별 인력수급 사정을 고려하여 심의위원회의 심의를 거쳐 노동부 장관이 결정·고시하도록 하고 있다.

36) 이재오 의원(외) 법안 제9조(외국인 근로자의 모집) 제1항은 "고용허가를 받은 사업주는 외국인 근로자를 대한민국밖에서 직접 모집하거나 대통령령이 정하는 공익단체 또는 비영리법인을 통하여 모집하여야 한다." 제2항 "제1항의 규정에 의하여 외국인 근로자를 대한민국밖에서 직접

나라 연수제도 도입초기에 민간알선업체의 과당경쟁으로 인한 부작용을 의식하였기 때문이라고 생각된다.

이러한 취지에서 정부는 민간알선업자들을 완전히 배제하고 비영리 공익단체인 중소기업협동조합중앙회를 전문창구로 활용하여 외국인을 도입하게 되었다. 그러나 실증적인 경험에 의하면 이러한 국가기관이나 단체가 독점함으로써 엄청난 비효율이 발생하고, 외국 송출국가의 경우도 마찬가지로 국가기관이나 단체에 독점적인 송출권한을 부여함으로써 송출수수료에 있어서 독점가격을 형성하게 되어 과다한 비용을 징수하고 자국 내에서 송출기관으로 선정 받기 위한 송출기관의 로비에 의해 자국 정부가 유착하는 등 역시 엄청난 부조리와 부작용이 발생하고 있다.

과거 민간알선 대행기관들이 외국인력을 도입하는 경우 서로 신속하게 외국인력을 도입하기 위하여 출입국관리공무원에게 급행료를 지급하는 등 부작용이 비일비재하였으나, 각 대행회사별로 외국의 송출기관을 정하여 개별적으로 도입하게 되면서부터 업무가 분권화 되어 신속하게 이루어지고 산업기술연수생의 선발에 있어서 국내 연수업체들의 요구가 제대로 반영될 수 있었다는 점에서 긍정적인 측면을 지니게 되었다.

또한 법안의 내용 중에는 이와 같이 국가기관을 통하어 모집하거나 국내업체가 직접 모집[37]할 수 있도록 하고 있는데, 국내 기업체가 몇 명의 외국인 근로자를 선발하기 위하여 외국에 직접 선발인원을 보낸다는 것은 불가능하며, 이 경우 역시 국내 사업주의 입장에서는 민간대행기관에 위탁을 주는 것이 시간과 경비를 줄일 수 있을 것이다. 이렇게 되면

모집하고자 하는 자는 당해 외국인 근로자의 송출국가의 국가기관 또는 그 국가가 인정하는 기관을 통하여 모집하여야 한다." 방 용석 의원(외) 법안 제11조(외국인 근로자의 모집) 제1항은 "고용허가를 받은 사용자는 대통령령이 정하는 공공기관 또는 비영리법인을 통하여 외국인 근로자를 모집하여야 한다." 제2항 "제1항의 규정에 의하여 외국인 근로자를 모집하려는 공공기관 또는 비영리 법인은 상대국의 국가기관 또는 상대국의 국가가 인정하는 기관을 통하여 외국인 근로자를 모집하여야 한다."

37) 이 재오 의원(외) 입법안(제9조)과 노동부 법안은 국내 사업주가 직접 모집하거나 국가기관 또는 비영리법인을 통하여 모집하도록 하고 있다.

민간대행기관이 자연발생적으로 시장의 수요에 의해 생겨나게 되며 이
들이 과당경쟁을 하게 되어도 처벌규정을 둘 수 없게 된다.
　따라서 고용허가제도의 경우에도 국가기관의 독점적인 운영형태로는
현재의 중소기업협동조합중앙회를 통한 산업기술연수제도상의 송출기
관의 선정을 둘러싼 잡음이나 독점으로 인한 비효율성의 부작용같은 구
조적인 모순점을 해결할 수 없다고 본다.

3. 외국인 근로자의 법적 지위 및 개선에 대한 제안

개선의 기본방향

지금까지 우리나라의 외국인력제도 중 특히 산업기술연수제도의 문제점에 대하여 알아보았다.

현재 실시하고 있는 산업기술연수제도가 외국인 근로자를 산업기술연수생의 신분으로 대우함으로써 근로자로 인정받지 못하여 노동관계법이 적용되지 못하였기 때문에 국내 근로자에 비하여 낮은 임금 등의 차별 대우나 인권탄압 및 노동착취 등의 부작용이 심각하였다. 따라서 이에 대한 개선이나 대안으로 고용허가제도가 논의되기 시작하였으며 현행 산업기술연수제도를 유지할 것인가 고용허가제를 도입할 것인가를 놓고 사업주단체와 학계·법조계가 뜨겁게 논쟁을 벌여왔다. 또, 정부 내에서도 부서별로 이해가 상반되어 통상산업부나 법무부는 기존의 산업기술연수제도를 고수하고 노동부는 고용허가제의 도입을 주장하여 왔다.

산업기술연수제도를 계속 유지할 것인가, 아니면 고용허가제도를 도입할 것인가의 핵심 쟁점사항은 국내 기업체의 부담을 줄이는 실리추구인가, 아니면 외국인 근로자에게 국내 노동법을 적용시켜 국내 근로자와 동등한 대우를 해주므로써 국제사회의 비난을 피해보기 위한 명분인가로 볼 수 있다.

산업기술연수제도를 계속 유지하자는 측의 입장은 고용허가제도를 도입하면 외국인 근로자에게 노동법을 적용시키게 됨으로써 외국인 근로자의 임금을 국내 근로자와 동일하게 지급하여야 할 뿐만 아니라 연·월차수당 및 상여금, 퇴직금 등 법정제수당을 모두 지급해야 하므로 국내 기업체의 인건비 상승을 초래할 뿐만 아니라, 고용분담금, 귀국보증금 등을 추가로 납부해야 하므로 국내 기업체의 경제적 부담이 가중된다는 것이다.

또한 외국인 근로자에게 노동3권을 부여할 경우 국내 근로자와 연대하여 임금인상운동을 하거나 노동운동의 빌미를 제공하는 계기가 되어 단체행동을 통하여 노사관계의 불안 및 생산성 저하 등을 야기할 우려가 있다는 것이다.[38]

이에 비해 고용허가제도의 도입을 주장하는 측은 현행 연수제도하에도 이미 산업기술연수생에 대하여 국내 노동관계법령을 대부분 적용시키고 있고, 산업기술연수생의 임금수준도 이들의 생산성보다 상회하는 임금[39]을 지급함으로써 고용허가제도를 도입한다고 하여도 추가적인 임금상승은 없으므로 고용허가제도를 도입하여 외국인 근로자에게 노동법을 적용하여 국내 근로자와 동등한 대우를 해주므로써 국제사회로부터 비난을 받을 필요가 없다는 것이다. 노동3권에 대해서는 외국인 근로자의 경우 대부분 3년 이내의 계약으로 입국하고 1년마다 계약갱신을 함으로써 사실상 이들이 노동조합활동을 하기가 불가능하다는 것이다.[40]

결론적으로 말하면 산업기술연수제도에 비하여 고용허가제도가 도입될 경우 국내 기업체의 부담이 증가하는 것은 엄연한 사실이다. 고용허가제도의 도입논의가 한창이었던 시기는 우리나라 국민 모두가 1인당 국민소득 1만 달러를 달성하고 OECD 가입을 앞둔 상황에서 선진국의 문턱에 다가선 것처럼 들떠있던 시기로 우리 기업체의 어려운 입장보다는 외국인 근로자의 보호에 더 많은 관심을 가지고 논의했다고 볼 수 있다. 그러나 우리는 그 이후 IMF를 맞이하여 국익 앞에서 냉혹한 국제현실을 경험하였고 어려운 국내 경제상황으로 인해 수많은 기업체가 도산하게 되었다. 이러한 국가경제와 기업체의 어려운 경제상황은 과거에

---

38) 중소기업협동조합중앙회, 『외국인 근로자 고용법안에 대한 중소기업계 의견』, 1996. 10., 9면.
39) 재정경제원, 1997. 5. 22., 『외국인력의 적정 관리방안』의 외국인산업기술연수생 실태조사 결과보고에 의하면 외국인 산업기술연수생 임금은 65~70만원으로 국내 근로자의 80% 수준인 반면 생산성은 국내 근로자의 72%에 불과한 것으로 나타났다.
40) 노동부, 『외국인근로자 도입제도 개선방안』, 1996. 10., 58면.

고용허가제도를 논의하던 시기와 비교한다면 모든 기초전제조건이 바뀌었다고 볼 수 있다.

따라서 현시점에서 외국인력제도의 개선방향도 과거와 같이 국내 기업체나 사업주단체의 주장보다는 외국인 근로자의 인권보호 측면에 치우쳤던 태도를 지양하고 외국인 근로자와 국내 근로자의 동등한 지위보장을 원칙으로 하면서 동시에 국내 기업체의 부담도 가중되지 않는, 즉 실리와 명분이 균형을 이룬 조화로운 시각에서 다루어져야 한다고 본다.

외국인 산업기술연수생의 법적 지위 개선방안

1. 외국인 산업기술연수생의 보호 및 관리에 관한 법률의 제정

그 동안 아무런 법률의 근거규정없이 시행되고 있는 외국인력 도입제도와 관련한 법률의 제정을 놓고, 고용허가제도를 도입할 것인가 아니면 현재의 산업기술연수제도를 유지할 것인가에 대해 끊임없는 논쟁을 벌여왔다. 그러나 1996년 12월 12일과 1997년 12월 13일 출입국관리법의 개정 및 신설로 동법 제19조(외국인을 고용하는 자의 신고의무),[41] 동법 제19조의2(산업산업기술연수생의 보호등),[42] 동법 제19조의3(산업기술연수생의 관리등)[43]에서 산업기술연수생의 도입과 관리에 대한 근거규정을 명문화함으로써 이 문제는 일단락되었다고 볼 수 있다. 그러나 출입국관리법상 산업기술연수생의 보호와 관리에 대한 규정은 체류관리 측면에서 본 규정으로써 이에 상응하는 외국인 근로자의 노동을 보호한다는 관점에서 노동법상의 근거규정이 마련되어야 할 것이다.[44]

지금까지 법원은 산업기술연수생에 대해서 근로자성을 인정했다고 해

---

41) 출입국관리법 제19조 제2항 "제1항의 규정은 외국인에게 산업기술을 연수시키는 업체의 장에 대하여 이를 준용한다"고 규정하고 있다.

42) 출입국관리법 제19조의2 제1항 "정부는 제10조의 규정에 의하여 산업연수활동을 할 수 있는 체류자격을 가지고 지정된 산업체에서 연수하고 있는 외국인의 보호를 위하여 필요한 조치를 하여야 한다"제2항 "제1항의 규정에 의한 산업체의 지정에 관하여 필요한 사항은 대통령령으로 정한다(본조 신설 1997. 12. 12.)"라고 규정하고 있다.

43) 출입국관리법 제19조의3 제1항 "법무부 장관은 산업기술연수생의 연수장소 이탈, 연수목적외의 활동 기타 허가된 조건의 위반 여부 등을 조사하여 그 외국인의 출국 등 산업기술연수생의 관리에 필요한 조치를 하여야 한다"제2항 "제1항의 규정에 의한 산업기술연수생의 관리 및 산업기술연수생의 입국과 관련된 모집에 관하여 필요한 사항은 대통령령으로 정한다"제3항 "법무부 장관은 산업기술연수생으로서 대통령령이 정하는 요건을 갖춘 자(연수 취업자)에 대하여 취업활동을 할 수 있도록 그 체류자격 변경허가를 할 수 있다. 이 경우 연수취업자의 관리에 관하여는 제1항 및 제2항의 규정을 준용한다(본조 신설 1997. 12. 13.)"라고 규정하고 있다.

44) 1998년 5월 2일 현재 법무부 훈령에 의해서 변칙적으로 유지되어 오던 산업기술연수제도를 출입국관리법에 의해서 법적 근거를 마련하였으나, 외국인력활용제도의 본질적인 개선에 근접하고 있지 못하였다. 하경효 외, 앞의 책, 2면, 95~97면.

서 산업기술연수생에게 국내 노동법을 전면적으로 적용할 수 있다고는 볼 수 없다. 그러므로 산업기술연수생이나 연수취업자에 대한 국내 노동법의 적용범위나 규제 및 관리에 대한 법률적 근거를 시급히 마련해야 할 것이다.

외국인 산업기술연수생의 보호와 관리에 관한 법률을 제정함에 있어서 외국인 산업기술연수생의 지위와 보호, 도입 및 관리제도, 효율적인 운영 등으로 구성하여 산업기술연수생에게 적용되는 노동법 등 관계법률의 범위와 시행기관의 설치근거, 도입경로 및 규제 등을 정확히 명시해야 할 것이다.

2. 산업기술연수제도의 축소

위에서 언급하였듯이 그 동안은 현재의 산업기술연수제도를 계속 유지할 것인가 아니면 고용허가제도를 도입할 것인가에 대해 많은 논쟁을 벌여왔다. 그러던 중에 뜻하지 않은 IMF 위기를 맞이하여 이에 대한 논의와 관심이 주춤하였다. 그러나 법무부는 이와 같은 여론의 무관심 속에서 1996년 12월 12일과 1997년 12월 13일 출입국관리법 개정시 이에 대한 공청회 등 여론수렴 과정없이 일방적으로 산업기술연수제도를 법률에 명시하여, 이제 산업기술연수제도는 과거와는 달리 법률적 근거를 갖게 된 우리나라의 공식적인 외국인력도입제도로 자리를 잡게 되었다. 그러나 산업기술연수제도가 법률로 근거를 갖게 되었다고 하더라도 산업기술연수생의 노동법상의 지위와 관리에 대한 법적 근거는 여전히 마련되지 않고 있는 실정이다.

그 동안 산업기술연수생의 법적 지위에 대한 판례를 보면, 국내 근로자와 동등한 지위가 보장될 것을 요구하고 근로자의 지위를 인정해 왔다. 따라서 산업기술연수생에 대하여 근로자의 지위가 인정되어 국내 근로자와 동등하게 노동관계법이 적용되고 있는 현 시점에서, 산업기술

연수생을 근로자로 인정하지 않는 것을 전제로 하는 산업기술연수제도
는 이제 더 이상 그 제도를 유지해야 할 정당성을 상실하였다고 본다.

따라서 현재의 산업기술연수제도는 외국의 기업과 합작관계가 있는
경우 등 순수한 범위 내에서만 제한적으로 인정하고, 단순기능인력의
공식적인 도입창구로 활용해서는 안 된다. 즉 단순외국인력 도입창구로
활용되는 산업기술연수제도는 장기적으로 축소되어야 할 것이다.

3. 현행 산업기술연수생 파견제도의 개선

위에서 언급한 것처럼 산업기술연수제도의 축소나 폐지가 장기적인
개선방안이라면, 여기서는 현재 운영되고 있는 산업기술연수제도의 시
급한 개선방안을 검토해 본다.

현재 산업기술연수생 파견제도는 직업안정법이나 출입국관리법 등과
의 충돌을 피할 수 있을 뿐만 아니라, 산업기술연수제도의 본질에 상응
하고 근로조건의 결정에 탄력적으로 대응할 수 있다는 장점이 있는 반
면, 법률관계가 지나치게 복잡하고 파견사업주인 송출기관은 외국의 회
사로서 통제 불가능한 것이 단점이다.

산업기술연수생의 법률관계가 연수파견의 지위에 있게 되나, 여기에
대해서는 국내법이나 국제사법·국제규약 등 규범적 근거가 전혀 마련
되어 있지 않으며, 중소기업협동조합중앙회의 연수표준계약이 유일한
규범적 근거가 되고 있다.

특히 산업기술연수생의 관계에 있어서 표준계약상 파견사업주의 지위
에 준하는 자격을 갖고 각종 책임과 의무를 부담하고 있는 송출기관이
국내법의 적용범위에 들어오지 않는 외국 국가기관이나 회사이기 때문
에 이들을 통제할 수 없다는 것이 결정적인 하자이다. 물론 산업기술연
수제도를 운영하고 있는 중소기업협동조합중앙회가 송출기관을 선정하
는 지위를 바탕으로 이들을 어느 정도 통제할 수는 있지만, 그렇지 않은

경우에는 유일하게 표준계약이라는 사법상의 계약으로 이행을 담보할 수밖에 없다.

표준계약은 계약내용의 이행확보를 위해 산업기술연수생 추천관련기본계약서(표준계약서 A-C) 제24조(중재위원회의 활용) 제4항에서 "당사자간 분쟁을 자율적으로 해결할 수 없는 경우 외국인연수중재위원회 또는 대한상사중재위원회의 중재로써 해결한다"고 규정하고,[45] 제26조(준거법 및 관할)에서 "본 계약에 관련하여 또는 본 계약으로 인하여 발생되는 모든 분쟁의 해결은 대한민국법령에 의거하여 대한민국내에서 해결한다"고 규정하여[46] 표준계약당사자가 계약 불이행으로 인한 경우에는 국내에서 해결할 수 있도록 하여 이행의 확보를 하고자 하였다.

그러나 이것은 국내에서 연수업체와 산업기술연수생 및 송출기관의 관계에서만 유효할 뿐, 산업기술연수생과 송출기관과의 관계, 즉 산업기술연수생의 보호 및 송출과정에서 가장 큰 문제가 되는 송출수수료의 과다징수 등 송출국가에서 일어나는 사항에 대해서는 실효성이 없다.

따라서 이러한 연수파견제도상의 파견사업주를 규제하여 이들에 대해 계약상의 의무이행을 확보하기 위해서는 첫째, 양국 정부간 산업기술연수생의 송출과 관련된 쌍무협정을 체결하여 송출기관이 협정내용을 위반한 경우 송출국의 국내법에 의해 처벌할 수 있게 해야 한다.

둘째, 궁극적으로는 산업기술연수생의 파견·공급을 국내 기업체나 중소기업협동조합중앙회 등 국내 단체들이 할 수 있도록 하여 이들이 국내법의 적용범위에 들어오도록 해야 한다.

그러기 위한 구체적인 방법으로는 외국인 연수파견제도의 경우도 『파견근로자의보호등에관한법률』을 적용시키는 것을 검토해 볼 수 있다. 그러나 정부가 시행기관에 대하여 파견사업을 할 수 있는 허가를 내주

---

45) 이와 동일한 내용은 표준계약 B - C 제20조(중재위원회의 활용) 등 각종 표준계약에 명시되어 있다.
46) 이와 동일한 내용 역시 표준계약 B - C 제23조(준거법 및 관할) 등 각종 표준계약에서 명시되고 있다.

면 가능하지만 현행 파견법에서는 제조업체에 대한 파견을 모법에서 금지[47]하고 있다. 그러므로 제조업을 주요 대상으로 하고 있는 현재의 산업연수제도는 동법과 충돌을 일으켜 그대로 적용될 수 없다. 따라서 동법의 내용 중 외국인 근로자 파견에 관한 예외조항을 신설해야 할 것이다.

그러나 장래 산업기술연수생의 도입이 서비스업종까지 확대되거나, 현재에도 전문직 외국인력의 경우 노동부의 파견사업에 대한 허가만 얻으면 가능하다고 본다. 이외에 중소기업협동조합중앙회나 산업기술연수생을 도입하는 기관을 직업안정법 제33조의 근로자 공급사업자로 인정하여 외국인력을 도입시킬 수 있다. 그러나 이 경우에도 현재 동법 시행령 제33조 제2항 제1호에 의해 국내 공급사업의 경우 노동조합법에 의한 노동조합만이 할 수 있도록 되어 있으므로[48] 외국인 근로자의 공급에 대하여 예외조항을 신설해야 한다.

현재 파견근로자의보호등에관한법률과 직업안정법을 적용시키는 것보다 가장 바람직한 개선은 위에서 언급하였듯이 외국인 산업기술연수생의 지위와 보호, 도입 및 관리제도, 외국인 산업기술연수생에 적용되는 노동법 등 관계법률의 범위와 시행기관의 설치근거, 도입경로 및 규제 등을 명시한 별도의 체계적인 법률을 제정하여 운영하는 것이라고 여겨진다.

---

47) 파견근로자보호등에관한법률 제5조(근로자파견대상업무) 제1항은 "근로자 파견사업은 제조업의 직접 생산공정업무를 제외하고 전문지식·기술 또는 경험 등을 필요로 하는 업무로서 대통령령이 정하는 업무를 대상으로 한다"라고 규정하고 있다.

48) 현행 근로자파견법이나 직업안정법은 외국인 근로자의 파견이나 직업소개 및 근로자 공급사업에 대하여 침묵하고 있으며, 이러한 규율불비에 대해서 세 가지로 해석이 가능하다. 즉 첫째, 인력수입형 자체를 금지하는 것, 둘째, 인력수입형을 완전히 허용하는 것, 셋째, 수입형에 대해서는 규율흠결을 보충해야 하는 것으로 해석 할 수 있다. 외국인 산업기술연수생이 파견법이나 직업안정법의 적용대상이 되는가에 관한 판례에 대해서는 앞의 '직업안정법상의 위반문제' 참조.

4. 노동허가제도의 도입

산업기술연수제도는 여러 가지의 결함에도 불구하고 지불능력이 취약한 중소기업에 저임금 노동력을 제공하고 또한 저개발국 기능인력을 훈련시키는 등 경제적 기능면에서 긍정적인 측면도 부인할 수 없다. 그러나 외국인력의 활용은 도입 초기 제조업 분야에서 현재 건설업, 농어업, 서비스업 등 광범위한 분야에서 요구되고 있기 때문에, 외국인 산업기술연수생에 대한 근로자성의 인정 등 산업기술연수제도를 초기 도입형태로 계속 유지하는 것은 한계점에 다달했다고 볼 수 있다.

따라서 장기적으로는 외국인 근로자에 대하여 근로자의 지위를 인정하지 않고 다만 산업기술연수생이라는 명목으로 외국인력을 활용하고 있는 산업기술연수제도는 폐지되거나, 순수한 기술연수 등 제한적인 범위 내에서 운영되어야 한다. 또한 단순기능인력의 활용은 외국인 근로자에 대하여 국내 근로자와 동등한 지위를 인정하고, 국내 노동관계법을 적용하는 것을 원칙으로 하는 고용허가제의 도입이 바람직하다고 본다.

고용허가제도는 외국인력을 고용하고자 하는 사업주가 정부로부터 허가를 받는 경우에 한해서 외국인의 고용을 인정하는 제도로써 이 경우 고용허가를 얻은 사업주에게 고용된 외국인 근로자는 국내 근로자와 동등한 대우를 보장받게 된다.

이 고용허가제도는 국내 사업주에게 고용허가를 받도록 하는 이외에 외국인 근로자에 대하여는 노동허가를 요구하는 경우도 있으며, 외국인 근로자에게 노동허가만을 요구하는 경우가 있다.

전자와 후자를 구분하여 전자를 「고용허가제도」라고 하고 후자를 「노동허가제도」라 한다.

고용허가 내지 노동허가제도의 중요한 요소는 외국인 근로자가 취업자격을 입국 · 체류자격과 분리하는 데 있다. 출입국관리법에 의해 외국인이 국내에 입국 및 체류할 수 있는 자격이 부여되더라도 취업을 할 수 있는 자격을 곧바로 부여받는 것이 아니라, 별도의 판단에 의해서 노동시장에 접근할 수 있는 권리가 부여된다.

고용허가제도와 노동허가제도는 입국 및 체류정책으로부터 노동시장 정책을 분리하는 점에서는 공통된다. 그러나 고용허가제도는 사용자의 자격요건에 대한 규제를 하기 때문에, 사용자가 근로조건을 준수할 수 있는지를 심사한다. 사업주가 유령사업체를 운영하는 것은 아닌지, 기숙사 등은 구비되어 있는지 등을 확인할 수 있다. 반면 노동허가제도는 외국인 근로자에 대한 규제를 하기 때문에, 외국인 개인사정을 감안하여 허가를 내릴 수 있다.

특히 근로자의 체류연수, 가족, 연령, 출신국에 따라서 규제를 달리해야 하는 경우에는 노동허가제가 적절하다.[49]

대만의 경우에는 사업주가 정부로부터 고용허가를 받고 외국인 근로자를 입국시킨 후 사업주의 신청으로 중앙주무기관에서 발급하는 노동허가를 받도록 하고 있다.

우리나라에서도 1996년 9월에 발의된 4개의 고용허가제도에 관한 입법안[50]을 보면 「외노협 보호법안」[51]의 경우만 '노동허가제'의 도입을 제안했고 나머지 3개 법안은 모두 사업주에 대한 '고용허가'와 외국인 근로자에 대한 '노동허가'를 요구하고 있다. 반면에 독일과 싱가포르의 경우는 노동허가제도를 시행하고 있다.

고용허가제도를 도입하는 경우 외국인 근로자에게는 노동허가를 받도록 하고, 내국인 사업주는 고용허가를 받도록 하는 것이 바람직하다고 본다. 그러나 우리나라의 경우에는 다음과 같은 이유로 사업주에 대해

---

49) 최홍엽, 앞의 책, 110~114면.

50) 고용허가제 법안은 이재오 의원(외 다수)의 「외국인 근로자 고용법안」, 방용석 의원(외 다수)의 「외국인 근로자 고용 및 보호에 관한 법률안」, 박형규 목사 외 5만 6,511명이 청원한 「외국인 노동자 보호법 제정을 위한 청원서」, 노동부의 입법안 등 4개의 법률안이 1996년 9월 국회에 상정되었으나 처리되지 않았다.

51) 외국인노동자 인권보장과 상담지원활동 탄압저지를 위한 공동대책위원회의 '외국인 노동자 인권보장 기독교 대책본부'(청원자 : 대표 박형규 목사 외 5만 6,511명)가 청원한 「외국인 노동자 보호법 제정을 위한 청원서」를 의미한다.

서는 고용허가를 받도록 하고, 외국인 근로자에게는 노동허가를 받도록 하는 고용허가제도의 도입보다는 외국 인근로자에 대한 노동허가제도의 도입이 보다 적합하다고 본다.

첫째, 고용허가제는 외국인 근로자에게 지나치게 불리한 수요자독점(monoposony)이므로, 고용허가제도는 일단 외국인 근로자가 고용계약을 체결하면 그 고용장소를 이탈했을 경우 바로 불법취업이 된다. 따라서 외국인 근로자의 권익이 지나치게 침해받을 소지가 많다. 또한 고용허가제는 사업주에게 허가를 내주는 제도로서, 사업주들로부터 반발을 살 소지가 많다. 정부가 외국인력을 도입하기로 했으면 정부는 총 도입량만 규제하면 되고, 기업별 배분에 관해서는 일정한 기준만 세우면 되지, 기업별 배분에까지 관여한다는 비판을 면하기 어렵다. 그리하여 외국에서는 대부분 고용허가제도가 아닌 노동허가제도를 실시하고 있다.

고용허가제도를 실시하는 대만에서도 행정부가 일일이 배분하는 것에 대해서 민간기업의 불만과 시정요구가 끊이지 않고 있다.[52]

이러한 고용허가제도는 외국인 근로자가 노동허가를 받았더라도 사업주가 고용허가를 받지 않고 고용하거나, 일단 고용된 후에 고용계약의 내용이 실제와 다르거나, 노무제공관계에서 고용주에 의해 부당한 행위가 발생하여도 고용주가 사업장 변경허가신청을 노동부에 해주지 않으면 외국인 근로자는 이를 감수할 수밖에 없고, 만약 고용주의 변경허가 없이 임의로 사업장을 옮기면 불법체류가 되어 외국인 근로자에게 불리하게 된다. 이러한 이유로 독일에서는 초기에 고용허가제도를 도입하였다가 후에 노동허가제로 변경하였으며, 일본의 경우 고용허가제도를 도입하지 않는 이유 중의 하나가 고용계약이라는 사법상의 계약에 대해 국가가 일일이 허가를 해주는 고용허가제도는 내·외국인 평등에 반하여 국제인권규약 및 일본국 헌법정신에 위반된다는 것이다.[53]

---

52) 남성일, 앞의 책, 143~146면.
53) 중소기업협동조합중앙회, 『중소기업계 의견』, 1996. 10., 5면.

노동허가제도를 실시하더라도 외국인 근로자의 근로조건이 계약내용과 현격하게 차이가 난다든지 하는 정당한 사유가 있는 경우에 한해, 외국인 근로자의 신청에 의해 직장이동을 할 수 있게 함으로써 외국인 근로자가 임의로 사업장을 옮기는 것을 방지할 수 있다고 본다. 노동허가제도의 경우에도 노동허가상의 취업장소에서 고용되는 것이며, 위와 같은 사유 이외에 임의로 사업장을 옮기게 되면 출입국관리법상의 불법체류[54]에 해당하게 되는 것은 고용허가제도와 마찬가지이다.

둘째, 고용허가제도의 경우 사업주가 고용허가를 받아야 하는 한편 외국인 근로자는 노동허가를 받아야 되므로 절차가 번거롭다.

특히 우리나라의 경우 1996년 9월 고용허가제도 입법안들 대부분이 고용허가와 노동허가를 동시에 받도록 하고 있다. 따라서 외국인 근로자를 고용하기 위해서는 노동부의 '고용허가' 와 '노동허가' 및 법무부의 '입국허가' 와 '체류허가' 를 받아야 하므로, 절차가 번잡하여 외국인력을 도입하는 국내 기업체에 부담을 가중시킴은 물론 필요한 인력을 적기에 도입하기가 어렵다는 것이 국내 기업주들의 주장이다.[55]

고용허가제도를 도입하는 것은 외국인 근로자의 고용을 희망하는 국내 기업체들의 자격을 심사하는 제도로써 이것은 고용허가제도뿐만 아니라 현재의 산업기술연수제도하에서도 산업기술연수생의 신청자격을 정해놓고 이에 적합한 기업체만 산업기술연수생을 활용할 수 있으므로 무분별한 도입을 규제하고 있다.

따라서 노동허가제도를 도입하는 경우에도 노동허가를 외국인 근로자가 신청하는 것이 아니라, 외국인 근로자의 고용신청 자격을 정해 놓고 국내 기업주들이 외국인 고용신청을 할 때 노동허가도 함께 신청할 수 있도록 하여 절차의 번잡성을 줄이면 사실상 고용허가제도를 운영하는 것과 동일한 효과를 거둘 수 있다.

---

54) 우리나라 출입국관리법은 제18조 제2항에서 체류자격을 가진 외국인의 경우라도 지정된 근무처 외에서는 근무할 수 없도록 규정하고 있다.
55) 중소기업협동조합중앙회, 앞의 책, 1996. 10., 4면.

이렇게 노동허가제도를 도입하여도 현행 출입국관리법에서 취업활동을 할 수 있는 취업자격을 부여받은 경우에도 반드시 지정된 취업장소에서 취업을 해야 하므로 불법체류의 문제는 생기지 않는다. 즉, 외국인 근로자가 노동허가를 받더라도 반드시 체류자격상 지정된 취업장소에서 근무해야 하므로 사업주에게 고용허가를 하지 않는다고 하여 아무 사업장에나 임의로 취업할 수 없기 때문에, 고용허가제도와 동일한 효과로 불법체류자를 규제할 수 있다.

이 제도는 현재 독일에서 외국인 근로자에 대해 '노동허가' 와 '체류허가' 를 얻게 하는 것과 동일한 것이다.[56] 이렇게 함으로써 외국인 근로자의 직접적인 수요자인 국내 기업주들이 고용허가제도의 도입을 반대하는 이유 중의 하나인 절차의 번잡성과 이로 인한 비용부담의 증대라는 비난을 피하고 고용허가제도와 동일한 효과를 얻을 수 있다.

또한 노동허가제도 도입하는 경우에도 국내 사업주의 부담완화를 위해 고용분담금제도를 도입하지 않는 것이 바람직할 것이다.[57]

5. 외국인 근로자의 동등한 대우

1) 외국인 근로자의 동등한 대우 및 노동3권 보장

고용허가제도의 도입은 결국 외국인 근로자를 국내 근로자와 동등하게 대우해주자는 것이다. 따라서 고용허가제도를 도입하는 경우 외국인

---

56) 남성일, 앞의 책, 145면.
57) 1996년 9월의 4개 고용허가법안 중 「외국인 노동자 인권보장과 상담지원활동 탄압저지를 위한 공동대책위원회 법안」만 고용분담금제도를 도입하지 않고, 나머지 3개 법안은 국내 사업주가 고용분담금을 납부하도록 하고 있다. 그러나 세계화추진위원회, 1996년 6월 14일 「외국인력에 관한 종합대책」에 의하면 고용분담금제도를 도입하고 있는 대만의 경우 외국인 근로자를 고용하는 사용자가 납부해야 할 고용분담금이 외국인 근로자에게 전가되고 있으며, 효과면에서도 분명하지 않으므로 고용분담금을 전제로 하는 고용허가제도보다 연수취업제를 도입하는 것이 바람직하다는 결론을 내렸다.

근로자는 노동관계법이 적용되어 내국인 근로자와 동등한 지위를 인정받게 된다. 즉 법률 성격상 내국인만이 적용될 수 있는 법률이나 조항을 제외하고는 모든 노동관계법이 적용된다고 보아야 한다.

이러한 경우 외에도 외국인이라는 특성상 내국인에 비해 규제할 필요가 있다고 인정되는 부분에 대해서는 헌법상 보장된 근로의 권리나 노동3권을 침해하지 않는 범위 내에서 법률로서 제한할 수 있다고 본다.

노동3권의 경우 1996년 9월 발의된 입법안 중 「외국인 노동자 인권보장과 상담지원활동 탄압저지를 위한 공동대책위원회의 법률안」을 제외하고, 노동부안 등 나머지 입법안들은 법안의 적용범위에서 「노동조합및노동관계조정법」의 적용을 명시하지 않아 외국인 근로자에 대한 노동3권의 인정여부에 대해 애매한 태도를 보이고 있다.

노동부의 경우 외국인 근로자의 노동3권을 법에서 규제할 수는 없으나, 고용계약체결에 있어서 쟁의행위를 하는 경우에는 고용계약 갱신을 거부할 수 있도록 고용계약 내용으로 규제할 것을 사업주를 통해 지도해 나간다는 입장이다.

결론적으로 말하면 외국인 근로자의 노동3권을 어느 정도 제한하는 것은 불가피하다는 것이 정부의 일관된 견해이다.[58]

이렇게 노동3권에 대해서 외국인 근로자에게는 제한해야 할 필요성이 있는 것은 당연하다. 그것은 우리나라의 노사관계가 고용허가제도를 도입하고 있는 대만이나 싱가포르, 독일 등과 비교할 때 판이하게 다르기 때문이다.

우리나라의 경우 비록 노동조합률은 매우 낮지만, 대기업과 공기업 및 상급단체 위주로 노동조합이 발달되어 있고 아직까지 대립적이며 투쟁지향적인 노사관계에 머물러 있으므로, 외국인 근로자가 국내 근로자와 동일하게 노동3권을 인정하는 경우 이들의 노동운동 참여로 더욱 불안해질 수 있기 때문이다.

---

58) 노동부, 1996년 10월 앞의 개선방안, 재정경제원, 1997년 5월 앞의 개선방안.

이에 대해 고용허가제도를 도입하고 있는 나라들의 경우에도 외국인 근로자들이 노동조합을 결성하거나 노동운동을 하는 경우는 거의 없으며, 우리나라의 경우에도 외국인 근로자들이 취업하고 있는 장소는 대부분 노동조합이 없는 3D업종의 영세중소업체로 이들의 노동조합 운동이 사실상 차단되어 있어 염려할 것이 아니라고 하는 견해도 있다.

그러나 아직까지 외국인 근로자들이 산업기술연수생 신분으로써 정식 근로자로 인정받지 못하고 있거나, 대부분 불법체류상태에 있기 때문에 이에 대해 적극적이지 못한 것이라고 보며, 만약 고용허가제도가 도입되어 정식으로 근로자로 인정된다면 상황이 달라질 수 있다고 본다.

외국인 근로자의 노동조합은 개별단위사업장별로 결성되기보다는 외국인 근로자 노동조합이라는 단일노조로 구성될 수 있으며, 이렇게 되면 약 20만 명을 대상으로 하는 노동조합이 탄생될 수 있고, 이 노동조합이 국내 노사관계나 경제에 미치는 영향은 엄청날 것으로 예상된다. 따라서 외국인 근로자의 노동3권은 제한되어야 한다는 당위성은 충분히 인정된다. 그러나 현재와 같이 외국인 송출기관소속의 연수생 신분이 아닌 정식 근로자 신분으로 인정하는 고용허가제도에서는 이들의 노동3권을 제한할 수는 없다고 본다. 만약 법률로 외국인 근로자의 노동3권을 제한하는 경우에도 헌법상의 노동3권 침해로 위헌의 소지가 있다고 보아야 한다.

이러한 측면에서 고용허가제도의 도입은 시간적 여유를 가지고 검토해야 할 것으로 사료된다.

2) 해외동포에 대한 우대정책에 대하여

외국인 근로자의 동등한 지위와 관련하여 중국교포에 대해 한민족공동체 차원에서 우대해야 하는가에 대한 문제이다.

현재 산업기술연수제도가 불법체류자 양성제도라는 오명을 쓰게 된 것은 산업기술연수생으로 입국하여 해당 연수업체를 이탈하여 다른 제조업체를 비롯하여 고임금 직종의 서비스나 건설업에 취업하기 때문이다. 그리고 도주 이탈율은 중국의 조선족 동포가 높은 비율을 차지하고 있으며, 그 원인은 같은 민족으로 모습, 언어, 습관 등이 우리와 똑같을 뿐만 아니라 이들은 대부분 국내에 친인척들이 있기 때문에 이들을 통해 쉽게 연수업체를 벗어나서 고임금을 받을 수 있는 불법취업을 하게 된다.

이렇게 중국교포의 대량 이탈로 말미암아 불법취업자에 대한 단속의 어려움을 틈타 다른 동남아국가 산업기술연수생들의 이탈도 가속화되고 있는데도 이들을 강력히 단속하지 못하고 있는 실정이다.

또한 국내 사업주들은 중국교포 산업기술연수생들의 도주이탈을 방지하고자 임금을 올려주고 있으나, 이러한 제조업체 중심의 연수업체가 산업기술연수생에 대해서 임금인상을 한다 하여도 건설업이나 서비스업 등 다른 고임금 업종에 비해 상대적으로 낮을 수밖에 없으므로, 이들의 도주이탈을 막기에는 역부족이다. 이렇게 연수업체에서 중국교포에 대한 임금인상은 결국 다른 국가의 외국인 산업기술연수생에까지 임금인상을 하게 되는 결과만 발생할 뿐이므로, 임금인상의 효과는 교포들이 아닌 다른 나라들의 산업기술연수생에게 돌아가게 되는 모순을 낳고 있다. 이렇게 낮은 임금으로 사업장을 이탈한 중국교포들은 결국 불법체류자의 신세가 되어 도중에 강제 귀국조치 당하며, 중소기업협동조합중앙회의 산업기술연수생 배정에서 제외되거나 불이익을 받게 된다.[59]

이러한 도주에 관한 부작용은 중국교포를 외국인으로 취급하는데서 비롯된 것이므로, 중국의 조선족 동포에 대해서는 특별한 배려가 필요하다고 본다. 이중 한가지 제안이 현행 기술연수제도하에서 중국의 교포에게는 고용허가제도를 도입하여 내국인 근로자와 동등한 지위를 보

---

59) 중국교포의 경우에는 우리 언어와 풍습이 같은 민족으로 우리나라의 사회적·문화적 친밀도가 높아 다른 국가의 외국인보다 많이 도입이 되어야 함에도 도주율이 높다는 이유로 중소기업협 동조합중앙회의 외국인력 배정시 1차 배정에서 총 2만 명 중 8,000명을 배정받은 후 2차·3차에 서는 각각 1,520명과 2,200명을 배정받는 등 베트남, 방글라데시, 인도네시아, 필리핀보다도 적은 숫자를 배정 받게 되어 한국에 산업기술연수생으로 입국할 수 있는 기회가 매우 좁아졌다.

장하자는 것이다.

이는 일본의 정주자제도와 비슷한 것으로 일본의 경우 1933년부터 양 국간 협정을 통해 브라질 등 주로 남미 국가로부터 15만 명 이상의 일본계 외국 국적자들을 정주자 자격으로 들여왔다. 즉, 중국의 조선족 동포들도 내국인과 동일한 자격으로 국내에서 취업할 수 있도록 해야 하며, 특히 현재 산업기술연수생이 배정되는 중소제조업체 이외에 서비스나 건설 등 인력난이 심한 타 업종에서도 근무할 수 있도록 하는 것도 하나의 바람직한 대안일 것이다. 그러나 이와 같은 제도는 국내에서 우리 동포와 타 국가의 외국인 근로자간에 또 다른 차별문제가 발생할 소지가 크며, 현재 일본의 외국인 정주자제도의 경우도 이러한 면에서 많은 비판을 받고 있다.

현실적인 측면에서 이 문제는 중국 정부와 양국간 쌍무협정을 통하여 실시해야 하는데 소수민족의 정책에 대해서 민감한 반응을 보이고 있는 중국정부에서 반대할 경우 사실상 실시가 불가능하게 된다.[60]

독일이나 대만, 싱가포르 등 외국인력을 활용하는 국가 모두 외국인력의 도입으로 인한 사회적 비용을 최소화하기 위해 외국인력의 도입과정에서 자국과 문화적·사회적 친숙도가 높은 국가나 민족에 대해서는 그렇지 않은 경우에 비해 규제를 차별화하고, 혜택을 부여하고 있다.[61] 그러나 이런 혜택은 외국인 근로자가 국내 노동시장에 진입하기 위한 조건이나 단계일 뿐, 일단 국내 노동시장에 진입한 후에는 모든 외국인 근

---

60) 해외 동포들의 국내체류 및 경제활동과 관련된 각종 제약을 폐지하는 '재외동포특례법'이 그 동안 중국의 반대로 지연되다가, 결국 중국 조선족 동포에게는 적용하지 않기로 1998년 12월 17일 국무회의에서 의결되었다.

61) 독일의 경우 EC가맹국 출신을 제외한 외국인에 대해서는 체류허가와 노동허가를 얻도록 하고 있다. 싱가포르는 외국인 근로자를 수입하는데 있어서 그 국적별 구성을 현재의 민족 구성비인 중국계 76%를 유지한다는 기본방침 아래 추진하여 왔으며, 중국, 태국, 한국, 일본, 말레이시아를 전통적 노동력 공급국가로, 그외 말레이시아를 제외한 태국, 스리랑카, 인도, 필리핀, 방글라데시, 인도네시아를 비전통적 노동력 국가로 구분하고 있다. 비전통국 출신에게는 노동허가가 발급되는 직종, 외국인 고용비율의 상한선, 보증금제도 등에서 전통국 출신보다 제한적이거나 기업에게 부담을 가중시키고 있다.

로자가 동등하게 대우를 받는다.

우리나라도 중국의 조선족 동포에 대해서는 한민족 공동체 차원에서 다른 국가의 외국인보다 많은 인원이 들어올 수 있도록 그 도입과정에서 혜택을 부여하는 정책이 고려되어야 할 것이다. 이에 대한 구체적인 방법중 하나를 들면, 현재 중소기업협동조합중앙회에서 국가별 산업기술연수생 배정시 도주율에 따라서 배정인원을 결정하고 있으나, 중국의 해외동포에 대해서는 도주율에 상관없이 일정한 비율을 유지하는 것이다.[62]

그러나 일단 국내 기업체에 취업하는 경우에는 국내 근로자뿐만 아니라 타 국가의 외국인 근로자와도 동등하게 지위를 인정하는 것이 바람직하리라고 본다.

---

62) 현재까지는 도주율에 따라 도입인원을 배정하므로 도주율이 높은 중국의 교포는 우리나라 국민과 문화적 친숙도가 높음에도 불구하고 그렇지 못한 동남아시아 국가들에 비해 적은 인원이 배정되어 불이익을 받고 있다. 이것은 중국 내에서의 한국의 입국과 관련한 사기피해사건의 급증 등 각종 조선족 피해사건의 원인이 되고 있다.

국내 기업체의 부담완화 측면

1. 고용분담금의 폐지

고용허가제도나 노동허가제도의 핵심은 외국인 근로자에 대해서 국내 근로자와 같은 동등한 대우와 더불어 고용분담금의 납부이다. 국내 사업주가 외국인 근로자 사용시 국내 근로자의 임금차액만큼 고용이익(일종의 보조금) 효과를 볼 수 있는 반면, 국민 전체입장 또는 타 업종·타 사업장의 입장에서 볼 때 2세 교육, 문화적 갈등, 질병, 범죄, 마약문제 등 사회적 비용을 부담하게 된다.

따라서 외국인 근로자의 사업주는 외국인 근로자 사용의 직접적인 수혜자로서 사회적 비용의 일부를 부담해야 하므로, 사업주가 이러한 비용을 부담하게 하는 장치(즉, 고용분담금)를 마련하여 동 분담금을 재원으로 중소기업의 인력지원 등 고용환경을 개선토록 사용해야 한다는 것이 노동부의 입장이다.[63]

이러한 고용분담금은 싱가포르의 경우 전체 종업원 중 외국인 근로자의 비율이 35% 이하인 제조입의 사용자로부터는 350싱가포르달러의 고용세를 징수하고, 35% 이상인 제조업의 사용자로부터는 450싱가포르달러를 징수하고 있다. 대만의 경우에도 근로자의 직종에 따라 1인당 매월 2,000대만달러(가사고용인)부터 600대만달러(간병인)의 고용세를 사용자에게 받아들이고 있다.

우리나라도 1996년 9월 법안에서도 「외국인 노동자 인권보장과 상담지원활동 탄압저지를 위한 공동대책위원회 보호법안」을 제외하고 노동부안 등 3개안 모두 귀국 보증금과는 별도로 사용자에게 고용분담금을 부담하도록 하고 있으며, 이재오 의원 안의 경우 외국인 근로자의 연간

---

63) 노동부, 1996년 10월 앞의 개선방안.

임금총액의 20% 범위 내에서 고용분담금을 납부하도록 하고 있다.

따라서 고용허가제도를 도입하는 경우 현재의 산업기술연수제도에 비해 임금수준의 상승은 물론 퇴직금, 연·월차수당, 상여금 등이 국내 근로자와 동일하게 지급되어야 함은 물론 추가로 고용분담금을 연간 임금총액의 최고 20%까지 부담해야 하므로 국내 기업체의 경제적 부담이 가중된다. 고용허가제의 도입이 외국인 근로자와 내국인을 동등하게 대우하여 임금차별 등을 없애기 위한다는 취지와 외국인을 고용함으로써 임금차액만큼 국내 사업주가 고용이익을 보게 되므로, 그 차액만큼 고용분담금을 납부하여야 한다는 것은 상호 모순이 아닐 수 없다.

노동부는 외국인 근로자를 사용함으로써 임금차액만큼 국내업체가 고용이익을 본다고 하지만, 현재 각종 조사결과에 의하면 우리나라의 외국인력은 낮은 생산성에 비해 오히려 높은 임금을 지불하는 실정이다. 여기서 국내 근로자와 비교하여 낮은 생산성에 기인하여 이에 상응한 낮은 임금을 지급하는 것이 사업주에게 고용이익이라 할 수 없다.[64]

또한 국내 근로자와 외국인 근로자의 임금이 고용허가제도의 도입으로 인해 동일한 임금수준임에도 국내 사업주에게 추가로 고용분담금을 부담시키면 임금의 상승 및 고용분담금 납부로 인해 국내 사업주에게 과중한 이중부담이 된다.[65] 또한 사업주가 고용분담금 등 외국인 근로자의 도입과 관련한 간접비용을 외국인 근로자에게 전가시키게 되며, 외국인 근로자의 실질임금이 낮아지게 되어 고용허가제도를 도입하여도 외국인 근로자에게 득이 될 것이 없다.

세계화추진위원회가 고용허가제도보다는 연수취업제도를 장기적으로

---

64) 재정경제원, 1997년 5월 22일 「외국인력 적정관리방안」의 보고에 의하면 외국인 근로자의 생산성은 72%인 반면 임금수준은 국내 근로자의 180%인 것으로 나타났듯이, 외국인 근로자의 경우 생산성에 비해 높은 임금을 받고 있다.

65) 중소기업협동조합중앙회의 1997년 5월 「외국인력제도 개선방안(재정경제원)」에 대한 검토의견에 의하면 고용허가제도의 도입으로 인해 중소기업체가 추가로 부담할 금액은 연간 외국인 근로자 1인당 4만 1,920원으로 중소기업계 전체로는 연간 약 4,000~5,000억원으로 예상하고 있다.

검토한 이유 중의 하나도, 대만의 경우 사업주들이 납부해야 하는 고용세를 외국인 근로자에게 전가하고 있기 때문인 것이다.[66] 따라서 노동허가제도를 도입하여 외국인 근로자를 내국인과 동등하게 대우해주는 것만으로도 국내 사업주들에게는 경제적 부담을 초래하는 것이고, 그 효과 면에서도 위에서 언급하였듯이 분명하지 않은 고용분담금의 부담까지 가중시키는 것은 바람직하지 않다고 본다.

2. 외국인 근로자의 관리회사의 인정

산업기술연수제도의 각종 부작용에 대한 대안으로서 몇 가지 핵심적인 사항은, 외국인 근로자의 국내 노동법 적용을 통한 내·외국인 동등대우, 도입창구의 다양화, 국가기관이나 공공단체가 송출국의 국가나 공공단체를 통한 중간 알선업자의 배제에 있다.

이 중에서 외국인력의 도입은 중간착취가 발생할 소지가 많으므로, 외국인 근로자의 도입단계나 취업과정에서 중간착취의 배제는 아주 중요한 문제이다. 따라서 1996년 9월의 고용허가법안 모두 외국인의 모집은 국가기관이나 비영리법인의 공공단체가 송출국가의 징부나 공공단체를 통해 직접 도입하거나, 아니면 국내 기업체가 직접 외국에서 모집하는 것을 골자로 하고 있다.

이와 같이 외국인 근로자를 국가기관이나 비영리단체를 통해 직접 도입하는 것은 고용허가제도에서만 새삼스럽게 논의되는 것은 아니다. 이미 산업기술연수제도의 경우에도 이런 정책의 일환으로 외국인력 도입 초기에 민간 알선업체에 의해 이루어지던 것을 1994년부터 중소기업협동조합중앙회이라는 비영리단체에 전담시킨 것이다.

이러한 정책에 따라 중소기업협동조합중앙회는 산업기술연수생의 신

---

66) 세계화추진위원회, 1996년 6월 「외국인력에 대한 종합대책」참고.

청부터 도입 및 관리에 이르기까지 일체의 업무를 전담하여 왔다. 그러나 비영리단체인 중소기업협동조합중앙회가 9만 명 이상의 산업기술연수생에 대한 입국과 출국 및 관리 등 일체의 업무를 혼자서 도맡음으로써, 그 효율성이 떨어지게 되고 업무가 지체되어 외국인 근로자를 제때 공급하는데 한계를 보이고 있다.

산업기술연수제도 도입 초기에 민간 알선업체들이 대행하던 경우에는 일손이 딸리는 기업체에 직접 직원이 방문하여 서류접수는 물론이고 외국인의 도입절차 및 이들의 관리를 대행해주었기 때문에 국내 기업체에게 산업기술연수생의 도입과 관련한 시간과 경비를 절약할 수 있게 하였었다. 반면 현재 중소기업협동조합중앙회는 이러한 서비스를 제공하지 못하고 있는 실정이다. 따라서 외국인 근로자의 도입창구는 국가기관이나 현재와 같이 중소기업협동조합중앙회 등 비영리단체가 전담하여 추진하더라도 이들 기관이 도입절차부터 관리에 관한 일체의 업무를 독점적으로 처리할 수는 없기 때문에, 외국인의 관리업무는 국내 전문관리회사를 육성하여 전담시키는 것이 바람직하다고 본다.

외국인 근로자를 국가기관이나 비영리단체가 도입하는 경우, 이러한 국내의 관리회사를 배제하고 이들 기관이 외국의 송출회사로부터 직접 외국인 근로자를 수입함은 물론, 입 · 출국절차 및 관리업무까지 일체의 업무를 독점하게 된다. 그렇게 되면 독점으로 인한 부작용은 물론 국내의 관리회사를 배제하더라도 이미 중소기업협동조합중앙회의 경우에서 경험하였듯이 외국의 송출기관이 자신이 공급한 근로자를 자국민 보호 측면에서 국내 연락사무소를 개설하여 관리하는 경우 이를 막을 방법이 없게 된다.

특히 외국의 송출기관은 소속 근로자의 관리를 위해서 자신이 직접 하는 경우는 드물고, 대부분 국내 사정에 밝은 내국인에게 업무를 위탁하게 된다. 이 경우 오히려 국내 대행업체의 불인정 및 배제로 인한 규율 불비로 인해 이들을 규제할 수 있는 법적 근거가 없게 되는 것이다.

이와 같은 현실로 인해 초기의 민간대행업자들을 배제하고 중소기업협동조합중앙회가 산업기술연수생 도입을 전담한 이후에도 연수표준계약에 의해 사후관리기관을 인정하여 송출기관이 파견한 산업기술연수생에 대한 사후관리를 맡기고 있으며, 그후 중소기업청은 「외국인산업기술연수제도운영에관한지침(1996. 10. 1.)」을 제정하여 동 지침 제6장에서 사후관리업체의 사후관리내용(지침 제20조), 사후관리업체의 지정(지침 제21조) 등에 관한 사항을 규정하고 있다.[67]

즉, 외국인력의 도입에 있어서 중요한 원칙은 중간착취의 문제가 발생할 수 있는 외국인 근로자의 알선과 도입은 국가기관이나 비영리공공단체가 전담하되, 이들의 국내 입국한 뒤의 관리업무는 국내 전문외국인력 관리회사를 육성하여 전담시키는 것이다. 이는 외국인력의 알선과 관리를 분리시켜 외국인 근로자의 중간착취를 방지하는 동시에 이들의 관리에 있어서 전문성과 효율성을 높이는 것이다.

이러한 제도는 이미 선진에서 보편화되고 그 효율성이 입증된 방법이다. 그러므로 고용허가제도를 도입하는 경우에도 외국인력의 도입은 정부가 국가기관이나 비영리단체 등을 복수로 선정하여 도입창구를 다양화하고, 이들을 관리할 수 있는 조직을 현행 산업기술연수제도상의 사후관리기관처럼 인정하되 법률적 근거를 마련하여 육성해야 한다. 이러한 관리조직에 대해서는 법률에 의해 허가절차를 마련하여 통제하고, 이를 위반할 시 처벌하면 된다.

따라서 이들이 법률의 규정을 위반할 경우 처벌의 문제만 발생할 뿐이다. 즉 앞에서 논의한 고용허가법안의 내용처럼 중간착취를 없앤다는 명분으로 이들을 배제하는 것은 헌법상 보장된 직업선택의 자유를 침해하는 것으로 인정될 수 있다.

특히 인력난에 허덕이는 국내 영세기업체가 외국인 근로자 도입에 필요한 서류를 일일이 작성하고 제출하는 것보다 이들이 직접 방문하여

---

67) "사후관리업체"는 99. 6. 1., 개정된 중소기업협동조합중앙회의 외국인 산업연수생관리 운용요령 제3장에서 "위탁관리회사"라 칭하고 있다.

일체의 절차를 대행해준다면, 국내 기업체는 시간과 경비를 절약할 수 있음으로써 국내 기업체의 부담을 경감할 수 있다고 본다. 이러한 관리대행회사를 통한 외국인 근로자의 관리근거는, 우선 고용허가 등 외국인 근로자 관련법에서 자격이나 허가기준, 업무범위를 규정해 놓고 노동부 등 허가기관으로부터 허가를 받은 경우에 한해서 외국의 송출기관과 외국인 근로자의 관리에 관한 계약을 체결하고 이를 근거로 관리하게 된다.[68]

따라서 국내의 관리회사는 자격기준과 업무범위에 대해서만 정부의 규제를 받고 개별적으로 외국 송출기관과의 외국인 근로자 관리계약에 의해 이루어지는 것이다. 이것은 송출회사가 국내 도입기관과 체결한 송출계약상의 송출기관의 의무 중 외국인 근로자의 관리에 관한 의무를 국내 대행회사에 위탁하는 것으로, 그 대행수수료는 대행계약에 따라 송출기관이 지불해야 할 것이다.

이렇게 국내 영세중소업체들이 외국인 근로자의 도입 및 관리와 관련된 일체의 전문적인 서비스를 받음으로써 시간과 경비를 절약하고, 대행수수료는 송출기관이 지불할 수 있는 근거가 마련됨으로써, 국내 기업체의 부담을 절감할 수 있을 뿐만 아니라 송출기관의 송출이익을 국내 기업체가 공유할 수 있는 것이다.

이러한 관리대행계약에 대해서는 현재 중소기업협동조합중앙회와 사전에 노동부 및 도입기관이 표준계약을 작성하여 제시할 수 있으며, 법률에서 수수료 등의 제한 및 처벌규정을 두어 부작용을 방지할 수 있다고 본다.

---

[68] 현재 중소기업청 고시에 의한 사후관리대행은 중소기업청 고시 제21조에 의해 일정한 자격요건을 갖춘 사후관리업체를 선정하여 인정할 뿐 산업기술연수생에 대한 관리근거는 국내 사후관리대행기관과 외국의 송출기관이 체결한 사후관리대행계약이다.

제 6 장

결   론

결 론

　우리나라가 외국인 단순기능인력을 산업기술연수생으로 공식 도입하기 시작한 1992년부터 산업기술연수생이란 명칭으로 인해 마치 국내 노동관계법의 적용을 전혀 받지 못하여 마치 이들이 국내 근로자에 비해 엄청난 차별대우를 받거나 노동탄압을 받는 것처럼 인식되어 왔으며 이로 인하여 많은 부작용이 발생하였다.

　그러나 지금까지 검토해 보았듯이 산업기술연수생에 대하여 연수조건에 관한 유일한 규범적 근거가 되는 연수표준계약서의 내용을 살펴보면, 노동관계법의 내용을 상당부분 수용하고 있고, 표준계약에서 정하지 않은 사항은 국내의 법령이나 관례에 따르도록 하고 있다.

　즉 연수표준계약은 산업기술연수생에 대해서 국내 노동관계법을 거의 준용하여 근로자성을 인정하는 전제로부터 출발하고 있다.

　송출기관과 연수업체는 산업기술연수생에게 사전에 연수조건을 주지시킬 것을 의무규정으로 하고, 연수시간을 근로기준법상의 1일 8시간, 1주 44시간제를 원칙으로 하여, 이를 초과하는 경우에는 연장수당, 야간수당, 휴일수당 등 법정수당을 지급하도록 하고 있다. 그리고 연수업체의 사용자와 국내 근로자가 외국인 근로자를 차별하는 행위 금지 및 강제근로·폭행금지를 연수업체의 의무사항으로 규정하였으며, 최저임금의 적용 및 근로기준법상의 임금지불원칙을 지키도록 하였다. 뿐만 아니라 산업기술연수생의 안전보건기준을 확보하기 위해 산업안전보건법상의 위험물 취급 및 방지에 관한 규정과 건강진단에 관한 규정을 준용하였으며 노동부 지침에 따라서 산업재해보상도 규정하고 있다.

　그리고 산재보상액을 초과하는 민사배상 부분이나 근로자의 사적 질병 및 자신의 귀책사유에 의한 경우에도 국내 연수업체와 송출기관이 협의하여 배상문제를 결정할 수 있도록 하였다. 또한 연수업체의 귀책사유로 인한 휴업기간 동안 100%의 임금을 지급하도록 하는 등 일부 규정은 산업기술연수생이 국내 근로자에 비해 열등한 사회적 환경에 처해 있는 현실을 감안하여 노동관계법의 내용보다 더 좋은 보호를 하고 있다.

그러나 산업기술연수생에 대한 근로자성을 인정함으로써 발생하는 직업안정법과 출입국관리법과의 충돌을 피하기 위해 산업기술연수생을 국내의 연수업체가 고용하는 것이 아니라, 외국의 송출기관이 직접 파견하는 형식을 취하고 있다.

연수표준계약이 노동관계법에 위반되는 경우 원칙적으로 무효가 되어야 하나, 산업기술연수제도에 대한 노동부 지침이나 노동관계법에 대하여 특별법의 지위에 있다고 할 수 있는 출입국관리법 및 중소기업청 고시에서 별도의 규정을 두고 있을 뿐만 아니라, 연수표준계약과 산업기술연수생제도의 특성상 이를 무시한 노동관계법의 도식적이고 천편일률적인 적용은 어렵다고 보아야 한다.

그러나 연수표준계약서에 규정이 없는 경우에는 노동관계법이 보충적으로 적용되어야 할 것이지만, 산업기술연수생의 근로관계가 파견근로관계라는 특성을 고려한다면 산업기술연수생의 사실상 노무제공관계만을 인정하여 이들의 근로자성을 인정하고, 국내 연수업체에게 노동관계법상의 사용자 책임을 전적으로 부담시키는 것은 부당하다고 본다. 송출기관은 산업기술연수생을 국내 연수업체에 직접 파견하고 연수기간 동안 사용자의 지위에서 이들을 관리하거나 후견인의 지위에서 보호하고 있다.

이와 같이 외국 송출기관이 산업기술연수생을 단순히 알선·소개하는 지위가 아니라, 실체적으로 존재하고 파견법상의 파견사업주에 갈음하여, 연수표준계약상의 각종 사용자 책임을 부담하고 있기 때문에 국내 연수업체의 경우도 산업기술연수생에 대해서 전적인 사용자 책임을 부담하는 것이 아니라, 파견법상의 사용사업주에 갈음하여 근로제공관계에서 발생하는 연수표준계약상의 사용자 책임에 한정되어야 할 것이다.

이렇게 국내 연수업체에게 근로제공관계에서 발생하는 연수표준계약서상의 사용자 책임에 한정시키는 것은, 산업기술연수생을 사용하고 있는 대부분의 국내 연수업체가 영세중소업체라는 것을 감안할 때 이들의 책임과 관리비용을 경감시킬 수 있는 긍정적인 효과뿐만 아니라 연수표준계약서에서 산업기술연수생에 대한 연수업체와 송출기관의 사용자 책임을 분명히 하고 있고, 외국 송출기관은 자국 정부의 추천을 받은 국가기관이나 이에 준하는 기관으로서 실질적으로 존재하고 파견사업주에 준하는 책임을 부담하고 있으므로 외국인 근로자의 보호에도 소홀함이 없다고 본다.

그러나 현재의 외국인 연수제도는 법령에 근거하지 않고, 행정편의적이고 초법적으로 실행되고 있다는 비판을 받고 있으므로, 이 제도에 대한 법적인 근거가 시급히 마련되어야 하리라고 본다.

물론 법무부가 1996년 12월 12일과 1997년 12월 13일 두 차례에 걸쳐 출입국관리법을 개정하면서, 출입국관리법 제19조(외국인을 고용한 자의 신고의무) 제2항과 제19조의2(산업기술연수생의 보호등), 제19조의3(산업기술연수생의 관리등)을 개정·신설하여, 그 동안 법률적 근거 없이 행정편의에 의해서만 실시된다는 산업기술연수제도에 대하여 법령에 그 근거규정을 둠으로써, 이제 더 이상 과거와 같이 외국인력의 도입제도에 대한 법률적 근거를 두고 벌이던 논쟁은 일단락되었다고 볼 수 있다.

그러나 이것은 어디까지나 출입국관리법상의 외국인의 체류관리상의 근거일 뿐이고, 외국인 근로자의 노동관계법상의 법률적 근거는 아직도 마련되지 않고 있다. 따라서 외국인의 근로자 측면에서의 보호와 규제에 대하여 별도로 근거법령을 마련하지 않으면 안될 것이다.

즉 외국인산업기술연수생의보호와관리에관한법률을 제정하여 이들에 대한 국내노동관계법령의 적용범위와 지위 및 보호와 규제할 근거를 법률로써 명시해야 할 것이다. 그리고 장기적으로는 현재의 산업기술연수제도는 외국 기업체와 합작관계가 있는 등 순수한 기술연수에 한해서만 제한적으로 인정돼야 하며, 현재와 같은 단순기능인력의 집단적 도입은 노동허가제도를 통해 정식으로 외국인력을 근로자로 인정하여 도입하여야 할 것이다.

뿐만 아니라 도입방법에 있어서도 현재와 같이 정부가 직접 국가기관이나 공공단체를 통하여 도입하는 방법은 지양하고, 장기적으로는 외국인 근로자의 민간 알선조직에 대한 허가기준이나 규제 등의 법률적 근거를 마련하여 이들을 육성하고 이들로 하여금 외국인 근로자의 알선이나 도입 및 관리 등 외국인 근로자의 업무에 관한 일체의 사항을 맡겨 정부는 총량적 규제 및 정책의 수립과 통제만 담당하고 집행업무는 민간기업이나 민간경제차원에서 이루어지도록 하는 것이 바람직하다고 본다.

참고문헌

국내문헌

1. 김영문, 「산업기술연수생의 노동법적 지위」, 『노동문제논집』, 제15집, 고려대학교 노동문제연구소, 1998. 12.

2. 김치선, 『노동법 강의』, 박영사, 1986. 4.

3. 곽윤직, 『채권각론』, 박영사, 1979.

4. 강수돌, 「외국인 노동자 고용 및 관리실태와 정책대안」, 한국노동연구원, 1996. 9.

5. 김형배, 『근로기준법』, 박영사, 1995.

6. 김소영, 『외국인력 관련법제 및 정책의 국제비교』, 한국노동연구원, 1995. 8.

7. 남성일 외, 『단순기능외국인력정책 개선방안 연구』, 한국경영자총협회, 1996. 6.

8. 노동부 외국인력정책연구반, 『(단순기능 외국노동력의)국내 취업에 관한 정책대안』, 1994. 12.

9. 노동부, 「외국인 근로자 종합대책」, 1995. 7.

10. 노동부, 「불법취업 외국인 보호 종합대책」, 1994. 9. 16.

11. 노순규, 「외국인 근로자의 필요성과 현황」, 『노무관리』 VOL.8 NO.88.

12. 박상필, 『근로기준법 강의』, 대왕사, 1991.

13. 박상필, 『한국노동법』, 대왕사, 1993.

14. 박성준, 『단순외국인력과 고용허가제』, 한국경제연구원, 1996. 8.

15. 박영범 외, 『외국인력의 활용과 정책과제』, 중소기업연구원, 1993.

16. 박명수, 「노동력 공급 구조변화와 정책과제」, 노동연구원, 1994.

17. 법무부, 「출입국업무통계」, 1999. 2.

18. 백석현, 「외국인 노동자의 고용과 노동력 부족대책」, 『노동문제논집』 제13집, 고려대학교 노동문제연구소, 1997. 3.

19. 설동훈, 「한국사회의 외국인 노동자에 대한 사회학적 연구 — 외국인 노동자의 유입과 적응을 중심으로」, 서울대 박사학위 논문(사회학), 1996.

20. 설동훈, 「외국인 노동자와 한국사회의 상호작용」, 『노동문제논집』 제13집, 고려대학교 노동문제연구소, 1997.3.

21. 방용석, 「외국인 산업기술연수생 송출 배정업무의 독점이 제도개혁의 최대 장애물이다」, 『외국인 노동자 제도개혁을 위한 공청회』 토론자료, 1996. 11. 4.

22. 이철수, 「산업구조의 변화와 산업인력정책의 방향」, 노동연구원, 1995. 2. 27.

23. 이재오, 「외국인 근로자 고용법안」, 1996. 9.

24. 상공자원부, 「외국인 연수자 관리지침」, 1992. 9.

25. 송병준, 「산업인력의 수급원활화 방안 — 외국인력을 중심으로」, 산업연구원, 1993. 6.

26. 송병준, 「외국인력의 고용현황과 주요국의 외국인력정책」, 『노동문제논집』 제13집, 고려대학교 노동문제연구소, 1997. 3.

27. 세계화추진위원회, 「외국인력에 관한 종합대책」, 1996. 6.

28. 어수봉 · 권혜자, 『외국인 노동자와 노동정책』, 한국노동조합총연맹 중앙연구원, 1995.

29. 어수봉, 『한국의 실업구조와 신인력정책』, 한국노동연구원, 1996. 12.

30. 이병태, 『최신노동법』, 현암사, 1995.

31. 이철수, 『노동관계법 국제비교연구(Ⅱ)』 — 근로자파견제, 정보제공의무, 한국노동연구원, 1994. 12.

32. 허 영, 『헌법이론과 헌법(中)』, 박영사, 1992.

33. 고준기, 「불법체류 외국인 근로자의 관리대책과 법적보호」, 『노동법학』, 한국노동법학회 제5호, 1995. 12.

34. 김선수, 「한국에서의 외국인 노동자 인권문제」, 『시민과 변호사』(서울지방변호사회) 1995. 1.

35. 우종호, 「외국인 연수제도의 문제점과 정책과제」, 한국노동연구원 토론회 자료집, 1996. 2. 15.

36. 정인수·윤진호, 「근로자파견업의 현황과 정책과제」, 한국노동연구원, 1993.

37. 신광철, 「중국산업기술연수생 문제에 관한 실태조사보고서」, 중국연변해외경제기술합작공사, 1994. 11. 1.

38. 재정경제원, 「외국인력제도 개선방안」, 1997. 5.

39. 재정경제원, 「외국인력의 적정관리방안」, 1997. 5. 22.

40. 재외중국동포문제시민대책위원회·한국외국인노동자대책협의회, 「외국인노동자제도 개혁을 위한 공청회」, 1996. 11. 4.

41. 중소기업협동조합중앙회, 『외국인산업인력기술연수백서』, 1996.

42. 중소기업협동조합중앙회, 「외국인 산업기술 연수협력사업 운용요령」, 1995. 4, 1996. 11. 9.

43. 중소기업협동조합중앙회, 「외국인 연수협력 사업현황」, 1996. 2.

44. 중소기업협동조합중앙회, 「외국인 노동자 문제의 대책방향 검토의견」, 1996. 6. 26.

45. 중소기업협동조합중앙회, 「외국인 고용허가제에 대한 중소기업계 검토의견」, 1997. 5.

46. 중소기업협동조합중앙회, 「고용허가제 도입에 대한 업계 의견조사 결과」, 1995. 9. 27.

47. 중소기업협동조합중앙회, 「국가별 연월별 입국동향」, 1998. 12. 31.

48. 중소기업협동조합중앙회, 「외국인 산업연수제도 운영에 관한 지침」, 1997. 11. 18, 1998. 6.

49. 중소기업협동조합중앙회, 「연수협력(관련)계약서」, 1994, 1996.

50. 중소기업청, 「외국인 산업기술연수제도 운영에 관한 지침」, 1996. 9. 13.

51. 통계청,『한국통계월보』, 1992. 2.

52. 한국경영자총협회,「단순기능인력정책의 개선방향」,『제1회 정책토론회』자료, 1995. 10. 12.

53. 한국노동연구원,『ILO기본협약집』, 1993. 1. 1.

54. 하경효 외,『외국인 고용에 따른 사회·경제적 영향평가와 규율방안』, 고려대학교노동문제연구소, 1998. 11. 30.

55. 프린스인터네셔널 한국사무소,「산업기술연수생공급계약서」, 1992.

56. 최홍엽,『외국인 근로자의 근로자성 지위와 정책과제』, 한국노동연구원, 1997. 11.

외국문헌

1. 臺灣「就業服務法」, 1994. 5. 8.

2. 中華映管公司楊梅廠總務課製,「外籍同仁生活管理規範」.

3. 宮島 喬,「外國人勞動者と日本社會」, 明石書店, 1993.

4. 宮島 喬,「外國人勞動者迎入と論理」, 明石書店, 1993.

5. 勞動省職業安定局,「外國人雇用管理の最前線」, 日刊勞動通信社, 1994.

6. 外國人雇用問題研究會,「外國人雇用の實務」, 商事法務研究會, 1990.

7. 外國人勤勞者勞務管理研究會,「外國人勞動者, 研修生の勞務管理の實務」, 第一法規, 1991.

8. 布施直春, 外國人勞動者の雇用の實務, 日本能率協會, 1990.

9. 今野浩一郎, 佐 博樹, 外國人研修生, 東洋經濟新聞社, 1993.

10. 野川忍, 外國人勞動者法, 信山社, 1993.

11. 日經連,「外國人社員の採用と處遇」, 日經連雇用敎育部, 1990.

12. JITCO,「硏修事業協定書」, 1994.

13. Ronald Ehrenberg and Robert Smith, Modern Labor Economics, 5th ed., New York : Harper Collins, 1994.

14. Grog J. Bamber and Russell D. Lansbury, International and Comparative Employment Relations, 1998.

15. Julie Da Vanzo,「Does unemployment Affect Migration?-Evidence from Micro Data」, Review of Economics and Statistics, November 1978.

부 록

관련법규

연수생파견계약서

개정 1999. 6.

〈표준계약서-3〉 C : 송출기관 D : 연수생

C와 D는 대한민국 중소기업청의 외국인산업연수제도 운영에 관한 지침 및 중소기업협동조합중앙회의 운용요령에 의하여 다음과 같이 계약을 체결한다.

제 1 조【계약의 체결】

① 본 계약은 C와 D가 서명 또는 서명날인한 날부터 효력이 발생한다.

② C는 연수생 선발조건에 따라 D를 채용하여 연수생 자격으로 파견하고 D는 대한민국 연수업체로 파견되기로 결정됨에 따라 본 계약을 체결하여 연수와 관련되는 제반사항이 이행되도록 한다.

③ C는 D에 대하여 D가 대한민국의 연수업체에서 연수하고 있는 동안 사용종속관계를 가지고 연수에 대한 지휘명령권을 가진다. 단 일상적인 연수활동에 관한 사항에 대해서는 연수업체에 위임한다(1999. 6. 신설).

④ 본 계약은 영문을 원문으로 하여 체결하되 계약의 내용과 의미를 전달하기 위하여 자국어로 역문하여 기재하고 대한민국 연수업체에 제시하기 위하여 반드시 한국어로 표시하도록 한다. 단, 본 계약상의 영문 문구는 역문에 우선한다.

⑤ 본 계약에서 정하지 않은 사항은 제2조에 의해 당사자간 체결되는 표준계약에 따르고 기타 사항은 대한민국의 법령이나 관례에 따른다.

⑥ C와 D가 본 계약의 권리 의무 사항을 이행하지 않아 발생되는 결과는 중소기업협동조합중앙회에게 일체의 영향을 미치지 않는다.

제 2 조【표준계약서의 활용】

① C와 D는 다음 각호의 표준계약서에 의하여 본 계약을 체결한다.

1. 중소기업협동조합중앙회와 연수업체간에 체결된 연수추천계약서

2. 중소기업협동조합중앙회와 C간에 체결된 연수협력계약서 및 연수협력개별약정서

3. 중소기업협동조합중앙회와 위탁관리회사간에 체결된 위탁관리계약서

4. 연수업체와 위탁관리회사간에 체결된 연수생관리계약서

5. 기타 중소기업협동조합중앙회가 필요하다고 인정하는 당사자간의 계약서

② D는 본 계약서를 연수업체에 제시하고 연수기간동안 항상 소지하여야 한다.

제 3 조【연수기간】

① D의 체류기간은 2년으로 하며 기간산정은 대한민국 출입국관리사무소 입국신고일부터 출국신고일까지를 기준으로 한다. 단, 출국은 체류기간 종료 4일 전까지 행하여야 한다.

② D의 연수기간은 D가 입국하여 연수업체에 인도된 이후부터 D의 출국시 연수업체와 사후관리업체간에 D의 인도인수가 완료될 때까지 체류목적에 부합된 체류기간으로 한다.

제 4 조【파견조건】

① C는 D로부터 받는 출국수속비, 입국교통비, 파견수수료 등 이하 각호의 제경비의 계산근거와 징수예정금액을 본 계약체결전에 D에게 제시하고 본 계약에 명시하여야 한다.

② 비용부담

1. D는 출국수속비, 대한민국 입국교통비(여행자보험료 포함), 연수생 파견수수료 등 제경비의 납부를 대한민국 입국전에 자국내에서 완료하여야 한다.

2. 비용총액 : _________ 원 (US$ __________)

    (이하 반드시 US$ 표기 병행)

　　□ 출 국 수 속 비 :＿＿＿＿ 원 (US$ ＿＿＿＿＿)

　　□ 대한민국 입국교통비 :＿＿＿＿ 원 (US$ ＿＿＿＿＿)

　　□ 연수생 파견수수료 :＿＿＿＿ 원 (US$ ＿＿＿＿＿)

　　□ 상기 외 기타 경비 :＿＿＿＿ 원 (US$ ＿＿＿＿＿)

③ D는 C에게 별도 명목의 현금 계약이행보증을 하지 않는다.

④ D는 연수기간중 기본연수수당의 일정비율(50% 이상을 원칙으로 함)을 중소기업협동조합중앙회가 정하는 대한민국내 은행에 정기적금을 가입하여야 하며 C의 정기적금가입동의서 청구 등에 적극 협조하여야 한다.

⑤ D는 연수업체가 지급하는 연수수당을 자국으로 송금함에 있어 연수업체는 D의 편의를 감안하여 D의 거래외국환은행을 통해서 아래 계좌로 본국 송금이 되도록 한다.

1. 연수생 자국 은행명 :

2. 은행계좌번호 :

3. 계 좌 명 의 자 :

4. 은 행 주 소 :

5. 은 행 전 화 :

⑥ D는 대한민국의 연수업체에서 연수기간동안 입출국 및 연수생관리를 맡고 있는 대한민국의 위탁관리회사에 중소기업협동조합중앙회가 정한 연수생관리비를 매월 납부하여야 한다.

⑦ D는 자국정부에 납부하여야 할 조세 및 공과금(해당하는 경우에 한 함)에 대해 C를 통해 송금할 수 있다(단, 다음 각호의 금액은 한화가 외화보다 우선함).

　· 조세 및 공과금 : 한화＿＿＿＿ 원 (US$ ＿＿＿＿＿)

　(조세 및 공과금은 환율을 고려 사전 또는 사후에 C가 조정할 수 있음)

　※ 이용가능한 사항을 하나 선택하여 표기

　· 기준 : □ 매 월 : 한화＿＿＿＿ 원 (US$ ＿＿＿＿＿)

　　　　　□ 분기별 : 한화＿＿＿＿ 원 (US$ ＿＿＿＿＿)

제 5 조【연수조건】

① 기본연수수당은 매월 1회 지정된 계좌에 입금 지급한다.

1. 대한민국에서 정해진 최저임금을 보장하는 금액을 기본연수수당으로 하여 한화로 연수생에게 입금 지급

2. 최저임금이 변동될 때마다 기본연수수당 조정

② 기본연수시간은 1일 8시간, 1주 44시간(유급휴일을 포함 월226시간)을 기준으로 한다. 단, 연수업체가 대한민국의 근로기준법에 의거 변형근로시간제를 적용할 경우 D는 이에 따른다.

③ 연장, 야간, 휴일수당

1. 연장, 야간연수를 한 경우 기본연수수당의 150% 지급

2. 휴일, 법정공휴일에 연수한 경우 기본연수수당의 150% 지급

④ 유급휴일은 1주일에 1일의 휴일(일요일)로 하며, 기타 휴일은 대한민국 법령에서 정한 공휴일(유급휴일)로 한다. 단, 임시휴일, B가 정한 휴일 등은 연수업체의 내부규정에 따르도록 한다.

⑤ 숙박시설 및 식사(조식, 중식, 석식)는 연수업체가 무상으로 제공한다.

⑥ D는 대한민국의 산업재해보상보험 및 의료보험에 가입하며 의료보험료는 연수업체와 D가 반씩 부담한다.

⑦ 아래의 비용은 D의 개인부담으로 한다.

1. 보험료 : 상기 제6항에서 정한 보험료 및 별도 가입하는 상해보험료

2. 치료비 : 산업재해보상보험이나 의료보험에서 적용되지 않는 상해 또는 질병치료비

⑧ 연수중 D에게 부과되는 각종 조세 및 공과금 또는 연수업체가 의무적으로 제공하지 않는 개인비용은 D가 부담한다.

⑨ D는 연수업체에 인도된 후 3개월간은 실습연수를 받고, 이후 잔여기간은 실무연수를 받으며, 실습연수기간에는 기본연수수당의 80%를 지급받는다.

1. 실습연수는 기초적인 기능 및 기술습득을 위한 현장연수를 말하고 실무 연수는 연수생이 습득하여 활용할 수 있는 기능 및 기술숙련 과정의 연수를 말한다.

2. D가 실습연수를 이수한 이후 연수업체의 연수중단으로 다른 연수업체에서 연수를 받게 된 때에는 실습연수는 재차 받지 않는다. 단, 입국후 3개월이 미경과하여 실습연수를 마치지 않은 D는 잔여기간동안 실습연수를 받아야 한다.

제 6 조【연수수당 지불 및 관리방식】

연수업체는 연수수당을 지정된 연수생 명의 계좌에 매월 1회 정기일에 입금 지급한다.

제 7 조【D의 권리와 의무사항】

① D는 연수생 선발조건에 따라 선발된 연수생 자격을 가진 자로서 C로부터 대한민국 연수업체에 파견 배정될 권리를 가지며 본 계약에서 정한 금액을 반드시 납부하여야 한다.

② D는 대한민국연수업체에서 연수기간 중 C와 D가 체결한 연수파견계약의 내용을 준수하여야 하며 이의변경을 요구하는 경우에는 반드시 C에게 요구하여야 하며 D가 직접 연수업체에 요구할 수 없다.

③ D는 연수생으로 선발된 이후 그 자격이 부적격한 것으로 밝혀진 경우에는 연수생 자격이 상실되며 D는 이에 반하여 C에 대항하지 못한다.

④ D는 대한민국에 입국하여 연수업체에서 실시하는 연수업무 이외의 활동을 하여서는 아니되며 체류목적 이외에 D의 신분을 벗어난 태업, 파업, 쟁의, 집회가담, 정치활동 등을 하여 귀국조치된 경우 D는 C에게 대항하지 못한다.

⑤ D는 해당 연수업체가 도산 등의 사유발생 또는 연수관련계약의 해지로 연수수당을 지급하지 않는 한 연수업체를 변경할 수 없으며, 잔여 연수기간이 3개월 미만인 연수생은 귀국시킨다.

⑥ D는 C가 제시하는 본계약상의 연수조건에 의하여 파견을 수락하고 D가 위 조건 이외의 사항을 C에게 요청하는 경우 합당한 사유에 의하여야 한다. C는 D가 요구하는 사항이 연수생 자격을 벗어난 사항이라고 판단되면 파견을 취소하고 D와의 계약을 해지할 수 있다.

⑦ D가 연수중 또는 연수생 자격 및 신분을 상실한 후에 연수업체, C 또는 제 3자에게 손해를 입혔을 경우 C가 우선 보상 및 배상하였거나 또는 대납한 부분에 대하여 C는 D에게 청구한다.

⑧ 연수업체의 도산 또는 불가항력적 사유로 연수중단을 하여 D가 출국할 때 출국교통비를 연수업체가 부담하지 못하는 경우 C가 대납하고 D에게 청구한다.

⑨ D는 연수기간 중에 다음 각호의 사항을 충실히 이행하여야 한다.

1. 사업장 이탈, 범법행위, 체류자격외의 불법행위의 금지

2. D의 신분을 벗어난 태업, 파업, 쟁의 등 노사분규 및 정치활동, 집회가담 금지

3. 중소기업협동조합중앙회가 실시하는 면담 및 교육에 참가

4. 대한민국내에서 반국가 활동이나 산업기밀, 회사비밀사항 유출 금지

5. 연수업체의 부당행위에 대해 위탁관리회사에 통보(필요한 경우 중소기업협동조합중앙회의 연수생 애로고충센터에 통보)

6. 본 계약서의 사본을 연수업체에 제시

7. 기타 연수업체가 정하는 정당한 사항

⑩ D는 중소기업협동조합중앙회가 정하는 연수생관리비를 매월 위탁관리회사에 납부하여야 하고, 동 연수생관리를 중소기업협동중앙회에시 직접 실시하는 경우에는 이를 중소기업협동조합중앙회에 납부하여야 한다.

제 8 조【C의 의무사항】

① C는 연수생을 모집할 때에 중소기업협동조합중앙회의 사전승인을 받은 표준공고문안을 사용하여 언론매체 등을 통해서 직접 공개모집하여야 하며 C가 징수하는 총 파견수수료 금액 및 세부경비를 공고문안에 포함시켜야 한다.

② C는 연수생 모집에 있어서 C의 본사를 통하여 직접 연수생 추천신청을 받아야 하며 본사 이외의 중개수수료를 목적으로 하는 제3자를 통하여 연수생을 모집할 수 없다.

③ C는 출국 5일전까지 D에게 출국일정을 통보하여야 한다.

④ D의 출국수속비, 입국교통비 등의 부담은 D가 실비로 부담함을 원칙으로 하고, C가 징수하는 연수생 파견수수료는 부당하게 책정할 수 없다.

⑤ C는 D가 대한민국에 입국하여 사업장 이탈 등 관련계약을 위반하였을 때에는 출국교통비 등의 손해배상액을 D에게 청구할 수 있다.

제 9 조【연수생에 대한 제재】

D가 대한민국에 입국한 후 C는 D가 다음 각호의 제재의 사유에 해당되는 경우 14일 이내에 D의 출국을 조치하여야 한다. 이 때 D의 출국교통비는 제1호, 제2호, 제3호에 한하여 C가 직접 부담하고 제4호부터는 C가 대납한 후 D에게 청구 한다.

1. 연수생 선발기준에 합당치 않아 연수에 부적격한 경우
2. 연수생 선발시에는 발견되지 않았던 결격사유가 발견되어 연수를 받지 못할 경우
3. D가 사업장을 이탈한 이후 연수장소 이외의 장소에서 발견되는 경우
4. D가 폭행을 가하고 피해자가 14일 이상 병원치료를 요하는 경우가 1회 이상인 때 또는 14일 이하의 진단이 2회 이상인 때
5. D가 대한민국 법령에 따른 벌금 이하의 범법행위를 2회 이상 한 경우
6. D의 신분을 벗어난 태업, 파업, 쟁의 등 노사분규에 가담하려 하는 증거가 있거나 가담한 경우 또는 징치활동을 하는 경우
7. 중소기업협동조합중앙회가 실시하는 교육을 특별한 사유없이 받지 않는 경우
8. D가 대한민국내에서 반국가 활동을 하거나 산업기밀, 회사비밀사항을 유출한 경우
9. D가 의무사항을 성실히 이행하지 않아 연수를 지속할 수 없는 경우
10. D가 대한민국 법령에 따라 벌금을 초과하는 형을 받은 경우

제10조【D의 중도출국시 교통비 등의 책임구분】

① D가 연수기간 종료전에 자원해서 중도출국하는 경우 출국교통비는 본인이 부담하여야 하고, D가 출국교통비를 준비하지 못한 경우 C가 출국교통비를 우선 부담하고 자국에서 D에게 청구한다.

② 연수업체의 도산 등의 사유 또는 불가항력적 사유로 연수중단을 하여 D가 출국하는 때 연수업체가 지급능력이 없어 출국교통비를 부담하지 못하는 경우 C는 위 제1항대로 조치토록 한다.

③ 본 계약 제9조에 따라 D가 출국교통비를 부담하여야 하는 경우 위 제1항대로 조치토록 한다.

제11조【서류의 제출】

① D가 C에게 제출할 서류는 다음 각호와 같다.

1. 건강검진서
2. 신상명세서
3. C로부터 교부받은 입국전 교육이수증 사본
4. 정기적금 가입동의서
5. D의 가족, 친·인척 및 친구의 성명, 주소, 전화번호
6. D가 대한민국계 또는 교포인 경우 대한민국내 친인척 및 친구의 성명, 주소, 전화번호 제출
7. D의 친구기 대한민국에 체류하고 있는 때에는 친구의 성명, 주소, 전화 번호 제출
8. 기타 C가 정하는 사항

② D는 C로부터 발급받은 교육이수증의 사본을 지참하여 대한민국 입국시 중소기업협동조합중앙회 담당직원에게 직접 제출토록 한다.

제12조【특약사항】

① D는 연수생으로서 C이외의 자와 연수관계 계약을 맺을 수 없다.

② 본 계약의 서명은 여권에 표기된 서명을 사용하고 가명이나 예명을 사용하지 않는다.

③ D는 대한민국의 연수업체에 파견되어 연수를 받는 동안 본 계약 및 표준 계약의 내용을 개별적으로 변경 요구할 수 없고, 연수업체의 연

수중단 등 불가피한 사정이 없는 한 연수업체의 변경을 요구할 수 없다.

④D는 대한민국의 연수업체에서 연수하는 동안 본 계약사항 및 연수여건에 대한 불만을 이유로 연수를 자의적으로 중단하지 아니한다. 단, D는 불합리한 사항의 시정을 C 또는 위탁관리회사를 통하여 연수업체에 건의하거나 중소기업협동조합중앙회에 건의할 수 있다.

제13조【대리권 위임】

D는 대한민국내에서 연수기간동안 발생될 수 있는 연수수당 체불, 각종 사고에 대하여 청구·신청 권한을 C 및 위탁관리회사에 위임할 수 있다.

제14조【계약의 해지】

① 본 계약은 계약기간이 만료된 경우에 계약 해지 통보없이 당연히 해지된다.

② 다음 각호의 사유가 발생한 경우 본 계약은 해지된 것으로 본다.

1. 본 계약에서 정하는 사유에 의하여 대한민국으로 출국할 수 없는 경우

2. 대한민국에서 연수생에 대한 제재의 사유로 출국조치된 경우

3. C 또는 D가 기타 표준계약서의 다른 당사자와의 계약을 해지하여 본 계약을 해지해야 하는 경우

4. D가 연수기간 만료전에 연수를 중단하여 출국한 경우

제15조【준거법 및 관할】

C와 D는 대한민국 체류기간동안 본 계약 및 표준계약으로 인하여 발생되는 모든 분쟁의 해결은 대한민국 볍령에 의거하여 대한민국 내에서 해결토록 함을 원칙으로 하고, 자국에서 발생한 사항 또는 해결해야 할 사항은 자국의 법령에 의하여 자국내에서 해결토록 한다.

제16조【증거의 보전 및 효력】

①C와 D는 본 계약서를 2부 작성하여 각 1부씩 보관한다.

② 본 계약의 유효기간은 D의 연수기간 또는 파견기간으로 한다. 단, 상호 채무관계가 정리되지 않은 경우에는 채무관계가 정리되는 시점까지 계약기간이 유효한 것으로 한다.

외국인산업연수제도운영에관한지침

제정 1996. 9.19. 중소기업청고시 제1996 -11호
개정 1997.11.18. 중소기업청고시 제1997 -16호
1998. 6.15. 중소기업청고시 제1998 -14호
1999. 5.13. 중소기업청고시 제1999 -60호

제 1 장 총 칙

제 1 조【목 적】

이 지침은 외국인산업연수제도(이하 "연수제도"라 한다)를 효율적으로 운영하고 개발도상국과의 산업기술협력 강화를 위하여 필요한 사항을 정함을 목적으로 한다.

제 2 조【용어의 정의】

이 지침에서 사용하는 용어의 정의는 다음과 같다.

1. "연수"라 함은 출입국관리법시행령 제24조의2 제1항 제4호의 규정에 의거 연수추천단체의 장이 추천하는 중소기업기본법 제2조의 규정에 의한 중소제조업체 등에서 실시하는 외국인산업연수를 말한다.
2. "산업연수생"(이하 "연수생"이라 한다)이라 함은 제1호의 규정에 의한 중소제조업체등에서 연수받는 자를 말한다.
3. "산업연수업체"(이하 "연수업체"라 한다)라 함은 제1호의 규정에 의한 연수를 실시하는 중소제조업체 등을 말한다.
4. "송출국가"라 함은 연수생을 송출하는 국가를 말한다.
5. "송출기관"이라 함은 송출국가에서 연수희망자를 모집·선발하여 대한민국에 송출할 수 있는 권한을 갖는 송출국가의 공공단체 등을 말한다.

6. 삭제 <1999. 5. 13.>

7. "연수추천단체"라 함은 외국인이 산업연수활동을 할 수 있는 산업 체를 추천하기 위한 산업체 관련기관 · 단체를 말한다.

8. "모집기관"이라 함은 연수업체의 신청에 따라 산업연수생을 모집 및 관리하는 기관 · 단체를 말한다.

제 3 조【연수추천단체 및 모집기관의 지정】

출입국관리법시행령 제24조의2 제1항 제4호 및 제24조의4 제1항의 규 정에 의한 연수추천단체 및 모집기관은 중소기업협동조합중앙회(이 하 "중앙회"라 한다)로 한다.

제 4 조【연수대상 업종】

이 지침에 의하여 연수를 받을 수 있는 업종은 별표 1의 업종으로 한 다.

제 5 조【송출국가의 지정 및 취소】

① 중소기업청장은 송출국가를 지정하거나 취소할 수 있다.

② 중소기업청장이 송출국가를 제1항의 규정에 따라 지정하고자 할 때에는 연수업체의 선호도, 예상 연수효과, 국내 체류인력의 성실도 등을 고려하여야 하고, 지정을 취소하고자 할 때에는 중도귀국률, 이 탈률, 연수생의 근무실태, 연수업체의 선호도, 송출국가의 연수실적 등을 고려하여야 한다.

③ 중소기업청장은 제1항의 규정에 의하여 송출국가를 지정 또는 취 소한 때에는 송출국가에 통보하여야 한다.

제 6 조【송출국가별 인원배정】

① 중소기업청장은 송출국가별로 연수인원을 배정하며, 필요한 경우 배정한 연수인원을 조정할 수 있다.

② 중앙회 회장은 제1항의 규정에 의한 송출국가별 인원배정 범위내 에서 연수인원을 송출기관별로 30일 이내 재배정하고, 배정된 결과를 송출국가 및 송출기관에 통보하여 연수생을 신속히 도입하여야 한다.

제 7 조【외국인산업연수운영위원회의 설치】

① 연수제도의 운영에 관한 중요한 사항을 심의하기 위하여 중소기업청에 외국인산업연수운영위원회(이하 "연수운영위원회"라 한다)를 설치한다.

② 연수운영위원회의 위원장은 중소기업청 경영지원국장이 되고, 위원은 재정경제부 인력개발과장, 외교통상부 영사과장, 법무부 입국심사과장, 산업자원부 산업정책과장, 노동부 고용정책과장, 중소기업청 인력지원과장, 중앙회의 외국인연수협력단장이 된다.

③ 연수운영위원회는 다음 각호의 사항을 심의한다.

1. 제5조의 규정에 의한 송출국가의 지정·취소에 관한 사항

2. 제6조의 규정에 의한 송출국가별 인원배정에 관한 사항

3. 제12조의 규정에 의한 송출기관 선정기준에 관한 사항

4. 제26조의 규정에 의한 연수업체 선정기준에 관한 사항

5. 기타 필요하다고 인정하는 사항

④ 연수운영위원회 회의는 재적위원 과반수의 출석과 출석위원 과반수의 찬성으로 의결한다.

⑤ 위원장은 긴급하거나 부득이한 사유가 있는 경우에는 서면심의로 갈음하게 할 수 있다.

제 2 장 외국인산업연수협력단

제 8 조【연수협력단의 설치】

① 연수업무를 효율적으로 추진하기 위하여 중앙회 소속의 외국인산업연수협력단(이하 "연수협력단"이라 한다)을 설치한다.

② 연수협력단은 다음 각호의 업무를 수행한다.

1. 제13조의 규정에 의한 송출기관의 계약해지에 관한 사항

2. 제14조의 규정에 의한 송출기관에 대한 점검·평가 및 연수인원 배정에 관한 사항

3. 제19조의 규정에 의한 연수생과 제29조의 규정에 의한 연수업체의 교육에 관한 사항

4. 제19조 제5항의 규정에 의한 연수생 건강검진에 관한 사항

　　5. 제26조의 규정에 의한 연수업체 선정 및 제27조의 규정에 의한 연
　　　수업체 추천에 관한 사항
　　6. 제34조 및 부칙 제3항의 규정에 의한 연수생 관리에 관한 사항
　　7. 기타 중소기업청장이 필요하다고 인정하는 사항
　　③ 연수협력단의 업무, 회계 및 재산은 중앙회의 다른 업무와 구분하
여 관리하여야 한다.

제 9 조【연수협력단에 대한 지도 · 감독】
　　중소기업청장은 연수협력단의 업무, 회계 및 재산 등에 관한 사항을
연수협력단장에게 보고하게 하거나 소속직원으로 하여금 연수협력단
의 장부, 서류 기타 물건을 검사하게 할 수 있다.

제10조【외국인연수관리위원회의 설치】
　　① 중앙회 회장은 다음 각호의 사항을 심의하기 위하여 중앙회 내에
외국인연수관리위원회(이하 "연수관리위원회"라 한다)를 설치할 수
있다.
　　1. 제13조 제2항의 규정에 의한 송출기관의 계약해지에 관한 사항
　　2. 제6조 송출기관의 연수인원 배정에 관한 사항
　　3. 연수사업과 관련하여 발생하는 계약당사자간의 분쟁조정
　　4. 기타 연수사업 수행에 따른 주요사항
　　② 연수관리위원회의 위원장은 중앙회 상근부회장으로 하며, 위원은
재정경제부 · 외교통상부 · 법무부 · 산업자원부 · 노동부 · 중소기업청
소속의 관계공무원, 중앙회 외국인연수협력단장 및 중앙회 회장이 위
촉한 공익단체 전문가 등으로 구성하되 15인 이내로 한다.
　　③ 연수관리위원회의 구성 및 운영 등에 관한 구체적인 사항은 중앙회
회장이 정한다.

제11조【외국인연수중재위원회의 설치】 삭 제 〈1988. 6. 15.〉

제 3 장 송출기관

제12조 【송출기관의 선정 및 선정기준】

① 중앙회 회장은 다음 각호의 1의 사유가 있을 때에는 연수생의 모집 · 선발,교육, 추천 등의 업무를 수행하는 송출기관의 선정을 송출국가에 의뢰하여야한다.

1. 제5조 제1항의 규정에 의하여 송출국가로 신규 지정되었을 때

2. 송출기관별 배정인원이 송출기관 배정 기본인원을 크게 초과한 때

② 중앙회 회장은 제1항의 규정에 의한 송출기관의 선정을 송출국가에게 의뢰하고자 할 때에는 다음 각호의 요건을 충족하면서 송출업무 능력이 우수한 송출기관을 선정하도록 하여야 한다. 단, 신규 송출국가의 경우에는 제2호 및 제3호의 요건을 적용하지 아니할 수 있다.

1. 송출국 정부로부터 해외인력 송출허가를 받은 자

2. 최근 3년간의 해외인력 송출실적이 있는 자

3. 적정 교육시설 및 교육인원을 확보한 자

4. 기타 송출기관 활동과 관련 연수운영위원회가 정하는 사항을 확보한 자

③ 중앙회 회장은 해당 송출국가가 선정한 송출기관이 제2항의 선정기준에 합당하지 않다고 판단한 경우 그 사유를 명기하여 재 선정을 의뢰하여야 한다.

④ 중앙회 회장은 제1항 및 제3항의 규정에 의하여 송출국가로부터 송출기관이 선정되었음을 통보받은 경우 선정된 송출기관과 인력 도입에 관한 기본계약을 지체없이 체결하여야 한다.

제13조 【송출기관의 취소요구 및 계약해지】

① 중앙회 회장은 송출기관으로 선정된 자가 기본계약체결 지정일로부터 14일 이내에 특별한 사유없이 계약을 체결하지 아니한 경우 송출국가에 송출기관 선정을 취소하고 재 선정하도록 요구할 수 있다.

② 중앙회 회장은 송출기관이 다음 각호의 1에 해당되어 연수사업 수행이 곤란한 때에는 제12조 제4항의 규정에 의한 연수협력기본계약을 해지할 수 있다.

    1. 입국 누계인원과 배정연수인원을 기준으로 한 이탈률 모두가 송출기관 평균을 크게 초과한 때

    2. 연수생 입국지연, 송출수수료 과다징수 등 중요 계약사항을 위반한 때

    3. 제14조의 규정에 의한 점검 · 평가결과 연수생 송출업무 수행실적이 부진한 때

③ 중앙회 회장은 제2항의 규정에 의한 계약을 해지한 경우 송출기관을 재선정하도록 송출국가에 의뢰할 수 있다.

제14조【송출기관에 대한 점검 · 평가 및 인원배정】

① 중앙회 회장은 매년 1회 이상 송출기관에 대한 점검 · 평가를 실시하여야 하며 점검 · 평가기준은 중소기업청장의 승인을 얻어 별도로 정한다.

② 중앙회 회장은 제1항의 규정에 의한 점검 · 평가 결과를 송출기관별 연수인원 배정시 반영하고 그 결과를 중소기업청장에게 보고하여야 한다.

제15조【송출수수료】

① 송출기관은 중앙회 회장이 정한 범위내에서 연수생의 모집, 선발, 교육, 건강검진 및 입국 등에 소요되는 비용에 충당하기 위하여 연수생으로부터 송출수수료를 받을 수 있다.

② 중앙회 회장은 제1항의 송출수수료를 정하고자 할 때에는 중소기업청장의 승인을 얻어야 한다.

제16조【계약이행보증금】

① 중앙회 회장은 송출기관과 계약시 연수생의 사업장 이탈방지를 보증하기 위하여 계약인원 1인당 미화 300불의 계약 이행보증금(이하 "이행보증금"이라 한다)을 중앙회에 예치하게 할 수 있다.

② 제1항의 이행보증금은 연수생이 사업장을 이탈한 경우 중앙회로 귀속되며 귀속된 이행보증금은 연수협력사업에 사용하여야 한다.

③ 이행보증금은 중앙회와 송출기관간의 계약이 종료된 경우 송출기

관에 반환하여야 한다.

제 4 장 연 수 생

제17조【연수생의 자격】

① 연수생은 다음 각호의 기준에 적합한 자로 한다. 다만, 중소기업청장이 필요하다고 인정하는 경우 다른 기준을 적용할 수 있다.

1. 20세 이상 40세 이하로 신체건강한 자

2. 출입국관리법시행령 제24조의4 제2항 각호의 1에 해당하지 아니한 자

3. 연수업체가 요구하는 조건에 적합한 자

4. 제19조 제1항의 규정에 의한 송출기관의 교육을 이수한 자

5. 제19조 제5항의 규정에 의한 공인의료기관의 건강검진에 합격한 자

② 중앙회 회장은 연수기간중 연수생이 제1항 제2호 및 제5호의 자격요건을 충족하지 못한 때에는 출국을 명할 수 있다.

③ 중앙회 회장은 제2항의 규정에 의하여 자격미달 연수생에 대하여 출국을 명한 때에는 당해 출국 연수생을 송출한 송출기관에 손해 배상을 청구할 수 있다.

제18조【연수생의 선발 및 추천】

① 송출기관은 연수생을 모집할 때에 중앙회의 표준공고문안을 사용하여 언론매체 등을 통하여 공개모집하여야 한다.

② 중앙회 회장은 직접 또는 송출기관 등을 통하여 연수희망자에게 한국어 시험을 실시하고 시험성적에 따라 송출기관이 모집 연수생의 일정률을 우선 선발토록 하여야 한다.

③ 제2항의 한국어 시험 실시에 관한 세부계획은 중앙회 회장이 매년 수립·시행하여야 한다.

④ 중앙회 회장은 송출기관에서 연수생의 선발·시험 및 교육과정이 공정하고 객관적으로 이루어질 수 있도록 연수업무 관계자를 참여하게 할 수 있으며 송출기관은 이에 적극 협조하여야 한다.

⑤ 송출기관은 선발 연수생에 대해 공인의료기관을 통하여 AIDS, 성병

등 전염성 질병과 연수에 장애가 되는 신체이상 및 정신질환 등에 대한 건강검진을 실시하여야 한다.

제19조【연수생의 교육 등】

① 송출기관은 선발연수생을 대상으로 입국 전에 한국어, 한국문화, 한국의 출입국관리제도, 연수생의 권리와 의무 등 연수생활에 필요한 교육을 10일 이상 실시하여야 한다.

② 송출기관은 제1항의 교육에 필요한 교육내용 및 교육방법 등을 중앙회 회장과 사전 협의하여 정한다.

③ 중앙회 회장은 입국한 연수생이 한국사회와 연수업체에서 조기 적응할 수 있도록 중소기업의 역할, 외국인연수제도, 애로상담센터의 이용, 교통 등 실생활 정보, 불법체류자 제재, 산업안전수칙 등에 대한 교육을 3일동안 실시하여야 한다.

④ 중앙회 회장은 제3항의 교육 이외에 연수기능을 강화하고 한국의 경제, 문화, 사회를 연수생이 이해할 수 있도록 하기 위하여 연 1회 이상 모범연수생교육을 실시하여야 하며 연수업체는 특별한 사유가 없는 한 연수생이 교육에 참가할 수 있도록 적극 협력하여야 한다.

⑤ 연수생의 건강을 위하여 중앙회 회장은 입국 5일 이내에 연수업체는 연수기간 1년마다 1회이상 정기적으로 공인된 의료검진기관에서 건강검진을 실시하여야 한다.

제20조【연수생의 무단이탈 예방】

중앙회 회장은 연수생의 연수장소 무단이탈을 예방하기 위하여 송출기관, 연수업체 대표에게 교육 및 지도 등 필요한 조치를 요구할 수 있다.

제21조【연수업체의 계약불이행 및 부당행위 예방】

① 중앙회 회장은 연수수당 체불 등 계약불이행 행위와 연수업체의 연수생에 대한 부당행위를 예방하기 위하여 필요한 대책을 수립하여야 한다.

② 중앙회 회장은 연수업체가 계약불이행 행위나 부당행위를 한 때에

는 연수업체 추천 및 연수생 배정제한 등 필요한 조치를 할 수 있다.

제22조【연수조건 등】

연수생의 연수시간 및 연수수당 등 연수조건은 중앙회와 연수업체의 계약에 의하되, 연수업체는 연수생에게 최저임금 수준의 연수수당과 산업재해보상보험 및 의료보험의 혜택을 보장하여야 한다.

제23조【정기적금 가입】

① 중앙회 회장은 연수생에게 목돈마련의 기회를 부여하기 위하여 연수수당의 일정비율을 정기적금에 가입토록 할 수 있다.

② 삭 제<1999. 5. 13.>

③ 정기적금은 연수생의 출국시 지급함을 원칙으로 하며, 이 경우 중앙회 회장은 출국예정 확인서(별지 제1호서식)를 발급하여야 한다.

제 5 장 연수업체

제24조【연수업체의 자격요건】

① 연수생을 활용하고자 하는 연수업체는 다음 각호의 요건을 갖추어야 한다.

1. 삭 제 <1998. 6. 15.>

2. 생산직 근로자 수가 300인 이하인 중소제조업체

3. 연수생이 생활할 수 있는 숙박시설을 제공할 능력이 있는 제조업체

4. 공장등록을 필한 제조업체(소기업지원을 위한 특별조치법 제2조에 해당되는 소기업은 사업자등록증도 가능함)

② 제1항의 규정에 불구하고 연수생을 5년이상 활용한 연수업체로서 생산직 상시근로자수가 50인 이상의 중소기업에 대하여는 자격요건을 달리 정할 수 있다. 다만, 제26조 제1항 제5호의 규정에 의한 수출업체와 중앙회 회장이 정하는 도금, 열처리업종 등 내국인 취업기피가 심한 업종에 해당하는 업체는 그러하지 아니한다.

제25조【연수업체의 추천 신청】

연수업체의 자격요건을 갖춘 중소 제조업체가 연수생을 활용하고자 할 때에는 연수업체 추천신청서(별지 제2호서식)에 제26조의 규정에 의한 연수업체의 선정기준을 증빙할 수 있는 서류를 포함하여 중앙회 회장에게 제출하여야 한다.

제26조【연수업체 선정 등】

① 중앙회 회장은 제24조의 규정에 의한 자격요건을 갖춘 중소제조업체중 다음 각호의 기준에 의한 점수를 누계한 순위에 따라 연수업체를 선정한다.

1. 농공단지 또는 공업단지(지방중소기업 특별지원지역, 외국인 기업 전용 공업단지, 수출자유지역 포함) 입주업체(15)

2. 지방소재업체(15)

3. 소규모기업(상시 종업원수 50인 이하)(10)

4. 유망 중소기업(유망 선진기술기업 포함) 또는 중소기업 고유업종 영위업체(10)

5. 매출액중 수출비중이 20% 또는 연간 수출실적이 50만불 이상인 업체(20)

6. 중소기업계열화촉진협의회에 등록된 수탁기업체협의회 회원업체(5)

7. 중소기업 우수제품마크 인증업체, 100PPM운동 참여업체, ISO 9000 인증 획득업체, 품질경영 우수업체, KS표시 허가업체, 세계일류화 업체, 세계일류화육성대상 계량계측기사업 지정업체 또는 Q마크 획득업체(15)

8. 자본재산업 전략품목 수행업체, 공업기반기술개발사업수행업체 및 기술혁신개발사업수행업체(10)

9. 신기술(NT), 고유기술(KT), 자본재 품질인증(EM)마크 획득업체(5)

10. 여성 및 50세이상의 생산직근로자수가 10% 이상인 업체(5)

② 제1항의 규정에 불구하고 다음 각호의 1에 해당하는 업체에 대하여는 추가 가점을 부여한다.

1. 여성이 대표자인 기업, 벤처기업육성에관한특별조치법에서 확인된

벤처기업(10)

2. 노사협력 우량업체(5)

③ 중소기업청장 또는 관계부처장관이 추천하는 중소제조업체는 제24
조 제1항 제3호 및 제4호의 자격요건을 구비한 경우 제26조의 연수업
체 선정기준에 불구하고 연수업체로 우선 선정될 수 있다.

제27조【연수업체 추천 등】

① 중앙회 회장은 연수업체로부터 연수업체 추천신청을 받아 제24조
및 제26조의 규정에 따라 연수업체를 선정하고 추천 연수업체와 계약
을 체결하여야 한다.

② 중앙회 회장은 제1항의 규정에 의하여 연수업체를 선정한 때에는
연수업체에 연수업체추천서(별지 제3호서식)를 발급하여야 한다.

③ 중앙회 회장은 제2항의 규정에 의한 연수업체추천서를 받은 업체
로부터 소정의 서류를 제출받아 사업장의 주소지 관할 법무부 출입국
관리사무소 장 또는 출장소장에게 외국인산업연수사증 발급인정서의
발급신청을 대행할 수 있다.

④ 중앙회 회장은 제1항의 규정에 의한 연수추천업체가 계약을 체결
하지 아니한 때에는 선정일로부터 1년 범위 내에서 제1항의 규정에
의한 연수업체추천신청 자격을 제한할 수 있다.

제28조【연수업체의 연수생 배정】

① 중앙회 회장은 연수업체의 요구사항과 연수생의 능력 및 송출국가
의 산업 등을 고려하여 연수생을 배정하여야 한다.

② 중앙회 회장은 제35조의 규정에 따라 계약체결한 연수업체에 연수
인원을 배정하고자 할 때에는 출입국관리법시행령 제24조의2 제2항의
규정에 따라 법무부장관이 정하는 중소제조업체 규모별 연수허용인원
범위(별표2) 내에서 연수생을 배정하여야 한다.

제29조【연수업체에 대한 교육】

중앙회 회장은 연수업체 대표 및 연수생 업무담당자를 대상으로 송출
국가의 생활관습 및 연수생 활용 성공사례, 출입국관리법상의 준수사

항, 외국인산업연수제도, 연수생 인권문제, ILO관련규약, 한국의 산업
환경 및 경제전망 등 연수사업과 관련한 사항에 대하여 교육을 실시하
여야 한다.

제30조【연수기간 연장 및 연수생 대체 신청 등】

① 중앙회 회장은 연수생의 연수기간이 만료되는 경우 연수기간 만료
일 90일전까지 만료사실을 해당 연수업체에 통지하여야 한다.

② 연수업체는 연수생의 연수기간을 연장하거나 연수기간이 만료된
연수생을 대체하고자 할 때에는 당해 연수생의 연수기간 종료 60일 전
까지 연장 또는 연수생 대체를 신청하여야 한다.

③ 중앙회 회장은 제2항의 규정에 의한 연장 또는 연수생 대체신청을
접수한 때에는 연수업체의 자격요건 등을 검토 후 연수업체에 연수업
체추천서를 발급하여야 한다.

제31조【연수수당의 지급】

연수업체는 중앙회와 연수업체간에 체결한 연수계약서에서 정한 연수
수당을 수당지급일에 연수생에게 지급하여야 한다.

제32조【연수생의 연수업체인도】

중앙회 회장은 연수업체에 통보한 장소에서 인수업체에 연수생을 인
도하여야 한다.

제33조【연수관리비 등】

① 중앙회 회장은 제27조 및 제30조의 규정에 의하여 연수업체와 연수
생의 도입 및 관리에 관한 계약을 체결한 때에는 연수관리비를 연수업
체로부터 받을 수 있다.

② 제1항의 연수관리비는 연수업체의 부도, 휴·폐업 및 연수생의 중
도 출국 등으로 연수가 중단되거나 연수생이 사업장을 이탈한 경우에
는 교육비, 건강검진비 등 직접경비를 제외한 잔액을 월할 계산하여
반환하여야 한다.

③ 중앙회 회장은 연수업체의 연수수당의 체불 등에 대비하여 연수업

체로부터 연수수당 등의 지불이행을 보증하는 보험증권을 제출하게 하여야 한다. 다만, 연수업체가 이행보증보험에 가입할 수 없거나 기타 부득이한 사유가 있는 경우에는 이행보증금을 예치하게 할 수 있다.

④ 제3항 단서의 규정에 의하여 예치된 이행보증금의 귀속 및 반환 등에 관하여는 연수업체와 중앙회간의 계약에 의한다.

⑤ 제1항의 규정에 의한 연수관리비와 제3항의 규정에 의한 이행 보증보험 및 이행보증금의 징수·운용에 관한 사항은 중소기업청장의 승인을 얻어야 한다.

제 6 장 연수생 관리

제34조【연수생 관리 등】

① 중앙회 회장은 연수업체와 연수생에 대하여 다음 각호의 사항을 관리하여야 한다.

1. 연수생관리 기본계획 수립

2. 연수생의 연수관련 기본권 보호를 위한 업체 지도

3. 연수생 입출국 및 인도에 관한 사항

4. 연수생 교육 및 건강검진에 관한 사항

5. 연수업체 및 연수생의 불법·부당 행위에 대한 처리, 애로 해결

6. 연수생의 적정배치에 관한 사항

7. 연수생 빛 연수업제의 현황 종합선산관리

8. 연수생의 연수업체 근무사항 및 의료보험, 산재보험 가입지도, 외국인등록 지도

9. 연수생 관련 민·형사사건 사후수습

10. 연수생의 질병, 부상, 사망, 이탈 등 처리

11. 기타 연수생 관리와 관련하여 필요하다고 인정되는 사항

② 중앙회 회장은 연수생의 관리에 소요되는 경비에 충당하기 위하여 연수생으로부터 매월 관리비를 받을 수 있다.

③ 제2항의 규정에 의한 연수생 관리비의 징수·운용에 관한 사항은 중앙회 회장이 중소기업청장의 승인을 얻어 별도로 정한다.

④ 중앙회 회장은 제1항에 규정된 사항중 중앙회가 직접 수행하기 곤란한 제8호, 제9호, 제10호, 제11호의 업무를 위탁할 수 있으며 세부적인 사항은 중소기업청장의 승인을 얻어 별도로 정한다.

제 7 장 보 칙

제35조【계약의 체결】

① 중앙회, 송출기관, 연수업체, 연수생은 연수사업 수행과 관련하여 필요한 계약을 당사자간에 체결하여야 하며, 중앙회 회장은 표준계약서를 제정하여 계약당사자가 활용할 수 있도록 하여야 한다.

② 제1항의 규정에 따라 체결된 당사자간의 계약내용은 체결당시의 이 지침의 내용에 위배되어서는 아니된다.

제36조【연수사업에 대한 감독 및 제재】

① 연수사업의 운영과 관련하여 중소기업청장은 중앙회 등 연수관련기관에 대해 현지확인·점검 등 감독을 실시하여 개선조치를 취하도록 명령할 수 있으며 관련기관은 이에 필요한 개선조치를 취하고 중소기업청장에게 즉시 보고하여야 한다.

② 중앙회 회장은 연수업체, 송출기관, 연수생관리회사 및 연수생 등이 본 지침의 의무이행을 하지 않거나 의무이행을 태만히 하는 경우에는 시정조치, 연수계약 취소 및 지정 취소 등 필요한 조치를 하여야 한다.

③ 중앙회 회장이 제2항의 규정에 의한 조치를 한 경우에는 즉시 중소기업청장에게 보고하여야 한다.

부 칙

①【시행일】이 지침은 1996년 10월 1일부터 시행한다.

②【외국인산업기술연수협력사업운용요령에 관한 경과조치】이 지침 시행과 동시에 기존의 외국인산업기술연수협력사업운용요령은 폐지되며 중앙회 회장은 이 지침의 운영에 필요한 세부운용요령을 제정하여 중소기업청장의

승인을 얻어야 한다.

③【송출기관 국내연락사무소에 관한 경과조치】 중앙회 회장은 특별한 사유가 없는 한 기존의 송출기관 국내연락사무소는 이 지침에 의한 절차에 따라 제21조의 규정에 의한 사후관리업체로 지정하여야 한다. 다만, 기존의 송출기관 국내연락사무소중 내국인과 외국인이 공동대표로 되어 있는 송출기관 국내연락사무소는 그 대표자를 내국인 단독대표로 변경하여야 한다.

부　칙 (1997. 11. 18.)

①【시행일】 이 지침은 1997년 11월 18일부터 시행한다.

②【외국인산업기술연수협력사업운용요령의 폐지】 이 지침 시행과 동시에 기존 「외국인산업기술연수협력사업운용요령(중앙회 요령 1996. 11. 9.)」은 폐지한다.

③【사후관리업체 운용에 관한 경과조치】 이 지침 시행과 동시에 폐지되는 외국인산업기술연수협력사업운용요령(중앙회 요령1996. 11. 19.) 제26조(사후관리업체의 지정 및 지도·감독), 제27조(사후관리 업체의 요건), 제30조(사후관리업체의 점검 및 평가), 제31조(사후관리업체의 지정취소 및 계약해지), 제32조(사후관리업체의 승계), 제33조(사후관리업체의 기능), 제34(사후관리비징수), 부칙 제2항(송출기관 국내연락사무소에 관한 경과조치) 제1호 내지 제2호는 사후관리업체와 중앙회간의 사후관리 계약기간까지 유효하며, 이 지침 시행일 이후에는 사후관리업체의 신규 지정을 하지 아니한다.

④【송출수수료, 연수관리비 및 사후관리비에 관한 경과조치】 이 지침 제15조의 규정에 의한 송출수수료, 제16조의 규정에 의한 계약이행 보증금, 제33조의 규정에 의한 연수관리비 및 이행보증금, 제34조 및 부칙 제3항의 규정에 의한 사후관리비는 이 지침에 의하여 새로이 중소기업청장의 승인을 얻기 이전까지는 종전의 규정에 의하여 승인된 분에 의한다.

부　칙 (1998. 6. 15.)

이 지침은 공포한 날부터 시행한다.

부　칙 (1999. 5. 13.)

이 지침은 공포한 날부터 시행한다.

〈별표 1〉

연 수 대 상 업 종

산업분류번호	업 종 명
15	음식료품제조업
17	섬유제품제조업
18	의복 및 모피제품제조업
19	가죽, 가방, 마구류 및 신발제조업
20	목재 및 나무제품제조업
21	펄프, 종이 및 종이제품 제조업
22	인쇄업
23	코크스, 석유제품 및 핵연료
24	화합물 및 화학제품제조업
25	고무 및 플라스틱제품제조업
26	비금속, 광물제조업
27	제1차 금속산업
28	조립금속제품제조업
29	달리 분류되지 않은 기계 및 장비제조업
30	사무계산 및 회계용 기계제조업
31	달리 분류되지 않은 전기기계 및 전기변화
32	영상, 음향 및 통신장비제조업
33	의료, 정밀, 광학기기 및 시계
34	자동차 및 트레일러제조업
35	기타 운송장비제조업
36	가구 및 기타 제조업
37	재생재료 가공처리업

※ 전체 제조업중 국내 산업여건과 인력수급상황을 고려하여 서비스업종 성격이 강한 담배제조업(16), 출판업(221) 및 기록매체 복제업(223)은 연수대상업에서 제외

〈별표 2〉

중소기업체 규모별 연수 허용인원

생산직의 상시 근로자 수	연수 허용인원
4인 이하	1~2명 이내
5인 이상 10인 이하	3~5명 이내
11인 이상 50인 이하	10명 이내
51인 이상 100인 이하	15명 이내
101인 이상 150인 이하	20명 이내
151인 이상 200인 이하	25명 이내
201인 이상 300인 이하	30명 이내
301인 이상 500인 이하	40명 이내
501인 이상	50명 이내

출입국관리법(발췌)

개정 1997. 12. 13. 법률 제 5434 호

제11조【입국의 금지 등】

① 법무부장관은 다음 각호의 1에 해당하는 외국인에 대하여는 입국을 금지할 수 있다.

1. 전염병환자·마약류중독자 기타 공중위생상 위해를 미칠 염려가 있다고 인정되는 자
2. 총포·도검·화약류등단속법에서 정하는 총포·도검·화약류 등을 위법하게 가지고 입국하려는 자
3. 대한민국의 이익이나 공공의 안전을 해하는 행동을 할 염려가 있다고 인정할 만한 상당한 이유가 있는 자
4. 경제질서 또는 사회질서를 해하거나 선량한 풍속을 해하는 행동을 할 염려가 있다고 인정할 만한 상당한 이유가 있는 자
5. 정신장애자·방랑자·빈곤자 기타 구호를 요하는 자
6. 강제퇴거명령을 받고 출국한 후 5년이 경과되지 아니한 자
7. 1910년 8월 29일부터 1945년 8월 15일까지 일본정부, 일본정부와 동맹관계에 있던 정부, 일본정부의 우월한 힘이 미치던 정부의 지시 또는 연결하에 인종, 민족, 종교, 국적, 정치적 견해 등을 이유로 사람을 학살·학대하는 일에 관여한 자
8. 기타 제1호 내지 제7호의 1에 준하는 자로서 법무부장관이 그 입국이 부적당하다고 인정하는 자

② 법무부장관은 입국하고자 하는 외국인의 본국이 제1항 각호외의 사유로 국민의 입국을 거부할 때에는 그와 동일한 사유로 그 외국인의 입국을 거부할 수 있다.

제17조【외국인의 체류 및 활동범위】

① 외국인이 대한민국에서 취업하고자 할 때에는 대통령령이 정하는 바에 따라 취업활동을 할 수 있는 체류자격을 받아야 한다.

② 제1항의 규정에 의한 체류자격을 가진 외국인은 지정된 근무처외에서 근무하여서는 아니된다.

③ 누구든지 제1항의 규정에 의한 체류자격을 가지지 아니한 자를 고용하여서는 아니된다.

④ 누구든지 제1항의 규정에 의한 체류자격을 가지지 아니한 자의 고용을 알선 또는 권유하여서는 아니된다.

⑤ 누구든지 제1항의 규정에 의한 체류자격을 가지지 아니한 자의 고용을 알선할 목적으로 그를 자기 지배하에 두는 행위를 하여서는 아니된다.

제19조【외국인을 고용한 자 등의 신고의무】

① 외국인을 고용한 자는 다음 각호의 1에 해당하는 사유가 발생한 때에는 그 사실을 안 날로부터 15일이내에 이를 사무소장 또는 출장소장에게 신고하여야 한다.

1. 외국인을 해고하거나 외국인이 퇴직 또는 사망한 때
2. 고용된 외국인의 소재를 알 수 없게 된 때
3. 고용계약의 중요한 내용을 변경한 때
4. 고용된 외국인이 이 법 또는 이 법에 의한 명령에 위반되는 행위를 한 것을 안 때

② 제1항의 규정은 외국인에게 산업기술을 연수시키는 업체의 장에 대하여 이를 준용한다.

제19조의2【산업연수생의 보호 등】

① 정부는 제10조의 규정에 의하여 산업연수활동을 할 수 있는 체류자격을 가지고 지정된 산업체에서 연수하고 있는 외국인(이하 "산업연수생"이라 한다)의 보호를 위하여 필요한 조치를 하여야 한다.

② 제1항의 규정에 의한 산업체의 지정에 관하여 필요한 사항은 대통령령으로 정한다.

제19조의3 【산업연수생의 관리 등】

① 법무부장관은 산업연수생의 연수장소 이탈, 연수목적외의 활동 기타 허가된 조건의 위반 여부 등을 조사하여 그 외국인의 출국 등 산업연수생의 관리에 필요한 조치를 하여야 한다.

② 제1항의 규정에 의한 산업연수생의 관리 및 산업연수생의 입국과 관련된 모집에 관하여 필요한 사항은 대통령령으로 정한다.

③ 법무부장관은 산업연수생으로서 대통령령이 정하는 요건을 갖춘 자(이하 이항에서 "연수취업자"라 한다)에 대하여 취업활동을 할 수 있도록 그 체류자격변경허가를 할 수 있다. 이 경우 연수취업자의 관리에 관하여는 제1항 및 제2항의 규정을 준용한다.

제21조 【근무처의 변경 · 추가】

① 대한민국에 체류하는 외국인이 그 체류자격의 범위내에서 그의 근무처를 변경하거나 추가하고자 할 때에는 미리 법무부장관의 허가를 받아야 한다.

② 누구든지 제1항의 규정에 의한 근무처의 변경 · 추가허가를 받지 아니한 외국인을 고용하거나 고용을 알선하여서는 아니된다. 다만, 다른 법률에 의하여 고용을 알선하는 때에는 그러하지 아니하다.

제31조 【외국인등록】

① 외국인이 입국한 날로부터 90일을 초과하여 대한민국에 체류하게 되는 경우 대통령령이 정하는 바에 따라 입국한 날로부터 90일이내에 그의 체류지를 관할하는 사무소장 또는 출장소장에게 외국인등록을 하여야 한다. 다만, 다음 각호의 1에 해당하는 외국인의 경우에는 그러하지 아니하다.

1. 주한외국공관(대사관과 영사관을 포함한다)과 국제기구의 직원 및 그의 가족

2. 대한민국정부와의 협정에 의하여 외교관 또는 영사와 유사한 특권 및 면제를 누리는 자와 그의 가족

3. 대한민국정부가 초청한 자 등으로서 법무부령이 정하는 자

② 제23조의 규정에 의하여 체류자격을 받는 자로서 그 날로부터 90일

을 초과하여 체류하게 되는 자는 제1항의 규정에 불구하고 체류자격을 받는 때에 외국인등록을 하여야 한다.

③ 제24조의 규정에 의하여 체류자격변경허가를 받는 자로서 입국한 날로부터 90일을 초과하여 체류하게 되는 자는 제1항의 규정에 불구하고 체류자격 변경허가를 받는 때에 외국인등록을 하여야 한다.

제35조【외국인등록사항 변경의 신고】

제31조의 규정에 의하여 등록을 한 외국인은 다음 각호의 1에 해당하는 사항에 변경이 있는 때에는 대통령령이 정하는 바에 따라 14일이내에 체류지관할사무소장 또는 출장소장에게 외국인등록사항변경신고를 하여야 한다.

1. 성명 · 성별 · 생년월일 및 국적
2. 여권의 번호 · 발급일자 및 유효기간
3. 근무처의 명칭과 직위(직위는 임원에 한한다)

제36조【체류지변경의 신고】

① 제31조의 규정에 의하여 등록을 한 외국인이 그의 체류지를 변경한 때에는 대통령령이 정하는 바에 따라 전입한 날로부터 14일이내에 신체류지의 시 · 군 또는 구의 장에게 전입신고를 하여야 한다.

② 외국인이 제1항의 규정에 의한 신고를 할 때에는 외국인등록증을 제출하여야 한다. 이 경우 시 · 군 또는 구의 장은 그 외국인등록증에 체류자변경사항을 기재한 후 이를 반환하여야 한다.

③ 제1항의 규정에 의하여 전입신고를 받은 시 · 군 또는 구의 장은 지체없이 전체류지의 시 · 군 또는 구의 장에게 체류지변경신고서 사본을 첨부하여 외국인등록표의 이송요청을 하여야 한다.

④ 제3항의 규정에 이하여 외국인등록표의 이송요청을 받은 전체류지의 시 · 군 또는 구의 장은 이송요청을 받은 날로부터 3일이내에 신체류지의 시 · 군 또는 구의 장에게 이를 이송하여야 한다.

⑤ 제4항의 규정에 의하여 외국인등록표를 이송받은 시 · 군 또는 구의 장은 제34조(외국인등록표 등의 작성 및 관리) 제2항의 규정에 의하여 이를 관리하여야 한다.

⑥ 제1항의 규정에 의하여 전입신고를 받은 시·군 또는 구의 장은 대통령령이 정하는 바에 따라 그 사실을 지체없이 체류지관할사무소장 또는 출장소장에게 통보하여야 한다.

제81조【출입국관리공무원 등의 외국인 동향조사】

① 출입국관리공무원 및 대통령령이 정하는 관계기관 소속공무원은 외국인이 이 법 또는 이 법에 의한 명령에 따라 적법하게 체류하고 있는지 여부를 조사하기 위하여 외국인, 그 외국인을 고용한 자, 그 외국인의 소속단체 또는 그 외국인이 근무하는 업소의 대표자와 그 외국인을 숙박시킨 자를 방문하여 질문을 하거나 기타 필요한 자료의 제출을 요구할 수 있다.

② 제1항의 규정에 의하여 질문을 받거나 자료의 제출을 요구받은 자는 정당한 이유없이 이를 거부하여서는 아니된다.

제94조【벌 칙】

다음 각호의 1에 해당하는 자는 3년이하의 징역이나 금고 또는 1천만원 이하의 벌금에 처한다.

1~4. 생략

5. 제17조 제1항, 제18조 제1항·제5항, 제20조(체류자격외 활동)의 규정에 위반한 자

5의2. 제18조 제3항의 규정에 위반하여 취업활동을 할 수 있는 체류자격을 가지지 아니한 외국인을 고용한 자

6. 제18조 제4항의 규정에 위반하여 취업활동을 할 수 있는 체류자격을 가지지 아니한 외국인의 고용을 업으로 알선·권유한 자

6의2. 제21조 제2항의 규정에 위반하여 근무처의 변경 또는 추가 허가를 받지 아니한 외국인의 고용을 업으로 알선한 자

제95조【벌 칙】

다음 각호의 1에 해당하는 자는 1년 이하의 징역이나 금고 또는 500만원 이하의 벌금에 처한다.

1~4. 생략

5. 제18조 제2항 또는 제21조 제1항의 규정에 위반한 자

6의2. 제21조 제2항의 규정에 위반하여 근무처의 변경 또는 추가 허가를 받지 아니한 외국인을 고용한 자

7. 제31조의 규정에 위반한 자

제98조【벌 칙】

① 제19조의 규정에 위반한 자는 200만원 이하의 과태료에 처한다.

② 다음 각호의 1에 해당하는 자는 100만원 이하의 과태료에 처한다.

1. 제35조 또는 제37조(외국인등록증의 반환 등)의 규정에 위반한 자

2. 생략

3. 제81조 제2항의 규정에 의한 출입국관리공무원의 장부 또는 자료제출 요구를 거부 또는 기피한 자

③ ～ ⑦ 생략

출입국관리법시행령

개정 1998. 4. 1. 대통령령 제15764호

제12조 【체류자격의 구분】

법 제10조 제1항의 규정에 의한 외국인의 체류자격은 별표 1과 같다.

제24조 【외국인을 고용한 자 등의 신고】

① 외국인을 고용한 자 또는 외국인에게 산업기술을 연수시키는 업체의 장이 법 제19조의 규정에 의하여 신고를 하고자 하는 경우에는 고용·연수외국인변동사유발생신고서를 사무소장 또는 출장소장에게 제출하여야 한다.

② 법 제19조 제1항 제3호에서 "고용계약의 중요한 내용을 변경한 때"라 함은 고용계약기간을 변경하거나 고용주의 변경없이 근무장소를 변경 또는 추가한 때를 말한다.

제24조의2 【산업연수업체 등】

① 법 제19조의2의 규정에 의하여 외국인이 산업연수활동을 할 수 있는 산업체는 다음 각호의 1에 해당하는 산업체로 한다.

1. 외국환관리법 제3조 제1항 제15호의 규정에 의하여 외국에 직접 투자한 산업체

2. 기술개발촉진법 제10조의2의 규정에 의하여 외국에 기술을 수출하는 산업체

3. 대외무역법 제22조 제1항의 규정에 의하여 외국에 산업설비를 수출하는 산업체

4. 제1호 내지 제3호외의 산업체로서 소관 중앙행정기관의 장이 지정·고시하는 산업체 관련기관·단체(이하 "연수추천단체"라 한

　　다)의 장이 추천하는 산업체

　②제24조의3 제2항 제1호의 규정에 의하여 산업연수생의 도입규모가 결정된 경우 연수추천단체의 장은 법무부장관이 정하는 기준에 따라 해당 산업체별로 배정할 산업연수생의 규모를 정하여 이를 소관 중앙행정기관의　장에게 통보하여야 한다.

제24조의3【외국인산업인력정책심의위원회】

　①외국인의 산업연수 및 연수취업제도에 관한 중요사항을 심의·조정하기 위하여 국무총리소속하에 외국인산업인력정책심의위원회(이하 이 조 및 제24조의4에서 "위원회"라 한다)를 둔다.

　②위원회는 다음 각호의 사항을 심의·조정한다.

1. 제24조의2 제1항 제4호의 규정에 의한 산업체에서 연수하고자 하는 산업연수생의 도입규모 결정과 모집·관리에 관한 중요사항

2. 산업연수생으로서 제24조의5 제1항의 규정에 의한 연수취업요건을 갖추어 취업이 허용된 자(이하 "연수취업자"라 한다)의 관리 및 연수취업요건 등에 관한 중요사항

3. 기타 위원회의 위원장(이하 이 조에서 "위원장"이라 한다) 또는 위원이 외국인 산업연수 또는 연수취업에 관하여 필요하다고 인정하여 위원회에 회부하는 사항

　③위원회의 위원장은 국무조정실장이 되고, 위원은 재성경제부·외교통상부·법무부·과학기술부·산업자원부·보건복지부·노동부·건설교통부·해양수산부의 차관과 중소기업청장이 된다.

　④위원회의 사무를 처리하기 위하여 위원회에 간사 1인을 두되 간사는 위원장이 소속된 기관의 국장급 공무원중에서 위원장이 지명한다.

　⑤위원회의 심의 사항을 사전검토하고 위원회가 위임한 사항을 처리하기 위하여 위원회에 실무협의회를 둘 수 있다.

　⑥기타 위원회의 운영과 실무협의회의 구성·운영에 관하여 필요한 사항은 위원회의 심의를 거쳐 위원장이 정한다.

제24조의4【산업연수생의 모집 및 관리】

　①제24조의2 제1항 제4조의 규정에 의한 산업체는 위원회의 심의·조

정을 거쳐 소관 중앙행정기관의 장이 지정하는 기관·단체(이하 "모집기관"이라 한다)를 통하여 산업연수생을 모집하여야 한다.

② 제1항의 규정에 의한 모집기관의 장은 다음 각호의 1에 해당하는 외국인을 산업연수생으로 모집하여서는 아니된다.

1. 대한민국에서 금고이상의 형을 받은 사실이 있거나 외국에서 이에 준하는 형을 선고받은 사실이 있는 자

2. 대한민국에서 출국명령 또는 강제퇴거명령을 받고 출국한 자

3. 대한민국에서 6월이상 불법으로 체류한 사실이 있는 자

4. 불법취업의 목적으로 입국할 염려가 있다고 인정되는 자

5. 법 제11조 제1항 각호의 1에 해당하는 자

③ 출입국항을 관할하는 사무소장 또는 출장소장은 산업연수생이 입국하거나 출국하는 때에는 산업연수생의 주소지를 관할하는 사무소장 또는 출장소장에게 그 사실을 통보하여야 한다.

④ 관할 지방노동관서의 장은 필요한 경우 사무소장 또는 출장소장에게 산업연수생의 출입국기록의 제공을 요청할 수 있다.

⑤ 산업연수생의 주소지를 관할하는 사무소장 또는 출장소장은 산업연수생의 연수실태 및 연수를 마친 자의 출국여부 등 산업연수생의 동향을 조사하여 매분기 1회이상 법무부장관에게 보고하여야 한다.

⑥ 법무부장관은 제24조의5 제1항 각호의 연수취업요건을 갖추지 아니하여 연수취업자격으로서의 체류자격변경허가를 받지 못한 산업연수생에 대하여는 체류기간연장허가를 하여서는 아니된다. 다만, 정당한 사유가 있는 경우는 그러하지 아니한다.

⑦ 기타 산업연수생의 모집 및 관리에 관하여 필요한 사항은 소관 중앙행정기관의 장이 따로 정한다.

제24조의5 【연수취업요건 등】

① 법 제19조의3 제3항의 규정에 의한 체류자격변경허가를 받고자 하는 자는 다음 각호의 요건을 갖추어야 한다.

1. 국가기술자격법에 의한 기술자격검정 또는 이에 준하는 기술자격시험에 합격하였을 것

2. 제24조의2 제1항 제4호의 규정에 의한 산업체에서 산업연수생으로

2년간 연수하였을 것
3. 기타 소관 중앙행정기관의 장이 정하는 연수취업의 요건을 갖추었
을 것
② 제1항의 규정에 의하여 연수취업자격으로의 체류자격변경허가를
받은 자는 산업연수생으로 근무한 산업체에 근무하여야 한다. 다만,
그 산업체의 장의 동의를 받거나 기타 정당한 사유가 있다고 인정되는
때에는 그러하지 아니하다.

제24조의6【연수취업자의 관리】

① 법무부장관은 다음 각호의 1에 해당하는 자를 제외하고는 법 제19
조의3 제3항의 규정에 의한 체류자격변경허가를 받은 연수취업자에
대하여 체류기간연장허가를 하여서는 아니된다.
1. 질병 기타 사고로 허가된 체류기간내에 출국할 수 없다고 인정되는
자
2. 재판계류중이거나 수사상 필요에 의하여 허가된 체류기간을 연장
할 필요가 있다고 인정되는 자
3. 천재지변등으로 선박등의 운항이 불가능하여 허가된 체류기간내에
출국할 수 없는 자
4. 기타 이에 준하는 부득이한 사유가 있다고 인정되는 자
② 제24조의4 제3항 내지 제5항의 규정은 연수취업자의 관리에 관하여
이를 준용한다.
③ 기타 연수취업자의 관리에 관하여 필요한 사항은 소관 중앙행정기
관의장이 따로 정한다.

제24조의7【연수추천단체 등의 관리】

① 법무부장관은 연수추천단체·제24조의4 제1항의 규정에 의한 모집
기관 및 제24조의5 제1항 제1호의 규정에 의한 자격제도를 관리·운영
하는 자 등이 다음 각호의 1에 해당하는 행위를 하는 때에는 소관 중
앙행정기관의 장에게 그 지정의 해제를 요청할 수 있다.
1. 산업연수 및 연수취업과 관련하여 영리활동을 하는 때
2. 기타 법 및 이 영에 위반하는 행위를 하는 때

② 소관 중앙행정기관의 장은 제1항의 규정에 의하여 그 지정의 해제를 요청받은 때에는 정당한 사유가 있는 경우를 제외하고는 이를 해제하여야 한다.

제26조 【근무처의 변경 · 추가허가】

① 법 제21조 제1항의 규정에 의하여 근무처의 변경 또는 추가에 관한 허가를 받고자 하는 자는 근무처변경 · 추가허가신청서(별지 제37호서식)에 법무부령이 정하는 서류를 첨부하여 사무소장 또는 출장소장에게 제출하여야 한다.

② 사무소장 또는 출장소장은 제1항의 규정에 의한 신청서를 제출받은 때에는 의견을 붙여 지체없이 이를 법무부장관에게 송부하여야 한다.

③ 사무소장 또는 출장소장은 제1항의 규정에 의한 신청에 대하여 법무부장관의 허가가 있는 때에는 여권 등에 근무처변경 · 추가허가인을 찍고 변경 또는 추가된 근무처를 기재하여야 한다.

제40조 【외국인등록】

① 체류지관할사무소장 또는 출장소장은 외국인등록증을 발급받은 자에게 다음 각호의 1에 해당하는 사유가 있는 때에는 외국인등록증을 재발급할 수 있다.

1. 외국인등록증이 분실되거나 없어진 때
2. 외국인등록증이 헐어서 못쓰게 된 때
3. 필요한 사항을 기재할 난이 부족한 때
4. 법 제35조 제1호의 사항에 대한 외국인등록사항변경신고를 받은 때

② 제1항의 규정에 의하여 외국인등록증을 재발급 받고자 하는 자는 외국인 등록증재발급신청서(별지 제72호서식)에 그 사유를 소명하는 서류와 사진 1매를 첨부하여 그 사유가 발생한 날부터 14일 이내에 체류지관할사무소장 또는 출장소장에게 제출하여야 한다. 이 경우 제 1항 제2호 내지 제4호에 규정된 사유로 재발급신청을 하는 때에는 그 신청서에 원래의 외국인등록증을 첨부하여야 한다.

③ 체류지관할사무소장 또는 출장소장은 외국인등록증을 재발급하는

때에는 외국인등록증발급대장에 필요한 사항을 기재하고 제2항 후단
의 규정에 의하여 제출된 외국인등록증을 관계기록과 함께 보관하여
야 한다.

제44조【외국인등록사항 변경의 신고】

① 법 제35조의 규정에 의한 변경신고를 하고자 하는 자는 외국인등록
사항 변경신고서(별지 제73호서식)에 외국인등록증 및 여권등을 첨부
하여 체류지관할사무소장 또는 출장소장에게 제출하여야 한다.

② 체류지관할사무소장 또는 출장소장은 제1항의 규정에 의한 변경신
고를 받은 때에는 등록외국인기록표를 정리하여야 하며, 법 제35조 제
1호의 변경사항에 대하여는 외국인등록증을 재발급하고 외국인등록
사항변경신고서 사본을 체류지의 시·군 또는 구의 장에게 송부하여
야 한다.

③ 시·군 또는 구의 장은 제2항의 규정에 의하여 외국인등록사항변
경신고서를 송부받은 때에는 지체없이 외국인등록표를 정리하여야 한
다.

제45조【체류지변경의 신고】

① 체류지를 변경한 자가 법 제36조 제1항의 규정에 의하여 전입신고
를 하고자 하는 때에는 체류지변경신고서(별지 제74호서식)를 신체류
지의 시·군 또는 구의 장에게 제출하여야 한다.

② 제1항의 규정에 의한 전입신고를 받은 시·군 또는 구의 장은 외국
인등록증에 변경사항을 기재하고 체류지변경신고필인을 찍어 신고인
에게 교부하고 신고인의 외국인등록표를 정리하여야 하며, 법 제36조
제6항의 규정에 의하여 체류지변경통보서를 변경전의 체류지관할사
무소장 또는 출장소장에게 송부하여야 한다.

③ 제2항의 규정에 의한 변경사항을 통보받은 전체류지관할사무소장
또는 출장소장은 신체류지관할사무소장 또는 출소장에게 등록외국인
기록표를 송부하여야 하며, 신체류지관할사무소장 또는 출장소장은
지체없이 이를 정리하여야 한다.

제91조의2【관계기관 소속공무원】
　①법 제81조 제1항에서 "관계기관 소속공무원"이라 함은 다음 각호의 1에 해당하는 자를 말한다.
　1. 고용 및 취업에 관한 업무를 담당하는 노동부 소속공무원
　2. 산업연수생의 보호와 관리업무를 담당하는 중소기업청 소속공무원
　3. 기타 산업연수생의 보호·관리와 관련하여 법무부장관이 필하다고 인정하는 관계중앙행정기관 소속공무원
　②관계기관 소속공무원이 법 제81조 제1항의 규정에 의하여 외국인의 동향을 조사한 때에는 그 내용을 사무소장 또는 출장소장에게 통보하여야 한다.

출입국관리법시행규칙

개정 1998. 4. 1. 법무부령 제456호

제18조의2 【1회에 부여하는 체류자격별 체류기간의 상한】

법 제10조 제2항의 규정에 의하여 1회에 부여할 수 있는 체류자격별 체류기간의 상한은 별표 1과 같다. 다만, 법무부장관은 국제관례나 상호주의 원칙 또는 국가이익에 비추어 필요하고 인정하는 때에는 그 상한을 달리 정할 수 있다.

제76조 【사증 등 발급신청시의 첨부서류】

영 제7조 제1항 및 제10조 제2항의 규정에 의하여 사증 또는 외국인입국허가서의 발급을 신청하는 때, 영 제8조 제1항제1호 및 제3호의 규정에 해당하는 자가 제14조의 규정에 의한 입국허가를 신청하는 때, 제17조 제2항의 규정에 의하여 사증발급인정서(별지 제21호 서식)의 발급을 신청하는 때, 영 제25조의 규정에 의하여 체류자격외 활동허가를 신청하는 때, 영 제26조의 규정에 의하여 근무처의 변경·추가허가를 신청하는 때 및 영 제29조 내지 제31조의 규정에 의한 각종 허가를 신청하는 때의 체류자격별 첨부서류는 별표 5와 같다.

〈시행령 : 별표 1〉

외국인의 체류자격
(시행령 제12조 관련)

체류자격(기호)	체류자격에 해당하는 자 또는 활동범위
12. 산업연수(D-3)	법무부장관이 정하는 연수조건을 갖춘 자로서 국내의 산업체에서 연수를 받고자 하는 자
25의2. 연수취업(E-8)	산업연수활동을 할 수 있는 체류자격을 가지고 필요한 연수기간 동안 지정된 연수장소를 이탈하지 아니하고 연수한 자로서 기술자격검정 등 연수취업요건을 갖추고 국내 기업체에서 근무하려고 하는 자

〈시행규칙 : 별표 1〉

1회에 부여하는 체류자격별 체류기간의 상한
(시행규칙 제18조의2 관련)

체류자격(기호)	1회에 부여하는 체류기간의 상한
12. 산업연수(D-3)	2 년
25의2. 연수취업(E-8)	1 년

<시행규칙 : 별표 5>

사증발급신청 등 첨부서류
(시행규칙 제76조 관련)

체류자격(기호)	첨 부 서 류
산업연수(D-3)	• 연수기관이 작성한 연수계획서 • 신원보증서 • 소득세징수액집계표 확인원 • 외국인산업기술연수 대상업체의 추천서나 해당 산업체임을 입증할 수 있는 서류
연수취업(E-8)	• 연수취업계약서 • 연수업체장의 추천서 • 기술자격증사본 등 • 공 · 사기관의 설립관련 서류 • 신원보증서 • 기타 법무부장관이 필요하다고 인정하는 서류

[별지 제21호 서식]

사 증 발 급 인 정 신 청 서
APPLICATION FOR CONFIRMATION OF VISA ISSUANCE

신청번호(APPLICATION NO.) : 제   호

○ 피초청자(INVITEE)

성 명 NAME IN FULL		한 자 성 명 漢字姓名	
성 별 SEX	생 년 월 일 DATE OF BIRTH	국 적 NATIONALITY	☐☐☐
직장 및 직위 PLACE&POSITION OF EMPLOYMENT			
주 소 ADDRESS		전 화 번 호 TEL.	

○ 초청자(INVITER)

성 명 NAME IN FULL		생 년 월 일 DATE OF BIRTH	
성 별 SEX	국 적 NATIONALITY	주민등록(외국인등록)번호 REGISTRATION NO.	
직장 및 직위 PLACE & POSITION OF EMPLOYMENT			
주 소 ADDRESS		전 화 번 호 TEL.	

○ 초청사유(REASON FOR INVITATION) :   ☐☐☐
○ 초청기간(DESIRED PERIOD OF INVITAITON) :
○ 예정 근무처(WORK AT) :   ☐☐☐

출입국관리법시행규칙 제17조 제2항의 규정에 의하여 사증발급인정을 신청합니다.
I hereby apply for confirmation of visa issuance, pursuant to paragraph 2, article 17 of the provisions for enforcement of the immigration law.

신청일 : 19 . . .   신청인 서명(SIGNATURE)   (인)

(공 용 란 FOR OFFICIAL USE ONLY)

인 정 사 항	
인정번호	
사증종류	단 수 / 복 수
체류자격	
체류기간	
참고사항	

접수번호		결 재		
접수일시				
담당자		가 · 부		

[별지 제32호 서식]

법 무 부
MINISTRY OF JUSTICE

고용·연수외국인 변동사유 발생보고서

○○출입국관리사무소장 귀하

1. 신고대상 외국인 인적사항

연번	국 적	성 명	외국인등록번호 또는 생년월일	여권번호	입국일자	체류자격 (체류기간)

2. 신고사항

출입국관리법 제19조의 규정에 의하여 위와 같이 신고합니다.

19 ． ． ．

근무처
직 위
주 소
성 명　　　　　　　　㉑

3. 공용란

비 고		결　　　재		
	접수일자		소 장	
	접수번호			
	과　장			
	담 당 자			

23236-13411민
'97. 5. 28.승인

210mm x 297mm
보존용지(2종)70g/㎡

[별지 제37호 서식]

법 무 부
MINISTRY OF JUSTICE

근무처변경 · 추가허가신청서
APPLICATION FOR ALTERATION OR ADDITION OF EMPOLOYMENT PLACE

성 명	FAMILY NAME	漢字	성 별 SEX	남 M
	GIVEN NAMES			여 F

생 년 월 일 Date of Birth	년 월 일 .Year　Month　Day	국 적 Nationality	

신 청 사 항 Items of Application	신 청 사 유 Reason for Application	
	원 근 무 처 Former Employment Place	
	변경 · 추가 근무처 Employment Place for Alteration or Addition	

신 청 일 Date of Application　.　.　.	신청인서명 Signature

공 용 란
For official use only

사 증 번 호		결　　　　재		
사증발급일자	. . .	허 가 사 항	접수일자	. . .	소 장
사증발급공관		허가 일자		접수번호	국 장
체 류 자 격		허가 번호		과 장	
체 류 기 간		비 고		담 당 자	가 . 부

(D-3-2중기협근무처변경)

23236-14911민
'93.3.22. 승인

210mm x 297mm
인쇄용지(특급)70g/㎡

[별지 제64호 서식]

외국인등록신청서

APPLICATION FOR ALIEN REGISTRATION

(　　　　)출입국관리사무소장
TO: Chief, (　　　　　) Immigration Office

<table>
<tr><td rowspan="2">성명 및 성별
Name in full
and sex</td><td colspan="3">(姓 Surname)　　　(名 Given names)</td><td rowspan="2">□ 남 M
□ 여 F</td><td rowspan="4">PHOTO

35mm x 45mm</td></tr>
<tr><td colspan="3">漢子名(　　　　　)
Official Use</td></tr>
<tr><td>국적 Nationality</td><td>생년월일 Date of Birth
Year Month Day</td><td>출생지 Place of Birth</td><td>직업 Occupation
산업연수생</td></tr>
<tr><td>여권사항
Passport</td><td>번호 Number</td><td>발급일자 Date of Issue</td><td colspan="2">유효기간 Date of Expiration</td></tr>
<tr><td>사증
사항
Visa</td><td>번호 Number</td><td>발급일자
Issuing Date
Year Month Day</td><td>발급공관
Issuing
Authority</td><td>체류자격:
Status of Sojourn
체류기간:
Period of Sojourn</td><td>입국일자:
Date of Entry

입국장소:
Port of Entry</td></tr>
<tr><td>근무처사항
Place of
Occupation</td><td>명칭　Name</td><td>직위 및 담당업무
Position
중기협 산업연수생</td><td colspan="2">사업자등록번호
Bussiness Registration No.</td><td>☎</td></tr>
<tr><td colspan="2">본국의 주소
Address in Home Country</td><td colspan="3"></td><td>☎</td></tr>
<tr><td colspan="2">대한민국내 체류지
Address in Korea</td><td colspan="3">특별(광역)시　　구　　　동　　　번지
도　　　시.군　　구.군.읍면　　동.리　　번지</td><td>☎</td></tr>
<tr><td colspan="2">세대주명
Name of Householder</td><td></td><td colspan="3">세대주와의 관계
Relationship Householder</td></tr>
</table>

<table>
<tr><td rowspan="4">동 반 자
Dependent
in Korea</td><td>성 명　Name in Full</td><td>성별
Sex</td><td>생년월일
Date of Birth</td><td>관계
Relation</td><td>비 고
Remarks</td></tr>
<tr><td></td><td></td><td></td><td></td><td></td></tr>
<tr><td></td><td></td><td></td><td></td><td></td></tr>
<tr><td></td><td></td><td></td><td></td><td></td></tr>
</table>

출입국관리법 제31조의 규정에 의하여 위와 같이 외국인 등록을 신청합니다.
I hereby aply for registration as above-mentioned in accordance to the Article 31 of the Immigration Law.

신 청 일　　　　　　신청인　　　　　　서명
Date of Application　　　Applicant　　　　Signature

공 용 란　　(For official use only)

<table>
<tr><td>접수일자</td><td></td><td rowspan="3">특
이
사
항</td><td></td><td>외국인등록번호</td><td>등록증
발 급</td><td>지 문
채 취</td><td>기록표
작 성</td><td>등록표
송 부</td></tr>
<tr><td>접수번호</td><td></td><td></td><td>. . . . . .</td><td></td><td></td><td></td><td></td></tr>
<tr><td>담 당</td><td></td><td></td><td>. . . . . . .</td><td></td><td></td><td></td><td></td></tr>
</table>

23236-14311 일
'97. 5. 28. 승인

210mm X 297mm
보존용자(2종) 70g / ㎡

[별지 제72호 서식]

법 무 부
MINISTRY OF JUSTICE

외국인등록증 (재)발급신청서
APPLICATION FOR ISSUANCE (REISSUANCE) OF REGISTRATION CERTIFICATE

<table>
<tr><td rowspan="2">성
명</td><td>FAMILY NAME</td><td rowspan="2">漢字</td><td rowspan="2">성별
SEX</td><td>남 M</td></tr>
<tr><td>GIVEN NAMES</td><td>여 F</td></tr>
</table>

생 년 월 일 Date of Birth	. . . Year Month Day	국 적 Nationality	
본 국 주 소 Home Address		직 위 Position	**산 업 연 수 생**
대 한 민 국 내 주 소 Address in Korea			
입 국 일 자 Date of Entry	. . .	여 권 번 호 Passport No.	
입 국 장 소 Port of Entry		여 권 유 효 기 간 Passport Validity	
신 청 사 유 Reason for issuance of Registration Certificate			

<table>
<tr><td rowspan="5">동
반
자

Depe-
ndent</td><td>성 명
Name in Full</td><td></td><td colspan="2"></td><td></td><td colspan="2"></td><td></td><td colspan="2"></td></tr>
<tr><td>생년월일
Date of Birth</td><td>. . .</td><td>성 별
SEX</td><td>남 M
여 F</td><td>. . .</td><td>성 별
SEX</td><td>남 M
여 F</td><td>. . .</td><td>성 별
SEX</td><td>남 M
여 F</td></tr>
<tr><td>관 계
Relation</td><td colspan="3"></td><td colspan="3"></td><td colspan="3"></td></tr>
<tr><td>비 고
Remarks</td><td colspan="3"></td><td colspan="3"></td><td colspan="3"></td></tr>
</table>

| 신 청 일
Date of Application | . . . | 신청인서명
Signature | |

공 용 란 For official use only

사 증 번 호		등록번호		결		재
사 증 발 급 일 자	. . .	등록일자		접수일자	. . .	소 장
사 증 발 급 공 관		비 고		접수번호		
체 류 자 격				과 장		가 부
체 류 기 간				담 당 자		

23236-14811 민
'93.3.22. 승인

210mm x 297mm
인쇄용지(특급)70g/㎡

[별지 제73호 서식]

법　　무　　부
MINISTRY OF JUSTICE

<table>
<tr><td colspan="5" align="center">외국인등록사항변경신고서
**REPORT ON ALTERATION IN MATTERS OF
ALIEN'S REGISTRATION**</td></tr>
<tr><td rowspan="2">성
명</td><td>FAMILY NAME</td><td rowspan="2">漢字</td><td rowspan="2">성별
SEX</td><td>남 M</td></tr>
<tr><td>GIVEN NAMES</td><td>여 F</td></tr>
<tr><td>생 년 월 일
Date of Birth</td><td colspan="2">．　　．　　．
Year　Month　Day</td><td colspan="2">국　　　적
Nationality</td></tr>
<tr><td>변 경 사 항
Items of Alteration</td><td colspan="4"></td></tr>
<tr><td>신 청 일
Date of Application　．　．　．</td><td colspan="4">신청인서명
Signature</td></tr>
</table>

<table>
<tr><td colspan="6" align="center">공 용 란　For official use only</td></tr>
<tr><td>사 증 번 호</td><td></td><td>등록번호</td><td></td><td align="center">결</td><td align="center">재</td></tr>
<tr><td>사 증 발 급 일 자</td><td>．　．　．</td><td>등록일자</td><td></td><td>접수일자　．　．　．</td><td>소 장</td></tr>
<tr><td>사 증 발 급 공 관</td><td></td><td rowspan="3">비　　고</td><td></td><td>접수번호</td><td rowspan="3" align="center">가　．　부</td></tr>
<tr><td>체 류 자 격</td><td></td><td></td><td>과　　장</td></tr>
<tr><td>체 류 기 간</td><td></td><td></td><td>담 당 자</td></tr>
</table>

23236-14911민
'93.3.22. 승인

210mm × 297mm
인쇄용지(특급)70g/㎡

[별지 제74호 서식]

체류지변경신고서
REPORT ON ALTERATION OF RESIDENCE

성	Family name	漢字		성 별	남	M
명	Given names			Sex	여	W

생 년 월 일 Date of Birth		국 적 Nationality	

전 체 류 지 Fdrmer Address	

신 체 류 지 New Adress	

외국인등록번호 Registration No.		등 록 일 자 Date of Registration	

동 반 자 Depen dent	성 명 Name in Full		
	생년월일 Date of Birth	. . .	. . .
	성 별 Sex		
	관 계 Relation		
	등록번호 Registration No.		
	비 고 Remarks		

신 고 일

Date of Report   . .

신고자 성명

Signature of applicant

위와 같이 체류지 변경신고를 하였음을 증명합니다.

I hereby certify that the report on alteration of residence has made as above.

년   월   일

Date

○ ○ (시 · 구청 · 읍 · 면) 장 ㉑

Issuing Authority

23236-15011민
'93. 3. 22.승인

210mm x 297mm
신문용지54g/㎡

외국인산업기술연수생의보호및관리에관한지침

제정 1995. 2. 14. 노동부 예규 제258호
개정 1998. 2. 23. 노동부 예규 제369호

제 1 조【목 적】

이 지침은 외국인 산업기술연수생(이하 "연수생"이라 한다)으로서 우리나라에 입국하여 사업장에서 연수를 받는 자의 보호 및 관리의 적정을 기하기 위하여 필요한 사항을 규정함을 목적으로 한다.

제 2 조【기본이념】

연수생제도는 연수생이 사업장에서 기술·기능의 습득기회를 가지게 함으로써 귀국후에는 당해 국가의 중추적 산업인력으로 국가발전에 이바지하도록 하여야 한다.

제 3 조【연수생의 적용범위】

이 지침의 적용대상이 되는 연수생은 법무부 훈령 제384호(1997.10.14.) "외국인산업기술연수사증 발급등에 관한 업무처리지침" 제2조 제2항의 규정에 의한 주무부처의 장 또는 주무부처의 장이 지정하는 산업체 유관공공단체(이하 "연수추천단체"라 한다)의 장이 추천하는 산업체에서 연수하는 자로 한다. 다만, 선원법의 적용을 받는 선박에 승선하는 연수생은 제외한다.

제 4 조【연수생의 지위】

연수생은 출입국관리법령에 의한 연수생 신분의 체류자격을 가지되 연수과정에서 현장연수의 특성상 사실상의 노무를 제공함으로써 임금·수당등 여하한 명칭으로든지 근로의 대상을 지급받고 있는 경우에는 이 지침이 정하는 한도내에서 근로자로서의 권리의무를 갖는다.

제 5 조【연수계약 체결의 대상자】

사업주는 출입국관리법령, 직업안정법령 등 관계규정에 따라 적법한 체류자격을 가진 연수생과 연수계약을 체결하여야 한다.

제 6 조【연수계약】

연수생의 연수계약기간은 1년을 원칙으로 하되, 계속 연수가 필요한 때에는 관계 규정에 따라 연수기간의 연장허용 범위안에서 연장계약할 수 있다.

제 7 조【계약서의 내용 등】

① 사업주는 연수생이 연수를 시작하기 전에 수당, 연수시간 등 연수조건이 포함된 연수계약서를 작성하여야 하며, 사업주 및 연수생이 각 1부씩 보관하여야 한다. 이 경우 동 계약서는 국문으로 작성함을 원칙으로 하되, 번역 등을 통해 연수생이 이해할 수 있도록 하여야 한다.

② 사업주는 수당의 결정, 계산, 지불방법 등은 물론 그와 관련된 제세, 의료보험료 등 법정공제 등에 관하여 연수생이 이해할 수 있게 설명하고, 실제 지급하는 액수와 부합되도록 하여야 한다.

③ 사업주는 연수생 명부와 연수계약서상 연수생에게 지급하여야 할 금품대장을 작성ㆍ비치하여야 한다.

④ 사업주는 연수생이 사용할 숙박시설을 확보하여야 한다.

⑤ 연수생의 여권은 연수생 본인이 소지하도록 한다.

⑥ 사업주는 연수생이 귀국할 때에는 해당 연수생의 수당 등 금품을 지급할 사유가 발생한 날로부터 14일 이내에 지급하여야 하며, 출국전에 반드시 청산하여야 한다.

제 8 조【연수생의 보호】

① 연수생은 근로기준법, 최저임금법, 산업안전보건법, 산업재해보상보험법 및 의료보험법의 기본적 입법정신에 준거하여 다음 각호의 사항에 관한 보호를 받는다.

1. 폭행 및 강제근로금지
2. 연수수당의 정기ㆍ직접ㆍ전액ㆍ통화불 지급 및 금품청산

3. 연수기간, 휴게 · 휴일, 시간외 · 야간 및 휴일연수

4. 최저임금수준의 보장

5. 산업안전보건의 확보

6. 산업재해보상보험 및 의료보험 혜택

② 연수생에 대한 연수수당의 최저임금 수준의 보장에 있어서 최초 3개월간 은 수습사용기간으로 본다.

제 9 조【안전보건관리】

① 사업주는 안전보건에 관한 표지 · 게시 등에 대해 도해 등의 방법을 사용하여 연수생이 그 내용을 이해할 수 있도록 하여야 한다.

② 사업주는 연수생에 대해 연 1회 건강진단을 실시하되, 건강진단의 목적 · 내용 · 결과 및 사후조치의 필요성 등을 연수생이 이해할 수 있도록 설명하여야 한다.

③ 사업주는 산업안전보건의와 보건관리자 등을 활용하여 연수생의 건강지도 및 상담을 실시하여야 한다.

제10조【산업재해보상의 지원】

① 사업주는 연수생에게 산재보상 혜택이 부여됨을 알려주고, 산업재해보상보험법령의 내용과 보험급여 신청절차 등에 대해 연수생이 이해할 수 있도록 설녕하여야 한다.

② 사업주는 연수생에 대한 산업재해보상보험법령에 의한 보험료를 납부하여야 한다.

③ 사업주는 연수생이 업무상 재해를 당했을 경우, 보험급여의 청구에 협조하는 등 필요한 지원을 하여야 한다.

제11조【국가기술자격시험 응시원서】

① 연수생은 본인의 희망에 따라 국가기술자격법에 의한 국가기술자격시험에 응시할 수 있다.

② 국가기술자격시험을 주관하는 기관은 연수생이 시험내용을 이해할 수 있도록 번역 등 필요한 지원을 하여야 한다.

③ 사업주는 연수생이 연수계약기간중에 제1항의 규정에 의한 국가기

술자격시험에 응시하고자 할 때에는 관련서류 접수, 근무시간 배려 등 필요한 조치를 하여야 한다.

제12조【연수생 교육】

① 사업주는 연수생에게 다음 각호의 사항을 교육하여야 한다.

1. 기술 · 기능의 습득에 필요한 사항
2. 산업안전보건관리에 관한 사항
3. 한국사회에 조속히 적응할 수 있도록 한국어교육, 문화, 관습, 국내 법규 및 외출시 준수사항 등 일상생활에 필요한 사항
4. 기타 사업주가 필요하다고 인정하는 사항

제13조【고충상담】

사업주는 연수생의 고충상담에 성실히 응하여야 하며 지방노동관서, 법무부 출입국관리사무소 또는 그 출장소, 중소기업협동조합중앙회 또는 그 지회에 설치된 연수생 민원신고 또는 고충상담센터의 이용을 방해하여서는 아니된다.

제14조【연수생의 편의제공】

① 사업주는 연수생이 급식 · 의료 · 교양 · 문화 · 체육 및 휴양시설을 충분히 이용할 수 있도록 기회를 보장하여야 한다.

② 지방노동관서의 장은 사업체의 휴 · 폐업 등으로 연수계약기간중 연수가 중단된 연수생에 대하여는 추천기관 등과 협의하여 연수사업장의 변경, 출국 등 필요한 지원을 하여야 한다.

③ 사업주는 연수생의 체류기간이 만료되면 연수관계를 종료하고, 조속히 귀국을 할 수 있도록 필요한 지원을 하여야 한다.

제15조【연수생 관리책임자의 지정】

사업주는 연수생을 10인 이상 연수시킬 때에는 이 지침에서 규정한 사항 등을 관리하기 위해 연수생 관리책임자를 지정하여야 한다.

제16조【연수생 배치상황의 보고】

연수추천단체의 장은 연수생의 사업장배치상황을 매월 10일까지 별지 제1호의 서식에 의하여 노동부장관에게 보고하여야 한다.

제17조【지도감독과 제재】

① 지방노동관서의 장은 사업주가 이 지침을 준수하도록 행정지도하여야 한 다.

② 지방노동관서의 장은 사업주가 제1항의 규정에 의한 행정지도를 이행하지 아니하는 경우에는 해당 사업장에 대해 연수생 배정중지 등 필요한 조치를 연수추천단체의 장에 요청할 수 있으며, 연수추천단체의 장은 정당한 이유없이 이를 거부할 수 없다.

③ 지방노동관서의 장은 제1항의 규정에 의한 행정지도에도 불구하고 사업주가 계속 이를 위반한 때에는 특별감독을 실시할 수 있으며, 특별감독 결과 근로기준법 제6조 · 제7조 · 제36조 · 제42조 · 제49조 · 제53조 내지 55조, 제104조 내지 제116조, 최저임금법, 산업안전보건법 및 산업재해보상보험법 위반사항에 대하여는 관계법령에 따라 조치하여야 한다.

부 칙

이 지침은 1998년 2월 23일부터 시행한다.

※ 주석 : 동 지침 내용 중 제3조(연수생의 적용범위)의 규정은 「출입국관리법령」이 개정됨에 따라 노동부에서는 개정된 법령에 근거하여 향후 개정할 예정임(법무부 훈령 제384호 「외국인산업기술연수사증발급등에관한업무처리지침」은 1998. 4. 1.폐지되었다).

외국인산업연수생관리운용요령

제 1 장 총 칙

제 1 조【목 적】

이 요령은 중소기업청 고시(제1999-60호, 1999.5.13) 「외국인산업연수 제도 운영에 관한 지침」(이하 "지침"이라 한다)에 의거 중소기업협동 조합중앙회(이하 "중앙회"라 한다)가 외국인산업연수생(이하 "연수 생"이라 한다)의 관리를 효율적으로 수행하는데 필요한 세부적인 사 항을 정함을 목적으로 한다.

제 2 조【연수생 관리업무의 기본원칙】

중앙회 회장은 연수생 관리의 효율성 제고를 위하여 중앙회가 수행 가 능한 연수생관리업무는 직접 수행하고, 중앙회가 직접 수행하기 곤란 한 현장 위주의 연수생관리업무는 민간전문업체(이하 "위탁관리회사" 라 한다)에 위탁할 수 있다.

제 3 조【위탁관리회사에 대한 지휘 · 감독】

중앙회 회장은 위탁관리회사에 위탁한 연수생관리업무가 철저히 수행 되도록 지휘 · 감독하고, 불법 또는 부당해위가 있거나 연수생관리가 부실한 위탁관리회사에 대하여는 필요한 조치를 취하여야 한다.

제 2 장 중앙회의 수행 업무

제 4 조【중앙회의 수행 업무】

중앙회 회장은 지침 제34조 제1항의 규정에 의하여 연수업체와 연수 생에 대한 다음 각 호의 사항을 직접 수행한다.
1. 연수생관리 기본계획 수립
2. 연수생의 연수관련 기본권 보호를 위한 업체지도

3. 연수생 입·출국 및 인도에 관한 사항

4. 연수생 교육 및 건강검진에 관한 사항

5. 연수업체 및 연수생의 불법·부당행위에 대한 처리, 애로 해결

6. 연수생의 적정배치에 관한 사항

7. 연수생 및 연수업체의 현황 종합 전산 관리

8. 위탁관리회사 지도, 관리 및 업무감사 실시

9. 기타 연수생 관리와 관련하여 필요하다고 인정되는 사항

제 5 조【연수생관리 기본계획 수립】

중앙회 회장은 매년도 개시 전까지 다음 각 호의 사항을 포함하는 연수생관리 기본계획을 수립하여 시행하여야 한다.

1. 당해 연도 연수생관리 기본 방침

2. 연수업체 방문지도

3. 연수업체·연수생 교육

4. 연수생 건강검진 실시

5. 연수업체·연수생의 불법·부당행위에 대한 처리

6. 연수업체와 연수생간의 분쟁조정 지도

7. 체불 연수수당 방지 대책

8. 위탁관리회사 지도 및 업무 감사·평가

9. 연수생 체류실태 섬검

10. 기타 연수생 관리와 관련한 중요사항

제 6 조【연수생 입·출국에 관한 사항】

① 중앙회 회장은 연수생이 입국할 때 공·항만에서 연수생을 인수하고 명단을 확인한 후 지정 장소로 이동시켜야 한다. 단, 입국하는 연수생이 10명 미만일 때에는 위탁관리회사로 하여금 입국관련 업무를 대행토록 할 수 있다.

② 중앙회 회장은 입국 연수생이 배정될 연수업체의 연수생 인수·인도 장소 및 시간을 해당 위탁관리회사에 통보하여야 한다.

③ 중앙회 회장은 연수생의 출국 관련 업무를 원활히 수행하기 위하여 위탁관리회사로 하여금 업무를 보조하도록 할 수 있으며, 연수생의 출

국 여부를 점검하여야 한다.

제 7 조【불법·부당행위에 대한 처리】

중앙회 회장은 위탁관리회사가 연수업체와 연수생간에 분쟁 또는 불법·부당행위를 동 요령 제14조에 의거 우선 조치한 이후에도 해결이 되지 않는 경우 직접 양 당사자간의 분쟁 조정 또는 불법·부당행위에 대한 조치를 하여야 한다.

제 8 조【연수수당 체불 방지 대책 강구】

① 중앙회 회장은 연수수당 체불이 발생하는 경우 즉시 중앙회 또는 위탁관리회사에 신고하도록 연수생에 대하여 교육을 실시하여야 한다.

② 위탁관리회사는 연수생 연수수당 체불사실을 매월 파악하여 중앙회 회장에게 보고하여야 한다.

③ 중앙회 회장은 연수수당 체불이 발생하지 아니하도록 연수업체를 사전지도하고 연수수당 체불이 발생한 때에는 이를 해소할 수 있도록 필요한 대책을 강구하여야 한다.

제 9 조【연수업체·연수생의 애로 해결】

중앙회 회장은 연수업체 또는 연수생으로부터 연수와 관련한 애로사항을 접수한 경우 애로사항이 신속히 처리될 수 있도록 적극 노력하여야 한다.

제 3 장 위탁관리회사

제10조【설 립】

① 위탁관리회사는 연수생 위탁관리를 전문으로 하는 법인으로서 다음 각 호의 요건을 갖추어야 한다.

1. 자본금 1억원 이상

2. 대표자 1명

3. 위탁관리업무를 전담하는 상시종업원 4명 이상 대표자 제외, 내국인 3명 이상, 송출국가별 국적소지자 1명 또는 송출기관과 협의한

내국인으로 해당 국가 언어 능숙자 1명 이상으로 구성하되, 관리연수생수 700명까지는 4명 이상, 추가 300명당 1명 이상을 확보하여야 함.

4. 연수생 관리 전용면적 50평방미터 이상의 사무실

5. 업무용 차량, 통신장비

6. 중앙회 전산망과 연결·사용을 위한 기본 전산장비

7. 기타 중앙회 회장이 필요하다고 인정하는 시설 및 장비

② 위탁관리회사의 대표 및 임원은 대한민국 국민이어야 하며, 다음 각 호의 1에 해당하는 자는 대표 및 임원이 될 수 없다.

1. 법률에 의하여 공민권이 정지 또는 박탈된 자

2. 금치산자, 한정치산자 또는 미성년자

3. 파산선고를 받은 자로서 복권되지 아니한 자

4. 금고이상의 형을 받고 그 집행이 종료되거나 또는 집행을 받지 아니하기로 확정된 자

5. 은행 적색거래자 및 부실채권 발생자 등 신용거래가 불량한 자

6. 중앙회와 연수협력사업을 수행함에 있어 계약불이행, 물의야기 등의 사유로 인하여 계약이 해지된 후 5년이 경과되지 아니한 위탁관리회사의 대표 및 임·직원

③ 위 제1항의 규정에 의한 위탁관리회사의 요건을 확인하기 위한 서류는 다음 각 호와 같다.

1. 법인등기부 등본

2. 사업자등록증 사본

3. 결산 재무제표(대차대조표, 손익계산서 등)

4. 최근 월분 소득세징수액집계표(세무서장 확인) 및 임직원 명부

5. 건물 등기부등본 또는 사무실 임대차계약서

6. 자동차등록증 사본, 전화요금 납부영수증 및 전산장비 내역서

7. 주주별 보유 지분 내역서

8. 소정의 자필 신원진술서

9. 기타 중앙회 회장이 필요하다고 요구하는 서류

④ 위 제2항의 위탁관리회사 대표 및 임원의 자격에 대하여는 중앙회 회장이 수시 이를 확인할 수 있다.

제11조【승 계】

① 위탁관리회사로 지정받은 자가 위탁관리회사의 전부를 양도하거나, 사망한 때와 합병이 있은 때에는 그 위탁관리회사의 전부를 양수받은 자, 상속인 또는 합병 후 존속하는 법인이나 합병에 의하여 신설된 법인은 그 지정을 받은 자의 지위를 승계한다.

② 위 제1항의 규정에 의하여 위탁관리회사의 지위를 승계받고자 하는 자는 중앙회 회장의 사전 승인을 얻어야 한다.

③ 위탁관리회사의 지위를 승계받고자 하는 자는 다음 각 호의 1에 해당되어야 한다.

1. 대표자의 법인체 운영경력(2년 이상)

2. 공무원 및 공·사기업, 단체 임직원 경력(5년 이상)

④ 중앙회 회장은 위 제1항의 위탁관리회사의 지위를 승계받고자 하는 자로부터 승계 사전승인 신청을 받은 때에는 동 요령 제10조 제2항 및 위 제3항에 부합되는지를 검토하여 사전승인 여부를 결정한다.

⑤ 위탁관리회사의 지위를 승계받고자 하는 자는 중앙회 회장으로부터 승계 사전승인을 받은 경우, 동 요령 제10조 제3항에 규정한 위탁관리회사의 요건 확인서류를 구비하여 2주내에 중앙회 회장에게 제출하여야 한다.

⑥ 제30조 규정에 의한 계약해지시는 위탁관리회사의 승계를 인정하지 아니한다.

제12조【위탁관리 업무】

① 위탁관리회사는 중앙회의 위탁업무를 수행함에 있어 지침 및 위탁관리계약서에 따라 다음 각 호의 업무를 수행한다.

1. 위탁관리 세부계획 수립

2. 연수생의 연수업체 근무사항 및 의료보험, 산재보험 가입지도, 외국인등록지도

3. 연수생 관련 민·형사 사건 사후 수습

4. 연수생의 질병, 부상, 사망, 이탈 등 처리

5. 연수업체 변경에 따른 연수생 관리 및 인도

6. 연수업체 및 연수생의 분쟁, 불법·부당행위 현황 파악 및 조치

7. 연수수당의 체불 해소 노력

8. 연수업체 및 연수생 현황 관리

9. 연수생에 대한 사기진작사업 추진

10. 기타 연수생 관리와 관련하여 중앙회 회장이 필요하다고 인정하는
    사항

② 중앙회 회장은 위 제1항의 업무와 관련하여 필요하다고 인정하는
업무에 대하여 보고 및 협조를 요구할 수 있으며 위탁관리회사는 이에
협조하여야 한다.

제13조【위탁관리 세부계획 수립】

① 위탁관리회사는 다음 각 호의 사항을 포함하는 위탁관리 세부계획
을 수립하여 시행하여야 한다.

1. 위탁관리에 관한 세부계획

2. 연수업체 방문지도 계획

3. 분쟁, 불법·부당행위 현황파악 및 조치계획

4. 연수생의 재해, 상해, 사망 예방 대책

5. 연수업체의 체불에 대한 조치계획

6. 연수생의 이탈 예방 및 이탈연수생에 대한 조치계획

7. 연수생의 사기진작사업 추진계획

8. 기타 위탁업무 추진 세부일정 등

② 위탁관리회사는 위 제1항에서 규정한 위탁관리 세부계획서를 중앙
회 회장의 요구시 제출하여야 한다.

제14조【분쟁, 불법·부당행위 현황파악 및 조치】

① 위탁관리회사는 연수업체와 연수생간에 분쟁 또는 불법·부당행위
가 발생하지 않도록 지도하여야 하며, 연수업체 방문지도계획에 의거
매 분기별로 연수업체 및 연수생에 대한 방문지도를 직접 실시하여야
한다.

② 위탁관리회사는 연수업체와 연수생간에 분쟁 또는 불법·부당행위
가 발생한 경우에는 관련규정에 따라 조치하고 그 발생경위와 조치결
과를 중앙회 회장에게 즉시 보고하여야 한다.

③ 위탁관리회사는 연수관련 당사자간 손해배상에 대한 책임부담 주체를 계약서 등 관련규정에 의거 판단하기 어려울 경우에는 이를 중앙회 회장에게 보고하여야 한다.

제15조 【연수생 입·출국 관리】

① 위탁관리회사는 연수생 입국시 공·항만에서 연수생 인수에 적극 협조하여야 하며, 입국 연수생이 10명 미만일 때에는 연수생을 직접 인수하여 명단을 확인한 후 중앙회 회장이 제공하는 교통편을 이용하여 지정장소로 이동시켜야 한다.

② 위탁관리회사는 중앙회 회장이 입국연수생을 대상으로 실시하는 교육에 영어 또는 자국어 통역요원을 참여시켜야 하며, 교육기간 중 연수생의 관리와 원활한 교육진행을 위하여 적극 협조하여야 한다.

③ 위탁관리회사는 연수생 만기출국시 연수업체와 출국일정을 협의하여 연수생 출국에 지장이 없도록 30일전까지 필요한 조치를 하여야 한다.

④ 위탁관리회사는 연수생이 출국하는 경우 공·항만에서 연수업체로부터 연수생의 인수 및 출국 수속 등 중앙회의 연수생 출국관련업무를 보조하여야 한다. 단, 연수생의 귀책사유로 인하여 중도출국하는 경우 위탁관리회사가 연수업체에서 연수생을 인수하여야 한다.

제16조 【건강검진 이상자에 대한 조치】

① 위탁관리회사는 지침 제19조 제5항의 규정에 의거, 중앙회 회장이 연수생에 대해 실시한 건강검진 결과 연수부적격자로 판명된 연수생에 대하여는 중앙회 회장의 지시에 따라 즉시 조치하여야 한다.

② 위 제1항의 규정에 따라 연수 부적격자로 판명되어 출국조치되는 연수생의 출국교통비는 중앙회와 송출기관간에 체결되는 연수협력계약서 제10조 제1항의 규정에 따라 해당 송출기관이 부담한다.

③ 위탁관리회사는 중앙회와 연수업체간에 체결되는 연수추천계약서의 관련규정에 의하여 연수업체가 자체부담으로 지정된 기간내에 연수생에 대한 건강검진을 실시하도록 지도하여야 하며, 건강검진 결과 이상이 발생한 경우에는 연수업체로부터 그 결과를 제출받아 중앙회

회장에게 즉시 보고하여야 한다.

제17조【외국인 등록 지도】

① 위탁관리회사는 출입국관리법령에 따라 연수업체가 소정의 구비서류를 갖추어 연수생 입국일로부터 90일 이내에 체류지 관할 법무부 출입국관리사무소(또는 출장소)에 외국인등록을 하도록 지도하여야 한다.

② 위탁관리회사는 연수업체로부터 연수생의 외국인등록 결과를 제출받아 중앙회 회장에게 즉시 보고하여야 한다.

제18조【연수생의 재해, 상해, 사망에 따른 조치】

① 위탁관리회사는 연수생의 산업재해 등에 대비하여 연수업체가 연수생을 인수한 후 산업재해보상보험 및 의료보험에 가입하도록 지도하여야 하며, 보험가입결과 등을 연수업체로부터 제출받아 중앙회 회장에게 즉시 보고하여야 한다.

② 위탁관리회사는 연수생이 연수기간동안 재해로 인해 피해를 입었거나 사망한 경우 이에 대한 배상 및 보상의 범위, 처리절차와 방법은 중앙회와 연수업체간에 체결되는 연수추천계약서에서 정하는 바에 따르고 이에 대한 제반 업무절차를 수행하여야 하며, 그 발생현황, 수습과성 및 결과를 수시로 중앙회 회상에게 보고하여야 한다.

제19조【정기적금 가입 지도】

위탁관리회사는 연수생에게 목돈마련의 기회를 부여하기 위하여 연수생이 매월 10만원 이상을 정기적금에 가입하도록 지도한다.

제20조【연수장소 변경 지도】

① 위탁관리회사는 연수생의 연수장소 변경사항이 발생한 경우에 연수업체의 자격요건 관련 서류를 구비하여 중앙회 회장에게 제출하여야 한다.

② 위탁관리회사는 연수업체의 연수생 활용취소, 부도, 휴·폐업, 조업단축 등으로 연수업체 교체사유가 발생한 경우 이를 즉시 중앙회 회

장에게 통보하여 새로운 연수업체에 연수생이 인도될 수 있도록 조치
하여야 한다.

제21조【체불예방지도 및 해소 노력】

① 위탁관리회사는 연수수당 체불이 발생되지 않도록 연수업체에 대
하여 지속적인 지도를 실시하여야 하며, 연수생에 대하여도 연수업체
의 체불시 중앙회 또는 위탁관리회사에 즉각 신고할 수 있도록 주지시
켜야 한다.

② 위탁관리회사는 연수업체의 체불발생시 중앙회 회장에게 보증보험
또는 이행보증금으로 우선 상계 처리토록 신청하여야 하며, 연수생은
타 연수업체에 전환배치하도록 조치하여야 한다.

③ 연수업체의 체불해소가 불가능하다고 판단되는 경우에 위탁관리회
사는 노동부 지방노동사무소에 고발, 민사소송절차에 적극 참여 등 필
요한 조치를 강구하여야 한다.

제22조【연수생 이탈 예방 노력】

① 위탁관리회사는 연수생이 사업장에서 이탈하지 않도록 연수업체
담당자와 긴밀히 협조하여 사전에 이탈 방지 대책을 강구하여야 한다.

② 위탁관리회사는 이탈연수생의 소재지를 파악하기 위한 노력을 기
울여야 하며, 이탈 연수생의 소재지가 확인되는 경우 법무부출입국관
리사무소 및 관할 경찰서에 신고하여 이탈연수생의 출국조치에 협조
하여야 한다.

제23조【업무 보고】

① 위탁관리회사는 위탁관리업무 수행에 따른 다음 각 호의 보고사항
을 중앙회 회장에게 보고하여야 한다.

1. 정기보고
   - 월별 보고 : 연수생 관리에 따른 세부사항, 연수생 연수수당 체불
     현황
   - 분기별 보고 : 연수업체 방문 지도 결과에 따른 세부사항
2. 수시보고

－위탁관리업무 관련 수시 보고 사항과 중앙회의 요구에 의한 보고사항

② 위탁관리회사는 정기보고중 월별보고는 익월 10일 이내에, 분기별 보고는 매분기 종료 후 10일 이내에 보고하여야 한다.

③ 위탁관리회사는 매년 당해 법인의 결산 종료 후 관할 세무서에서 확인받은 결산 재무제표(대차대조표, 손익계산서 등)와 동 요령 제10조 제3항 규정에 의한 위탁관리회사 요건 확인 서류를 갖추어 사업연도 종료 후 3월 이내에 중앙회 회장에게 제출하여야 한다.

제24조【통계의 전산 처리】

① 위탁관리회사는 위탁관리업무와 관련한 다음 각 호의 통계를 관리하여야 하며, 제1호 내지 제7호의 통계는 전산을 이용하여 체계적으로 관리하여야 한다.

1. 연수생 체류(연수생 입 · 출국, 이탈, 연수실태) 현황
2. 연수업체별 연수생 현황
3. 연수업체 변경 연수생 현황
4. 연수중단 사유별 연수생 현황
5. 질병, 부상, 사망신고(산재 및 산재의 사고 구분) 및 신검 이상 현황
6. 연수수낭 체불 및 체불해소 현황
7. 연수업체 및 연수생의 분쟁, 불법 · 부당행위 현황
8. 연수생 애로사항 상담 현황
9. 연수업체 방문지도 현황
10. 중앙회가 지급한 경비에 대한 영수내역 및 사후처리 현황
11. 기타 위탁관리업무 관련 중요한 자료

② 위탁관리회사는 제1항의 규정에 의한 통계자료의 정확성을 위하여 발생일로부터 3일 이내에 입력 완료하여야 한다.

제25조【문서 관리】

① 위탁관리업무와 관련한 문서의 접수시에는 문서접수대장에 기재하고 결재 절차에 따라 공람하여야 하며, 문서의 발송시에는 결재권자의

결재를 득한 후 문서발송대장에 기재하고 발송하여야 한다.

② 위 제1항의 규정에 따른 접수문서 및 발송 기안 문서는 업무 종류별로 분류하여 관리하여야 하며, 회계관련 문서는 5년이상 보존하여야 한다.

제26조【회계 처리】

① 위탁관리회사의 회계연도는 매년 1월 1일부터 12월 31일까지로 한다.

② 위탁관리회사의 모든 수입과 지출은 위탁관리회사 명의의 통장으로 관리하여야 하며, 수입과 지출발생시 전표를 작성하고 수입·지출장부에 계정과목별로 기장하여야 한다.

③ 위탁관리회사는 월별 합계잔액시간표 및 사업연도 결산 재무제표를 작성하여야 한다.

제 4 장 보 칙

제27조【감 사】

① 중앙회 회장은 지침 제36조 및 위탁관리계약서 제4조 제2항의 규정에 의거 위탁관리회사의 업무 및 회계에 관하여 감사를 실시하고 위탁관리회사는 관계서류의 정리 및 제출 등에 적극 협조하여야 한다.

② 중앙회 회장이 실시하는 감사는 위탁관리회사의 요건 및 그 운영 내용, 위탁관리업무 수행 내용, 문서관리 및 회계처리 상태 등으로 한다.

③ 중앙회 회장은 필요하다고 인정되는 경우 위탁관리업무와 관련한 사안에 대하여 수시 감사를 실시할 수 있고 위탁관리회사는 이에 협조하여야 한다.

④ 중앙회 회장은 동 요령 제23조 규정에 의거 위탁관리회사로부터 보고받은 업무내용 및 위 제1항에 의한 감사결과를 평가에 반영하여야 한다.

제28조【평 가】

① 중앙회 회장은 동 요령 제27조 규정에 따른 위탁관리회사에 대한 감사결과를 토대로 다음 각 호의 기준에 따라 평가를 실시하여야 한다.

1. 상시 종업원 수(주재원 포함) 확보율
2. 연수생 이탈 현황 (조선족 등 재외동포의 경우는 기준을 달리 적용할 수 있음)
3. 연수업체 지도 방문 실적
4. 각종 정기보고의 적시성 여부 : 월별보고, 분기별보고, 연수생 입국일정 및 명단보고
5. 연수생 정기적금 가입 실적
6. 연수생 사기진작사업 실적
7. 행정처리 상태 : 문서 및 전산관리 상태, 회계처리 상태
8. 위탁관리회사 운영미비 및 민원야기, 허위보고에 대한 감점 : 경고, 주의, 업무개선에 대한 감점
9. 기타 중앙회 회장에 정하는 사항

② 중앙회 회장은 연수업체의 만족도 표본조사를 실시하고 그 결과를 평가에 20% 이상 반영할 수 있다.

③ 기타 중앙회 회장은 위탁관리회사 상호간의 평가를 실시하여 이를 평가에 10% 이상 반영할 수 있다.

④ 위 제1항의 세부 배점기준은 중앙회 회장이 정한다.

제29조【시정 조치】

① 중앙회 회장은 위탁관리회사에 대한 감사·평가 결과 위탁관리업무 실적이 불량하다고 판단되는 경우 또는 위탁관리업무 수행에 있어 불합리하게 업무를 처리한 경우에는 그 경중에 따라 업무개선, 주의, 경거의 시정조치를 취할 수 있다.

② 위탁관리회사가 위 제1항의 규정에 의거 시정조치를 받은 때에는 즉시 시정조치를 취하고 그 결과를 중앙회 회장에게 반드시 제출하여야 하며, 시정조치 결과에 시일이 소요되는 경우 그 계획을 중앙회 회장에게 우선 제출하여야 한다.

제30조【계약 해지】

중앙회 회장은 위탁관리회사가 위탁관리계약서 제15조의 규정에 의한 다음의 계약해지 요건에 해당되는 경우 위탁관리회사와의 계약을 해지하거나, 계약기간 만료시 재계약을 하지 아니할 수 있다.

① 중앙회 회장은 위탁관리회사가 다음 각 호에 해당되는 경우 본 계약을 해지할 수 있다.

1. 위탁관리회사가 동 요령 제10조의 규정에 의한 위탁관리회사의 요건에 미달하는 경우

2. 위탁관리회사가 중앙회의 사전 승인없이 위탁관리회사의 대표자 변경 또는 위탁관리회사의 승계를 한 경우

3. 위탁관리회사가 위탁관리업무 수행이 극히 불량하거나 연수관련 계약사항을 이행하지 아니하여 중앙회로부터 1년에 3회 경고를 받거나 2년 연속하여 누적 5회 이상 경고를 받은 경우

4. 대한민국 또는 송출기관국 법령의 변경이나 개폐로 인하여 본 계약을 존속시킬 수 없는 경우

5. 위탁관리회사가 연수생 위탁관리와 관련하여 연수수당 유용, 금품수수, 비리, 제3자를 위탁관리 등을 한 경우

6. 위탁관리회사의 고의 또는 중대한 과실로 불법행위를 야기하여 사회적 물의를 일으킨 경우

7. 위탁관리회사가 다른 위탁관리회사와 담합한 경우 또는 연수협력 사업에 반하여 연수생을 선동한 경우

8. 위탁관리회사에게 도산, 해산, 폐업 등의 사유가 발생하거나 파산, 화의개시, 회사정리절차 개시 등의 신청, 압류 및 과다한 근저당 설정 등으로 본 계약의 이행이 불가능한 경우

9. 위탁관리회사에 대한 감사·평가 결과가 2년 동안 연속하여 하위 5%에 해당하거나 관리실태가 현저히 불량하다고 중앙회가 인정하는 경우

10. 위탁관리회사가 위탁관리하는 연수생을 송출한 송출기관, 다른 송출기관 또는 다른 위탁관리회사 등과 사적계약 또는 이면 계약을 체결하였을 경우

11. 위탁관리회사가 내분 또는 제3자와의 분쟁으로 인하여 위탁관리

업무 수행이 불가능하다고 판단되는 경우
12. 법령에 저촉 또는 중앙회의 감사지적사항에 대해 중앙회가 정한 기일내에 시정조치를 하지 않는 경우
13. 위탁관리회사가 연수생관리비 징수한도를 초과하여 징수하는 경우 또는 초과금액에 대한 환불 등 시정조치를 이행하지 않는 경우
② 중앙회 회장은 다음 각 호의 불가항력적 사고의 발생으로 위탁관리계약의 이행이 불가능하다고 판단될 경우 위탁관리회사에게 즉시 연락하고 대한민국 법령 및 대한민국이 체결·비준한 조약에 따라 처리 또는 해지할 수 있다.
1. 폭풍, 폭발, 홍수, 지진 등의 천재 지변
2. 파업, 소요, 내란, 전쟁, 정부조치 등

제31조【위탁관리계약 기간】

위탁관리 계약기간은 계약체결일로부터 1년으로 하되, 계약기간 만료시 재계약을 체결할 수 있다.

제32조【연수생 관리비 징수】

위탁관리회사는 연수생의 위탁관리업무에 소요되는 경비에 충당하기 위하여 중앙회 회장이 정한 일정금액의 연수생 관리비를 매월 연수생으로부디 받을 수 있다.

제33조【업무의 우선조치】

① 위탁관리회사는 위탁관리업무와 관련하여 중앙회 회장이 필요하다고 인정하여 요구하는 사항에 대하여 우선적으로 조치하여야 한다.
② 위탁관리회사가 위탁관리업무와 관련하여 연수업체 또는 연수생에 대하여 조치하는 내용이 지침 및 연수협력사업 표준계약서에 정하지 않은 사항일 경우에는 사전에 중앙회 회장과의 협의를 거쳐 시행하여야 한다.
③ 위탁관리회사는 연수업체가 연수애로신고서를 제출하는 경우 연수업체와 연수생의 의사를 반드시 확인한 후 그 결과를 중앙회 회장에게 보고하여야 한다.

부　칙

① **【시행일】** 이 요령은 1999. 6. 1.부터 시행한다.

② **【준 용】** 이 요령에서 정하지 아니한 사항은 중소기업청 고시(제1999-60호,1999. 5. 13.)「외국인산업연수제도운영에 관한 지침」및 연수협력사업 표준계약서를 준용한다.

③ **【연수기간의 연장 및 대체에 관한 경과조치】** 연수기간의 연장 및 대체에 관한 사항은 1998년 3월 31일까지 입국한 연수생에 한하여 적용된다.

위탁관리회사는 연수업체가 연수생의 연수기간을 연장하는 경우에 연수기간 만료 60일 전까지 연수업체가 중앙회 회장과 연장계약을 체결하도록 조치해야 하며, 연수업체가 만기 또는 중도출국 연수생의 대체를 희망하는 경우에 중앙회 회장이 대체연수생 추천을 의뢰한 날로부터 50일 이내에 연수생 명단을 제출하고 대체연수생에 대한 연수사증 발급을 통보한 날로부터 30일 이내에 연수생이 입국할 수 있도록 필요한 조치를 하여야 한다.

외국인산업연수사증발급등에관한업무처리지침

1999. 5.법무부 입국심사과

1. 목 적

이 지침은 산업기술연수를 목적으로 입국하고자 하는 외국인에게 사증 또는 사증발급인정서를 발급함에 있어 그 범위를 합리적으로 조정하고, 외국인 산업기술연수자에 대한 효율적 관리를 위하여 필요한 사항을 정함을 목적으로 한다.

2. 관련 근거법령

- 출입국관리법 제9조(사증발급인정서)
- 출입국관리법시행령 제7조(사증발급)
- 출입국관리법시행규칙 제17조(사증발급인정서의 발급절차) 및 제78조 제1항(권한의 위임)

3. 산업연수(체류자격 D-3) 목적 사증발급 대상자

출입국관리법시행령 제24조의2 제1항 제1호 내지 해당 산업체에서 연수를 하려는 자

4. 산업체별 연수허용인원 및 연수기간

가. 연수허용인원

출입국관리법시행령 제24조의 제1항 규정의 산업체별 연수허용인원은 별표와 같다. 다만, 출입국관리사무소장 또는 출장소장이 연수목적·생

산직 상시근로자 수·연수시설 등을 감안하여 법무부장관의 승인을 받아 이와 달리 정하거나, 주무부처(청)의 장 또는 연수추천단체의 장이 법무부장관이 별도로 정한 연수허용인원의 배정 기준에 따라 추천하는 경우에는 그러하지 아니하다.

나. 연수기간 : 2년 이내

다만, 종전 규정에 의하여 1998. 4. 1. 이전에 입국한 추천 산업체 연수생(출입국관리법시행령 제24조의2 제1항 제4호 해당 산업체)은 1년의 범위내에서 연장허가할 수 있다.

5. 산업연수생에 대한 사증발급인정서 신청 및 발급

가. 사증발급인정서 신청

산업연수생을 초청하는 산업체 등의 장(초청자)은 다음의 서류를 구비하여 그의 주소지를 관할하는 출입국관리사무소장 또는 출장소장에게 신청한다.

- 구비서류
  - 사증발급인정신청서
  - 출입국관리법시행령 제24조의2 제1항 규정에 해당하는 산업체임을 입증
  - 연수계획서
  - 신원보증서
  - 기타 연수에 관련되는 자료

나. 사증발급인정서 발급

출입국관리사무소장 또는 출장소장은 제출받은 서류와 초청자의 사업운영실태 및 연수계획의 타당성 여부 등을 확인, 사증발급이 타당하다고 인정하는 때에는 체류자격 산업연수(D-3)·체류기간 2년 이내의 사증발급인정서를 발급한다.

6. 산업연수생 수급계획 파악

출입국관리사무소장 또는 출장소장은 지정된 연수추천단체의 장으로부터 매월 연수자 초청 및 수급계획을 파악, 관리한다.

7. 시행일 : 1999. 5. 13.

〈별표〉

산업체별 연수허용인원
(시행령 제24조의2 제1항 관련)

1. 제1호 내지 제3호 해당 산업체

생산직의 상시 근로자 수	연수 허용인원
50인 이하	10명 이내
51인 이상 100인 이하	15명 이내
101인 이상 150인 이하	20명 이내
151인 이상 200인 이하	30명 이내
201인 이상 300인 이하	40명 이내
301인 이상 500인 이하	60명 이내
501인 이상 1000인 이하	80명 이내
1000인 이상	100명 이내

2. 제4호 해당 산업체

생산직의 상시 근로자 수	연수 허용인원
4인 이하	1~2명 이내
5인 이상 10인 이하	3~5명 이내
11인 이상 50인 이하	10명 이내
51인 이상 100인 이하	15명 이내
101인 이상 150인 이하	20명 이내
151인 이상 200인 이하	25명 이내
201인 이상 300인 이하	30명 이내
301인 이상 500인 이하	40명 이내
501인 이상	50명 이내

3. 제4호에 의한 연근해어선

어 선 별	연수 허용인원
30톤 이상 대형기선저인망	척당 2명 이내
30톤 이상 대형트롤어업	척당 2명 이내
30톤 이상 대형선망	척당 2명 이내
30톤 이상 근해안강망	척당 2명 이내
30톤 이상 기선권현망	척당 2명 이내
30톤 이상 동해구기저	척당 2명 이내
30톤 이상 동해구트롤	척당 2명 이내
30톤 이상 서남구기저	척당 2명 이내
30톤 이상 근해통발	척당 2명 이내
30톤 이상 근해유자망	척당 2명 이내
30톤 이상 근해채낚기	척당 2명 이내
30톤 이상 근해연승	척당 2명 이내
정 치 망	척당 2명 이내

4. 제4호에 의한 내항선

선 박 구 분	연수 허용인원
화 물 선	척당 2명 이내
유 조 선	척당 2명 이내
여 객 선	척당 2명 이내
예 부 선	척당 2명 이내
기 타 선	척당 2명 이내

〈독일의 외국인관련법령〉

非독일인근로자를위한노동허가에관한규정
(Arbeitserlaubnisverordnung-노동허가규정-AEVO)

1993. 9. 1.(BGB1.I S.1527)

제 1 장

제 1 조【일반노동허가】

① 고용촉진법 제19조 제1항에 따른 허가는 다음과 같이 노동시장의 상황에 따라 발급될 수 있다.

1. 특정한 사업장내의 특정한 직종에 대하여

2. 특정한 직종에 대한 제한없이, 그리고 특정한 사업장에 대한 제한 없이

② 신규고용에 대해서는 다음 각호의 외국인에 대해, 그들이 최소 1년 간 합법적으로 본 규정의 적용대상이 되는 경우에 제1항에 따른 노동 허가를 발급할 수 있다.

1. 기한부 체류허가를 소지하고 있는 외국인과의 가족적 생활공동체 를 재결합, 유지하기 위하여 기한부 체류허가를 발급받은 외국인,

2. 체류허가(외국인법 제55조)를 소지한 외국인

③ 고용촉진법 제19조 제1항 3에 따른 고용에 대해서는, 근로자가 연 방고용청에 의해 그 선발 및 알선에 관한 출신국과의 협상에 기초해서 알선되었거나, 또는 연방고용청의 동의 내지 위탁에 의해 알선된 경 우, 1년에 총 3개월 이내로 제1항의 노동허가가 발급될 수 있다. 동 알 선은 농업과 임업, 호텔업, 음식점, 흥행사업에서의 취업 및 농업생산 물의 가공을 위한 취업, 제재소에서의 취업에 제한된다.

④ 폐지

제 2 조【특별노동허가】

① 외국인이 다음 각호에 해당하는 경우에는 노동시장의 상황과 무관하게 그리고 제1조 제1항 1호에 따른 제한없이 노동허가가 발급될 수 있다.

1. 가족적인 생활공동체 안에서 독일인 가족구성원과 함께 생활하며 외국인법 제23조 제1항에 따라 발급된 체류허가를 소지한 경우

2. 망명자 비호권이 있는 자(Asylberechtigter)라고 논쟁의 여지없이 인정되는 경우

3. 독일 관청에 의해 교부된 난민을 위한 여행증명서를 소지한 경우

4. 1980년 7월 20일 제정되어, 1990년 7월 9일 법률 제5조에 의해 개정된 인도적 구조활동을 통해 수용된 난민을 위한 조치에 관한 법률 제1조에 따라 수용되어진 경우

5. 외국인법 제33조에 따라 책임을 부담하며 체류자격을 소지하거나,

6. 6년째 계속해서 본 규정의 적용범위의 대상이 되며 체류허가(Aufenthaltserlaubnis) 또는 체류자격(Aufenthaltsbefugnis)을 소지한 외국인(외국인법 제15조, 제17조 또는 30조)

② 외국인법 제19조 제1항 1문 1호 또는 3호와 4호에 의한 체류허가 연기를 위한 요건이 존재하는 경우에는, 독일인 혹은 외국인의 배우자에게 제1항에 따른 노동허가가 발급될 수 있다. 부부관계가 지속되는 경우 1문이 적용된다.

③ 체류허가 또는 체류자격(외국인법 제15조, 제17조 또는 제30조)을 소지한 외국인에 대해서는, 18세가 되기 전 본 규정의 적용대상이 되며 다음 각 호의 경우에 해당하는 경우에는 제1항에 따른 노동허가가 발급될 수 있다.

1. 일반학교(allgemeinbilde Schule) 졸업증 또는 국가에 의해 승인되거나 그와 동등하게 규제되는 직업훈련 수료증을 취득한 경우

2. 1년간의 전일제 직업훈련학교 또는 학교 이외의 최소 10개월간의 전일제 직업준비 프로그램에 합법적으로 그리고 적정한 협력하에 참여하는 경우

3. 국가에 의해 승인되거나 그와 동등하게 규율되는 직업에 있어서 직업훈련을 위한 도제계약을 체결한 경우

④ 체류허가 또는 체류자격(외국인법 제15조, 제17조 또는 제30조)을 소지한 외국인에 대해서는 노동허가의 유효기간이 시작되기 전 최근 5년간 중단없이 합법적으로 본 규정의 적용대상이 되는 경우에는 18세가 되었을 때 1문의 요건이 충족된 경우에는 외국인이 중단없이 계속해서 합법적으로 본 규정의 적용범위 안에 있는 한 노동허가의 발급을 청구할 수 있다.

⑤ 외국인법 제16조 제1항 또는 제2항에 근거한 체류허가를 발급받은 외국인에 대해서도 제1항에 따른 노동허가가 발급될 수 있다.

⑥ 매번 6개월까지의 외국체류기간 동안에는 제1항 6호 및 제4항에 의한 기한이 중단되지 않는다. 외국인이 3개월 이내에 군복무를 마치고 다시 입국하는 경우에는, 법적인 병역의무의 이행을 위한 외국체류기간에 대해서도 1문이 적용된다. 1문에 따른 외국체류기간은 3개월까지, 그리고 2문에 따른 군복무기간은 6개월까지 이 기한에 산입된다.

⑦ 외국인의 특별한 사정상 그 각하(Versagung)가 가혹하다고 인정되는 경우에는, 제1항에 의거한 노동허가가 제1항에서 제6항까지의 요건과 무관하게 발급될 수 있다.

제 3 조【노동허가의 장소적 적용범위】

① 제1조에 따른 노동허가는 그것을 발급하는 노동청의 관할구역에 대해서 적용된다. 그 적용범위는 확장되거나 축소될 수 있다.

② 제2조에 따른 노동허가는 본 규정의 적용범위에 대해서 적용된다. 그 적용범위는 축소될 수 있다.

제 4 조【유효기간】

① 제1조에 따른 노동허가는 고용기간, 즉 최장 3년을 그 기한으로 한다.

② 제2조 제1항에서 5에 따른 노동허가는 2문과 3문을 조건으로 기한의 정함이 없이 발급될 수 있다. 외국인이 기한의 정함이 없는 체류허가를 소지하지 않은 경우(외국인법 제15조, 제17조) 제2조 제1항 6호에 따른 노동허가는 5년의 기한부로 발급된다. 제2조 제3항 3호에 따른 노동허가는 교육기간 동안의 기한부로 발급된다.

③ 제2조 제7항에 따른 노동허가는 통상 5년의 기한부로 발급된다. 외국인의 특별한 사정상 그것이 가혹하다고 인정되지 않는다면 그보다 짧은 유효기간을 두고 노동허가가 발급될 수도 있다.

제 5 조【체류허가와의 관계】

외국인이 체류허가(외국인법 제5조) 또는 체류승인(Asylverfassungsgesetz 제30조)을 소지하고 있거나 혹은 체류허가를 면제받은 경우에만 노동허가가 발급될 수 있다. 노동허가는 외국인법 제55조에 의거한 국외추방이 일시적으로 중지되거나 혹은 외국인법 제69조에 따른 체류가 허용되거나 인용되는 것으로 간주되는 경우의 외국인에 대해서도 발급될 수 있다.

제 6 조【각하사유(Versagungsgründe)】

① 다음 각호의 경우 노동허가가 각하된다.

1. (삭제)

2. 불법적인 직업알선 내지 모집에 의해 근로관계가 형성되거나,

3. 유사한 독일인 근로자의 경우보다 근로조건이 열악한 경우근로자가 파견근로자로 일하고자 하는 경우에는 제1조에 의거한 노동허가가 각하된다.

② 다음 각호의 경우에는 노동허가가 각하될 수 있다.

1. 외국인이 고의 또는 과실로 고용촉진법 제227조, 제227조의a, 제228조, 제229조 제1항 혹은 근로자파견법 제15조, 제15조의a, 제16조 제1항 2호를 위반한 경우

2. 근로자가 철회되거나 실효된 노동허가증을 당국의 요구에도 불구하고 노동청에 반환하지 아니하거나(제7조 제3항, 제8조 제4항),

3. 근로자 개인에게 중대한 사유가 존재하는 경우

제 7 조【철회(Widerrüf)】

① 제6조 제1항 또는 제6조 제2항 1호 또는 3호의 구성요건이 충족되는 경우 노동허가가 철회될 수 있다. 철회는 그것을 정당화하는 사실들을 당국이 알게 된 시점으로부터 한달 이내에만 허용된다.

② 제4조 제1항에 따라 1년 이상의 기간에 대해 발급된 노동허가는 제1항과 무관하게 노동시장의 상황에 근거하여 그 유효기간의 처음 1년 또는 2년의 경과로 철회될 수 있다. 이 철회는 그것이 노동허가의 부여시에 유보되어 있었고 근로자에게 늦어도 그 유효기간의 처음 또는 2년이 경과하기 전 한달 전에 송달된 경우에만 가능하다.

③ 노동허가가 철회되면, 당국은 그 반환을 청구할 수 있다.

제 8 조 【실효(Erlöschen)】

① 다음 각호의 경우 노동허가는 실효된다.

1. 외국인의 출국의무가 강제적이며 그의 체류가 외국인법 제55조에 의해 인정되지 않는 경우

2. 외국인이 출국하여 그 출국으로 인해 혹은 그가 외국에 체류하는 동안 체류허가(외국인법 제5조)가 실효된 경우

3. 제2조 제3항 3호에 의거한 직업훈련 계약이 일찍 종료된 경우

② 제1항 제1호의 경우 예견되었던 유효기간 동안에 제5조의 요건이 다시 발생하면 실효되지 않은 것으로 본다.

③ 제1항 2호에 있어서 다음의 경우에는 노동허가가 실효되지 않은 것으로 본다.

1. 외국인이 그의 사용자의 지시로 노동관계의 지속하에 혹은 군복무의 수행을 위해 본 규정의 적용범위의 대상 밖에 있게 된 경우

2. 외국인 여성이 출산을 이유로 12개월 이하의 기간동안 본 규정의 적용에서 제외되었다가,그 외국인 또는 외국인 여성이 다시 체류허가를 발급받은 경우 1문에 따른 외국체류기간 동안 노동허가의 유효기간이 만료한 경우, 외국인은 본 규정의 적용대상이 된 후 그가 출국 전에 지녔던 허가에 상응하는 노동허가를 발급받을 수 있다.

④ 노동허가가 실효되면, 당국은 그 반환을 요구할 수 있다.

제 9 조 【노동허가가 면제되는 고용(Arbeiterlaubnisfreie Beschäftigung)】

다음 각호에 대해서는 노동허가가 요구되지 아니한다.

1. 경영조직법 제5조 제2항에 의한 법인 및 그 대표자

2. 이 규정이 적용되는 지역의 기업에 고용되어 승객, 수하물을 국경

간 운송·운반하는 차량의 운전기사 및 선박, 항공기의 승무원

3. 통상적인 체류지를 계속 외국에 두면서 외국에 거주하고 있는 사용
자에 의해 다음을 위해 본 규정의 적용범위 안으로 보내진 사람들
로서, 그 고용기간이 3개월을 넘지 않는 경우
   a) 제공된 설비나 기계에 대한 설치 및 정비작업 혹은 수리를 행
   하기 위하여
   b) 설치된 시설, 기타 물건들을 제거하거나 그 조작을 지시받기
   위하여
   c) 수출품 공급 내지 허가계약에 있어서 경영지식을 이수하기 위
   하여

4. 작업수행기간이 3개월을 넘지 않는 한, 통상 외국에 계속 체류하면
서 특별한 학문적 또는 예술적 가치가 있는 강연 또는 공연을 하거
나 혹은 본 규정의 적용대상이 되는 운동성격을 갖는 공연을 하는
사람들

5. 단지 일시적으로 일일고용에 참여하는 사람들

6. 대학에서의 강사, 학문적 협력자, 조교 또는 공법상의 연구시설이
나 전적으로 또는 주로 공공수단에 의해 재정을 담당하는 연구시설
에서의 학문적 협력자로서 외국인의 특별한 전문지식 때문에 그들
의 고용에 공익이 존재하는 경우 및 공립학교와 국가에 의해 승인
된 사설보충학교 교사

7. 대학에서의 학문적 협력자 및 보조자 혹은 공법상의 연구시설에서
의 학문적 협력자. 본 규정의 적용범위에서 1년에 2개월 이내로 일
시적으로 고용된 대학 및 전문학교 학생들. 외국의 대학 및 직업훈
련학교 학생으로 국가간에 교환되어 휴가중 근로를 행하는 자 및 연
방고용청지부에 의해 알선된 휴가중 근로를 위한 학생들

8. 외교대표 내지 영사대표로 일하거나 혹은 국제기구에서 일하는 자,
그리고 외교 및 영사대표 구성원에 의해 개인적으로 고용된 가사고
용인으로서, 이 업무의 수행을 위한 체류에 대해 체류허가를 필요로
하지 않는 경우

9. 기자·특파원·통신원으로서, 외국에 거주하고 있는 사용자에 의
해 본 법령의 적용범위내에서 일하도록 되었고, 또 이 업무의 수행

을 위해 독일의 보도 및 정보 당국에 의해 승인된 자

10. 독일 체육협외에의 파견이 예견되는 직업적인 운동선수 및 트레이너로서, 관할 체육전문가단체가 운동선수로서의 자격 또는 트레이너로서의 전문적 자격을 증명하고, 체육협회가 생계유지에 충분한 급료를 지불하는 경우

11. Noto-Truppenstatut 추가협정 제6조 제1항에 의거하여 1961년 8월 18일 법령 A 제1조 제2항과 연결되어 부대원, 그 문민 수행원의 일원으로서, 혹은 가족으로서 체류인가가 면제된 자

12. 본 규정의 적용범위내에 소재하는 사용자에 의해 상업상의 근로자로 외국에 고용되어, 계속적으로 통상 외국에 체류하면서 그 고용에 있어서는 본 규정의 적용범위내에서 작업을 수행하는 자로서, 그 작업기간이 3개월을 넘지 않는 경우

13. 체류권한(외국인법 제27조)을 소지한 자

제10조【노동허가의 대체】

노동허가는 다음의 신분증명에 의해 그에 기재된 권한대로 대체된다.

1. 비독일인 근로자의 모집 및 알선에 있어서 연방고용청지부에 의해 발급된 여권

2. 다른 나라와 협정된 외국인근로자 교환에 있어서 직업 및 언어교육의 속행을 위해 연방노동청지부에 의해 발급된 외국인근로자를 위한 허가증

제 2 장

제11조【신청(Antrag)】

① 노동허가는 근로자가 고용되어 있는 지역을 관할하는 노동청에 서면으로 신청한다. 사업체 또는 영업소가 소재하고 있는 장소는 고용장소로 간주된다. 작업장이 바뀌는 고용에 있어서는 임금지불을 관할하는 부서의 소재지를 고용장소로 본다.

② 신청은 고용이 시작되기 전 혹은 이미 부여된 노동허가의 유효기간이 만료하기 전에 행해질 수 있다.

③ 특별한 경우에는 직권으로 노동허가가 발급된다.

제12조【관할권(Zuständigkeit)】

① 제11조 제1항에 의거한 관할 노동청이 노동허가의 발급에 관해 결정한다.

② 연방고용청의 장은 특정 직종 혹은 인적 집단에 대한 결정권한을 합목적성에 따라 업무범위내의 다른 관청에 위임할 수 있다. 이러한 관청은 자신에게 부여된 노동허가의 장소적 적용범위를 결정한다.

③ 노동허가의 철회에 대해서는 근로자가 고용되어 있는 곳을 관할하는 노동청 혹은 제2조 제2항 1문에 의거해서 노동허가를 발급하는 관청이 결정한다.

제13조【형식】

① 노동허가는 근로자에게 서면으로 발급된다.

② 국경근로자(Grenzarbeitnehmer)에 대한 노동허가는 그 사실이 표시되어야 한다. 국경근로자라고 간주되는 자란 계속해서 그 거소를 외국에 두면서 본 규정의 적용범위 안에서 업무를 수행하며 일반적으로는 매일, 최소한 일주일에 한번씩은 외국내에 있는 자신의 거소로 되돌아가는 근로자이다.

제13조의a【독일 통일의 재건을 이유로 한 경과규정】

① 제1조 제2항, 제2조 제1항, 제2항, 제3항, 제5항 그리고 제4조 제1항 및 제2항의 경우에 있어서는 통일조약 제3조에 열거된 지역에서의 체류기간도 역시 고려된다.

② 제2조 제2항 1호의 경우에 있어서 통일조약 제3조에서 열거된 지역에서의 유사한 학교교육 및 직업교육의 이수도 역시 고려의 대상이 된다.

③ 노동시장에서의 자유로운 취업을 인정하는 노동허가는 다음 각호의 경우에 있어서 제2조 제1항 2호, 3호 및 제6항의 경우를 제외하고는 1992년 12월 31일까지 통일조약 제3조에서 열거된 지역에 대해 적용되지 않는다.

외국인이 이 지역에서

   1. 통일조약의 효력이 발생할 당시 거소 내지 통상적인 체류지를 가지
     고 있지 않거나
   2. 5년 미만의 기간 동안 자영업이 아닌 직업에 종사했던 경우

제14조【법적 구제의 안내】

노동허가가 완전히 또는 부분적으로 각하되거나 철회되면, 그 결정은
법적 구제수단에 대한 안내와 함께 서면으로 전달되어야만 한다.

제15조【경과규정】

제15조의a【독일 통일의 재건을 이유로 한 경과규정】

① 제1조 제2항, 제2조 제1항 6호, 제3항 및 제4항의 경우에는 통일조
약 제3조에 열거된 지역에서의 체류기간도 고려된다.

② 제2조 제3항 1호의 경우에는 통일조약 제3조에 열거된 지역내에서
의 유사한 학교교육 및 직업교육의 이수도 역시 고려된다.

③ 노동시장에서의 자유로운 취업을 인정하는 노동허가는 다음 각호
의 경우에 있어서 제2조 제1항 1호부터 5호 및 제6항의 경우를 제외하
고는 1992년 12월 31일까지 통일조약 제3조에 열거된 지역 내에 적용
되지 않는다.

외국인이 이 지역에서

1. 통일조약의 효력이 발생할 당시 거소 내지 통상적인 체류지를 가지
   고 있지 않았거나
2. 5년 미만의 기간 동안 자영업이 아닌 식업에 종사했던 경우

제16조【베를린-약관】

(무효로 됨)

제17조【실시(Inkraftteten)】

외국인의 취업에요구되는체류허가에관한규정

(Arbeitsaufenthaltsverordnung–근로목적체류에관한규정–AAV)

1990. 12. 18.(BGB1. I S. 2994)

제 1 조【원칙】

외국인이 독일연방지역에서 3개월 이상 취업하기 위해서는 다음 규정에 따른 체류허가(Aufenthaltsgenehmigung)를 요하며, 노동허가 및 여타의 직업종사에 대한 허가가 예견되거나 허가된 경우에만 체류가 허용된다.

제 2 조【정규교육과 평생교육에 요구되는 체류허가】

① 다음 각호에 열거하는 자는 일정한 체류허가를 받을 수 있다.

1. 주로 정규교육과 평생교육을 위해 대학과 학문연구소 또는 여타의 교육과 평생교육을 위해 승인된 기관에 종사하는 독일 또는 외국의 대학과 전문대학을 졸업한 자

2. 공공 재단으로부터 장학금을 받고 이 장학금을 지속하려는 전문직 종사자와 관리직 종사자(공무원 시보)

3. 상급의 전문직 종사자나 관리직 종사자가 되기 위해 인가된 교과과정과 직업교육과정의 범위내에 있다는 것을 증명할 수 있는 독일과 외국대학 또는 전문대학의 입학자격을 갖추고 정규교육과 평생교육을 받을 수 있는 자

4. 교육에 특수한 공공의 이익, 특히 육성정책상의 이익이 존재하거나 국제적 교육이 일반적으로 관례가 된 한도내에서 인가된 교육과정과 직업교육과정의 범위내에서 활동하고 있다는 것을 증명할 수 있는 자 그 밖에 여타의 교육과 평생교육을 받을 수 있는 자

② 다음 각호에 열거하는 자는 일정한 체류허가 효력의 전체 존속기간을 1년의 범위내에서 연장할 수 있다.

1. 독일연방지역에 주소를 둔 기업에 의해 고용되거나 일시적인 업무 때문에 독일연방지역에서 기술연수를 받는 외국인
2. 국가간 협약을 근거로 설립된 독일과 외국의 합작회사에 고용되어 기술연구나 정규교육, 평생교육을 받기 위한 전문직 종사자
3. 수출공급계약이나 특허계약 또는 이 계약의 완료를 위한 범위내에서 업무의 성질상 독일연방지역에서 활동하는 외국인
4. 독일어를 모국어로 사용하는 가정에서 무급으로 입주하여 일하는 25세 이하의 외국인

③ 다음 각호에 열거하는 자는 일정한 체류허가 효력의 전체 존속기간을 18개월의 범위내에서 연장할 수 있다.

1. 국가간 협약에 근거하여 직업교육과 언어교육을 위해 방문한 근로자
2. 독일 동업자의 업무경험이나 작업방식을 도입하는 업무와 관련된 범위내에서 일시적으로 고용된 외국인

④ 다음 각호에 열거하는 자는 일정한 체류허가 효력의 전체 존속기간을 2년의 범위내에서 연장할 수 있다.

1. 교육과 관련하여 전문분야와 관련된 실습의 범위내에서 습득된 지식을 심화시키기 위한 실무활동을 행하는 독일의 대학과 전문대학 졸업자
2. 국가간 협약에 근거하거나 단체협약 또는 독일경제와 관련된 제도에 근거하여 정규교육이나 평생교육을 위해 독일연방지역에 주소를 둔 기업이나 단체에 일시적으로 고용된 전문직 종사자와 관리직 종사자

⑤ 국가간 협약에 규정되어 있거나 정규교육 또는 평생교육을 위해 더욱 장기의 존속기간을 법률상 규정한 경우에는 제2항 내지 제4항에 규정된 체류허가 효력의 전체 존속기간을 초과하여 연장할 수 있다.

⑥ 본 시행령에서 평생교육이라 함은 교육의 계속과 재교육을 의미한다.

제 3 조 【도급계약 노동자에 대한 체류허가】

① 국가간 협약에 근거하여 한 개 또는 수 개의 일정한 도급계약을 이

행하기 위해 고용된 외국인은 일이 완성될 때까지 체류허가를 받을 수 있다. 체류허가 효력의 전체 존속기간은 국가간 협약에 규정된 업무 존속기간을 초과하지 못한다.

② 외국인이 새로이 도급계약 노동자로서 고용되었다면 출국한 날과 새로 입국한 날 사이의 기간이 이전의 체류허가 효력의 전체 존속기간 보다 단기간이 아닌 경우에만 체류허가를 받을 것을 요한다. 만약 외국인이 출국전에 연방지역에서 9개월을 넘지 않게 근무하였다면 이 기간은 3개월이다.

제 4 조【시간상 제한된 근로목적 체류에 대한 체류허가】

① 외교관의 또는 직업적인 영사로서 대표의 직무를 맡은 공무원의 단순 가사고용인으로서 일하는 외국인은 체류허가를 받을 수 있다. 체류허가는 업무의 존속기간을 초과하여 연장되지 않는다.

② 교사는 공립학교와 인가된 사립학교에서 모국어 강의를 하기 위해 독일학교의 감독하에서 또는 이 학교들 외에 그 때마다 소속되어 있는 직업적 영사로서 대표의 직무를 맡은 자의 감독하에서 체류허가를 받을 수 있고, 일정한 체류허가 효력의 전체 존속기간을 5년의 범위내에서 연장할 수 있다.

③ 교사와 강사는 연방지역에 소재하는 대학에서 언어를 전달하기 위하여 체류허가를 받을 수 있고, 일정한 체류허가 효력의 전체 존속기간을 5년의 범위내에서 연장할 수 있다.

④ 전문요리사는 요리교육의 수료를 통하여 그 전문적인 자격을 증명할 수 있고, 지방(支邦)의 국민이고, 그 식당이 요리를 전문으로 할 경우에 한해서 전문식당에서 일하기 위하여 체류허가를 받을 수 있으며, 일정한 체류허가 효력의 전체 존속기간을 3년의 범위내에서 연장할 수 있다.

⑤ 외국인은 제2항 내지 제4항에 따라 업무를 다시 갱신하기 위하여 그의 출국후 3년의 기간이 만료되기 전에는 체류허가를 요하지 아니한다.

⑥ 무기한의 체류허가는 배제된다. 외국인에 관한 법률규정에 따라 독일학교의 감독하에 근무하는 교사가 장기간 근무해야 하며 학교 감독

을 위한 상급 지방관청이 공공의 이익이 존재한다는 사실이 인정되는 경우에는 교사에게 체류허가를 연장할 수 있고 체류자격을 부여할 수 있다.

제 5 조【여타의 업무에 요구되는 체류허가】

다음 각호에 열거하는 자는 일정한 체류허가를 받을 수 있다.

1. 특수한 전문적 지식 때문에 공공의 이익이 그 업무에 존재하는 경우, 연구와 학설을 위해 종사하는 학자

2. 특수한 전문적 지식 때문에 공공의 이익이 그 업무에 존재하는 경우, 대학교육이나 전문대학교육 또는 이와 비교할 수 있는 자격을 갖춘 전문직 종사자

3. 지방(支邦)에 주된 사무소를 두고, 연방영역에 소재하는 기업체에서 활동하는 지방국적을 가진 간부사원 및 전문가,
    - 독일의 숙련노동자와 견줄 수 있는 자격을 갖추고, 더 나아가 다른 무엇보다 기업체 특유의 특수지식을 활용할 수 있는 자만을 전문가로 간주함.

4. 국가간 협약에 근거하여 설립된 독일과 외국의 합작회사에 근무하는 간부사원

5. 독일 대표자에 의해 외국인근로자와 그 가족을 위한 사회사업에 고용된, 독일어에 관한 충분한 지식을 갖춘 전문직 종사자

6. 외국인근로자와 그 가족을 위해 성직자의 직무를 맡고 장소적 필요성이 존재하는 경우에, 인가된 교육과정을 졸업함으로써 전분적인 자격을 갖추었을 뿐만 아니라, 성경강독을 하고 예배를 수행하기 위한 자격을 갖추었다는 것을 증명할 수 있는 성직자

7. 원호사업 또는 사회사업 활동을 하는 단체의 구성원

8. 직업상의 자격을 갖추고 독일어에 관한 충분한 지식을 갖춘 유럽국가출신의 여자 간호사와 남자 간호사, 소아 전문간호사 및 노인 전문간호사
    - 유럽국가 출신이 아닌 간호직 종사자는 이미 이전에 연방영역에서 이 업무를 행하거나 독일 태생에 한해서만 인정됨.

9. 화가와 예술가 및 그 보조원

10. 독일체육협회에의 파견이 예견되는 직업적인 운동선수 및 트레이너로서 관할 체육전문가단체가 운동선수로서의 자격 또는 트레이너로서의 전문자격을 증명하고, 체육협회가 생계유지에 필요한 급료를 지불하는 경우

제 6 조【근로목적의 체류허가가 면제된 업무에 요구되는 체류허가】

① 일정한 외국인은 취업하기 위하여 체류를 허가받을 수 있고, 이를 위해 노동허가를 요하지 아니한다. 경영조직법 제5조 제2항 제4호와 제5호에 규정된 「人」(Person)에는 본 규정이 적용되지 않는다.

② 다음 각호의 경우에는 무기한의 체류허가가 배제된다.

1. 외국에 주소를 둔 사용자

2. 외교관 또는 직업적인 영사로서 대표의 직무를 맡거나 이러한 대표의 직무를 맡은 공무원의 가정에서 일하는 외국인

3. 기한을 정하여 고용된 외국인

4. 전적으로 또는 주로 독일연방지역 외에서 활동하는, 특히 연방기를 게양할 자격이 있는 항해 선박에서 종사하는 자

제 7 조【국가간 협약】

① 외국인은 독일연방공화국과 그 외국인이 가지고 있는 국적의 국가간에 체결된 쌍방적 협약에 근거하여, 제2조 내지 제6조에 규정되지 않은 직업에 종사하기 위하여 체류허가를 받을 수 있다.

② 국가간 협약에서 달리 규정되어 있지 않는 한, 일정한 체류허가 효력의 전체 존속기간을 5년의 범위내에서 정한다. 무제한의 체류허가는 배제된다.

제 8 조【예외적인 경우의 체류허가】

상급 지방관청 또는 상급 지방관청이 정한 관청과 지방노동관청이 그때마다 협의하여 특별한 공공의 이익, 특히 지역상 또는 경제상 또는 노동시장 정책상 이익 때문에 이 업무를 필요로 한다고 인정된, 이유 있는 예외적인 경우에는 외국인은 체류를 허가받을 수 있다.

제 9 조 【특정국가 국민의 경우의 예외】

다음 국가의 국민은 제2조 내지 제8조를 적용하지 않고 체류허가를 받을 수 있다. 〈이하생략〉

제10조 【독일국민에 대한 체류허가】

연방난민법에 따라 귀화결정이 내려진 독일국민 및 이전의 독일국민과 그 자녀는 독일어에 관한 충분한 지식을 갖추고 있는 한, 제2조 내지 제8조를 규정하지 않고 체류를 허가받을 수 있다.

제11조 【경과규정】

① 본 규정의 시행일 현재, 연방영역에서 8년 이상 교사나 강사로서 체류하였거나, 5년 이상 전문요리사로 적법하게 체류한 외국인은 제4조 제2항 내지 제4항과 제6항을 적용하지 아니하고 외국인에 관한 법률의 규정에 따라 체류를 허가받을 수 있고, 체류를 연장할 수 있다.

② 본 규정의 시행일 현재, 독일연방지역에서 8년 이상 적법하게 체류한 도급계약근로자는 제3조 제1항을 적용하지 아니하고 외국인법(Ausländergesetz)규정에 따라 체류를 허가받을 수 있고, 체류자격(Aufenthaltsberechtigung)을 취득할 수 있다.

③ 본 규정의 시행일 현재, 동독과의 국가간 협약에 근거하여 근로자로서 독일연방지역에 체류한 외국인은 체류를 허가받을 수 있다. 외국인이 국가간 협약에 규정된 업무와 다른 업무에 종사하는 것을 허용하는 경우에도, 체류허가는 국가간 협약에 규정된 업무존속기간까지 연장할 수 있다. 제2항의 규정도 동일하게 적용한다.

④ 본 규정의 시행일 이전에 체류허가 및 근로목적의 체류허가를 받았고, 제2조 내지 제10조에 따른 예외규정을 충족시키지 못한 외국인의 체류허가기간의 연장에 관하여는 외국인법의 규정을 적용한다.

⑤ 포르투갈 국민과 스페인 국민은 제2조 내지 제8조의 규정을 적용하지 않고 1992년 12월 31일까지 취업을 위한 체류를 허가받을 수 있다.

제12조 【시행일】

본 시행령은 1991년 1월 1일부터 시행한다.

〈대만의 외국인관련법령〉

대만의 외국인관련 법령

1. 대만의 취업복무법

1992년 5월 8일 總統(八一) 華總(一) 義字 제2359號令 公布

제 1 장 총 칙

제 1 조 국민취업을 촉진함으로 사회 및 경제 발전을 증진하고자 특별히 본 법을 제정한다 ; 본법에 규정되지 않은 부분은 기타 법률의 규정이 적용된다.

제 2 조 본 법의 용어의 정의는 다음과 같다.
1. 취업복무 : 국민취업 및 고용주의 직원모집에 협조하여 제공하는 복무를 말한다.
2. 취업복무기구 : 취업복무를 제공하는 기구를 가리킨다. 정부기관이 설치했으면 '공립취업복무기구' 라고 하고, 정부 이외의 개인이나 단 체가 설립한 경우에는 '사립취업복무기구' 라고 한다.
3. 고용주 : 직원을 초빙하거나 고용하는 일에 종사하는 자
4. 중고령자 : 만 45세에서 65세까지의 국민

제 3 조 국민은 직업을 선택할 수 있는 자유가 있다. 다만, 법률이 금지하거나 제한하는 직업은 그러하지 아니하다.

제 4 조 업무능력을 갖추고 있는 국민은 누구나 취업복무에 있어 일률적으로 평등하다.

제 5 조 국민취업의 기회평등을 보장하기 위하여 고용주는 구직자나 고용된 직원을 대함에 있어 종족계급 · 언어 · 사상 · 종교 · 당파 · 본적 · 성별 · 용모 · 오관 · 장애나 노동조합에 가입하였다는 것을 이유 삼아 차별 대우할 수 없다.

제 6 조 본 법에서 말하는 주관기관 : 중앙에는 행정원노공위원회 : 성(省)에는 省정부 : 현(縣)에는 縣정부를 둔다.

제 7 조 주관기관은 근로자 · 고용주 · 정부의 대표자 및 학자와 전문가를 초빙하여 취업복무촉진위원회를 조직하고, 취업복무 · 취업촉진 등과 관련 사항을 논의하여야 한다.

제 8 조 주관기관은 취업복무 작업인원의 전문지식과 업무효율을 촉진시키기 위하여 반드시 정기적으로 재직훈련을 시행해야 한다.

제 9 조 취업복무기구와 그 종사자는 고용주와 구직자의 자료를 취업에 있어 추천 소개로 인한 필요 이외에는 대외적으로 공개하여서는 안된다.

제10조 노사간 쟁의조정이나 중재로 쟁의하거나 법에 의하여 파업하는 기간에는 취업복무기구가 노사쟁의 중인 사업장으로 구직자를 추천 소개할 수 없다.

제11조 주관기관은 국민취업에 대하여 탁월한 공헌이 있는 자에게 반드시 장려와 표창을 주어야 한다.

제 2 장 정부취업복무

제12조 ①성(省)주관기관은 업무수요를 살펴서 각 지에 공립취업복무기구를 설치하여야 한다.
②전항의 공립취업복무기구 설치준칙은 중앙주관기관이 정한다.

제13조 공립취업복무기구의 취업복무는 무료가 원칙이다. 다만, 고용주의 위탁을 받아 시험을 실행함으로 발생하는 비용은 고용주에게서 받는다.

제14조 공립취업복무기구는 구직자와 고용주가 구직신청이나 구인등기를 거절할 수 없다. 다만, 신청에 법령을 위반하거나 취업에 있어 추천소개에 필요한 자료의 제공을 거절한 자는 그러하지 아니하다.

제15조 공립취업복무기구가 추천소개하는 구직자는 생활보호자이며, 그 구직응모에 필요한 여비를 보조해 주어야 한다.

제16조 공립취업복무기구는 반드시 그 업무구역 내의 급여의 변동·인력의 공급과 수요 및 장래의 전망 등 자료를 수집·정리·분석하여 취업시장에 제공하여야 한다.

제17조 공립취업복무기구는 국민의 직업선택이나 직업적응에 협조하기 위하여 반드시 취업의 자문을 제공하여야 한다.

제18조 공립취업복무기구는 그 업무구역 내의 학교와 긴밀한 관계를 맺어 학교가 학생취업지도 업무를 처리하는 것에 협조하고, 졸업생 취업의 사업장이나 직업훈련과 취업 후 지도과정에 참가하는데 협조하여야 한다.

제19조 공립취업복무기구는 저능(低能) 구직자의 취업을 지도하기 위하여 그들이 직업훈련에 참가할 것을 알선해야 한다. 직업훈련을 마친 자에게는 취업을 알선한다.

제20조 공립취업복무기구는 실업보험 실시 후에 실업급부(失業給付)를 신청한 자에게 취업이나 직업훈련참가를 알선한다.

제 3 장 취업촉진

제21조 정부는 취업과 실업상황의 상관 조사자료에 의하여 인력의 공급과 수
요의 조절조치를 책정하여 인력자원의 효율적인 운용과 국민취업을
촉진하여야 한다.

제22조 중앙주관기관과 지역간의 인력의 공급·수요 형평과 실업보험의 실시
를 촉진하기 위하여 전국적인 취업자료망을 세운다.

제23조 중앙주관기관은 경제의 불경기로 인하여 대량의 실업에 처하였을 때
에는 고용주가 노동조합이나 근로자와 협상하여, 작업시간의 축소·
보수조정·교육훈련 실시 등의 방식으로 감원을 피할 것을 장려하고,
실제 수요를 살펴서 임시취업 기회를 만들거나 창업대출 처리·직업
훈련 등의 지도조치를 강화한다.

제24조 ① 주관기관은 다음의 구직자들에 대하여 계획을 세워서 적극적으로
그 취업을 돕는다.
  1. 가계를 부담하는 자
  2. 중고령자
  3. 장애자
  4. 원주민
  5. 생활보호자중 노동능력이 있는 자
  6. 기타 중앙주관이 필요하다고 인정한 자
② 전항의 계획은 정기적으로 그 효과를 검토하고 구체화 시킨다.

제25조 공립취업복무기구는 장애자와 중고령자에게 적합한 취업기회를 확보
하여 정기적으로 공고하여야 한다.

제26조 주관기관은 임신·분만, 또는 육아를 위해 직업을 떠난 가정주부의 재
취업을 지도하고 필요에 따라서 직업훈련을 실시한다.

제27조 주관기관은 장애자가 업무환경에 적응하는 것에 협조하여 필요하다면 적응훈련을 실시한다.

제28조 공립취업복무기구는 장애자 취업을 알선한 후 반드시 그 사업장을 방문하여 그 장애근로자가 업무에 적응하는데 협조하여야 한다.

제29조 ① 고용주는 장애자를 합법적으로 해고할 때는 장애자가 직무종료 전까지 해고된 직원의 성명·성별·나이·주소·담당업무와 해고사유를 해당 주관기관과 공립취업복무기구에 통보하여야 한다.
② 공립취업복무기구는 전항의 통보자료를 접수한 후 실직한 장애자의 노동능력에 준하여 재취업에 협조한다.

제30조 성(省)·현(縣)정부는 할당 구역내의 생활보호 대상자 중 노동능력을 갖추고 있는 자를 해당 공립취업복무기구에 알려서 취업을 알선하거나 직업훈련 참석에 협조하여야 한다.

제31조 공립취업복무기구는 해당 병역기관과 밀접한 관계를 제대 후의 취업 알선과 직업훈련참가에 협조하여야 한다.

제32조 공립취업복무기구는 갱생보호회와 연락하여 피보호자의 취업알선이나 직업훈련참가에 협조하여야 한다.

제33조 ① 각급 정부는 국민취업을 촉진하기 위하여 연간 예산편성에 따라 권책집행본법 규정에 의하여 조치한다.
② 중앙정부는 지방의 실제 재무상황을 파악하여 그에 맞추어 보조한다.

제34조 ① 고용주가 직원을 해고할 때는 직원의 해고 7일 전에 해당 주관기구 및 공립취업복무기구에 통보한다.
② 공립취업복무기구는 전항의 통보자료를 접수한 후 해고된 근로자의 희망·노동능력에 의하여 재 취업할 수 있도록 협조한다.

제 4 장 민간취업복무

제35조 ① 사립취업복무기구는 주관기관의 허가 및 발급된 허가증에 의하여 설립할 수 있다. 허가 및 관리방법은 중앙주관기관에서 정한다. 허가를 받지 못하였을 경우 취업복무업무에 종사할 수 없다.

② 주관기관은 전항의 허가증을 심사 발급할 때, 면허허가 비용을 징수 하여야 하며 수령액은 중앙주관기관에서 정한다.

제36조 사립취업복무기구는 다음과 같은 취업복무업무를 한다.

1. 직업소개 또는 인재중개업무
2. 근로자 모집위탁을 접수한다.
3. 기타 중앙주관기관이 지정한 취업복무사항에 종사한다.

제37조 ① 사립취업복무기구는 규정자격 및 수에 부합하는 취업복무 전문인력을 두어야 한다.

② 전항의 취업복무 전문인력의 자격 및 수에 관하여는 사립취업복무기구의 허가 및 관리방법에 규정한다.

제38조 사립취업복무기구는 규정에 의하여 각 항의 관련 문서를 비치하고 보존한다. 주관기관의 검사는 거절하거나 회피할 수 없다.

제39조 취업소개 또는 인력모집에 있어 다음과 같은 행위는 허용되지 아니한다.

1. 허위과장 광고 또는 게시
2. 사기행각 또는 부실한 근로조건의 제공
3. 구직인의 국민신분증을 유치하거나 구직인의 의사와 관계없이 그의 근로증 및 기타 증명서류를 유치하는 행위
4. 구직인의 재물 구류
5. 취업소개 및 인력모집의 기회를 이용하여 구직인으로 하여금 일정한 교역행위를 하게 하여 부당한 이익을 취하는 행위
6. 취업소개 보증금 및 기타 규정 표준 이외의 비용을 취하는 행위

7. 구직인으로 하여금 공공질서 또는 미풍양속에 위반되는 직업에 종
사하게 하는 행위

제40조 위탁 게재 또는 구인광고를 접수하는 경우 광고일로부터 위탁자의 성
명 또는 명칭 · 주소 · 전화번호 · 신분 또는 사업등록번호 등의 자료를
2개월간 보관하도록 하며 주관기관의 검사에는 거절하거나 회피할 수
없다.

제 5 장 외국인의 초빙 및 관리

제41조 국민 근로권의 보장을 위하여 외국인 인력을 초빙하는 경우 본국인의
취업기회 · 근로조건 · 국민경제 발전 및 사회안정을 저해하여서는 안
된다.

제42조 외국인이 고용주의 신청허가를 받지 못하였을 경우 중화민국 내에서
직업을 가질 수 없다.

제43조 ① 고용주에 의해 초빙 고용된 외국인이 중화민국 내에서 종사하는 직
업은 본 법의 기타 규정 외에 다음 각 호에 한한다.
1. 전문직 또는 기술직
2. 화교 또는 외국인은 정부 비준을 거쳐 사업에 투자하거나 설립한 사
업의 주관
3. 공립 또는 입안을 거친 사립 전문대 이상 또는 외국교민학교의 교사
4. 보통학습교육법에 의하여 입안된 단기 보충학습반의 전임 외국어
교사
5. 운동교련 및 운동선수
6. 종교 · 예술공연
7. 가정고용인
8. 국가 주요 건설공정 또는 경제사회 발전의 필요에 응하여 중앙주관
기관의 지정을 거친 직업
9. 기타 직업의 특수성으로 인하여 국내에서 인재를 구할 수 없어 업무

상 외국인을 초빙할 필요가 있음으로 중앙주관기관의 허락을 받은 직업

② 중앙주관기관 및 중앙목적 사업주관기관은 전 항의 직업에 종사하는 외국인에 대하여 그 근로자격과 심사기준을 규정하여야 한다.

③ 고용주는 제1항 7호 또는 9호까지 규정한 직업에 종사하는 외국인을 초빙하려면, 우선 합리적인 근로조건을 제시하며 국내에서 모집한 후 만족스런 결과가 없을 때에는 부족한 인원수만큼 신청한다.

④ 고용주는 제1항 제7호 또는 제8호의 규정에 의하여 외국인을 초빙함에 있어 그 근로계약은 정기계약과 관련된 근로기준법에 의한다.

⑤ 제1항 각호의 규정에 의하여 초빙 고용된 외국인과 그 권속은 노동보험 조례의 실시구역 외에서 불의의 사고 · 생육 · 사망으로 보험급료를 받을 수 없다.

제44조 ① 고용주가 전 조 제1항 제1호 내지 제6호에 속하는 직업에 종사할 외국인을 초빙 고용할 경우 반드시 각 항목의 사업을 주관하는 기관의 허가서류를 갖추어야 한다. 다만, 중앙정부 · 성(省)정부 및 그 소속 학술연구 기구가 담임고문 또는 연구직 직원을 초빙할 경우는 제외된다.

② 전항의 허가 및 초빙고용과 유관한 관리방법은 각 중앙목적사업 주관기관이 중앙주관기관과 회동하여 정한다.

제45조 고용주가 제43조 제1항 제7호 및 제9호의 직업에 종사할 외국인을 고용할 경우 중앙주관기관의 허가서류를 갖추어야 하며, 그 허가 및 초빙고용과 유관한 관리방법은 중앙주관기관이 중앙목적사업 주관기관과 상의하여 정한다.

제46조 각 국의 주화(駐華) 대사관 및 주화 외국기구에는 외국인을 초빙 고용하여야 한다. 다만, 외교부의 허가가 있어야 한다. 그 허가 및 초빙과 유관한 관리방법은 외교부가 중앙주관기관과 상의하여 정한다.

제47조 ① 고용주가 공립 또는 입안을 거친 사립전문대학 이상의 교육기관에

서 공부하는 유학생을 고용할 경우 반드시 교육부의 허가가 있어야 한다. 그 허가와 고용관리 방법은 교육부가 중앙주관기관과 회동하여 정한다.

② 전항의 국외 유학생이 종사하는 직업은 제43조 제1항 규정의 제한을 받지 않는다. 그 업무 시간은 여름·겨울방학을 제외하고, 매주 최장 12시간으로 한다.

제48조 ① 고용주가 다음과 같은 외국인을 초빙고용할 경우 제43조 제1항·제49조·제50조·제52조 및 제54조 제2호의 제한을 받지 않으며, 또한 제51조와 제55조 규정에 의해 취업안정비 및 보증금의 납부를 면제받을 수 있다.

1. 중화민국 내에 호적을 둔 국민결혼으로 거류(居留)를 획득한 자

2. 거류를 허가 받은 난민

3. 중화민국 내에서 연속으로 초빙고용되어 일하는 것이 허가된 자로 만 5년 거류에 품행이 단정하고, 주소가 있는 자

② 고용주가 전항의 인원을 초빙고용할 경우 제44조 내지 46조의 규정에 의하여 허가를 신청하여야 한다. 제43조 제1항 규정 이외의 직업에 종사하는 것은 중앙주관기관에 신청하여 허가를 받아야 한다.

제49조 외국인 초빙고용의 허가기간은 최장 2년이고, 기간만료 후에 만약 연속적인 고용의 필요가 있다면 고용주는 반드시 연장신청을 하여야 하며, 그 기간은 1년에 한한다.

다만, 제43조 제1항 제7호와 제8호에 규정된 직업에 초빙고용할 경우에는 그 고용허가기간은 최고 1년이며, 고용주의 연장신청도 1회에 한하고, 그 연장기간도 1년을 넘지 못한다.

제50조 외국인이 초빙고용되어 업무에 종사하던 중 유효기간 내에 만약 고용주 또는 직업이 바뀌게 되면, 사전에 신임 고용주와 원 고용주간의 공동의 허가가 있어야 한다. 다만, 제43조 제1항 제7호 내지 제9호에 규정된 직업에 종사하는 자는 고용주와 직업을 바꿀 수 없다.

제51조 고용주가 제43조 제1항 제7호 또는 제8호 규정의 직업에 외국인을 초
빙고용할 경우 중앙주관기관이 설치한 특종기금 전호에 취업안정비를
납부하여 국민취업을 촉진하는데 사용하게 한다. 취업안정비의 액수
및 기금의 수금 · 보관과 운용방법은 중앙주관기관이 관련 기관과 회
동하여 정한다.
고용주가 규정에 따라 취업안정비를 납부하지 않는 경우 중앙주관기
관은 그 초빙고용허가를 철회할 수 있다.

제52조 고용주는 초빙된 외국인에 대해 다음 각호의 사정이 있을 경우, 반드
시 3일내에 해당 주관기관 또는 목적사업주관기관 및 경찰기관에 서면
으로 통지하여 경찰기관이 처리하게 한다.
1. 연속 3일동안 무단결근하여 연락이 두절된 자
2. 고용주와 피고용인의 관계를 무시하는 자
3. 초빙고용 허가기간이 만료된 자

제53조 고용주는 다음과 같은 행위를 할 수 없다.
1. 허가를 거치지 않거나 유효기간이 넘은 외국인을 고용하거나 계속
근무하게 하는 행위
2. 본인의 명의로 외국인을 고용하여 타인의 업무를 하게 하는 행위
3. 타인이 신청하여 초빙한 외국인을 고용허가없이 고용하는 행위 ·
4. 허가된 업무 외의 업무에 외국인을 파견하는 행위

제54조 ① 고용주가 초빙한 외국인은 다음과 같이 사정이 있을 때 그 고용허
가의 일부분 또는 전부가 철회될 수 있다.
1. 허가된 고용주외 사람의 초빙을 받아들이는 것
2. 허가된 직무 외의 일을 하는 것
3. 제52조 각호의 규정에 접촉되는 것
4. 초빙고용된 기간 중, 정기건강검사를 거절하거나 파견된 업무에 심
신적으로 담당해낼 수 없거나 법정 전염병에 걸렸거나 사망하였을
경우
5. 제44조 제2항 · 제45조 · 제46조 또는 제47조 제1항에 의해 발표된 명

    령을 위반함에 그 정도가 심한 경우

6. 기타 중화민국 법령을 위반함에 그 정도가 심한 경우

② 전항의 초빙고용허가가 철회된 외국인은 반드시 즉시 출국하여야 하며, 다시 중화민국 내에서는 근로할 수 없다.

제55조 ① 고용주가 초빙고용한 외국인이 경찰기관의 규정에 의하여 출국될 경우 그 경비 및 수용기간에 필요한 경비는 고용주가 부담한다.

② 고용주가 초빙고용한 외국인이 고용기간 내에 사망한 경우, 그 장례와 관련 사무처리는 고용주가 부담한다.

③ 고용주는 제43조 제1항 제7호 또는 제8호 규정에 종사하는 외국인을 고용할 경우 반드시 보증금을 납부하여 제1항 비용의 급부를 담보한다. 보증금의 액수는 중앙주관기관이 정한다.

④ 고용주는 제1항에 의하여 마땅히 부담해야 할 비용을 급부하지 않거나 전항 규정에 의하여 납부한 보증금이 제1항의 비용을 지불하는데 부족하여 급부를 통지받고 지불하지 못하였을 때, 그 차액의 비용을 대신하여 지불하는 기관은 법원에 재정신청하여 그 액수를 확실히 하여야 한다.

⑤ 전항의 재정은 강제집행을 위하여 명의를 얻는다.

제56조 누구도 타인의 사업을 위하여 불법으로 외국인을 매개할 수 없다.

제57조 ① 주관기관·목적사업주관기관 또는 경찰기관은 외국인 업무장소 또는 외국인이 불법으로 일하고 있다고 여겨지는 장소에 검사를 시행할 경우에는 증명문서를 휴대하게 한다.

② 전항의 검사에 대해 고용주는 회피하거나 방해·거절할 수 없다.

제 6 장 벌 칙

제58조 ① 제53조 제1호·제2호 또는 제3호의 규정을 위반할 경우 그 고용 또는 유용한 인원수가 1명인 경우에는 6개월 이하의 유기징역·구금 또는 신대폐(新臺幣) 9만원 이하의 벌금형에 처한다.

② 고용 또는 유용한 인원수가 2명 이상인 경우에는 3년 이하의 유기징역, 구금 또는 신대폐 30만원 이하의 벌금형에 처한다.

③ 법인의 대표자, 법인 혹은 자연인의 대리인, 피고용인 또는 기타 종사인원은 업무집행으로 인하여 전항의 죄를 지은 자는 그 행위자를 처벌하는 것 이외에 해당 법인 또는 자연인에 대하여도 전항의 벌금을 부과한다.

제59조 ① 제 56조의 규정을 위반한 자는 6개월 이하의 유기징역, 구금 혹은 신대폐 15만원 이하의 벌금에 처한다.

② 영리를 목적으로 전 항의 죄를 지은 자는 3년 이하의 유기징역, 구금 또는 신대폐 60만원 이하의 벌금에 처한다.

③ 제1항의 죄를 상습적으로 저지른 자는 5년 이하의 유기징역, 구금 또는 신대폐 150만원 이하의 벌금에 처한다.

④ 법인의 대표자, 법인 혹은 자연인의 대리인, 피고용인 또는 기타 종사인원은 업무상 집행으로 인하여 전 3항의 죄를 지은 그 행위자를 처벌하는 것 이외에 해당 법인 혹은 자연인에 대해서도 각각 해당 항목의 벌금을 부과한다.

제60조 제35조 제2항의 규정을 위반한 자는 신대폐 9만원 이상 90만원 이하의 벌금을 부과한다.

제61조 제39조, 제57조 제2항 규정을 위반한 자는 신대폐 1만5천원 이상 15만원 이하의 벌금에 처한다.

제62조 ① 제5조, 제9조, 제10조, 제29조 제1항, 제34조 제1항, 제40조, 제42조, 제52조 또는 제53조 제4호 규정을 위반한 자는 신대폐 3천원 이상 3만원 이하의 벌금형에 처한다.

② 제42조 규정을 위반한 자에 대하여는 경찰기관이 기한을 정해서 출국을 명할 수 있다. 고용주는 경찰기관에 협조하여야만 한다. 기간을 초과하여 출국하지 않는 자는 강제집행할 수 있다.

제63조 사립취업복무기관이 본 법 및 본 법에 의하여 공포한 명령을 위반하였을 경우에는 본 법이 따로 규정한 것 이외에 신대폐 3천원 이상 3만원 이하의 벌금에 처하며, 그 사정을 보아 정기적으로 그 영업의 전부 또는 일부를 정지하거나 그 허가를 취소한다.

제64조 본 법에 의하여 부과된 벌금을 통지를 받고 기한이 경과하여도 납부하지 않는 자는 법원에 이송하여 강제집행한다.

제 7 장 부 칙

제65조 본 법 시행 이전에 이미 민간취업에 복무하는 자는 중앙주관기관이 지정한 기한 내에 본 법 규정에 의하여 허가를 신청하여야 한다. 기한이 경과하도록 신청 수속을 못한 자는 허가를 거치지 않은 것으로 간주한다.

제66조 본 법 시행 이전에 이미 관련된 법령에 의하여 비준을 신청하여 초빙 고용되어 중화민국 영토내에서 업무에 종사하는 외국인 중에 본 법 시행 이후에 그 원래 비준된 고용기간이 다 차지 않는 자는 기간만료 전에 본 법의 규정에 의하여 신청허가를 면제받을 수 있다.

제67조 무국적자, 중국인으로서 외국국적을 취득하고 외국여권을 가지고 입국하거나 중화민국 여권을 소지하면서 국내에 적이 없는 자로서 초빙된 자는 본 법 외국인에 관한 규정을 준용한다.

제68조 대륙동포가 대만에서 직무에 초빙되었을 경우 그 초빙 및 관리는 법률로 따로 규정한 것 이외에 제5장의 관련 규정을 준용한다.

제69조 본 법 시행세칙은 중앙주관기관에서 정한다.

제70조 본 법은 공포일로부터 시행한다.

2. 외국인초빙고용허가 및 관리방법

1992년 7월 27일 壹81勞職業字 23919號令 公布

제 1 장 총 칙

제 1 조 본 방법은 취업복무법 제45조 규정에 의하여 제정한다.

제 2 조 고용주가 외국인을 초빙고용하여 본법 제43조 제1항 제7호내지 제9호 규정의 직업에 종사케 할 경우 그 초빙고용 및 관리를 법률의 또다른 규정 이외에 본 방법의 규정에 의한다.

제 3 조 중앙주관기관은 본 법 제43조 제1항 제8호의 규정에 의하여 업무를 규정할 경우 국내 경제발전 및 취업시장 상황을 고려하여 각종 직업의 노동의 공급·수요상황을 평가하여 외국인을 초빙고용할 직업의 종류, 신청자의 자격조건을 계획·규정하여야 하며, 또한 그것을 공고한다.

제 4 조 외국인 초빙고용을 신청할 때는 고용주가 중앙주관기관에 신청하여야 한다.

제 5 조 ① 중앙주관기관은 각종의 직업에 종사하는 외국인 고용 및 고용주가 외국인을 초빙하는 인원수에 대하여 그 기준(한계)을 정하여야 한다.
② 본 방법이 시행되기 전에 고용주가 이미 관련있는 법령 규정에 의하여 초빙을 허가받은 외국인의 인원수가 전항의 기준에 달하였거나 기준을 초과하였을 때에는 더 이상 고용할 수 없다.

제 2 장 초빙고용허가신청과 심사

제 6 조 ① 고용주는 본 법 제43조 제3호의 규정에 의하여 합리적인 근로조건

에 의하여 국내에서 모집할 때는 작업장 소재지의 공립취업복무기구에 구인등기를 하여야 하며, 국내 신문에 3일동안 연속으로 광고를 내야 한다. 구인광고를 게재한 마지막 날의 다음 날로부터 시작하여 만 4일로 하며, 만약 확실히 필요한 수의 근로자를 얻을 방법이 없을 때는 구인등기를 처리한 공립취업 복무기구의 구인증명서를 발급받아 국내 근로자 모집에서 부족하였던 부분에 대하여 외국인 고용신청을 제출한다.

② 전항의 구인광고내용은 구인 직종, 인원수, 전문분야, 연령, 경력, 건강상태, 임금수준, 근무시간, 복리후생, 근무장소, 고용기간, 식사공급과 구인등기를 처리한 공립취업복무기구의 명칭, 주소 및 전화번호를 포함하여야 한다.

③ 공립취업복무기구는 제1항 구인등기를 접수한 후, 각 관련된 노동조합단체에 통지하여, 구인고용자가 필요한 근로자를 제공하는데 협조하여야 한다.

제 7 조 고용주는 전조 규정에 의하여 국내 모집을 처리할 때, 국내 구직인에 대하여 반드시 구비해야 할 전문기술을 요구하거나 노동안전위생법 규정에 의하여 반드시 구비해야 할 일정한 자격을 요구하고, 고용된 외국인에 대하여도 동일한 조건의 구비를 요구한다. 주관기관은 필요할 때에 외국인의 전문기술 또는 자격을 재검할 수 있다. 고용주는 국내모집에서 전문기술 측정을 시험할 때, 응모인이 응모직업에 상당하는 기술사증명을 제출하면 측정을 면제할 수 있다.

제 8 조 ① 고용주는 본 법 제43조 제1항 제7호 내지 제9호의 규정에 의하여 외국인을 고용할 때 다음과 같은 서류를 검사 구비하여 중앙주관기관에 그것을 신청하여야 한다.

　　1. 신청서

　　2. 신청인의 신분증 또는 사업허가증, 영리사업등기증, 공장등기 및 특별허가사업허가증 사본

　　3. 구인등기를 접수한 공립취업복무기구가 발급한 구인증명서

　　4. 고용주가 국내 모집할 때 고용된 국내 근로자의 명부

5. 신문의 구인광고

6. 생산의 개선·영업설비개선계획서 또는 그 생산·영건설비가 달성한 생산자동화의 일정한 규모, 그 현행의 생산·영건설비 및 작업환경개선에 관한 계획서

7. 고용된 가정부 및 본 법 제43조 제1항 제8호 또는 제9호에 의하여 고용된 외국근로자의 경우에는 숙박 배려 및 기타 생활관리 계획서

8. 기타 중앙주관기관에서 규정한 필요한 서류

② 어업부분, 가정부 혹은 비생산 및 비영건사업의 고용주, 혹은 중앙주관기관과 중앙목적사업 주관기관이 상정한 생산·영건사업의 고용주는 전항 제6호 규정의 서류의 제출을 면제한다.

제 9 조 ① 다음 각호의 1에 해당하는 경우에는, 중앙주관기관은 고용주의 외국인 고용신청에 대하여 허가하여서는 안된다.

1. 본 법 제41조 규정을 위반하여 속인 경우

2. 본 법 혹은 본 방법의 규정을 위반하고도 계속 그렇게 하는 경우

3. 국내 모집을 처리하는 경우에 있어 정당한 이유없이 공립취업복무기관이 추천소개한 근로자 또는 스스로 직장(일자리)을 구하려고 온 자를 고용하는 것을 거절한 경우

4. 사실이 아닌 구인광고를 신문에 실은 경우

5. 본 방법의 규정에 의하여 제출된 신청서류의 기재가 사실이 아니거나 분명하지 않은 경우

6. 기타 신청규정에 일치하지 않아 보충개정을 통보하였는데도 고용주가 여전히 보충개정을 하지 않은 경우

② 전항 제5호 사항의 분명하지 않은 서류를 보충개정할 수 있는 경우, 중앙주관기관은 신청인에게 지정기일 동안 보충개정할 것을 통보하여야 한다.

제10조 ① 외국인 고용의 신청은 중앙주관기관의 심사를 거친 후에 마땅히 허가되어야 한다고 인정되는 경우, 고용허가 서류를 발급하기 전에 먼저 본 법 제55조 제3항의 규정에 의하여 신청인에게 보증금을 납부하도록 통지하여야 한다.

② 전항의 보증금은 중앙주관기관이 지정한 구좌 또는 장소에 가서 납부하여야 하며, 그 납부방법은 현금 또는 은행이 구비하고 있는 보증금 예금보증서로 한다.

제11조 ① 보증금의 금액은 고용주가 고용한 외국인의 수에 따라 하는데, 한 사람당 2개월의 기본임금을 기준하여 그것을 계산한다.
② 보증금은 고용된 외국인이 해고되어 돌아갈 때에 비행기표, 돌아갈 기간을 기다리는 동안의 숙식비 및 기타 해고되어 돌아감으로 인하여 외국인이 생활에 쓰는 비용에 지급되어지는 것 이외에, 예를 들어 남는 부분은 반드시 이자없이 고용주에게 돌려주고, 만약에 부족한 부분이 있으면 고용주가 부담한다.

제12조 ① 고용주가 이미 제10조 규정에 의하여 보증금을 납부한 경우에 중앙주관기관이 그 고용허가 서류를 발급한다.
② 전항의 허가서류는 반드시 고용이 허가된 외국인의 업무종류와 인원수, 고용기한 및 고용허가의 유효기간 등의 사항을 명확히 기재하여 밝혀야 한다.

제13조 ① 고용주가 외국인의 초청고용을 신청하여 허가를 거치는 경우, 허가통지가 정한 날짜로부터 6개월 이내에 정부가 허가한 인력수입국가로부터 규정에 의하여 국외모집을 처리하고, 고용된 외국인의 입국수속을 완성하며, 그 기한이 지나도록 수속을 하지 못한 경우에는 그 고용허가가 취소된다.
② 고용주는 이미 중화민국 국내에 들어온 외국인을 고용할 수 없다. 그러나 고용법 제48조 제1항의 인원 및 제67조의 중화민국 여권을 소지하여 입국하고 거류를 얻은 경우에는 그러하지 아니하다.

제14조 ① 고용주가 외국인을 고용하여 본 법 제43조 제1항 제7호, 제8호에 규정한 작업에 종사시킬 때, 그 입국 이전에 서면으로 해당 외국인과 정기 노동계약을 체결해야만 한다.
② 전항의 계약기간은 중앙주관기관이 허가한 기간을 초과할 수 없다.

③ 전항에 규정한 계약은 마땅히 중국어로 하여야 하며, 동시에 고용되는 자가 이해할 수 있도록 번역본을 만들어야 한다.

제15조 고용주는 고용한 외국인이 입국한 후에, 본 법 제51조 취업안정비 납부방법 규정에 의하여 취업안정비를 납부하여야 한다.

제 3 장 외국인의 입국 · 출국 · 거류 및 노동허가증의 신청과 발급

제16조 고용된 외국인은 다음과 같은 서류를 구비하여 규정에 의하여 입국비자를 신청하여야 한다.
   1. 중앙주관기관이 발급한 고용허가서류
   2. 우리나라 중앙위생주관기관이 인정하는 외국병원이 발급한 초청고용을 받은 외국인의 건강검사 합격증명서
   3. 전문기술증명서
   4. 행동이 양호한가에 대한 증명 또는 보증서류
   5. 근로계약서

제17조~제34조 〈생략〉

체류자격 「연수」에 관한 법무성 고시

(1) 1990년 법무성 고시 제246호(개정 1992년 법무성 고시 제567호)

출입국관리 및 난민인정법 제7조 제1항 제2호의 기준을 정하는 성령(1990년 법무성령 제16호) 표의 법 별표 제1의 4 표의 연수항 하란에 게재한 활동항(이하 '연수' 항이라 한다) 하란 제5호 단서규정에 의거 동 호 본문을 적용하지 않는 경우는 출입국관리및난민인정법(이하 '법' 이라 한다) 제6조 제2항의 신청을 행한 자(이하 '신청인' 이라 한다)가 당해 신청에 관한 활동을 행함에 있어 법 제19조 제1항의 규정에 위반할 우려가 없는 경우에 있어서 다음 각호의 어느 하나에 해당하는 때로 한다.

1. 신청인이 국제관광진흥회의 사업으로 행하여지는 연수를 받는 경우
2. 신청인이 국제협력사업단의 사업으로 행하여지는 연수를 받는 경우
3. 신청인이 석유공단석유개발기술센터의 사업으로 행하여지는 연수를 받는 경우
4. 신청인이 중앙직업능력개발협회의 사업으로 행하여지는 해외청년기능연수를 받는 경우
5. 신청인이 국제기관의 사업으로 행하여지는 연수를 받는 경우
6. 신청인이 일본의 국가, 지방공공단체 또는 일본의 법률에 의해 직접 설립된 혹은 일본의 특별법에 의해 특별 설립행위로서 설립된 법인의 자금에 의해 주로 운영되고 있는 사업으로 행하여지는 연수를 받는 경우이고 신청인을 수입하는 일본의 공사기관(이하 '수입기관' 이라 한다)이 연수의 항 제5호의 가, 나 및 라 내지 바에 해당할 때
7. 신청인이 상공회의소법 제2장의 상공회의소 또는 상공회의조직등에관한 법률 제2장의 상공회(이하 '상공회의소 등' 이라 한다)의 사업으로 일본의 국가 또는 지방공공단체에서 자금 기타 원조를 받고 이들의 지도하에

운영되고 있는 것으로 행하여지는 연수를 받는 경우로서 다음 어느 것에도 해당할 때

가. 수입기관이 당해 상공회의소 등 또는 당해 상공회의소 등의 회원으로서 중소기업기본법 제2조 제1호 또는 제2호에 게재한 중소기업자 일 것

나. 당해 연수가 당해 상공회의소 등의 감리하에 행하여지는 것일 것

다. 당해 상공회의소 등의 임원으로서 당해 사업운영에 관한 책임을 가지고 있는 자가 당해 상공회의소 등 이외의 수입기관에서 행하여진 연수의 실시상황에 관하여 3개월마다 적어도 1회 감사를 하고 그 결과를 당해 상공회의소 등의 소재지를 관할하는 지방입국관리국장에게 보고하도록 되어 있을 것

라. 수입기관이 연수의 항 제5호의 가, 나 및 라에서 바까지의 어느 것에도 해당할 것

마. 신청인을 포함한 수입기관에 수입되어 있는 연수생 수가 당해 기관의 상근직원의 총수를 초과하지 않고 또 다음 표의 좌란에 게재된 당해 총수에 대응한 각간의 동표 우란에 게재된 인원의 범위 내일 것

수입기관의 상근직원 총수	연수생의 수
201인 이상 300인 이하	15인
101인 이상 200인 이하	10인
51인 이상 100인 이하	6인
50인 이하	3인

8. 신청인이 중소기업단체의조직에관한법률 제3조의 중소기업단체의 사업으로 일본의 국가 또는 지방공공단체에서 자금 기타 원조를 받으면서 이들의 지도하에 운영되고 행하여지는 연수를 받는 경우로서 다음의 어느 것에도 해당할 때

가. 수입기관이 당해 단체 또는 당해 단체의 조합원 혹은 회원일 것

나. 당해 연수가 당해 단체의 감리하에 행하여지는 것일 것

다. 당해 단체의 임원으로서 당해 사업의 운영에 관한 책임을 지고 있는 자가 당해 단체이외의 수입기관에서 행하여진 연수실시 상황에 관하

여 3개월마다 적어도 1회 감사를 행하고 그 결과를 당해 단체의 소재지를 관할하는 지방입국관리국장에게 보고하도록 되어 있을 것

라. 수입기관이 연수항 제5호의 가, 나 및 라 내지 마에 해당할 것

마. 신청인을 포함하여 수입기관에 수입되어 있는 연수생 수가 당해 기관의 상근직원 총수를 초과하지 않고 또 전호의 표 좌란에 게재된 당해 총수에 상응하게 각각 동 표의 우란에 게재된 수의 범위 내일 것

8의2. 신청인이 직업능력개발촉진법 제4장의 직업훈련법인으로서 사단으로 된 사업이고 일본의 국가 또는 지방공공단체에서 자금 기타 원조를 받고 이들의 지도하에 운영되고 행하여지는 연수를 받는 경우로서 다음의 모든 것에 해당할 때

가. 수입기관이 당해 직업훈련법인 또는 당해 직업훈련법인의 사원이고 중소기업기본법 제2조 제1호 또는 제2호에 게재된 중소기업자일 것

나. 당해 연수가 당해 직업훈련법인의 감리하에 행하여지는 것일 것

다. 당해 직업훈련법인의 임원으로서 당해 사업의 운영에 관하여 책임을 지고 있는 자가 당해 직업훈련법인 이외의 수입기관에서 행하여지는 연수의 실시상황에 관하여 3개월마다 적어도 1회 감사를 행하고 그 결과를 당해 직업훈련훈련법인의 소재지 관할 지방입국관리국장에게 보고하도록 되어 있을 것

라. 수입기관이 연수항 제5호의 가, 나 및 라 내지 마에 해당할 것

마. 신청인을 포함하여 수입기관에 수입되어 있는 연수생의 수가 당해 기관 상근직원의 총수를 초과하지 않고 또 제7호 표 상란에 게재한 당해 총수에 대응한 각각 동 표 하란에 게재한 후의 범위 내일 것

9. 신청인이 개발도상국에 대한 농업기술협력을 목적으로 한 민법 제34조의 규정에 의하여 설립된 법인 또는 농업협동조합법 제2장의 농업협동조합(이하 '민법상 법인 등'이라 한다)의 사업으로서 일본의 국가 또는 지방공공단체에서 자금 기타 원조를 받고 이들의 지도하에 운영되고 행하여진 연수를 받는 경우 다음의 어느 것에도 해당할 때

가. 당해 연수가 당해 민법상의 법인 등의 감리하에 행하여지는 것일 것

나. 수입기관이 당해 민법상의 법인 등 또는 농업을 경영하는 기관일 것 단, 당해 연수가 농업협동조합의 사업으로 행하여지는 것일 때에는 농업을 경영하는 기관이 당해 조합의 조합원일 것

다. 당해 민법상 법인 등의 임원이고 당해 사업의 운영에 관하여 책임을 지고 있는 자가 당해 민법상의 법인 등 이외의 수입기관에서 행하여지는 연수실시 상황에 대하여 3개월마다 적어도 1회 감리를 행하고 그 결과를 당해 민법상 법인 등의 소재지를 관할하는 지방입국관리국장에게 보고하도록 되어 있을 것

라. 수입기관이 연수항 제5호의 가, 나 및 라 내지 마에 해당할 것

마. 신청인을 포함하여 수입기관에서 수입되고 있는 연수생 구사 2인 이내일 것

9의2. 신청인이 외국인 연수생 수입의 확대 및 원활화를 도모함을 목적으로 하여 민법 제34조의 규정에 의해 법무대신의 허가를 받아 설립된 법인으로서 당해 목적의 수행에 이바지하기 위하여 일본의 국가에서 자금의 교부를 받고 있는 자의 지도 및 지원하에 행하여지며 또 사전에 법무대신의 승인을 얻은 동 법인이 추천한 연수를 받는 경우로서 다음의 모든 것에 해당할 때

가. 수입기관이 중소기업기본법 제2조 제1호 또는 제2호에 명시한 중소기업자일 것

나. 당해 연수를 사업으로 행하는 일본의 공사기관의 임원으로서 당해 사업의 운영에 관하여 책임을 지고 있는 자(당해 공사기관이 개인인 경우에는 당해 개인)가 당해 연수의 실시상황에 대하여 3개월마다 적어도 1회 당해 기관의 소재지 관할 지방입국관리국장에게 보고하도록 되어 있을 것

다. 수입기관이 연수항 제5호의 가, 나 및 라 내지 바에 해당할 것

라. 신청인을 포함하여 수입기관에 수입된 연수생의 수가 당해기관 상근직원 총수를 초과하지 않고 또 제7호 표 상란에 명시된 당해 총수에 상응한 각각의 동표 하란에 게재된 수의 범위 내일 것

10. 신청인이 1989년 6월 1일부터 1990년 5월 31일 사이에 출입국관리 및 난민인정법의 일부를 개정한 벌률에 의하여 개정전의 출입국관리 및 난민인정법 제4조 제1항 제6호의 2에 해당하는 자로서 체류자격을 가지고 체류하는 자에 관하여 연수를 사업으로 행한 적이 있는 영리를 목적으로 하지 않는 기관이 계속 동일의 사업을 행하는 연수(제1호에서 제9호까지에 명시한 법인의 사업으로 행해지는 것 및 전호에 명시된 것을 제외한

다)를 받는 경우로서 수입기관이 연수항 제5호의 가, 나 및 라 내지 바에 해당할 때

(2) 1990년 법무성 고시 제247호(개정 1992년 법무성 고시 제568호)

출입국관리및난민인정법 제7조 제1항 제2호의 기준을 정하는 성령(1990년 법무성령 제16호) 표의 법 별표 제1의 4 표의 연수항 하란에 명시된 활동항(이하 '연수 항' 이라 한다) 하란 제6호 단서의 규정에 의거 동 호 본문을 적용하지 않는 경우는 출입국관리및난민인정법(이하 '법' 이라 한다)제6조 제2항의 신청을 행한 자(이하 '신청인' 이라 한다)가 당해 신청에 관한 활동을 행하는 것에 의해 법 제19조 제1항의 규정에 위반할 우려가 없는 경우로서 다음 각호의 어느 하나에 해당할 때이다.

1. 신청인이 국제관광진흥회의 사업으로 행하여지는 연수를 받는 경우
2. 신청인이 국제협력사업단의 사업으로 행하여지는 연수를 받는 경우
3. 신청인이 석유공단석유개발기술센터의 사업으로 행하여지는 연수를 받는 경우
4. 신청인이 중앙직업능력개발협회의 사업으로 행하여지는 해외청년기능연수를 받는 경우
5. 신청인이 국제기관의 사업으로 행하여지는 연수를 받는 경우
6. 신청인이 일본의 국가, 지방공공단체 또는 일본의 법률에 의하여 직접 설립된 법인 혹은 일본의 특별법률에 의하여 특별 설립행위를 받아 설립된 법인의 자금에 의하여 주로 운영되는 사업으로 행하여지는 연수를 받는 경우
7. 신청인이 민법 제34조의 규정에 의하여 설립된 법인의 사업이고 일본의 국가 또는 지방공공단체에서 자금 기타 원조를 받고 이들의 지도하에 운영되고 있으며 행하여지는 연수를 받는 경우로서 다음의 모든 것에 해당할 때
   가. 당해 연수가 당해 법인의 감리하에 행하여지는 것일 것
   나. 당해 법인의 임원으로서 당해 사업의 운영에 관하여 책임을 지고 있는 자가 당해 법인이외의 수입기관에서 행하여지는 연수의 실시상황에 관하여 3개월에 적어도 1회 감사를 행하고 그 결과를 당해 단체의

소재지를 관할하는 지방입국관리국장에게 보고하도록 되어 있을 것

다. 신청인이 그 국적 또는 주소를 준 나라의 국가 또는 지방공공단체의 기관 또는 이에 준하는 기관의 추천을 받아 일본에서 기술, 기능 또는 지식을 습득하려고 하는 자일 것

라. 신청인이 일본에서 습득하려 하는 기술, 기능 혹은 지식을 요하는 업무와 동종업무에 외국에서 종사한 경험을 갖고 있을 것 또는 신청인이 당해 연수를 받을 것을 필요로 하는 특별한 사정이 있을 것

8. 신청인이 상공회의소법 제2장의 상공회의소 또는 상공회의조직등에관한 법률 제2장의 상공회(이하 '상공회의소 등'이라 한다)의 사업으로서 일본의 국가 또는 지방공공단체에서 자금 기타 원조를 받고 이들의 지도하에 운영되고 있는 것으로 행하여지는 연수를 받는 경우로서 다음 모든 것에 해당할 때

가. 수입기관이 당해 상공회의소 등 또는 당해 상공회의소 등의 회원일 것

나. 당해 연수가 당해 상공회의소 등의 감리하에 행하여지는 것일 것

다. 당해 상공회의소 등의 임원으로서 당해 사업의 운영에 관하여 책임을 지고 있는 자가 당해 상공회의소 등 이외의 수입기관에서 행하여지는 연수실시 상황에 대하여 3개월마다 적어도 1회 감사를 행하고 그 결과를 당해 상공회의소 등의 소재지를 관할하는 지방입국관리국장에게 보고하도록 되어 있을 것

라. 신청인이 그 국적 또는 주소를 둔 나라의 국가 혹은 지방공공단체의 기관 또는 이에 준하는 기관의 추천을 받아 일본에서 기술, 기능 또는 지식을 습득하려는 자일 것

마. 신청인이 일본에서 습득하려고 하는 기술, 기능 혹은 지식을 요하는 업무와 동종업무에 외국에서 종사한 경험을 가지고 있을 것 또는 신청인이 당해 연수를 받을 것을 필요로 하는 특별한 사정이 있을 것

9. 신청인이 중소기업단체의 조직에 관한 법률 제3조 중소기업단체의 사업으로서 일본의 국가 또는 지방공공단체에서 자금 기타 원조를 받고 이들의 지도하에 운영되고 행하여지는 연수를 받는 경우로서 다음 모든 것에 해당할 때

가. 수입기관이 당해 단체 또는 당해 단체의 조합원 혹은 회원일 것

나. 당해 연수가 당해 단체의 감리하에 행하여지는 것일 것

다. 당해 단체의 임원으로서 당해 사업의 운영에 관해 책임을 지고 있는 자가 당해 단체 이외의 수입기관에서 행하여지는 연수의 실시상황에 대하여 3개월마다 적어도 1회 감사를 행하고 그 결과를 당해 단체의 소재지를 관할하는 지방입국관리국장에게 보고하도록 되어 있을 것

라. 신청인이 그 국적 또는 주소를 둔 나라의 국가 혹은 지방공공단체의 기관 또는 이에 준하는 기관의 추천을 받아 일본에서 기술, 기능 또는 지식을 습득하려고 하는 자일 것

마. 신청인이 일본에서 습득하려고 하는 기술, 기능 혹은 지식을 가지고 있을 것 또는 신청인이 당해 연수를 받을 것을 필요로 하는 특별한 사정이 있을 것

9의2. 신청인이 직업능력개발촉진법 제4장 직업훈련법인의 사업으로서 일본의 국가 또는 지방공공단체에서 자금 기타 원조를 받고 이들의 지도하에 운영되고 행하여지는 연수를 받은 경우로서 다음 모든 것에 해당할 때

가. 당해 연수가 당해 직업훈련법인의 감리하에 행하여지는 것일 것

나. 당해 직업훈련법인의 임원으로서 당해 사업의 운영에 관하여 책임을 지고 있는 자가 당해 직업훈련법인 이외의 수입기관에서 행하여지는 연수의 실시상황에 대하여 3개월마다 적어도 1회 감사를 행하고 그 결과를 당해 직업훈련법인의 소재지를 관할하는 지방입국관리국장에게 보고하도록 되어 있을 것

다. 신청인이 그 국적 또는 주소를 둔 나라의 국가 혹은 지방공공단체의 기관 또는 이에 준하는 기관의 추천을 받아 일본에서 기술, 기능 또는 는 지식을 습득하려고 하는 자일 것

라. 신청인이 일본에서 습득하려고 하는 기술, 기능 혹은 지식을 요하는 직무와 동종의 업무에 외국에서 종사한 경험을 가지고 있을 것 또는 신청인이 당해 연수를 받을 것을 필요로 하는 특별한 사정이 있을 것

9의3. 신청인이 농업협동조합법 제2장 농업협동조합의 사업으로 일본의 국가 또는 지방공공단체에서 자금 기타 원조를 받고 이들의 지도하에 운영되고 행하여지는 연수를 받는 경우로서 다음의 모든 것에 해당할 때

가. 수입기관이 당해 농업협동조합 또는 당해 농업협동조합의 조합원이

고 농업을 경영하는 것일 것

나. 당해 연수가 당해 농업협동조합의 감리하에 행하여지는 것일 것

다. 당해 농업협동조합의 임원으로서 당해 사업의 운영에 관하여 책임을 지고 있는 자가 당해 농업협동조합 이외의 수입기관에서 행하여지는 연수의 실시상황에 대하여 3개월마다 적어도 1회 감사를 행하고 그 결과를 당해 농업협동조합의 주소지를 관할하는 지방입국관리국장에게 보고하도록 되어 있을 것

라. 신청인이 그 국적 또는 주소를 둔 나라의 국가 혹은 지방공공단체의 기관 또는 이에 준하는 기관의 추천을 받아 일본에서 기술, 기능 또는 지식을 습득하려고 하는 자일 것

마. 신청인이 일본에서 습득하려고 하는 기술, 기능 혹은 지식을 요하는 업무와 동종업무에 외국에서 종사한 경험을 가지고 있을 것 또는 신청인이 당해 연수를 받을 것을 필요로 하는 특별한 사정이 있을 것

9의4. 신청인이 외국인 연수생의 수입확대 및 원활화를 도모하는 것을 목적으로 민법 제34조의 규정에 의해 법무대신의 허가를 받아 설립된 법인이고 당해 목적의 수행에 기여하기 위하여 일본의 국가에서 자금의 교부를 받고 있는 자의 지도 및 지원하에서 행해지고 또 사전에 법무대신의 승인을 얻어 동 법인이 추천한 연수를 받는 경우로서 다음의 모든 것에 해당할 때

가. 당해 연수를 사업으로 행하는 일본의 공사기관의 임원으로서 당해사업의 운영에 관하여 책임을 지고 있는 자(당해 공사기관이 개인인 경우에는 낭해 개인)가 낭해 연수의 실시상황에 대하여 3개월마다 석어도 1회 당해 수입기관의 소재지를 관할하는 지방입국관리국장에게 보고하도록 되어 있을 것

나. 신청인이 일본에서 습득하려고 하는 기술, 기능 혹은 지식을 요하는 업무와 동종업무에 외국에서 종사한 경험을 가지고 있을 것 또는 신청인이 당해 연수를 받을 것을 필요로 하는 특별한 사정이 있을 것

10. 신청인이 1989년 6월 1일부터 1990년 5월 31일 사이에 출입국관리 및 난민인정법 일부를 개정한 법률에 의해 개정 전의 출입국관리 및 난민인정법 제4조 제1항 제6호의 2에 해당하는 자로서의 체류자격을 가지고 체류하는 자에 관한 연수를 사업을 행한 적이 있는 영리를 목적으로 하지 않

는 기관이 계속하여 동일의 사업으로 행하는 연수를 받는 경우

(3) 1992년 법무성 고시 제569호

출입국관리및난민인정법 제7조 제1항 제2호의 기준을 정하는 성령(1990년 법무성령 제16호) 표의 법 별표 제1의 4 표 연수항 하란에 명시한 활동항 하란 제7호 단서 규정에 의거 고시로서 정하는 경우로는 출입국관리및난민인정법(이하 '법'이라 한다) 제6조 제2항의 신청을 행한 자(이하 '신청인'이라 한다)가 당해 신청에 관한 활동을 행하는 것부터 법 제19조 제1항의 규정에 위반할 우려가 없는 경우로서 다음 각호의 1에 해당하고 또 실무연수의 시간이 일본에서 연수를 받는 시간 전체의 4분의 3 이하인 때 또는 다음 각호의 어느 것에 해당하고 또 실무연수의 시간이 일본에서 연수를 받는 시간 전체의 5분의 4 이하인 때로 한다.

1. 신청인이 일본에서 당해 신청에 관한 실무연수를 4월 이상 행하는 것이 예정되어 있는 경우
2. 신청인이 과거 6월 이내에 외국의 공적기관 일본 수입기관의 합병기업 혹은 현지법인 또는 일본의 수입기관과 계속하여 1년 이상의 거래실적 혹은 과거 1년간에 10억 엔 이상의 거래실적을 가지고 있는 기관이 신청인의 국가에서 받으려고 하는 연수에 도움이 되는 목적으로 일본이외에서 실시한 당해 연수와 직접 관계가 있는 연수(실무연수를 제외함)로서 1월 이상의 기간을 갖고 또 160시간 이상의 과정을 가지고 있는 것을 받은 경우

기능실습에관한출입국관리상의취급지침

제정 1993. 4. 5. 법무성 고시 제141호

제 1 조 【기능실습제도의 대상등】

기능실습제도는 보다 실천적인 기술, 기능 또는 지식(이하 '기술 등'
이라 한다)을 개발도상국 등으로 이전을 도모하여 개발도상국 등의
경제발전을 담당할 인재 육성에 협력하는 것을 목적으로 하고 다음의
어느 것에 해당하는 것으로 한다.

1. 대상자

가. 기능실습(이하 '실습' 이라 한다)을 희망하는 자(이하 '실습희망
    자' 라 한다)가 출입국관리 및 난민인정법(이하 '법' 이라 한다) 별
    표 제1의 4 표 상란의 '연수' 체류자격을 가지고 일본에 체류하고
    당해 체류자격에 상응하는 동표 하란에 명시한 활동(이하 '연수활
    동' 이라 한다)에 종사하고 있는 외국인(이 고시일로부터 4월 이내
    에 연수활동 기간이 종료하는 자는 제외함)일 것

나. 국적에 속하는 국가 또는 일본에 입국하기 전에 거주하고 있던 국
    가에 귀국 후 일본에서 습득한 기술 등을 필요로 하는 업무에 종사
    하기로 예정되어 있는 자일 것

다. 체류상황 등으로 보아 기능실습제도의 목적에 부합한 성과를 기대
    할 수 있다고 인정되는 자일 것

라. 일본 공사 기관과의 고용계약에 의하여 실습하는 것보다 더 실천
    적인 기술 등을 습득하는 것이라고 인정되는 자일 것

2. 연수성과의 평가

실습희망자가 일본에서 연수활동으로 일정수준 이상의 기술 등을
습득하였다고 인정될 것.

또한 이 인정은 외국인 연수생의 수입확대 및 원활화를 도모하는 것을 목적으로 하여 민법 제34조의 규정에 의하여 법무대신의 허가를 받아 설립된 재단법인 국제연수협력기구(이하 '연수협력기구' 라 한다)가 행하는 연수성과의 평가에 의하여 행한다.

3. 실습실시기구 등

가. 일본인이 종사하는 경우에 받는 보수와 동등액 이상의 보수를 받을 것을 내용으로 하는 고용계약이 실습희망자와 실습이 실시되는 기관(이하 '실습실시기관' 이라 한다)과의 사이에 체결될 것

나. 실습이 연수활동과 동일 기술 등에 대하여 연수활동이 행하여지고 있는 기관과 동일기관에서 행하여질 것

다. 실습실시기관 또는 실습희망자에 관한 연수를 사업으로서 행하는 기관은 실습내용의 숙박시설을 확보하고 또 실습생의 귀국여비 확보 등 귀국담보조치를 강구할 것

라. 실습실시기관은 실습생이 실습을 종료하고 귀국한 경우 또는 실습의 계속이 불가능하게 된 사유가 발생한 경우에 즉시 연수협력기구를 통하여 지방입국관리국에 당해 사실을 보고할 것

마. 실습실시기관 또는 그 경영자 혹은 관리자가 과거 3년간에 외국인 연수 또는 실습 기타 취로에 관한 부정행위를 행한 사실(상품을 생산 혹은 판매하는 업무 또는 대가를 받고 노무제공을 행하는 업무에 종사하는 것으로 기술 등을 습득하는 연수(이하 '실무연수' 라 한다)를 포함하지 않는 연수실시 계획에 의거 수입된 법 별표 제1의 4 표 상란 연수의 체류자격을 가지고 체류하는 자를 실무연수에 종사시키는 것 및 4의 보고를 태만히 한 것을 포함함)이 없을 것

4. 체류기간
예정되어 있는 실습기간이 연수활동 기간의 대략 1.5배 이내이고 또 연수활동 기간을 합하여 2년 이내의 기간일 것

제 2 조 【체류자격의 변경 등】

1. 실습희망자는 법 제20조 제2항의 규정에 의거 법 별표 제1의 5 표 상란의 특정활동 체류자격으로의 변경신청을 행할 것.
   뿐만 아니라 실습에 관한 체류자격의 변경을 행함에 있어 필요한 자료수집, 조사 등을 연수협력기구로 하여금 행하게 한다.
2. 실습희망자는 원칙적으로 연수활동 기간이 종료하는 3월 전까지 제1의 2 평가희망을 연수협력기구에 신고할 것

입국 · 체류관계 제신청의 중개에 관한 규정

출입국관리및난민인정법시행규칙(발췌) (개정 1994년 1월 25일 법무성령 제4호)

제6조의2 【체류자격인정증명서】

1. 법 제7조의 2 제1항의 규정에 의거 체류자격인정증명서의 교부를 법무대신에게 신청하는 자는 별지 제6호의 3 서식에 의거 신청서 1통을 지방입국관리국에 출석하여 제출하여야 한다.
2. 제1항의 규정에도 불구하고 법무대신이 상당하다고 인정하는 경우에는 외국인은 지방입국관리국에 출석할 필요가 없다. 이 경우에는 외국인의 원활한 수입 도모가 목적으로서 민법 제34조의 규정에 의거 법무대신의 허가를 받아 설립된 공익법인의 직원 또는 행정서사로서 법무대신이 적당하다고 인정하는 자가 제1항에 정하는 신청서 및 제2항에 정하는 서류를 제출한다.

제19조 【자격외 활동의 허가】

1. 법 제19조 제2항의 허가(이하 '자격외 활동' 이라 한다)를 법무대신에 신청하려고 하는 외국인은 별지 제28호 서식에 의한 신청서 2통 및 당해 신청에 관한 활동의 내용을 명확히 하는 서류 1통을 지방입국관리국에 출석하여 제출해야 한다.

  2. 제1항의 규정에도 불구하고 법무대신이 상당하다고 인정하는 경우에 외국인은 지방입국관리국에 출석할 필요가 없다. 이 경우에는 그것이 경영하고 있는 기관 혹은 고용되어 있는 기관의 직원, 그것이 연수 혹은 교육을 받고 있는 기관의 직원, 외국인의 원활한 수입 도모를 목적으로 하여 민법 제34조의 규정에 의하여 법무대신의 허가를 받아 설립된 공익법인의 직원 또는 행정서사로서 법무대신이 적당하다고 인정하는 자가 제1항에 정하는 신청서 등의 제출 및 전항에 정하는 수속을 행한다.

제20조【체류자격의 변경】

  1. 법 제20조 제2항의 규정에 의거 체류자격의 변경신청을 하고자 하는 외국인은 별지 제30호에 의거 신청서 2통을 지방입국관리국에 출석하여 제출해야 한다.

  2. 제19조 제3항의 규정은 제1항의 신청에 관하여 준용한다.

제21조【체류기간의 갱신】

  1. 법 제21조 제2항의 규정에 의거 체류기간의 갱신신청을 하고자 하는 외국인은 체류기간이 만료하는 날까지 별지 제30호의 2 서식에 의거 신청서 2통을 지방입국관리국에 출석하여 제출해야 한다.

  2. 제19조 제3항 및 전조 제3항 및 제4항의 규정은 제1항의 신청에 관하여 준용한다.

대한법률연구회가 만드는 생활법률의 기본지식 04

일·반·인·을·위·한
외국인 근로자 생활법률의 기본지식

지은이 / 남동희
펴낸이 / 강선희
펴낸곳 / 가림M&B

편집·교정 / 장연수·이선희·김희선   영업 / 강명희
인쇄 / (주)애드그린 인쇄   제본 / 원진제책

등록 / 1999. 1. 18. 제5-89호
주소 / 서울 광진구 구의동 57-71 부원빌딩 4층
대표전화 / 458-6451 팩스 / 458-6450

인터넷 Http://www.galim.co.kr
e-mail galim@galim.co.kr
천리안 ID galimmb

ⓒ 남동희 , 1999

이 책의 무단 전재나 복제를 금합니다.

ISBN 89-950312-6-3 14360

※ 이 책의 판권 표시에 대한 자세한 내용은 표지 날개에 있습니다.